Nelles Verlag

Foto: Sean Pavone (iStockphoto)

Baltische Staaten

Estland, Lettland, Litauen, Kaliningrad

Autoren:
Tomasz Torbus, Barbara Warning

STOCKHOLM
Ornö
SWEDEN
Kapellskär
Stockholm
Västervik, Stockholm
Helsinki
★★Eesti Vabaõhum.
Paldiski
Keila
189
197
HIIUMAA
Kärdla
Kalana
Luidja
Käina
Haapsalu
Heltermaa
Rapla
Vigala
LÄÄNEMERI
Västervik
GOTSKA SANDÖN
★★SAAREMAA
Emmaste
★Karja
Kuivastu
Leisi
Lihula
★Angla
Orissaare
Virtsu
ESTONIA
Kihelkonna
★Kaali
★Valjala
Pärnu
Västervik
★★Kuressaare
Salme
LIIVI LAHT
KIHNU
Kilingi-nõmme
Fårösund
Slite
GOTLAND
(SWEDEN)
Sääre
RUHNU
Ainaži
Mazsalaca
Salaca
157
226
Kolka
Ljugarn
Dundaga
Salacgrīva
RĪGAS
JŪRAS LĪCIS
Limbaži
Roja
Ventspils
Venta
JŪRA
Mērsrags
★★Gaujas n. p.
Talsi
175
Saulkrasti
Engure
★Turaida
Pāvilosta
Kuldīga
★★RĪGA
Gauja
Sigulda
Travemünde
★Jūrmala
Tukums
132
Ogre
Aizpute
Skrunda
BALTIJOS
Liepāja
Saldus
★Jelgava
Ķekava
Daugava
Lielvārde
Travemünde,
Karlshamn
Dobele
Lielupe
Priekule
190
★★Pilsrundāle
Mažeikiai
Eleja
Bauska
147
Skuodas
Joniškis
Skaistkalne
Jēkabpils
167
Palanga
Kretinga
Kuršėnai
Pasvalys
Biržai
Nereta
Plungė
Telšiai
★★Kryžių Kalnas
Šiauliai
Rokiškis
Kiel
110
Rietavas
Radviliškis
Kupiškis
★Stelmužė
Klaipėda
234
Panevėžys
★★Kuršių nerijos n. p.
LITHUANIA
Šilalė
Šilutė
Nida
Nevėžis
Utena
Nemunas
Tauragė
113
Kėdainiai
Ukmergė
Pionerskij
Zelenogradsk
Jurbarkas
★Svetlogorsk
Sovetsk
★Ragnit
91
Seredžius
Nemunas
Jonava
Šešupe
Baltijsk
Kaliningrad
RUSSIA
Šakiai
★Kaunas
★★Rumšiškės
Svetlyj
38
Gvardejsk
87
★Balga
Pregolja
Černjahovsk
Kybartai
★★Trakai
80
Vilnius
Mamonovo
Gusev
69
79
Braniewo
Bagrationovsk
Pravdinsk
Marijampolė
Elbląg
Bartoszyce
44
Alytus
Ašmjany
POLAND
Merkys
Suwalki
Sejny
Hal'šany
Gižycko
Olecko
Ełk
Augustów
Druskininkai
Lida
A1
A2
A3
A4
A5
A6
A7
A8
A9
A10
A11
A12
A14
A15
A16
A216
A229
BALTISCHE STAATEN
0 50 100 km
© Nelles Verlag GmbH, München

KARTENVERZEICHNIS

IMPRESSUM / KARTENLEGENDE

Liebe Leserin, lieber Leser,

AKTUALITÄT wird in der Nelles-Reihe groß geschrieben. Unsere Korrespondenten dokumentieren laufend die Veränderungen der weltweiten Reiseszene, und unsere Kartografen berichtigen ständig die auf den Text abgestimmten Karten.
Wir freuen uns über jeden Korrekturhinweis! Unsere Adresse: Nelles Verlag, Machtlfinger Str. 26 Rgb., D-81379 München, Tel. +49 (0)89 3571940, Fax +49 (0)89 35719430, E-Mail: Info@Nelles.com, Internet: www.Nelles.com

LEGENDE

★★	Top-Attraktion (in Text und Karte)
★	sehr sehenswert (in Text und Karte)
8	Orientierungsnummer in Text und Karte
8	Orientierungsnummer in Text und Stadtplan
8	Orientierungsnummer in Text und Detailplan
	Öffentliches bzw. bedeutendes Gebäude / Denkmal
	Hotel / Restaurant
	Kirche / Synagoge
	Markt
	Hospital / Post
Tallinn (Ort) Balga (Sehenswürdigkeit)	in Karte gelb Unterlegtes wird im Text erwähnt
	internationaler Flughafen / nationaler Flughafen
	UNESCO Welterbe
	Nationalpark
Ledakalnis (155)	Berggipfel (Höhe in Meter)
13	Entfernung in Kilometer
	Aussichtspunkt / Leuchtturm
	Grenzübergang / Höhle
	Schloß / Burg / Ruine
	Touristeninformation
P	Parkplatz / Bushaltestelle
	Autobahn
	mehrspurige Schnellstraße
	Fernverkehrsstraße
	Hauptstraße
	Landstraße
	Nebenstraße
	Eisenbahn
	Fußgängerzone
	Einbahnstraße
	Stadtmauer
	Staatsgrenze
	Fähre
A1 E67	Straßennummern

IMPRESSUM

BALTISCHE STAATEN
Estland, Lettland, Litauen, Kaliningrad

Druck: Bayerlein, Germany
Einband durch DBGM geschützt

- F1520 -

4 LETTLAND

5 ESTLAND

6 REISE-INFORMATIONEN

Mantvydas Drevinskas (Shutterstock.com)

An der Kurischen Nehrung (Litauen)

Stadtfest in Tallinn (Estland)

SAKU
SAKU

Schloss Lielstraupe (Groß-Roop) in Straupe / Lettland

HÖHEPUNKTE DES BALTIKUMS

Königsberger Gebiet (Russland)

Naturschönheiten wie die Kurische Nehrung und Zeugnisse des früheren Ostpreußen bietet die **Kaliningradskaja Oblast** (S. 33). 1200 km von Moskau entfernt, ist diese Exklave ein ungewöhnliches Reiseziel; seit 1945 leben hier überwiegend russische Neubürger. Einige Kulturgüter der früheren deutschen Bewohner sind zu besichtigen. In **Kaliningrad** (Königsberg) wurden der imposante ★**Dom** (14. Jh.) und die alten **Stadttore** restauriert und im Dohnaturm ein beachtliches ★**Bernsteinmuseum** eingerichtet. Dieses „Ostseegold" wird in **Palmnicken** gefördert. Die Küste ist besonders attraktiv beim Seebad ★**Svetlogorsk** (Rauschen) und in den ★**Dünen** der einsamen ★**Kurischen Nehrung**. Im Hinterland beeindrucken die Ruinen der **Ordensburgen** ★**Balga** und ★**Ragnit** (Neman).

Litauen

Der junge Staat Litauen (S. 55) präsentiert mit besonderer Liebe sein spezifisches Kulturgut: Die mittelalterlichen ★★**Burganlagen von Trakai**, Sitz litauischer Großherzöge inmitten malerischer Seenlandschaft, wurden restauriert, eher noch: neu aufgebaut, und das ★★**Freilichtmuseum Rumšiškės** zeigt eindrucksvoll die Kunstfertigkeit eigenständiger Handwerkskultur.

Als jahrhundertelanger Vielvölkerstaat mit enger historischer Bindung zu Polen bewahrt das Land besonders in seinen bedeutendsten Städten ★★**Vilnius** (Wilna) und ★**Kaunas** (Kauen) einmalige Kulturdenkmäler und führt sie in bezaubernden Altstadtensembles mit Stolz vor. In Vilnius sind dies z. B. die filigrane Backsteingotik der ★★**Annenkirche**, der überbordende Barock der ★★**Peter-und-Paul-Kirche** oder die Rokoko-Schnörkel in der ★**Johannis-** oder der ★**Dominikanerkirche**; in Kaunas das gotische ★**Perkunas-Haus**, das barock-klassizistische ★**Rathaus** oder das barocke ★★**Klosterensemble Pažaislis** außerhalb der Stadt.

Die lokalen Zimmerleute brachten einzigartige Beispiele ihrer Kunst hervor, z. B. die hölzernen Kirchen in ★**Stelmužė** oder ★**Palūšė**, Zeichen tiefer Religiosität; diese wird besonders bewegend am Wallfahrtshügel mit den meisten Kreuzen der Welt, ★★**Kryžių Kalnas**, erfahrbar.

Litauen besitzt mehrere gut erschlossene Nationalparks, von denen die großartigsten die Seen-, Wald- und Hügellandschaft des ★★**Aukštaitija-Nationalparks** und das leuchtende Gold der ★★**Großen Düne** des ★★**Nationalparks Kurische Nehrung** sind.

Lettland

Lettland (S. 123) ist ländlich-beschaulich, die Provinz wirkt häufig ein wenig verschlafen. ★★**Riga** jedoch, die größte Stadt im Baltikum und dynamische Hauptstadt, bietet ein modernes, geschäftiges Großstadtleben.

Handel und Gewerbefleiß brachten hier selbstbewusste Hansestädter hervor, die sich durch den Übertritt zum Protestantismus von der Herrschaft der Deutschordensritter befreiten. Riga wuchs zu einer machtvollen Hafenstadt heran. Das Mosaik bedeutender Architektur spiegelt diese Erfolgsgeschichte in den Gassen der ★★**Altstadt** wider: Backsteingotische Gotteshäuser, z. B. ★**Petrikirche** oder ★★**Dom**, besonders aber die prachtvollen Patrizierhäuser, wie das **Reuternhaus** oder das rekonstruierte ★**Schwarzhäupterhaus**, legen Zeugnis städtischen Wohlstands ab. Anfang des 20. Jh. entstand das weitläufige ★★**Jugendstilviertel**. Die lettische Volkskunst ehrt man im ★**Ethnografischen Freilichtmuseum**.

Rechts: Das Baltikum hat viel zu bieten, was ein genaues Hinsehen lohnt (Pikk / Tallinn).

Foto: Knut Liese

Auf dem Land repräsentierte der Adel – etwa in ★**Jelgava** (Mitau) oder, prächtiger noch, im ★★**Schloss Rundāle**, einem „Klein-Versailles".

Die wichtigsten Freizeitziele sind die 20 km feinster Strand der „lettischen Riviera" von ★**Jūrmala** sowie der ★★**Gauja-Nationalpark** mit der Schlucht der Gauja, wo außer herrlicher Natur auch mittelalterliche Burgen, wie in ★**Turaida** oder ★**Cēsis**, auf Besucher warten.

Estland

(S. 179) Wuchtige Stadtmauertürme, der beherrschende ★★**Domberg**, die mittelalterliche ★★**Unterstadt** mit Gildehäusern, Kaufmannsquartieren und Kirchen mit reichsten Kulturschätzen – Estlands Hauptstadt ★★**Tallinn** (Reval) gehört zu Europas Bilderbuchstädten. Besonderes Flair strahlen auch die altehrwürdige Universitätsstadt ★**Tartu** (Dorpat) und der Kurort **Pärnu** (Pernau) aus.

Ruinen alter **Ordensburgen** sind über ganz Estland verteilt: ★**Toolse**, ★**Rakvere**, **Narva**, ★**Vastselliina**; die ★★**Burg von Kuressaare** wurde eindrucksvoll restauriert. Die Gutsschlösser ★**Palmse**, **Sagadi**, **Vihula**, **Kolga** u. a. sind unbedingt einen Besuch wert. In Tallin trifft man auf das barocke Zarenschloss ★**Kadriorg**, und im nahen Freilichtmuseum ★★**Rocca al Mare** bewahrt Estland seine Volkskunst.

Einzigartig im Baltikum ist die Steilküste im Norden. Der ★★**Lahemaa-Nationalpark** lockt mit märchenhaften Wäldern und Buchten, aber auch Museen und Schlössern; im Hügelland **Haanja kõrgustik** um den **Suur Munamägi**, den höchsten Berg des Baltikums, warten stille Seen und Forste.

Landschaftlich reizvoll sind auch die estnischen Inseln wie die windumtoste Insel ★★**Saaremaa** (Ösel) mit ihren weiten Wacholderfeldern. Hier besucht man die Wehrkirchen ★**Valjala** und ★**Karja**, die bereits erwähnte ★★**Burg von Kuressaare** (Arensburg), die ★**Windmühlenhügel** bei Angla und die ★**Meteoritenkrater von Kaali**.

Foto: Arne Ader

DAS BALTIKUM – EIN ETHNO-HISTORISCHES PUZZLE

Verlockende Natur

„Diese Gegenden Europas sind lange von Eisbergen bedeckt gewesen, und ihre Landschaft hat die Strenge des Nordens. Der Erdboden ist hier im Allgemeinen sandig und steinig, nur für den Anbau von Kartoffeln, Korn, Hafer und Flachs geeignet. Das erklärt, warum der Mensch die Wälder nicht vernichtet hatte, die das Klima mildern und vor den Winden des Baltischen Meeres schützen... Man kann durch diese Wälder lange reisen, ohne die Augen zu ermüden, denn wie die menschlichen Siedlungen haben die Baumgemeinschaften ihre unwiederholbaren Eigenheiten, sie bilden Inseln, Archipele, hie und da erkennbar an einem Weg mit Wagenspuren im Sand, an einem Forsthaus, an einer alten Pechsiederei, deren zerfallene Öfen von Pflanzen überwuchert sind. Und immer, irgendwann, ist vom Hügel die Aussicht auf die blaue Fläche eines Sees mit dem weißen, kaum zu erspähenden Fleckchen des Haubentauchers, mit der über dem Schilf dahinziehenden Entenschnur." So beschreibt der 1911 im litauischen Seteiniai geborene Czesław Miłosz († 2004 in Krakau; Nobelpreisträger für Literatur 1980) das Land seiner Kindheit in seinem Werk „Tal der Issa".

Mittelalterliche Städte

Die Länder des Baltikums sind Anfang der 1990er-Jahre nach 50-jähriger Abkapselung aus ihrem Dornröschenschlaf erwacht und überraschen mit viel Schönem und Interessantem. Die Städte wirken wie aus einem Bilderbuch, denn in ihnen scheint das alte Europa die Jahrhunderte unbeschadet überstanden zu haben: Gotische Giebelhäuser und schlanke Kirchtürme, wehrhafte Burgen und Stadttore lassen in Riga und Tallinn (Reval) das Bild der strebsamen Hanse und der mittelalterlichen martialischen Deutschordensritter wieder auferstehen; in Vilnius (Wilna) prägt dagegen die katholisch barocke Stimmung der Gegenreformationszeit das Gesicht der Stadt. Die drei Hauptstädte der Baltischen Staaten, die stolz auf ihren Platz auf der Welterbe-Liste der UNESCO hinweisen, sind allein schon eine Reise wert. Sie verzaubern durch ihre Atmosphäre, denn hier vermischt sich die Stein gewordene Vergangenheit mit quirliger Gegenwart. Dabei ist spannend zu beobachten, wie viel sich in den wenigen Jahren seit der Erlangung der Unabhängigkeit verändert hat.

Nostalgische Landschaft

Auf dem Land bietet das Baltikum unberührte Natur, wie sie in Westeuropa kaum mehr existiert. Da und dort holpert zwar noch langsam ein hoch mit Heu beladener Pferdewagen übers Land, doch ist auch hier der Trend zur modernen Landwirtschaft mit schweren Landmaschinen klar erkennbar. Ein Dorf mit Holzbauernhäusern wie vor hundert Jahren, Klatschmohn, Störche, frei laufende Gänse, auf den Dächern Storchennester. Hinter den Bäumen sieht man den Giebel eines Schlosses, daneben ragt ein Kirchturm empor. Im Westen des Baltikums erblickt man das in der Sonne gleißende Meer, dessen Ufer von einsamen Sandstränden und sich endlos dehnenden Kiefernwäldern gesäumt ist. Im Osten erstrecken sich dagegen sanfte, üppig bewaldete Hügelländer, unterbrochen von Seen in klarem Blau.

Für Naturliebhaber ist das Baltikum ein Geheimtipp, da sich hier kaum Touristenscharen tummeln und in den Naturschutzgebieten gegenseitig auf die Füße treten. Hier findet man menschenleere Küstenlandschaften, malerische

Links: Wo Störche sich wohl fühlen, ist die Natur noch intakt.

Foto: Arne Ader

Flusstäler, von der Zivilisation unberührte Seenplatten und Hochmoore, in denen seltene Pflanzen und Vogelarten anzutreffen sind.

Auch für Sportbegeisterte haben die baltischen Länder viel zu bieten. Ostsee und Finnischer Meerbusen laden zum Segeln ein, in den stillen Wäldern und Seenlandschaften im östlichen Baltikum verlocken schöne Routen zu ausgedehnten Wanderungen, die weitgehend flache Landschaft ist ideal für Radler und die schneesicheren Winter begeistern Skilangläufer.

Europa en miniature

Aber es gibt noch mehr, wodurch das Baltikum aus dem üblichen Rahmen fällt. Selbst im vielgestaltigen Europa ist dies Gebiet eine Seltenheit: Hier kann man auf engstem Raum mehrere Länder mit sehr unterschiedlicher Kultur bereisen. So gehören Litauer und Letten zur indogermanischen Sprachgruppe, wogegen das Estnische mit dem Ungarischen und Finnischen verwandt ist. Rechnet man dazu Deutsche, Juden, Polen und Russen – noch bis in das 20. Jahrhundert hinein die dominierenden Bevölkerungsgruppen im Baltikum – ergibt sich das komplizierte und durchaus spannende Bild eines ethnischen Puzzles, das eine Reise in die Baltischen Staaten zu einem faszinierenden Ausflug in ein Europa en miniature macht.

Oben: Die Baltischen Länder sind ideale Reiseziele für Naturfreunde. Rechts: Hier noch auf dem Weg in die EU – beim Studenten-Sängerfest in Tartu.

Das Baltikum – eine Einheit?

Das Baltikum wird oft als Einheit gesehen, trotzdem unterscheiden sich die drei Staaten wesentlich in Geschichte, Sprache, Kultur und Mentalität ihrer Bevölkerungen. Schon der Begriff „Baltikum“ ist jung und bezeichnete nicht immer dasselbe Gebiet. Er entstand im Ersten Weltkrieg, als Estland, Lettland und Litauen unabhängige Staaten wurden, als Pendant zum russischen „Pribaltika“. Damals galt Finnland als der vierte

Foto: Arne Acer

baltische Staat. Wenn man bedenkt, dass Litauen oftmals eher mit Polen als mit Lettland assoziiert wurde und dass die Esten sich bis heute oftmals von ihren südlicheren Brüdern distanzieren – ihre vermeintliche Zugehörigkeit zu Skandinavien betonend – ist der Begriff bis heute etwas problematisch. Hinzu kommt die besondere Situation des heutigen „vierten" Landes im Baltikum, des Nordens des einstigen Ostpreußen: Die russische Exklave Kaliningrad (Königsberg) ist ein Stück Russland, weit abgeschieden vom Mutterland.

Die Baltischen Staaten eint ihre Leidenszeit unter jahrhundertelanger Fremdherrschaft und der unter Stalin erlittene Terror. Diese Leidensgemeinschaft geht aber nicht so weit, dass sich die drei baltischen Völker innig lieben würden. Litauer, Letten und Esten pflegen ihre gegenseitigen Vorurteile mit Begeisterung und erzählen gerne Witze, in denen ihre Verschiedenartigkeit zur Schau gestellt wird. Wussten Sie beispielsweise, dass 1990 nur die Litauer ihre Lenin-Denkmäler voller Leidenschaft erstürmten, während die Letten diesbezüglich eine Verordnung erließen, die Esten dagegen schlicht eine finnische Baufirma mit den Abräumarbeiten beauftragten?

Aber wenn es um politische, wirtschaftliche und militärische Zusammenarbeit geht, finden die drei Staaten schnell zueinander. Es herrscht zwar keine reine Harmonie, aber allen ist klar, dass sie seit ihrem EU- und Nato-Beitritt 2004 die Zukunft besser gemeinsam bewältigen können. Zumal der hungrige russische Bär angesichts des Ostukrainekonflikts und der Krimrückholung allen dreien bedrohlich erscheint; in Estland und Lettland ist gut ein Drittel der Bevölkerung russischsprachig.

Allen Völkern des Baltikums gemeinsam ist großzügige Gastfreundschaft; die Balten sind Fremden gegenüber sehr aufgeschlossen, denn sie freuen sich, nach langen Jahren der Isolation unter den Sowjets wieder näher an Westeuropa gerückt zu sein, und sie hoffen auf einen sich weiterhin erfreulich entwickelnden Tourismus.

Russische Folklore in Kaliningrad – der größte gemeinsame Nenner der heutigen Volksgruppen im Baltikum ist die Freude an Musik und Gesang

Igor Sarembe

VOM SCHWIERIGEN UMGANG DER VÖLKER MITEINANDER

Für die verschiedenen Völker des Baltikums brachte das 20. Jh. unendliches Leid. Menschen wurden zwangsweise umgesiedelt, in Straflager deportiert oder systematisch ermordet. Die Folgen der Volkstumspolitik Hitlers und Stalins sind bis heute spürbar und bereiten den jungen Baltischen Staaten, z. B. im Umgang mit den großen russischen Minderheiten, enorme Probleme.

Das multinationale Leben in Wilna oder Riga Anfang des 20. Jh. gehört der Geschichte an. Letten und Litauer, Deutsche, Polen und Russen bildeten dort ein Völkermosaik. Die verschiedenen Bevölkerungsgruppen mischten sich zwar nicht, aber ein pragmatisches und halbwegs friedliches, wenn auch nicht spannungsfreies Miteinander war möglich. Diese Vergangenheit wird von den meisten Balten heute mit verklärt nostalgischem Blick gesehen. Das führt dazu, dass Deutsche – trotz der Gräuel des Zweiten Weltkriegs und der Hitlerzeit – im Baltikum gern gesehene Gäste sind. Viele ältere Balten, v.a. in Estland, sprechen noch sehr gut Deutsch.

Mit der Aufteilung der Länder unter zwei nach Land und Menschen hungernden Diktatoren, Hitler und Stalin, änderte sich das bis dahin in geordneten Bahnen verlaufende Leben im Baltikum für alle Bewohner und dort lebenden Volksgruppen grundlegend. Denn am 23. August 1939 schlossen Deutschland und die Sowjetunion einen Nichtangriffspakt. Zu diesem „Hitler-Stalin-Pakt" gehörten zwei geheime Zusatzprotokolle, in denen die beiden Länder Osteuropa in Interessensphären aufteilten. Das Baltikum wurde der Sowjetunion zugeschlagen und die Aussiedlung der Deutschbalten beschlossen. Anfang Oktober 1939 verkündete Hitler, dass, „um Konflikten vorzubeugen", einige deutsche Volksgruppen im Ausland umgesiedelt würden; bis Jahresende waren es 12 000 Deutsche aus Estland und 52 000 aus Lettland, ein Jahr später aus allen drei Ländern weitere 65 000. Über die Aktion „Heim ins Reich" waren sie – oft Mitglieder der führenden Schichten in Estland und Lettland – alles andere als glücklich; abrupt war die Ära der Deutschbalten nach 700 Jahren beendet. Unter der deutschen Besatzung des Baltikums traf ein ähnliches Schicksal 8000 Schweden, die aus Estland zurück in die „Heimat" geholt wurden.

Als die deutsche Wehrmacht im Oktober 1941 das Baltikum besetzte, begann dort einer der entsetzlichsten Völkermorde der Menschheitsgeschichte. Denn den deutschen Truppen folgte die SS, deren Einsatztruppen sofort nach Errichtung des „Reichskommissariats Ostland" mit der systematischen Ermordung der jüdischen Bevölkerung begann. Etwa 240 000 baltische Juden starben bei Erschießungen in den Wäldern, in den von der SS eingerichteten Gettos und in den Konzentrationslagern. Nur wenige Hundert überlebten; die jüdischen Schtetl existierten nicht mehr. Nur einige wenige von den Deutschen nicht zerstörte Synagogen erinnern heute noch an sie.

In der Nachkriegszeit wurden Museen und Denkmäler an den Hinrichtungsstellen, u. a. die KZ-Gedenkstätte Salaspils, errichtet. Geblieben ist ein zwiespältiges Verhältnis der Balten zu diesem Thema. Vieles wurde nach dem Krieg unter den Teppich gekehrt, man sprach in der Sowjetzeit nicht von den jüdischen Ermordeten, sondern ganz allgemein von den Opfern des Faschismus. Dass sich am Holocaust auch viele Litauer und Letten beteiligten hatten oder selbst Mitglieder der Waffen-SS waren, wird nicht gern erwähnt.

Stattdessen ist ins Zentrum des Interesses das eigene Leid gerückt: Tatsächlich deportierten die Sowjets 1940-1941 und nach 1944 etwa 200 000 Balten in

Rechts: Lenin weist auf die Grenzfestung Narva – die langen Jahre sowjetischer Unterdrückung sind noch nicht vergessen.

Foto: Tomasz Torbus

sibirische Straflager, von wo aus die allerwenigsten 1956 zurückkehrten. Litauen verlor die gesamte gebildete Schicht der Polen; etwa 220 000 von ihnen wurden in den Jahren 1945-1958 in das nunmehr geografisch nach Westen verschobene Polen vertrieben.

Vergleichbares erlitten die Deutschen aus dem nördlichen Ostpreußen. Anstelle der hier vor dem 2. Weltkrieg lebenden Deutschen wurden 900 000 Russen, Weißrussen und Ukrainer angesiedelt. Königsberg wurde zu „Kaliningrad". In diesen Teil der russischen Sowjetrepublik durften Deutsche jahrzehntelang nicht einreisen.

Für die Balten sind die Deportationen unter Stalin bis heute ein Trauma. In Lettland wird zweimal im Jahr der Deportierten gedacht: am 14. Juni derer von 1941 und am 25. März derer von 1949. Damals wehrte sich die Landbevölkerung gegen die Zwangskollektivierung der Landwirtschaft. Da viele baltische Männer als Partisanen gegen die Sowjets kämpften oder vor ihnen in die Wälder geflohen waren, wurden damals an ihrer Statt viele Frauen und Kinder verschleppt.

Zugleich wurden die drei Länder mit aller Macht russifiziert: Die kommunistischen Machthaber förderten die Ansiedlung von Russen, die Schlüsselpositionen in Politik und Verwaltung einnahmen oder scharenweise als Fabrikarbeiter eingesetzt wurden, um die Industrialisierung nach Stalin'schem Muster voranzutreiben. Ziel dieser Besiedlungspolitik war, die Balten in ihren eigenen Ländern zur Minderheit zu machen. Das wäre in Lettland fast gelungen; es ist ethnisch am heterogensten: Nur noch 62 % der Bevölkerung sind Letten. Man bemüht sich, Diskriminierungen gegenüber Russen abzuschaffen, um die EU-Standards einzuhalten. In Estland beträgt der Anteil der russischen Bevölkerung etwa ein Drittel der Bewohner. Die EU-Kommission attestierte Estland große Fortschritte bei der Integration und Gleichberechtigung der nicht-estnischen Bevölkerung. In Litauen wurde die Russifizierung dagegen nicht mit dem gleichen Eifer vorangetrieben, die russische Minderheit umfasst hier nur ca. 5 %. Im Baltikum leben Russen hauptsächlich in Städten; ihr Anteil ist in manchen Grenzregionen besonders groß, z. B. überwiegen sie extrem im estnischen Narva: Hier sind die Esten mit 10 % eine Minderheit.

Die Russen hatten im Baltikum die Macht, und das ließen sie die Balten spüren. Die meisten russischen Neubürger sahen keine Veranlassung, die jeweilige Landessprache zu erlernen, nicht einmal nach jahrzehntelangem Aufenthalt: Russisch war ohnehin Amtssprache, also mussten die Balten es sprechen, um sich in ihren eigenen Ländern bei Behörden oder vor Gericht verständlich machen zu können. Auch Kultur und Religion der baltischen Völker wurden unterdrückt. Dies war einer russisch-baltischen Völkerfreundschaft nicht gerade förderlich. In den Jahren von Glasnost unter dem sowjetischen Präsidenten Michail Gorbatschov wurde es erstmals möglich, offen zu reden, und der in Jahrzehnten angestaute Hass auf die als Besatzer empfundenen Russen machte sich im Baltikum Luft.

Ende der 1980er Jahre verschärfte sich die wirtschaftliche Notl in der Sowjetunion. Im Vergleich zu Russland ging es den Balten besser, Kaufhäuser und Lebensmittelläden waren gut gefüllt. Wer aus Leningrad oder Moskau kam, wo Lebensmittelkarten für Grundnahrungsmittel eingeführt worden waren, fühlte sich ins Schlaraffenland versetzt. Um anreisende Russen von Hamsterkäufen abzuhalten, wurden in den Baltischen Republiken Einwohnerausweise eingeführt, die beim Einkauf vorzuzeigen waren. Zwar wurden sie auch an die im Baltikum lebenden Russen ausgegeben, das nützte ihnen allerdings gelegentlich nichts: In einer Bäckerei in Riga erlebte die Autorin, dass ein Russe trotz vorgelegtem Ausweis von der Verkäuferin nicht bedient wurde, sondern unter Schmährufen den Laden verlassen musste. Dagegen wurde die Deutsch sprechende Besucherin, die als Nicht-Einheimische eigentlich noch nicht einmal hätte ein Brötchen kaufen dürfen, auf das Liebenswürdigste bedient.

Zu dieser Zeit begann im Baltikum das offene Streben nach staatlicher Unabhängigkeit. Nicht zufällig fanden die ersten Protestdemonstrationen gegen Moskau an den Jahrestagen der Deportationen unter Stalin statt. Eindrucksvoll war die Kundgebung zum 50. Jahrestag des Hitler-Stalin-Pakts am 23. August 1989. Über eine Million Menschen formten von Tallinn über Riga bis Vilnius eine 600 km lange Menschenkette. Trauriger Höhepunkt dieser Auseinandersetzungen war im Januar 1991 der Versuch der Sowjets, die Baltischen Länder zum Verbleib in der Union zu zwingen. In Vilnius wurden dabei vierzehn Litauer, in Riga fünf Letten von Sowjet-Soldaten getötet. Die Toten bekamen Ehrenmale und sind bis heute unvergessen.

Eine der größten Schwierigkeiten nach der Unabhängigkeit war in allen drei Baltischen Staaten die Frage der Staatszugehörigkeit. Nur Personen mit baltischer Staatsbürgerschaft vor 1940 oder deren Nachkommen wurden in erster Linie als Staatsbürger anerkannt. Doch viele Russischstämmige betrachten das Baltikum als ihre Heimat, ihre Nachkommen sind dort geboren, und kaum einer möchte in das ihnen fremde Russland umsiedeln. Die neuen baltischen Regierungen wollten die im Land wohnenden Russen aber nicht automatisch zu Staatsbürgern machen (die Rigaer z. B. befürchteten damals, dass die Stadt von Russen regiert würde – heute hat sie einen auch von lettischen Mitbürgern gewählten russischstämmigen Bürgermeister). So knüpfte man die Erlangung der Staatsbürgerschaft an Bedingungen; diese sind, dem Bevölkerungsanteil der Russen entsprechend, in Litauen am liberalsten, in Estland und v. a. in Lettland strenger. Es muss eine

Rechts: Das historisch nicht unbegründete Misstrauen gegenüber Russland war eines der Motive für den EU-Beitrittswunsch der Baltischen Staaten.

Foto: Kai-Ulrich Müller

Mindestaufenthaltsdauer (in Estland zwei, in Lettland fünf Jahre) nachgewiesen und eine Sprachprüfung in der Landessprache absolviert werden. In Lettland musste 2002 für den EU-Beitritt eine Gesetzesbestimmung wieder aufgehoben werden, die von Wahlkandidaten sehr gute Kenntnisse der lettischen Landessprache verlangte. Die Russen im Baltikum empfanden dies als diskriminierend, denn 1991 hatten viele für die Unabhängigkeit der Baltischen Republiken gestimmt. Heute nehmen auch Russischstämmige an Wahlen teil, da viele nun die Staatsbürgerschaft haben. Diese neue, komfortablere Situation baltischer „Russen" ändert die Beziehungen zur Russischen Föderation; sie wollen nicht mehr unbedingt vom übermächtigen Nachbarn beschützt werden – sie haben eine neue EU-Perspektive. Allerdings informieren sich die meisten noch immer in tendenziösen russischen, wenig objektiven Medien, weshalb nun die Deutsche Welle russischsprachige Programminhalte für baltische Russen zur Verfügung stellt.

Dennoch birgt das Thema „russische Minorität" weiterhin sozialen Sprengstoff, obwohl es selten zu offener Aggression kommt, wie 2007, als Russen gewalttätig gegen die Verpflanzung „ihres" Bronzesoldaten in Tallinn protestierten. In Lettland gelten 12 % als „Nichtbürger"; diesen Status haben alle, die während der sowjetischen Besatzungszeit von 1940 bis 1991 nach Lettland zogen oder von der Sowjetmacht hierher umgesiedelt wurden und sich – oft mangels lettischer Sprachkenntnisse – nicht haben einbürgern lassen. Der Umgang mit ihren russischen Mitbürgern bleibt ein Prüfstein für die jungen Demokratien im Baltikum.

Putins Annexion der Krim und die Einmischung in der Ukraine haben keine ethnische Spaltung, jedoch erhöhte Wachsamkeit gegenüber Russland ausgelöst; das große Nato-Manöver 2016 war ein klares Signal an den historisch aus gutem Grund gefürchteten großen Nachbarn, der ja mit Kaliningrad einen hochgerüsteten Brückenkopf an der litauisch-polnischen Grenze unterhält.

Foto: Claudia Quaukies

SANGESFREUDE

Einen wichtigen Teil der baltischen Kultur macht die Dichtung von Volksliedern in traditioneller Form aus, den so genannten *dainas* (Einz. *daina*). Diese kurzen Zeilen, die entfernt an japanische Haikus erinnern, waren bereits um das Jahr 1000 bekannt. Sie stellen ein spezifisches Merkmal des gesamten Baltikums dar, besonders populär sind sie aber in Lettland, wo sie die Form von kurzen Vierzeilern mit Binnenreimen annehmen.

Johann Gottfried Herder sammelte 1764-1769, als Lehrer an der Rigaer Domschule, solche Volksdichtungen der Balten und schrieb, dass „ihre Lieder ihr Nationalarchiv sind, in welchem ihre Wissenschaft und Religion, ihre geistigen Betätigungen, vergangene Ereignisse, ihre Lebensfreude und ihre Leiden verzeichnet sind". Ihre Anzahl ist schier immens – etwa 35 000 Lieder in 180 000 Versionen konnte Krišjānis Barons in Lettland im 19. Jh. sammeln. Die Balten besangen ihre tägliche Arbeit – Landwirtschaft, Viehzucht, Imkerei, Fischfang – und kommentierten Liebe und Tod (die Totenklagelieder heißen auf Litauisch *raudos*).

Die *dainas* halfen den baltischen Völkern in den vielen Jahrhunderten der Fremdherrschaft, ihr Nationalbewusstsein zu erhalten und zu pflegen und spielten deshalb eine wichtige Rolle bei der Herausbildung der nationalen Identität im 19. Jh. Aus diesem Gedanken heraus wurden damals die ersten Sängerfeste in Estland und Lettland veranstaltet.

In Litauen dagegen spielten Volkslieder für das Nationalgefühl keine so herausragende Rolle. Dort wurde das erste Sängerfest erst 1924 organisiert.

Inzwischen finden im Baltikum alle fünf Jahre nationale Festivals des Liedersingens statt. Sie wurden auch während der Sowjetzeit als Ausdruck nationaler Eigenständigkeit genutzt.

Oben: Im Ethnografischen Freilichtmuseum bei Riga werden Volkslieder zur Zither vorgetragen. Rechts: Holzskulptur auf dem Hexenberg von Juodkrantė.

In Anspielung darauf bezeichnete man die Wiedererlangung der Unabhängigkeit im Estland der 1990er Jahre als „Singende Revolution", da sich bei den Sängerfesten Menschen sammeln und aus vollem Halse ihre zuvor verbotenen Lieder singen konnten. Die Volkslieder halfen ihnen, ihrem Wunsch nach Freiheit Luft zu machen – und der war überwältigend: In Tallinn trat 1990 ein Chor von 30 000 Sängern vor 250 000 Zuhörern auf!

HOLZBAUKUNST

Die Völker des Baltikums bauten traditionell aus Holz. Herausragende Monumente ihrer Handwerkskunst blieben zum Glück erhalten, da alle drei Baltischen Länder Freilichtmuseen einrichteten. In Lettland begann man schon in den 1930er Jahren im stolzen Bewusstsein der endlich erreichten Unabhängigkeit, wertvolle Kirchen, Häuser und Mühlen nach Riga zu transportieren. Damit zeigten die Letten, dass sie zwar ein junger Staat, aber ein altes Land waren.

Die drei wichtigsten Freilichtmuseen: in Rocca al Mare bei Tallinn, am Jugla-See bei Riga sowie in Rumšiškės bei Kaunas, sind deshalb ein Muss für jeden Besucher des Baltikums. Alle drei Museen veranstalten folkloristische Märkte, auf denen baltische Holzschnitzer ihre Kunst vorführen und traditionelle wie moderne Skulpturen zum Verkauf anbieten. Auch für diejenigen, die historische Bauten lieber an ihrem ursprünglichen Platz als im Museum besichtigen möchten, hat das Baltikum viel zu bieten: Kirchen in Blockbauweise gibt es z. B. in Stelmuže oder Palūšė in Litauen, sie gehören zu den schönsten Touristenzielen im Land.

Die Holzschnitzkunst war und ist im Baltikum ebenfalls hoch entwickelt. Nicht nur wurden Holzhäuser und -kirchen zum Teil aufwendig verziert und geschmückt, es entstanden auch schöne Beispiele sakraler Plastik und Figuren

Foto: Bernd Helms

aus Mythen und Sagen. Die Holzschnitzer Litauens stellten häufig die Heiligen und „Christi letzte Rast" dar. Auch die moderne litauische Kunst knüpft stark an die Traditionen der Volkskunst an. In vielen historisch wichtigen Orten – so auf dem Hexenberg in Juodkrantė (Kurische Nehrung) oder entlang der Straße von Varėna nach Druskininkai – erblickt man moderne Holzfiguren, deren Sujets der Volkskultur, beispielsweise den unzähligen Märchen, entnommen wurden. Berühmt ist auch der Märchenpark von Tervete in Lettland. Dort stehen in einem romantischen Wald Holzskulpturen, die den Figuren aus den Büchern der lettischen Kinderbuchautorin Anna Brigadere nachempfunden sind.

Damit wird eindringlich veranschaulicht, dass die baltische Volkskunst – Holzarchitektur, Schnitzkunst, auch die Pflege des Liedgesangs – nicht Museen und Archiven vorbehalten ist oder gar nur noch als touristische Folklore verkümmert, sondern bis heute im Leben der Balten einen wichtigen Platz einnimmt.

BALTISCHE KÜCHE

Was ist im Sommer erfrischender als eine Buttermilchsuppe mit Honig? Danach bekommt man Appetit auf frische Pilze, mit saurer Sahne überbacken. Oder vielleicht lieber gefüllte Kartoffelklöße, die berühmten *cepelinai*? Die baltische Küche hat einiges zu bieten. Und verhungert ist bei den eher deftigen Speisen, die meist in üppigen Portionen serviert werden, bestimmt noch kein Reisender.

Die Küche der drei Baltischen Länder zeigt gewisse Ähnlichkeit. Auf der Speisekarte stehen vorwiegend Gerichte aus Schweinefleisch und -speck, Kartoffeln, Kohl in allen Varianten, Getreide, oft als Grütze, und vor allem Milcherzeugnisse. Dazu kommen noch die bei den Balten sehr beliebten Produkte aus den unendlichen Wäldern ihrer Heimat: Beeren und Pilze, und natürlich Honig.

Die verschiedenen Völker im Baltikum beeinflussten auch die jeweilige regionale Küche: Von den Deutschen übernahmen die Balten die Vorliebe für mild gewürzte, überwiegend gekochte Speisen. Die Polen hinterließen in Litauen köstliche Rezepte für Wildgerichte und ihre berühmten Sauerkrauteintöpfe. Und auch zweihundert Jahre russischer Herrschaft sind an der baltischen Küche nicht spurlos vorübergegangen: Überall werden *Pelmeni* (Piroggen), mit Fleisch, Fisch, Kohl oder Pilzen gefüllte Teigtaschen, zubereitet. An kleinen Ständen kann man sie kaufen, ein guter Imbiss. Auch *Borschtsch*, die berühmte Suppe aus Roter Bete, wird gern gegessen.

Sehr beliebt im ganzen Baltikum sind auch die berühmten *Blini*, kleine Pfannkuchen, sehr variabel: Man kann sie als Vorspeise mit Kaviar und saurer Sahne oder als Nachspeise mit Kompott genießen.

Rechts: Das bekannteste litauische Gericht sind Cepelinai („Zeppeline"), große gefüllte Kartoffelklöße mit Sahnesauce.

Grundsätzlich isst man im Baltikum sehr viel Fleisch und Kartoffeln. Obst und Gemüse sind dagegen für den westeuropäischen Geschmack eher zu wenig auf dem Speiseplan vertreten, was auch daran liegt, dass sie seit der Sowjetzeit bis heute sehr teuer sind. Zu allen Gerichten wird nach russischer Sitte Brot serviert. Die Hauptgerichte sind sehr fetthaltig, so bieten sie eine gute Grundlage für den hochprozentigen Alkohol, mit dem das Essen häufig nachgespült wird.

Zum Essen wird im Baltikum Wein oder Bier getrunken und natürlich Wodka (wörtlich „Wässerchen"). Hier zieht man den aus Weizen gebrannten Wodka vor, getrunken wird er oftmals aus 0,1-l-Wassergläsern. Die Auswahl ist groß – von den importierten russischen „Moskowskaya" oder „Stolitschnaya" über die Königsberger Sorte „Perzowka" bis hin zu den im Baltikum produzierten „Kristalinė" oder „Kvietinė". Man sollte wissen, dass *Krepkaja*, starker Wodka (56 % Vol. Alkohol), seinem Namen alle Ehre macht.

Die angebotenen Weine stammen manchmal noch aus Südrussland, von der Krim oder dem Kaukasus – diese sind süß und schwer und für den westlichen Gaumen ziemlich gewöhnungsbedürftig. Auch Sekt trinken Balten und Russen am liebsten süß. Trockene Weine oder Sekt wird der Reisende v. a. in den baltischen Hauptstädten finden, wo sie in vielen Restaurants angeboten werden. Wer auf süßen Rotwein lieber verzichtet, sollte ein baltisches Bier probieren (*Saaremaa õlu* oder *Saku* in Estland, *Cēsis* oder *Rīgas* in Lettland, *Švyturys* in Litauen). Sie schmecken gut, haben allerdings Schwierigkeiten, sich gegen die Westimporte durchzusetzen.

Im Königsberger Gebiet sieht man manchmal noch Tankwagen mit der Aufschrift *Kvas*. Das leichte, köstlich erfrischende Getränk wird aus vergorenem Schwarzbrot hergestellt. Obwohl es das russische Nationalgetränk ist, wird es leider immer seltener herge-

Foto: Knut Liese

stellt. Gelegentlich findet man auf der Speisekarte eines baltischen Restaurants auch „Met", ein leicht vergorenes Getränk aus Honig. Es schmeckt nicht so süß, wie man vielleicht vermuten würde, und ist auf jeden Fall sehr empfehlenswert.

Die Küche der Baltischen Länder weist, bedingt durch die unterschiedliche geschichtliche Entwicklung, trotz aller Gemeinsamkeiten interessante regionale Unterschiede auf.

In **Königsberg** wird heute russisch gekocht. „Königsberger Klopse" – Hackfleischklöße in Kapernsauce – waren als typisch deutsch-ostpreußisches Gericht jahrzehntelang von der Speisekarte verschwunden. Statt dessen werden bis heute köstliche sibirische *Pelmeni* angeboten, in einen dünnen Teig gehüllte Hackfleischfüllungen, ähnlich den italienischen Tortellini. Sie werden in der Regel mit einem großen Klacks *Smetana* serviert, einer sehr dickflüssigen sauren Sahne, ohne die die russische Küche undenkbar wäre. Sie schmeckt einfach köstlich und gehört zu jedem Gericht. So sind auch die berühmten russischen Suppen, *Soljanka*, *Borschtsch* oder *Schtschi*, eine säuerliche Kohl- oder Sauerampfersuppe, ohne einen großen Löffel saure Sahne für einen Russen einfach nicht genießbar. Auch die Russen mögen, wie die Balten, Pilze aller Art, die entweder salzig eingelegt als kalte Vorspeise oder mit viel *Smetana* überbacken, auch als Hauptgericht gegessen werden. Fleisch oder Fisch werden oft in der Pfanne gebraten oder im Ofen gebacken, seltener gekocht. Die Vorliebe für Überbackenes macht sich auch hier bemerkbar.

Nach dem Hauptgang serviert man – auch abends – schwarzen Tee. Dazu gibt es Pralinen, sog. *Konfjeti* und/oder üppige Torten, die mit viel Sahne gefüllt sind.

Die Russen sind sehr gastfreundlich. Wer eine Einladung zum Abendessen erhält, wird üppig bewirtet, obwohl es sich die Familie vielleicht kaum leisten kann. Auch wenn man schon satt ist, sollte man trotzdem weiter von allen angebotenen Speisen essen – alles an-

Foto: Bernd Helms

dere würde der Gastgeber als Beleidigung empfinden.

In **Litauen** wird gerne deftig gegessen. Neben der litauischen Gans, die im Ganzen, mit Schweinespeck und Äpfeln gefüllt, im Ofen gebacken wird, sind *Cepelinai*, große, mit Schweinehackfleisch (oder Quark) gefüllte Kartoffelklöße, die bekannteste litauische Speise. Ihren Namen tragen sie nicht zu Unrecht: Ihre längliche Form erinnert tatsächlich ein bisschen an Zeppeline en miniature. Eine andere Form haben *Kugelis*, eine Art Kartoffelpuffer, oft mit Räucherspeck, die im Ofen gebacken werden oder *Vėdarai*, mit Kartoffeln und Graupen gefüllte Würste. Sehr eigen ist die kurische saure Grütze, die aus Gerstengrütze, saurer Milch und Schmand gekocht und als Beilage zu den Hauptgerichten serviert wird.

Ansonsten ist die litauische Küche eine bunte Mischung von diversen Gerichten verschiedener Provenienz, die die Völkervielfalt der alten „Rzeczpospolita" widerspiegelt. Ob *Borschtsch* genuin litauisch ist, wird von Russen, Polen und Ukrainern bezweifelt, die die Erfindung dieser kalten Rote-Beete-Suppe ebenfalls für sich reklamieren. *Kolduny*, litauische Fleischtaschen, die hierzu oder in einer Brühe gegessen werden, schmecken jedenfalls deutlich anders als russische *Pelmeni* oder polnische *Uszki*. Oft isst man sie auch einfach mit geschmolzener Butter als eigenständiges Gericht.

Gerne essen die Litauer auch die leckere Sauerampfersuppe *rukštinies* oder Kuttelnsuppe. Mutige Touristen mit starkem Magen probieren vielleicht sogar gekochtes Schweinsohr, das in einer braunen Tunke schwimmt. Desserts bestehen in Litauen aus Torten, Gelees oder Schlagsahne *(Grietinele)* mit Früchten.

„Sauer macht lustig" scheint das Motto lettischer Köche zu sein, denn nichts isst man in **Lettland** lieber als Gerichte mit saurer Milch und viel saurer Sahne. Das Nationalgericht *Putra* erfreut sich deshalb größter Beliebtheit. Dafür werden Gerstengraupen oder -grütze weich gekocht und mit saurer Milch und Sahne, manchmal auch Quark verrührt. In einigen Gegenden wird auch pürierter Fisch hinzugefügt. Das Ganze muss einige Stunden ruhen, bis der Geschmack schön säuerlich geworden ist. Zur *Putra* werden Kartoffeln oder auch Fisch serviert.

In einem landwirtschaftlich geprägten Land war es wichtig, dass man Speisen aufs Feld mitnehmen konnte, dass sie warm und kalt gut schmeckten und leicht zu transportieren waren. Deshalb gibt es auch in Lettland eine große Auswahl an Teigtaschen, nach verschiedensten Rezepten zubereitet: z. B. Krautwickel, im Teigmantel gekocht, aus gedünstetem Kohl, mit Speck, Zwiebeln und Kümmel gewürzt. Teigtaschen mit verschiedenen Gemüsefüllungen werden dagegen im Ofen gebacken, bis

Oben: Waldpilze auf dem Zentralmarkt von Riga – die beliebten Pelmeni kann man auch mit Pilzen füllen. Rechts: Brassen, vorbereitet zum Räuchern.

Foto: Bernd Helms

sie knusprig sind. Sehr beliebt sind auch kleine Speckkuchen, kräftig gewürzter Speck in Hefeteig, goldbraun gebacken. Teigtaschen werden auch mit Fischfüllung angeboten. Die Letten haben eine Vorliebe für gesalzenen oder geräucherten Fisch. Besonders beliebt ist Strömling *(Reņģe)*, ein junger Hering aus der Ostsee.

Der Strömling wird auch in **Estland** gerne und oft gekocht. Dort bereitet man die meisten Speisen in Milchsaucen zu, was den Gerichten einen zarten, leicht säuerlichen Geschmack verleiht. Der Strömling wird dafür filetiert und in einer Béchamelsauce (für die Mehlschwitze wird statt Butter Schweinespeck verwendet) gedünstet. Sehr zu empfehlen sind die estnischen Milchsuppen, die süß, z. B. mit Honig, oder salzig, mit Ei, Fisch oder natürlich Pilzen, zubereitet werden.

Als Hauptgang wurde traditionell meist Fisch serviert. Frischer Fisch ist inzwischen allerdings so teuer geworden, dass ihn sich die meisten Esten nicht mehr leisten können. Fleisch isst man am häufigsten vom Schwein, meist eine recht fette Angelegenheit. Sowohl Fisch als auch Fleisch oder Leber werden oft in Milch- oder Sahnesaucen gekocht und mit Kartoffeln serviert. Auch Gemüse wird mit einer solchen Sauce zubereitet. Deftiger schmecken dagegen Eintöpfe. Dafür werden Fleisch und Kartoffeln in kräftiger Brühe gekocht. Serviert wird der Eintopf in kleinen Tontöpfen kochend heiß direkt aus dem Ofen. Zum Nachtisch gibt es auch hier, wie in Lettland, gerne Quarkspeisen und natürlich Pralinen oder Torten.

In den vergangenen Jahren hat die internationale Küche das Baltikum erobert. Das wird in den Hauptstädten deutlich: Schnitzel und Beefsteak mit Pommes Frites stehen auf allen Speisekarten und man trifft dort auch auf die unvermeidlichen Hamburger- und Pizzaläden. Aber für den Reisenden lohnt es sich, Restaurants aufzusuchen, in denen die traditionellen heimischen Speisen angeboten werden. Nationalgerichte sind schließlich Teil der Kultur eines Landes, die es zu entdecken gilt.

Foto: Alex Potemkin, (iStockphoto)

KALININGRADER GEBIET

KALININGRAD (KÖNIGSBERG)
SVETLOGORSK (RAUSCHEN)
ZELENOGRADSK (CRANZ)
SOVJETSK (TILSIT)

KALININGRADER GEBIET (RUSSLAND)

Russisches Essen, eine freundliche Bevölkerung, Ruhe, Naturerlebnisse und, in der Hauptstadt, den restaurierten Dom und mächtige alte Festungstore – das bietet das Kaliningrader Gebiet (Königsberg) heute seinen Besuchern. Die Stadt selbst, die fast ein halbes Jahrhundert für westliche Besucher geschlossen war, ist zwar keine Schönheit, eher eine Herausforderung, wird aber gerade dadurch zum unvergesslichen Reiseerlebnis.

Das Kaliningrader Gebiet (Kaliningradskaja Oblast), wie es sich heute präsentiert, ist keine kontinuierlich gewachsene Region. Es handelt sich zwar im historischen Sinn um den nördlichen Teil der ehemaligen deutschen Provinz Ostpreußen, doch nur die Ostgrenze zu Litauen ist seit Jahrhunderten von Bestand; die übrigen Grenzen wurden 1945, nach dem Ende des Zweiten Weltkriegs, mit dem Lineal gezogen. Nach dem Willen der siegreichen Alliierten wurde Ostpreußen aufgeteilt zwischen Polen, das den südlichen Teil mit Masuren bekam; dem (damals sowjetischen) Litauen, dem der Streifen um Memel (Klaipėda) zugeschlagen wurde; und der (ebenfalls damals zur UdSSR gehörenden) Russischen Republik.

Links: Das deutsche Königsberg wurde im 2. Weltkrieg fast völlig zerstört – übrig blieb, schwer beschädigt, der gotische Dom, der mittlerweile aufwändig restauriert wurde.

Nach dem Ende der Sowjetunion ist das Kaliningrader Gebiet – durch das nun unabhängige Litauen (und Lettland bzw. Weißrussland) von der Russischen Föderation abgetrennt – zur Exklave geworden, Russlands „Region 39". Das nur 15 000 km^2 umfassende Gebiet ist rund 1200 km von Moskau und etwa 1000 km von St. Petersburg entfernt.

Von den ca. 940 000 Einwohnern stellen Russen die große Mehrheit (86 %), gefolgt von Ukrainern und Weißrussen (je knapp 4 %) und Litauern (1 %); die deutsche Minderheit zählt rund 7300 Menschen. Nicht ganz die Hälfte der Einwohner (432 000) leben in der Hauptstadt, etwa ein Drittel in den übrigen Städten, unter denen Sovjetsk (Tilsit) und Tschernjachovsk (Insterburg) über 40 000 Einwohner haben. Das übrige Gebiet ist daher mit etwa 16 Personen pro km^2 sehr dünn besiedelt, was bei Fahrten über Land durchaus spürbar ist.

Vor mehreren Jahren wurde in Königsberg eine in Allenstein (Olsztyn, Polen) entworfene Ausstellung unter dem Titel „Das Atlantis des Nordens" gezeigt. Gemeint war das untergegangene Ostpreußen, an das die ausgestellten Do-

» Karte S. 44-45, Info S. 50-51

kumentarfotos erinnerten, das man im Kaliningrader Gebiet oft nur noch erahnen kann. Die folgenden Reiseziele führen uns weit in die Vergangenheit zurück, wobei wir die heutigen russischen Realitäten nicht unbeachtet lassen werden, aber auch nicht die Schönheit der Natur.

Zuerst lebten hier Prußen, die Mond und Sonne als Götter verehrten und deren Sprache dem Litauischen und dem Lettischen ähnlich war. Als Abwehr gegen ihre häufigen Raubzüge siedelte 1230 ihr südlicher Nachbar, der polnische Herzog Konrad von Masowien, nahe der prußischen Grenze einen Ritterorden an. Dieser, der Deutsche Orden, eroberte das Prußenland und gründete einen Staat unter seiner Hoheit. Dessen gesamte Macht lag in den Händen von ca. 2000 Rittermönchen; an ihrer Spitze stand ein gewählter Hochmeister. Im 14. Jh. entstanden zwischen Weichsel und Memel etwa 100 Städte und 150 Burgen. Von hauptsächlich deutschen Siedlern bewohnt, straff organisiert und wirtschaftlich durchaus erfolgreich, wurde der Ordensstaat Preußen zum Konkurrenten von Litauen, mit dem er sich in einem permanenten Kriegszustand befand. Den Niedergang leitete die Schlacht von Tannenberg (1410) sowie der Wegfall des westlichen Teils Preußens an Polen (1466) ein. 1525 wurde der Deutsche Orden endgültig aufgelöst und sein Land als protestantisches Herzogtum der Lehnsherrschaft der polnischen Monarchie unterstellt.

1618 wurde die Union von Preußen und Brandenburg geschlossen, so dass der Name des praktisch untergegangenen heidnischen Volkes jetzt auch für das Land um Berlin verwendet wurde, später gar für den ganzen mächtigen Staat vom Rhein bis an die Memel. Zuvor hatte aber 1660 Polen das Herzogtum Preußen in die Unabhängigkeit entlassen müssen. Kurfürst Friedrich III. von Brandenburg krönte sich 1701 zum König „in" Preußen, da er nur in der Hälfte seines Staates den Königstitel tragen konnte: In Berlin, d. h. auf Reichsgebiet, durfte es nämlich keine Könige geben.

Seit den Teilungen Polens 1772-1795 bürgerte sich der Name „Ostpreußen" für die östlichste Provinz des Staates ein. Der Machtzuwachs des preußischen Staates kennzeichnet seine weitere Geschichte; nach der Reichsgründung 1871 kamen die Reparationszahlungen der Franzosen auch den Ostprovinzen, d. h. Königsberg zugute.

Die letzten Monate des Zweiten Weltkriegs bedeuteten das Ende für Ostpreußen. Das von den Nazis in Bewegung gesetzte Pendel der Gewalt schlug zurück: Von den Städten blieben nur Trümmerhaufen, die deutsche Zivilbevölkerung wurde verschleppt oder vertrieben. Die Potsdamer Konferenz der Großmächte dekretierte die Auflösung Preußens, womit die einst blühende Kulturlandschaft Ostpreußen zu einer Art Atlantis wurde – nicht versunken, sondern abgeräumt und beerdigt.

Der heutige beklagenswerte Zustand des Landes hängt mit all den negativen Folgen der sowjetischen Planwirtschaft zusammen. Vor allem diente das gesamte Land über 40 Jahre als Truppenübungsplatz – für ein russisches Armeekontingent, dessen Stärke bisweilen auf etwa 200 000 Soldaten geschätzt wurde. Kaliningrad ist bis heute Sitz der Ostsee-Kriegsmarine der Russischen Föderation. Bis 1991 war Königsberg ein Sperrgebiet, zu dem Ausländer keinen Zutritt hatten, erst seither kann man mit einem Visum dorthin; immer noch genehmigungspflichtig ist das Gebiet von Pillau / Baltijsk; außer am „Tag der Marine".

Der Tourismus entwickelt sich, aber nur langsam. Die ehemaligen Königsberger kommen in der Regel nur einmal – zu schockierend ist der Zusammenstoß zwischen den rosigen Erinnerungen aus der Kindheit, bevor der große

Rechts: Die Ruine der Ordensburg Ragnit, Zeugnis vergangener Macht des Deutschen Ordens.

» Karte S. 44-45, Info S. 50-51

Foto: Andrea Seemann (Shutterstock.com)

Krieg begann, und der ernüchternden, zubetonierten Realität von heute. Kurz nach der Öffnung strömten sie in Scharen hierher (50 000 im Jahr 1991), heute sind es nur noch einige Tausend.

Politisch ist Kaliningrad eine russische administrative Einheit – „Oblast". Aufgrund der starken dezentralen Tendenzen im heutigen Russland genießen das lokale Parlament (Sowjet) und der Gouverneur praktisch recht große Autonomie. Moskau misstraut jedoch der immer stärker westwärts orientierten Exklave, wo nicht wenige Autobesitzer ihr Nummernschild mit dem Schriftzug „Königsberg" verzieren.

Nach dem Zerfall der UdSSR schnitt die russische Regierung das Gebiet abrupt von Subventionen ab und es kam zu einer Wirtschaftskrise. Seit der Errichtung der Sonderwirtschaftszone *Jantar* („Bernstein") 1996 verzeichnet man einen wirtschaftlichen Aufschwung. Ausländisches Kapital fließt in das Niedriglohngebiet; neue Industriezweige wie der Kraftfahrzeugbau sind entstanden. Daneben gibt es die traditionellen Erwerbszweige wie Fischfang und Bernsteingewinnung. 95 % der weltweit industriell förderbaren Bernsteinvorkommen sind hier zu finden. Es gibt außerdem Öl, Torf, Holz, Mineralwasser und Steinsalz.

Trotz vieler Maßnahmen konnte sich Kaliningrad nicht zum „Hongkong an der Ostseeküste" entwickeln. Die Verwaltung ist noch übermäßig bürokratisch und die russische Politik beobachtet argwöhnisch separatistische Tendenzen. Es liegt aber im gesamteuropäischen Interesse, dass sich das Gebiet besser als bisher entwickelt und in Zukunft zu einem wichtigen Knotenpunkt zwischen EU und GUS wird.

Russland kennt den unschätzbaren Wert von Baltijsk (Pillau) in der Kaliningrader Oblast – dem einzigen eisfreien russischen Hafen in Europa – und dem Öl unter der Ostsee.

Russen brauchen heute für den Landweg zwischen ihrem Mutterland und der Exklave Kaliningrad ein Transitvisum – eine Folge des EU-Beitritts Polens und der Baltischen Staaten.

» Karte S. 44-45, Info S. 50-51

Foto: Jonathan Smith

KALININGRAD (KÖNIGSBERG) (КАЛИНИНГРАД)

Kaliningrad ❶ (432 000 Ew.) ist eine faszinierende Stadt, aber nicht in herkömmlicher Sichtweise. Auf Historiker wirkt sie wie eine archäologische Grabungsstätte: Aus dem Nachkriegsgrau ragen vereinzelt Wohnhäuser, Kirchen (der restaurierte Dom, ein Meisterwerk der Backsteingotik) und Stadttore hervor, Zeugen der 800-jährigen Geschichte der einstigen preußischen Hauptstadt. Im heutigen Kaliningrad trifft man „Babuschkas", russische Großmütterchen mit Kopftuch, ebenso wie Straßenkinder – und zugleich volle Schaufenster und attraktive Kneipen. Und auch Kaliningrader, die selbst nicht viel haben, pflegen die die traditionelle russische Gastfreundschaft.

Oben: Im bis 1945 deutschen Königsberg leben heute Russen (Weltkriegsveteran der Roten Armee am 9. Mai). Rechts: In Baltijsk (Pillau) wacht Peter der Große über den einzigen eisfreien Ostseehafen Russlands.

Königsberg fungierte in seiner langen Geschichte immer wieder als politische Schaltstelle, nämlich als Sitz der Hochmeister des Deutschen Ordens, Residenz der preußischen Herzöge und Könige, Hauptstadt der Provinz Ostpreußen sowie als Bezirkshauptstadt einer sowjetischen Verwaltungseinheit.

Die Anfänge waren aber sehr bescheiden: Die kleine prußische Holz-Erde-Burg *Twangste* lag günstig zwischen zwei Bächen; sie münden in den nahen schiffbaren Pregel, der nach 10 km ins Frische Haff mündet. 1255 unterjochte ein bunt zusammengewürfeltes Kreuzzugsheer unter Führung des böhmischen Königs Ottokar II. das Gebiet; den gegründeten Stützpunkt nannte man – zu Ehren des Königs – Königsberg. Bald kamen deutsche Siedler aus dem Westen; zusammen mit den assimilierten Prußen, die allmählich ihre Sprache zugunsten des Deutschen aufgaben, stellten sie die Einwohnerschaft einer mächtigen Stadt.

Eigentlich waren es drei Städte: die **Altstadt**, wo heute – etwa an der Stelle der früheren Ordensburg – der monströse Sowjetpalast steht; **Kneiphof** auf der Pregelinsel südlich anschließend sowie östlich davon **Löbenicht**. Alle drei gehörten der Hanse an. Der mit dem Frischen Haff und der Ostsee verbundene Hafen war die Quelle ihres Reichtums – hier wurden Holz, Pelze, Bernstein, Tuche und Honig auf Schiffe verladen und in den Westen verkauft.

Dem Stadtherrn, dem Deutschen Orden, wurde dieser freie Handel im Lauf der Zeit ein Dorn im Auge. So gehörten Kneiphof und Königsberger Altstadt zu jenen sieben Städten, die 1454 gegen den Orden rebellierten und sich mit ganz Preußen aus freiem Entschluss der polnischen Herrschaft unterstellten. Die Folge war ein zäher 13-jähriger Krieg, an dessen Ende das Ordensland Preußen aufgeteilt und Königsberg anstelle des verlorenen Marienburg zum Hauptsitz des Deutschen Ordens wurde. Fortan spielte die Stadt auch eine politische

 » Karte S. 44-45, Stadtplan S. 38, Info S. 50-51

Foto: Igor Sarembo

Rolle, wurde gar – 1525 – zur Hauptstadt des Herzogtums Preußen. Nach der Vereinigung mit Brandenburg büßte sie zwar 1618 diese Rolle zugunsten von Berlin ein, blieb aber weiterhin als Krönungsort von großer Bedeutung.

Dank ihres steten wirtschaftlichen und demografischen Aufschwungs seit dem 17. Jh. präsentierte sie sich kurz vor dem Ausbruch des Zweiten Weltkriegs als elegante, ca. 250 000 Einwohner zählende Metropole. Das Desaster kam im August 1944 in der Gestalt eines Flächenbombardements durch britische Flugzeuge. Gauleiter Erich Koch erklärte Königsberg zur „Festung" und erlaubte der Zivilbevölkerung erst im Winter 1945 die Flucht – Hunderttausende bezahlten dies mit dem Leben. Von Februar bis April 1945 verwandelten schwere Kämpfe die Stadt endgültig in eine Trümmerwüste. In den letzten Tagen vor der Kapitulation entfesselte sich ein Straßenkampf um jedes Haus.

Die verbliebenen 110 000 Deutschen, die nicht umgekommen oder nach Sibirien deportiert waren, schob man bis 1948 in die westlichen Besatzungszonen Deutschlands ab. Die Vernichtung von Königsberg schildert, nüchtern und ohne Verbitterung, Hans Graf von Lehndorff in seinem „Ostpreußischen Tagebuch" – eine empfehlenswerte Reiselektüre.

Die Ansiedlung von 400 000 Russen und die Umbenennung der Stadt in Kaliningrad (1946) markieren die wichtigsten Etappen der Sowjetisierung Königsbergs. Lange Zeit von der Außenwelt hermetisch abgeschottet, weht hier erst seit der Perestroika und der Auflösung des Sowjetimperiums ein frischerer Wind; die heutige Stadt zeigt mit schicken Cafés und Restaurants, renovierten Häuserfassaden und reparierten Schlaglöchern ein freundlicheres Antlitz als noch vor einigen Jahren. Die Kaliningrader befassen sich heute ungezwungen mit ihrer Stadtgeschichte: Immerhin redet man davon, das alte Schloss wieder zu errichten, und sogar die Idee, die Stadt wieder in Königsberg umzubenennen, keimt heute unter den ortsansässigen Russen auf.

» Stadtplan S. 38, Info S. 50-51

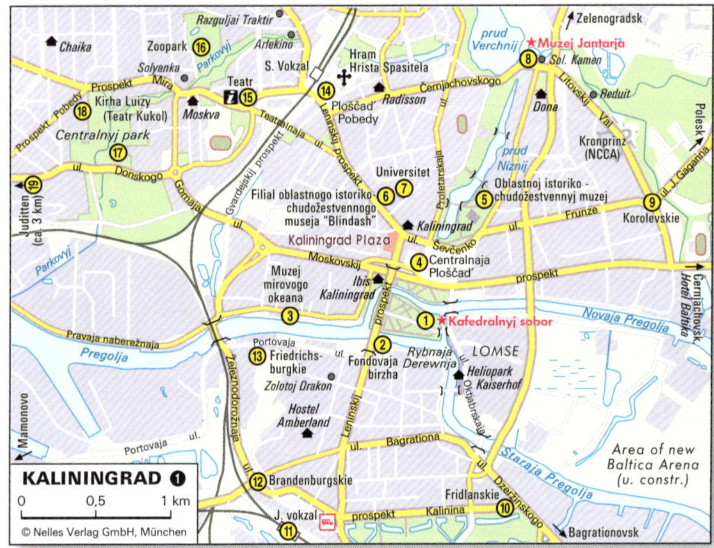

Stadtbesichtigung

Die ganze Pracht des ★**Doms** ① (Kafedralnyj Sobor) kommt heute mehr als vor dem Krieg zur Geltung: Damals dicht in die Häuserzeilen zwischen Handelskontore und Kaufmannshäuser, Speicher und Handwerksbetriebe auf der **Kneiphofinsel** (heute *Ostrov Kanta*, Kantinsel) gedrängt, steht der monumentale Backsteinbau heute allein in einem Park und bietet sich von allen Seiten den bewundernden Blicken dar.

Die Kneiphofinsel war Mittelpunkt des alten Königsberg und wurde 1327 vom Deutschen Orden zur selbstständigen Stadt erhoben. Sie hieß damals „Knipab" – „von den Pregelarmen abgetrennt". Es muss eine prächtige Stadt gewesen sein, wie man auf alten Stichen sieht. Am 30. August 1944 ging sie mit all ihren Fachwerkhäusern im alliierten Bombenhagel unter. Nur die Domruine ragte noch aus den Trümmern.

Rechts: Immanuel Kant, der berühmteste Sohn der Stadt, ist im Dom verewigt.

Der Baubeginn der Kirche war 1325; bereits drei Jahre später aber stoppten die Ordensritter den ursprünglichen Bau, da sie keine wehrhafte Kirche neben ihrer Burg wünschten. Ein Blick auf die Außenwand des Chors macht ihre Befürchtungen verständlich: Die 3 m dicke Mauer und der Wehrgang im Dachraum verwandelten die Kirche in eine uneinnehmbare Feste. Letzten Endes wurde bis 1382 eine monumentale dreischiffige Hallenkirche mit einer charakteristischen Doppelturmfassade errichtet, versehen mit spitzbogigen Blendnischen – nach dem Vorbild der Pfarrkirche in Kulm (poln. Chełmno) an der Weichsel. Nach einem Brand 1544 erhielt der Nordturm statt einer Spitze ein einfaches Satteldach.

Der Dom war die Grablege der Hochmeister (im 14. Jh. Luther von Braunschweig, seit 1457 alle Hochmeister) und der Herzöge von Preußen. Nach 1944 standen nur noch die Außenwände, die Innenausstattung war zerstört. Im Chor war nur die Stelle erkennbar, wo sich einst das prächtigste Kunst-

» Stadtplan S. 38, Info S. 50-51

werk der Kirche befand: das **Herzog-Albrecht-Grabmal**, eine Arbeit des Niederländers Cornelis Floris von 1570. Unter dem rührigen Dombaumeister Igor Odinzow wird derzeit in der Kirche das Albrechtssgrab in der alten Form wiederhergestellt.

1992 begann die Rekonstruktion des Doms. 1994 erhielt er sein spitzkonkaves Dach zurück, der Südturmhelm wurde per Hubschrauber aufgesetzt. Auch Glocken erklingen wieder über der Kneiphofinsel: 1995 erhielt der Dom die vier Hauptglocken „Alexander Nevskij" (1180 kg), „Peter der Große" (700 kg), „Kneiphof" (580 kg) und die „Kinderglocke" (200 kg). Sie schlagen jede Viertelstunde, jede volle Stunde erklingt der Anfang von Beethovens Ode an die Freude. Der Dom ist heute ein religiöses und kulturelles Zentrum: Neben **Orthodoxer** und **Protestantischer Kapelle** sind hier **Dommuseum**, **Stadtmuseum**, **Kantmuseum** und die **Wallenrodtsche Bibliothek** (16. Jh.) untergebracht. Einmalig in Russland ist das Orgelspiel: Seit 2008 verfügt der Dom über eine große **Konzertorgel** samt **Barockprospekt** und eine kleinere Chororgel.

In Kaliningrad heißt es, dass der Dom nur wegen eines schlichten Anbaus an seiner Nordwand nach 1945 nicht gänzlich abgebrochen wurde: dem 1924 anlässlich des 200. Geburtstags Kants errichteten **Grabmal Kants** (Kantiana) in Form eines von Pfeilern umgebenen Kubus. Indem man es verschonte, soll die Rolle des Philosophen als angeblichem Vordenker von Karl Marx gewürdigt worden sein. Wenn Immanuel Kant (1724-1804) dies wüsste, der doch mit seiner „Kritik der reinen Vernunft" von Marx meilenweit entfernt war! Hochzeitspaare legen heute Blumen an Kants Grab nieder.

An der Südostecke des Doms, wo einst die Universität war, steht seit dem Jahr 2005 stolz **Herzog Albrecht**, der die Hochschule am 17.8.1544 eröffnete, als Bronzefigur auf einem auf Deutsch und Russisch beschrifteten Sockel.

Foto: Tomasz Torbus

Der große Denker Kant verbrachte als Professor der hiesigen Universität (1755-1796) sein ganzes Leben am Pregel. Mehr vielleicht als durch seine philosophischen Schriften lebt er hier in unzähligen Anekdoten fort. Auf einer am Eingang zur Pregelbrücke (Leninprospekt, nahe Hotel Kaliningrad) eingemauerten Tafel ist auf Deutsch und Russisch das Kant'sche Motto verewigt: „Zwei Dinge erfüllen das Gemüt mit immer neuer und zunehmender Bewunderung und Ehrfurcht, je öfter und anhaltender sich das Nachdenken damit beschäftigt: Der bestirnte Himmel über mir und das moralische Gesetz in mir."

Kant war nicht der einzige große Sohn dieser Stadt. In Königsberg lebten der Mathematiker Leonhard Euler (1707-1783), Simon Dach (1603-1650), Schöpfer der Ännchen-von-Tharau-Verse, der romantische Dichter und Komponist E. T. A. Hoffmann (1776-1822), die Künstlerin Käthe Kollwitz (1867-1945), ebenso lokale Größen der Literatur, wie die Dichterin Agnes Miegel (1879-1964).

» Stadtplan S. 38, Info S. 50-51

Und hier wuchs die wohl größte Tochter der Stadt im 20. Jh. auf: Hannah Arendt (1906-1975), Philosophin jüdischer Herkunft, die bei weitem nicht nur durch ihre Beziehung zu Heidegger berühmt geworden ist. Mit ihrem Begriff der „Banalität des Bösen" versuchte sie philosophisch zu erfassen, was nicht zu begreifen ist: die Judenvernichtung durch das nationalsozialistische Deutschland. Der kausale Zusammenhang zwischen der Hybris der Nazi-„Übermenschen" und der Verwandlung einer blühenden Stadt in ein Trümmerfeld wird dem Besucher bei Spaziergängen durch diese widersprüchliche Stadt schmerzhaft bewusst.

Südlich des Pregels erblickt man die **Alte Börse** (2), einen Neurenaissancebau von 1875 (Architekt: H. Müller-Bremen), seit 2000 das Oblast-Zentrum für Jugendkultur.

Noch auffälliger: das **„Fischerdorf"** (Rybnaja Derewnja) am Pregel-Ostufer, gegenüber dem Dom, ein auf historisch getrimmter neuer Komplex aus Einkaufszentrum, Hotel, Restaurants und Leuchtturm. Die einstige Kaiserbrücke – heute **Jubiläumsbrücke** – führt über den Pregel. Weiter östlich entstand auf der Lomse (Oktoberinsel) für die Fußball-WM 2018 die **Baltika-Arena** mit 45 000 Plätzen.

Westlich der Kneiphofinsel liegen am Pregel-Nordufer u. a. das **U-Boot B-413** und das einstige **Forschungsschiff Vitjas**, sie sind Attraktionen im Außengelände vom modernen **Museum der Weltmeere** (3). Als „Mars" war die Vitjas ein deutscher Frachter, mit dem am Kriegsende mehrere tausend Ostpreußen in den Westen flohen.

Südwärts führt der **Leninprospekt**, (Leninskij Prospekt) Kaliningrads angesagteste Boutiquen- und Shoppingmeile, nach gut 1 km zum **Hauptbahnhof** (Juschnyj voksal).

300 m nordwärts vom Dom liegt ein riesiger Platz, an dessen Rand sich allmählich moderne Großstadtbauten breitmachen: der **Zentralplatz** (4) (Centralnaja Ploschtschad). Bis 1944 stand hier das *Königsberger Schloss*, ein stilistisches Amalgam aus mittelalterlicher Ordensburg, Renaissance-Anbauten und barocken Flügeln, in dem sich einst u. a. die Schlosskirche und ein riesiger Prachtsaal, der sog. Moskowitersaal, befanden. Die neuen Machthaber der Stadt ließen 1967 genau über dem zugeschütteten Graben der Ordensburg das sog. **Rätehaus** (Dom sovjetov) errichten, ein monströses Betonhochhaus. Doch die unzureichende Füllung des mittelalterlichen Burggrabens ließ das Riesenhaus absacken, die Wände rissen; seit 1971 ist es eine halbfertige Ruine. Das Viertel rings um den Platz modernisiert sich; Archäologen untersuchen die historische Fläche. Zu den vielen Ideen zur Neugestaltung zählt sogar der Schlossneubau.

Die beiden großen Seen im Stadtzentrum, **Schlossteich** (heute Nishnij prud) und **Oberteich** (Verchnij prud), entstanden durch den im Mittelalter aufgestauten Mühlenbach. Die Stadtbefestigung teilte später den See in zwei größere Becken. Drei Brücken queren den langgestreckten Schlossteich. Hier bestimmen Spaziergänger, Verliebte auf den Bänken und im Winter schlittschuhlaufende Kinder das Bild. Am Ostufer zeigt in der früheren **Stadthalle** (1910-1912) das **Museum für Geschichte und Kunst** (5) Sammlungen aus der Region – von der Zeit der alten Prußen bis heute. Erst 1991 wurde das 1944 durch Luftangriffe zerstörte Gebäude als Museum wiedereröffnet.

Der **Lasch-Bunker** (6) westlich des Sees offenbart das Grauen der Belagerung. Im unterirdischen Befehlsstand des Königsberger Kommandanten Otto Lasch zeigt ein **Museum** auf Schautafeln und Fotografien den Kampf um die Stadt 1944-45. Weitere Bunkerkammern wurden 2009 entdeckt.

Eines der Zeichen für ein friedliches

Rechts: Im Dohnaturm von 1850 ist das Bernsteinmuseum untergebracht.

» Stadtplan S. 38, Info S. 50-51

Foto: Maykowa Galina (Shutterstock.com)

Miteinander ist das seit 1992 neben dem Bunker, in der Universitetskaja ul., stehende **Kant-Denkmal**, eine Kopie des von Christian D. Rauch 1857 entworfenen, im Krieg verschollenen Originals. Die ZEIT-Verlegerin und gebürtige Ostpreußin Marion Gräfin Dönhoff (1909-2002) stiftete es, die sich sehr für ein entspanntes Verhältnis zwischen Deutschen und Russen einsetzte.

Das große Gebäude hinter dem Denkmal ist die einstige **Albertina**, heute **Baltische Föderale Immanuel-Kant-Universität** (7). 1544 wurde sie von Albrecht von Hohenzollern-Ansbach gegründet, dem letzten Ordenshochmeister und ersten protestantischen Herzog von Preußen. Ihr Sitz befand sich zunächst neben dem Dom (in dem Herzog Albrecht bestattet liegt, s. S. 39), erst nach 1862 verlagerte man sie teilweise in dieses neue Gebäude, das sich damals im Stil der florentinischen Renaissance präsentierte, heute ist es wesentlich schlichter.

Geht man von der Universität ein Stück Richtung Norden, kommt man zum **Panzergrenadierdenkmal**: einem T-34-Panzer aus dem Jahr 1945.

Am Oberteich im **Dohnaturm**, einem der alten Festungsbauten – der Turm von 1850 hat einen Durchmesser von 34 m! – zeigt das ★**Bernsteinmuseum** (8) (Muzej Jantarja) das seit Jahrtausenden die Menschen faszinierende versteinerte Baumharz aus dem Eozän. Die Bernsteinsammlung gehört mit ca. 14 000 Stücken weltweit zu den beachtlichsten: Kunsthandwerk, Leihgaben aus der Rüstkammer des Moskauer Kreml, außergewöhnliche Stücke mit Insekteneinschlüssen, wunderbare alte und neue Bernsteinarbeiten regionaler Künstler – eine einzigartige Kollektion. Die kostbarsten und ältesten Ausstellungsstücke sind im Kellergewölbe, in der „Schatzkammer". Teile der früheren Sammlung befinden sich heute auch an der Universität Göttingen und im Bernsteinmuseum Palanga (Litauen). Vor 40 Mio. Jahren entstand der Bernstein im Samland, hier findet man ihn häufiger als sonstwo in Europa.

Neben vielen Neubauten entdeckt

man hie und da Reste eines alten Gebäudes oder einer Pflasterstraße. Sieben der acht 1843-1864 errichteten **Stadttore** sind erhalten, man hatte damals die Stadt mit einem starken Befestigungsgürtel umgeben. Einige sind Museen, manche umtost vom Verkehr. Das **Rossgärter Tor** neben dem Dohnaturm trägt Medaillonporträts der Generäle von Gneisenau und Scharnhorst. Einst führte die Cranzer Allee durch das Tor in den schon 1300 erwähnten Ross- und Rindergarten, später als Poststraße über die Kurische Nehrung nach Memel. Folgt man dem Festungsring im Uhrzeigersinn, erreicht man an der ulica Frunse das interessante **Königstor** (9), darin ein **Museum der Diplomatie**. Drei **Sandsteinfiguren** zieren seit 2005 wieder die Stadtseite: die Könige Ottokar II. und Friedrich I. sowie Herzog Albrecht, darunter die Wappen Samlands und Natangens. Eine modere **Kater-Murr-Skulptur** am Tor erinnert an E.T.A. Hoffmann. Zwischen beiden Toren entsteht am Litovskij val 38 in der alten **Kronprinz-Kaserne** bis. 2017 das **Zentrum Zeitgenössischer Kunst** (NCCA).

Das restaurierte backsteinerne **Sackheimer Tor** passiert man auch auf der Fahrt Richtung Tilsit oder Insterburg. Vom **Friedländer Tor** (10), mit dem **Museum zur Alltagskultur** sowie u. a. einem Fotoarchiv historischer Bauwerke, führt der **Kalininprospekt** am ehemaligen Südpark entlang 1 km westwärts zum **Hauptbahnhof** (11) (1915-1929), wo die Züge aus Richtung Polen – anders als im übrigen Russland – auf europäischer Spurweite einrollen.

Das **Brandenburger Tor** (12) dient heute noch als Doppeldurchfahrt für Autos und Straßenbahn (ulica Bagrationa). In romantisierendem gotischem Stil mutet es wie ein mittelalterliches Burgtor an. Zwei Medaillons über den Torbögen zeigen Generalfeldmarschall Hermann von Boyen (1778-1848) und Ernst Ludwig von Aster (1778-1855), Chef des preußischen Ingenieurkorps. Der Name des Tors verweist auf die einstige 20 km entfernte Ordensburg. Das **Friedrichsburgtor** (13) (an der ul. Portovaja) von 1796 birgt die **Schiffbauabteilung des Meeresmuseums**; die zugehörige Festung, die den Hafen schützte, wurde zerstört.

Viel besser erhalten als das alte Zentrum ist der Nordwesten der Stadt, ihr heutiger Mittelpunkt. Vom Reichtum des alten Königsberg zeugen hier noch prächtige **Villen**, die, jahrzehntelang verwahrlost, jetzt renoviert sind, so in der **ul. Kutuzova**, der **ul. Komsomolskaja** und der **ul. Ogarjeva** im ehemals noblen deutschen Vorort **Amalienau**. Nach Meinung der „normalen" Kaliningrader wohnen hier, insbesondere am **Prospekt Mira** (Westabschnitt = ehem. **Hufenallee**) und dem **Prospekt Pobedy**, heute russische Neureiche, die ihre Vermögen oft dubiosen Geschäften oder Korruption verdanken.

Dekorativ gepflastert ist im heutigen Herzen der Stadt seit ihrem 750-jährigen Jubiläum 2005 der **Ploschtschad Pobedy** (Siegesplatz) (14), der alte **Hansaplatz**. Hier kann man einen Rundgang beginnen. In seiner Mitte steht seit 2006 die „Stella" genannte **Siegessäule**, während die einstige Leninstatue einen neuen Platz vor dem Kulturhaus nahe dem Hauptbahnhof gefunden hat. Im **Stadthaus** hat die Stadtverwaltung seit 1927 ihren Sitz; es wurde 1923 als Handelshof erbaut. Vom ehemaligen **Nordbahnhof** an der Nordseite des Platzes brach einst das Volk zum Sonntagsausflug nach Rauschen auf – er ist heute ein Businesszentrum mit Banken und Geschäften. Die elektrische S-Bahn („Elektritschka") fährt hier Richtung Samland ab. Ganz in Rosa präsentiert sich das alte **Polizeipräsidium**, heute Sitz der Nachfolgeorganisation des KGB. Im Herbst 2006 weihte der russische Patriarch Alexej II. am Pl. Pobedy die fünfkuppelige **Christi-Erlöser-Kathedrale** ein, mit Platz für 3000 Personen, ein

Rechts: Das Brandenburger Tor – sieben der alten Stadttore sind erhalten geblieben.

» Stadtplan S. 38, Info S. 50-51

Foto: Tomasz Torbus

Entwurf des Kaliningrader Architekten Oleg Kopylov. Folgt man dem **Prospekt Mira** (Hansaring), entdeckt man die Gruppe der **Kämpfenden Wisente** (A. Gaul, 1913) vor dem ehemaligen **Amtsgericht** (1912, jetzt Technisches Institut für Fischindustrie und Fischwirtschaft). In die protzige frühere **Oberpostdirektion** nebenan ist der Generalstab der Baltischen Flotte eingezogen.

Dem alten **Theater** (15) (1927, mit neu hinzugefügtem Säulenvorbau) gegenüber, am Prospekt Mira, steht noch das deutsche **Schiller-Denkmal** von Stanislaus Cauer, aufgestellt 1910. Angeblich wurde es 1945 verschont, weil ihm jemand eine Tafel mit der Aufschrift „Nicht schießen, bin ein deutscher Dichter" umgehängt hatte.

Nördlich des Prospekt Mira erstreckt sich der **Zoo** (16), eine deutsche Gründung von 1896. Audioguides oder Apps erklären heute die Tierwelt.

Unweit davon befindet sich die **Luisenwahl**, der 1796 von einem Königsberger Schulrat angelegte und später der Königin Luise gewidmete Park, heute **Zentralpark** (17). 1808 und 1809 verlebten hier der preußische König Friedrich Wilhelm III. und seine Gemahlin Luise die Sommerferien. Es ist ein ruhiger Ort, um sich zurückzuziehen, aber man kann auch an einem Sonntag das Kaliningrader Familienleben beobachten.

Die größte Attraktion des Parks ist das Kaliningrader **Puppentheater** in der früheren **Königin-Luise-Gedächtniskirche** (18), 1901 in Gegenwart des Kaiserpaares Wilhelm II. und Auguste Viktoria eingeweiht (Cerkov Luisy, ul. Parkovaja; Kirche zugänglich). 1971 brachte man aus der Rominter Heide (südöstlich von Königsberg an der polnischen Grenze) das **Jagdhaus** hierher, das sich Kaiser Wilhelm II. 1891 von norwegischen Zimmerleuten im skandinavischen Stil aus rot gebeiztem Fichtenholz erbauen ließ (heute Parkverwaltung, 150 m von der Kirche).

Am westlichen Rand der Stadt liegt die gotische **Kirche von Juditten** (19), gegründet 1288 und somit das älteste erhaltene Gebäude Kaliningrads. Als sie 1986 restauriert und zur orthodoxen

» Stadtplan S. 38, Info S. 50-51

BALTIJSKOE
MORE
Kuršskaja
kosa
★Nac. p.
KURŠSKIJ
ZALIV
KURŠIŲ
MARIOS
KALININGRADSKIJ
ZALIV
Pervalka
Preila
Nida
Morskoe
Rybačij
Lesnoj
Zelenogradsk
Pioners-
kij
★Svetlogorsk
Donskoe
Primor'e
Zaostrov'e
Sosnovka
Kaširskoe
Zalivnoe
Zalivino
Belomorskoe
Krasnotorovka
Jantarnyj
Dvoriki
Gračevka
Romanovo
Kovrovo
Roščino
Hrabrovo
Nekrasovo
Ušakovka
Polessk
★Matrosovo
Pokrovskoe
Powarovka
Kumačevo
Mel'nikovo
Primorskoje Kolzo
Uzlovoe
Lazovskoe
Petrovo
Pereslavskoe
Orlovka
Gur'evsk
Dobrino
Turgenevo
Nahimovo
Logvino
Kolosovka
Holmogorovka
Jaroslavskoe
Zareč'e
Primorsk
Kostrovo
Ljublino
Mal. Vasil'kovo
Slavinsk
Ivanovka
Voločaevskoe
KALININGRAD
Rodniki
Nizov'e
Roščino
Osinovka
Vzmor'e
Šossejnoe
Mal. Lugovoe
Pregolja
Dejma
Eršovo
Baltijsk
Svetlyj
Laskino
Ušakovo
Golubevo
Zelenopol'e
Komsomol'sk
Gvardejsk
Ozerki
Prudy
Otvažnoe
★Balga
Laduškin
Novomoskovskoe
Polevoe
Nivenskoe
Semenovo
Znamensk
Vesjoloje
Primorskoe-Novoe
Medovoe
Južnyj
Čehovo
Pobeda
Pjatidorožnoe
RO
(Kalining
Fedotovo
Mamonovo
Novosëlovo
Tišino
Bogdanovka
Pobereż'e
Gvardejskoe
Slavjanovka
Gronowo
Kornevo
Podgornoe
Zajcevo
Družba
Pograničnyj
Pograničnoe
Orehovo
Pravdinsk
Braniewo
Piele
Domnovo
Bagrationovsk
Nadeždino
Ermakovo
Lipowina
Głębock
Galiny
Toprzyny
Soldatovo
Sevskoe
Wyszkowo
Szyleny
Szczurkowo
Rjabinino
Lelkowo
Dzikowo
Dęby
Piotrowiec
Bezledy
Wodukajmy
Lipica
Kandyty
Dzietrzychowo
Zięby
Stopki
Górowo
Iławeckie
Bądle
Lubianka
Wojciechy
Bartoszyce
Liski
Sepopol
A192
A191
A193
A194
A195
A196
A197
E28
E77
229
51
54
KALININGRADER GEBIET
0 10 20 km
© Nelles Verlag GmbH, München

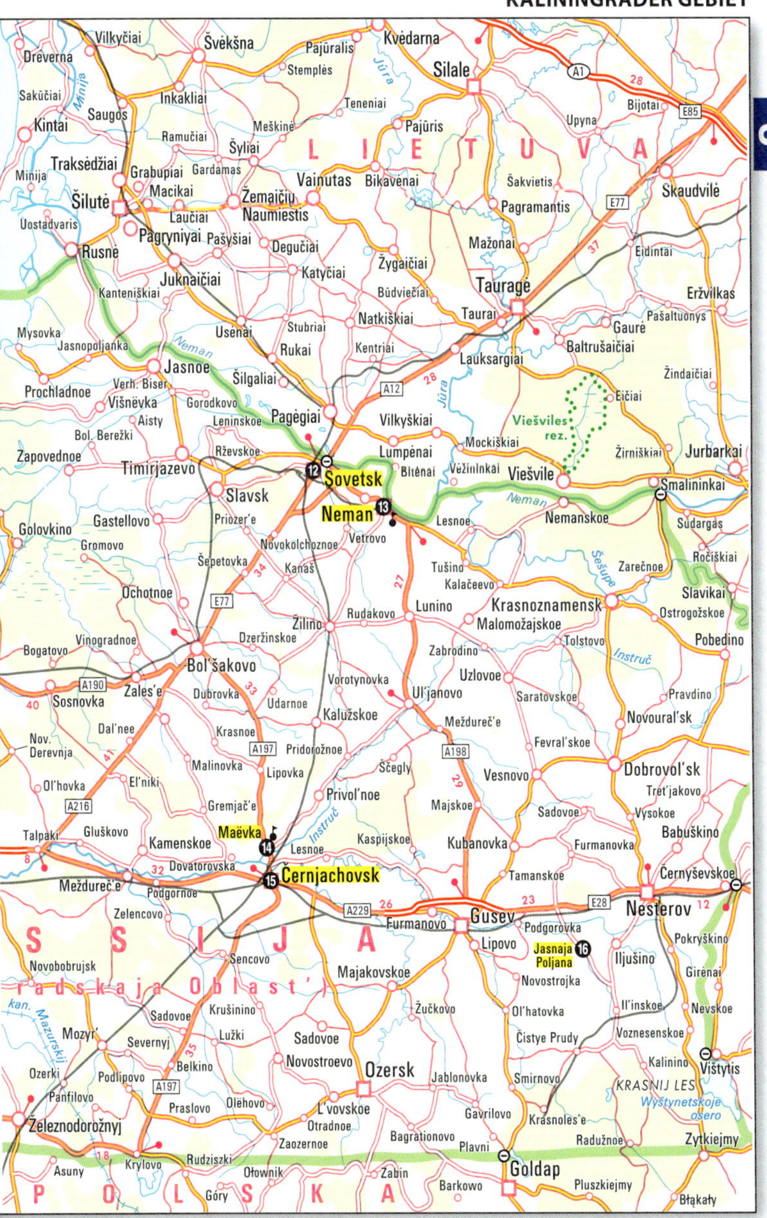
Vilkyčiai
Švėkšna
Pajūralis
Kvėdarna
Silale
Dreverna
Stemplės
Jūra
Sakūčiai
Inkakliai
Teneniai
Bijotai
Kintai
Saugos
Minija
Meškinė
Pajūris
Upyna
E85
A1
Ramučiai
Šyliai
L I E T U V A
Minija
Trakseidžiai
Grabupiai
Gardamas
Vainutas
Bikavėnai
Šakvietis
Skaudvilė
Macikai
Šilutė
Žemaičių Naumiestis
Pagramantis
E77
Uostadvaris
Laučiai
Pagryniyai
Pašyšiai
Degučiai
Mažonai
Eidintai
Rusnė
Katyčiai
Žygaičiai
Juknaičiai
Kanteniškiai
Būdviečiai
Tauragė
Eržvilkas
Natkiškiai
Taurai
Pašaltuonys
Gaurė
Mysovka
Stubriai
Baltrušaičiai
Usėnai
Jasnopoljanka
Rukai
Kentriai
Lauksargiai
Neman
Jasnoe
Šilgaliai
Žindaičiai
Prochladnoe
Verh. Biser
A12
Eičiai
Višnėvka
Gorodkovo
Pagėgiai
Vilkyškiai
Viešviles rez.
Aisty
Leninskoe
Bol. Berežki
Lumpėnai
Mockiškiai
Žirniškiai
Jurbarkai
Zapovednoe
Rževskoe
Timirjazevo
Sovetsk
Bitėnai
Vėžininkai
Viešvile
Smalininkai
Slavsk
Neman
Nemanskoe
Lesnoe
Golovkino
Gastellovo
Priozer'e
Sudargas
Vetrovo
Gromovo
Novokolchoznoe
Šešupe
Ročiškiai
Šepetovka
Kanaš
Tušino
Zarečnoe
Kalačeevo
Slavikai
Ochotnoe
E77
Krasnoznamensk
Ostrogožskoe
Lunino
Rudakovo
Žilino
Malomožajskoe
Bogatovo
Vinogradnoe
Dzeržinskoe
Tolstovo
Pobedino
Zabrodino
Instruč
Bol'šakovo
Uzlovoe
A190
Zales'e
Vorotynovka
Dubrovka
Pravdino
Sosnovka
Ul'janovo
Saratovskoe
Udarnoe
Novoural'sk
Dal'nee
Kalužskoe
Meždureč'e
Krasnoe
Nov. Derevnja
Fevral'skoe
A197
Pridorožnoe
A198
Malinovka
Ščegly
Dobrovol'sk
Lipovka
Vesnovo
El'niki
Tret'jakovo
Ol'hovka
Privol'noe
Majskoe
Sadovoe
A216
Gremjač'e
Vysokoe
Babuškino
Instruč
Gluškovo
Maëvka
Kaspijskoe
Talpaki
Kubanovka
Furmanovka
Kamenskoe
Lesnoe
Dovatorovska
Černyševskoe
Tamanskoe
Černjachovsk
Meždureč'e
Podgornoe
A229
E28
Nesterov
Zelencovo
Gusev
Furmanovo
Podgorovka
Pokryškino
S S I J A
Lipovo
Jasnaja Poljana
Sencovo
Iljušino
Novobobrujsk
Majakovskoe
Novostrojka
Girėnai
radskaja Oblast')
kan. Mazurskij
Sadovoe
Krušinino
Žučkovo
Ol'hatovka
Il'inskoe
Nevskoe
Mozyr'
Lužki
Sadovoe
Čistye Prudy
Voznesenskoe
Severnyj
Belkino
Novostroevo
Ozersk
Kalinino
Vištytis
Ozerki
Podlipovo
Jablonovka
Smirnovo
A197
KRASNIJ LES
Panfilovo
Wyštynetskoje osero
Praslovo
Olëhovo
L'vovskoe
Gavrilovo
Krasnoles'e
Otradnoe
Železnodorožnyj
Bagrationovo
Zaozernoe
Plavni
Radužnoe
Zytkiejmy
Rudziszki
Krylovo
Asuny
Olownik
Zabin
Goldap
Barkowo
Pluszkiejmy
P O L S K A
Góry
Błąkały

Kathedrale St. Nikolas geweiht wurde, hielt der Pope hier den ersten christlichen Gottesdienst der Region seit 1948 die letzten protestantischen Deutschen vertrieben worden waren. Interessant ist der Kontrast zwischen der westeuropäischen gotischen Architektur und den rauchgeschwärzten Ikonen und den monotonen orthodoxen Klängen des *Gospodi pomiluj* (Kyrie eleison).

UNTERWEGS IM KALININGRADER GEBIET

Das Kaliningrader Gebiet ist flach und von Feldern, Wiesen und Wäldern bedeckt. Von den 2800 Dörfern der Vorkriegszeit blieben nur 1300 erhalten, die oft einen ärmlichen Eindruck machen. Gutshäuser und Schlösser, selbst das einst riesige Dönhoff'sche Friedrichstein, sind dem Erdboden gleichgemacht, Kirchen wurden zu Getreidespeichern oder verfielen, Stadtanlagen mit ihren Marktplätzen sind kaum noch zu erkennen. Felder und Wiesen sind ein Paradies für über 6000 Störche. Die meisten Touristen hier suchen Spuren ihrer früheren Heimat oder der ihrer Vorfahren. Weiter finden sich Ostpreußen-Nostalgiker, Pferdeliebhaber (v. a. in Trakehnen) oder Naturfreunde, beispielsweise in der Rominter Heide oder den Dünen der Kurischen Nehrung.

Kommt man von Westen über den polnisch-russischen Grenzübergang **Gronovo-Mamonovo** nahe dem Frischen Haff, bietet es sich nach 12 km an, einen kleinen Abstecher Richtung **Vesjoloje** (Весёлое) zu machen: Folgt man etwa 10 km lang einer holprigen Straße in Richtung Norden, so steht man an deren Ende in einem dichten Wald der **Halbinsel Balga**. Die hier sichtbare Backsteinruine war ursprünglich Teil der Komturburg ★**Balga** ❷, die bereits 1239 an der Stelle der prußischen Erdburg Honeda angelegt wurde. Balga war die mächtigste Burg der ganzen Region, die als einzige im Osten während des großen Aufstands der Prußen 1260 nicht von ihnen erobert wurde. Später residierte hier ein Konvent, eine klosterähnliche Gemeinschaft von zwölf Ordensbrüdern, die in einem riesigen Bezirk (bis an die masurischen Seen) die ganze politische, religiöse und wirtschaftliche Macht innehatten. Von der eigentlichen Burg sind nur Fundamente erhalten. Die malerische **Ruine** ist die des sog. Beamtenhauses in der Vorburg, das um 1300 erbaut wurde. Bewundernswert ist die Sorgfalt, mit der die dicken Backsteinwände errichtet wurden. Sie gaben noch 1945 Wehrmachtssoldaten Deckung in einer der mörderischsten Schlachten des Krieges, von der noch Betonreste und Patronenhülsen zeugen.

Auch südlich von Königsberg gibt es einige Sehenswürdigkeiten, die sich in die Reiseroute auf dem Weg nach oder von Polen über den zweiten Grenzübergang (Bezledy) einplanen lassen. Direkt

Oben: Balga – die Natur erobert ein Zeugnis alter Deutschordensmacht zurück. Rechts: Russisch-orthodoxe Kirche im früheren Preußisch-Eylau.

» Stadtplan S. 38, Karte S. 44-45, Info S. 50-51

an der Grenze liegt **Bagrationovsk** ❸ (Багратионовск), das bis 1945 **Preußisch Eylau** hieß. Im Februar 1807 tobte hier eine blutige Schlacht zwischen Russen und Franzosen. Die Ankunft des preußischen Korps unter dem Kommando von General L'Estocq konnte die sich abzeichnende russische Niederlage abwenden, so dass die Schlacht als unentschieden in die Geschichtsbücher einging. Daran erinnert das 1856 von Friedrich August Stüler errichtete neugotische **L'Estocq-Denkmal**, das im Park kurz vor dem Grenzübergang nach Polen steht. Das heute eher verarmte Städtchen bietet Touristen eine kleine **Ordensburg**. Die Vorburg präsentiert sich allerdings als wenig ansehnliche Bauruine. Interessanter ist die direkt daneben fertig gestellte **Orthodoxe Kirche**, die als einzige im ehemaligen Ostpreußen die altrussische Bauweise im Stil von Nowgorod nachahmt. Die Zwiebeltürme erinnern an die Zeilen des russischen Chansonniers Vladimir Vyssotskij, die besagen, dass „die Kuppeln in Russland deswegen so von Gold strotzen, damit Gott öfters hinschaut und auf die Armut der Menschen aufmerksam wird".

Unterwegs von Preußisch Eylau nach Königsberg ist nach 11 km die **Kirche** in **Gvardejskoje (Mühlhausen)** ❹ (Гвардейское) ein Muss, schließlich handelt es sich um den einzigen Sakralraum des Landes, in dem noch Spuren der alten Dekoration zu sehen sind. Die gotische Kirche aus dem 14. Jh. besitzt ein hölzernes Tonnengewölbe, das 1693-1696 Gottfried Hinz aus Königsberg bemalte – die geschwärzten Malereien lassen mit Mühe das Jüngste Gericht, den hl. Jakobus und einige Engel erkennen. In einer Gruft der Kirche ruhte einst die jüngste Tochter Martin Luthers, Margaretha, mit ihrem Mann und sechs ihrer neun Kinder. Eine Wolgadeutsche schließt die Kirche auf und berichtet über den Wiederaufbau.

Fährt man von Gwardejskoje oder Bagrationowsk nach Osten, so gelangt

Foto: Tomasz Torbus

man in die Stadt **Pravdinsk (Friedland)** ❺ (Правдинск). Hier holte sich Napoleon im Juni 1807 das, was ihm bei Preußisch Eylau versagt war – einen großen Sieg über die Preußen und Russen, der zur Besetzung des ganzen Landes führte. Die im Mittelalter planmäßig angelegte Stadt zeigt noch heute teilweise ihre alte Bebauung, darunter die **Pfarrkirche** der Stadt – eine 1360-1380 errichtete Backsteinbasilika. Bemerkenswert ist ihr Turm, der mit seinen Zinnen an einem Burgturm erinnert, sowie der Ostgiebel mit zierlichen Aufsätzen (sog. Wimpergen) und Männerköpfen aus Terrakotta.

Samland, die ca. 75 km lange Halbinsel zwischen Frischem und Kurischem Haff, begrenzen Pregel und Deime (Dejma); von Kaliningrad erschließt die Ringautobahn **Primorskoje Kolzo** bisher nur ihren Nordosten.

Im Westen und Nordwesten fällt das Ostseeufer steil ab. Nach Stürmen sieht man hier Menschen, die am Strand Algenhaufen durchwühlen: Samland ist berühmt für sein weltweit größtes Bern-

» Karte S. 44-45, Info S. 50-51

Foto: Igor Sarembo

steinvorkommen. **Palmnicken**, heute **Jantarnyj** ❻ (Янтарный), „aus Bernstein", heißt der Ort mit der einzigen **Bernsteinmine** der Welt. Hier, in der sog. „Blauen Erde", fördert man jährlich 750 t des Ostseegoldes. Die Besichtigung des **Museums Jantarnyj Zamok** (Bernsteinschloss) ist ein Muss. Der Ort entwickelt sich zu einem immer attraktiveren Strandurlaubsziel. Seit dem Jahr 2000 erinnert ein **Denkmal** direkt am Meer an die letzten **Opfer des Holocaust**: Am 30. Januar 1945 ermordeten SS-Leute am Strand 3000 Juden aus einem Außenlager von Stutthof bei Königsberg. Am selben Tag versanken 10 000 ostpreußische Flüchtlinge mit der „Wilhelm Gustloff" durch sowjetische Torpedos in der Ostsee (vgl. Günter Grass, *Im Krebsgang*).

Das Seebad ★**Svetlogorsk (Rauschen)** ❼ (Светлогорск) blieb im 2. Weltkrieg verschont. Das bis 60 m hohe Steilufer und den **Sandstrand** verbinden ein **Fahrstuhl** und ein **Sessellift**. Hoch über dem Strand zieht sich die **Kurzone Rauschen-Düne** (u. a. Bernsteinanwendungen) im Grünen hin, mit vielen dekorativen **Holzvillen** aus der Zeit um 1900. Wahrzeichen sind das alte **Warmbadehaus** und der ★**Wasserturm** daneben mit Aussichtsterrasse, Anfang des 20. Jh. im Jugendstil erbaut. Zwei Skulpturen des Stuttgarter Bildhauers Hermann Brachert (1890-1972) zieren Stadtpark und Strandpromenade: die **Wasserträgerin** und eine bronzene **Nymphe**. Der Kunstprofessor zog sich 1933 in sein Atelier im nahen **Georgenswalde** (**Otradnoje**) zurück, heute ein **Museum** mit weiteren seiner Werke. Hingucker auf der Promenade ist die Svetlogorsker **Sonnenuhr**.

Touristische Attraktionen sind im Nachbarort **Pionerski** (Пионерский, Neukuhren) die im Jahr 2011 errichtete **Sommerresidenz der russischen Regierung** und die **Museen** zur **Archäologie** und der **baltischen Fischereiflotte**.

Auch das frühere **Cranz**, heute **Zelenogradsk** ❽ (Зеленоградск), konnte

Oben: An der Küste von Samland.

» Karte S. 44-45, Info S. 50-51

sich etwas Vorkriegscharme erhalten. Das Ufer ist hier niedriger als das Svetlogorsker, aber von hier erreicht man die *Kurschskaja Kosa*, die ★**Kurische Nehrung**, ein fast menschenleeres Naturreservat (Eintrittsgebühr), seit dem Jahr 2000 UNESCO-Welterbe. 50 km sind es bis zur Grenze mit Litauen, wo die Dünen am mächtigsten sind (s. S. 112). Aber auch hier in Russland kommt man auf seine Kosten: Auf den Gast warten Kiefernwälder, **Dünen**, einsame Strände und die berühmte **Vogelwarte Rossitten (Rybatschij)** ❾; von April bis November ist die biologische Station für Besucher offen.

Am inneren Haff, 40 km nordöstlich von Königsberg, nutzt die Stadt **Polessk (Labiau)** ❿ (Полесск) ihre historische **Ordenskirche** als **Museum**. Die alte **Wasserburg** des Deutschen Ordens dient außerdem als Galerie, Theater und Jugendklub. Schnellboote flitzen übers Haff zur Nehrung, für die Deime kann man sich Tretboote ausleihen. Parallel zum schiffbaren **Großen Friedrichsgraben** führt von Labiau eine Straße durch das ausgedehnte Sumpfgebiet der **Elchniederung** nach ★**Matrosovo (Gilge)** ⓫ (Матросово), einem alten Fischerdorf am Ostufer des Kurischen Haffs. Mit einigen alten **Holzhäusern** am Fluss Gilge ist es das malerischste Dorf des Kaliningrader Gebiets (Unterkunft und Bewirtung im Hotel *Ehrlich*, im einstigen Pfarrhaus).

Sovjetsk (Tilsit) ⓬ (Советск) liegt an der Memel. Die 1906 fertiggestellte **Luisenbrücke** wird heute von russischen Grenzbeamten dominiert; am anderen Ufer beginnt Litauen. Einst war Tilsit durch den würzigen Käse bekannt, den schweizer Einwanderer hier herstellten; nun soll mit schweizer Hilfe eine Schaukäserei entstehen. Auf neutralem Gebiet, auf einem Floß mitten im Fluss, wurde 1807 der **Frieden von Tilsit** unterzeichnet; Napoleon zwang dabei Preußen zum Verzicht auf die Hälfte seines Gebiets; ein **Gedenkstein** vor der Brücke erinnert daran.

11 km östlich von Tilsit lädt das Städtchen **Neman (Ragnit)** ⓭ (Неман)zu einem Ausflug in die Vergangenheit. Der riesige Backsteinkubus ist die letzte ★**Burg**, die der Deutsche Orden errichtete, zugleich die größte unter einem Dach: das quadratische Kastell misst 60 m Seitenlänge. 1397-1409 errichtet, sollte es ein starkes Bollwerk an der litauischen Grenze bilden. Nur ein Jahr nach seiner Fertigstellung war es wegen der Niederlage bei Tannenberg mit der Macht des Ordensstaates vorbei; im Lauf der Zeit verfiel der Bau und wurde schließlich als Gefängnis genutzt, ehe er 1945 abbrannte.

Die nächste große **Burg** erhebt sich in **Majovka (Georgenburg)** ⓮ (Маёвка). Um 1350 von Bischof Jacob von Samland errichtet, gehörte sie dem samländischen Bischof und ist heute noch bewohnt. Daneben liegt das von William Simpson im Jahr 1828 gegründete **Gestüt**; der Familienroman *Die Barrings* spielt hier. Stolz werden heute bei einer Führung die **Trakehner** präsentiert. Jährliche Reitturniere finden seit 2002 statt. Der neue **Friedhof** bei Georgenburg hat eine **Gedenkstätte** für ehemalige deutsche Einwohner.

Tschernjachovsk (Insterburg) ⓯ (Черняховск) ist besser erhalten als andere Orte der Oblast. Seine beiden großen, ursprünglich protestantischen **Kirchen** aus den Jahren 1902 bzw. 1890 – heute katholische bzw. orthodoxe Kirche (Michailovskij sobor) – können besichtigt werden. Die **Ordensburg** wurde im 14. Jh. erbaut und ist heute eine Ruine, mit freigelegtem Kellergeschoss.

In **Jasnaja Poljana** ⓰, (Ясная Поляна), früher **Trakehnen**, konzentrierte Preußenkönig Friedrich Wilhelm I. ab 1725 die über das Land verstreuten Militärgestüte im „Königlichen Stutamt Trakehnen". 1945 wurde es aufgelöst. Trakehner-Pferde weiden heute nur noch in Majowka (siehe oben).

Im Dreiländereck, in der waldreichen **Rominter Heide**, liegt am **Wystiter See** das **Ökologisch-Historische Museum**.

KALININGRAD (KÖNIGSBERG)

Telefonvorwahl nach Kaliningrad international: 007-4012, national: 8-4012.

Regionale Touristeninformation Kaliningrad, Prospekt Mira 4, Tel. 55 52 00, 95 79 80, www.visit-kaliningrad.ru; Mai-Sept. Mo-Fr 9-20, Sa 11-18 Uhr, sonst Mo-Fr 9-19, Sa 11-16 Uhr.
www.kaliningradcity.ru: touristische, kulturelle, kommerzielle Angebote, z.T. veraltet. www.kaliningrad.aktuell.ru: Online-Zeitung mit aktuellen Meldungen, vielen nützlichen Tipps und Infos sowie praktischer Archivsuche zu älteren Artikeln der Zeitung.

ANREISE:

FLUG: **Air Berlin** tägl. ab Berlin Tegel (www.airberlin.de). **Belavia** mehrmals wö. Berlin-Schönefeld über Minsk nach Kaliningrad (www.belavia.by).
SCHIFF: **DFDS** fährt von Kiel (6-mal wöchentlich) nach Klaipėda, von dort Linienbus nach Kaliningrad bzw. mit eigenem Wagen oder per Fahrrad (www.dfdsseaways.de).
BAHN: Die direkte Zugverbindung Berlin – Kaliningrad wurde eingestellt. Für Bahnfans mag die Zugfahrt Berlin – Danzig interessant sein (EC, Direktzug nach Danzig über Frankfurt/Oder), von hier tgl. Zug oder Busse nach Kaliningrad.
LINIENBUS: **Von Raden/Sputnik-Reisen** fährt ab Berlin, Hamburg, Bremen, Stuttgart, Leipzig u. a. ca. 2-mal pro Woche direkt nach Kaliningrad (www.von-rahden.de). **Eurolines** fährt Potsdam – Kaliningrad mindestens einmal wöchentlich (www.eurolines.de).
Kaliningrader Minibusse (u. a. Filand, Karaganda, Turne-Trans; Anbieter s. www.kaliningradcity.ru) holen Passagiere vom Heimatort und bringen sie direkt nach Kaliningrad.
AUTO: Deutschland-Kaliningrad ca. 600 km, die Straßenverhältnisse in Polen sind gut, neue Abfertigungsanlagen an den drei polnisch-russischen Grenzübergängen verringern die früher sehr langen Wartezeiten.

STRASSENBAHN, TROLLEYBUS: Fahrkarten in 10er-Packs am Kiosk (hier und in der Touristeninformation gibt es den Linienplan der öffentlichen Verkehrsmittel) oder direkt beim Schaffner
TAXI: Taxistände vor dem Süd- und Nordbahnhof. Funktaxis: Allo Taxi, Tel. 359444; Regata, Tel. 512910; Taxi Krona Tel. 593222 u. a., sie haben Taxameter, dennoch Preis vor der Fahrt aushandeln!
FERNBUS-BAHNHOF: Busbahnhof an der Selenodoroschnaja ul. 7, neben Fernbahnhof Juschnyj vokzal, für internationale und regionale Busse; Polen, Baltikum, mehrmals wöchentlich Deutschland. Internationaler Busbahnhof (KoenigAuto), Moskovskij Prospekt 184, mit guter Anbindung durch öffentliche Verkehrsmittel.
BAHNHOF: Fernzüge am Juschnyj voksal („Südbahnhof", ehem. Hauptbahnhof). Regionalzüge am Severnyj voksal (Nordbahnhof, Pl. Pobedy) z. B. Züge nach Svetlogorsk. Zug- und Busverbindungen im Internet: www.kaliningradcity.ru/de/timetable.
FLUGHAFEN: Kaliningrad-Khrabrovo/Chrabrovo (Аэропорт Храброво), 24 km nordöstlich der Stadt, Tel. 610610, www.kgd.aero (auf Russisch, Ankunft/Abflug Engl.). Rascher Transfer vom/zum Stadtzentrum durch Autobahnanschluss: Bus 144 fährt ca. stündlich zum Hauptbahnhof, 30 Rbl. Taxi 500 Rbl.
AUTO: Vorsicht vor Schlaglöchern, v. a. in Seitenstraßen, und Autodiebstahl. Zum Parken prinzipiell nur bewachte Parkplätze nutzen! Geschwindigkeitsbegrenzung 60 km/h in der Stadt, 70 km/h außerhalb. Unbedingt die 0-Promille-Grenze beachten!
Tankstellen mit Werkstatt und kleinen Geschäften sind meist 24 Std. geöffnet.

Sushi-Bars und Schnellrestaurants haben Einzug in Kaliningrad gehalten, ebenso mehrsprachige Speisekarten.
Solyanka, viel besuchtes Restaurant beim Zoo, bekannt für solide russische Küche, tgl. 9-23 Uhr, pr. Mira 24-26, Tel. 936203.
Zötler (Tsjetler), importiertes Allgäuer Bier, bayerisch inspirierte Küche, Weißwurst, Bratwürstl mit Sauerkraut etc., unter russischer Leitung, Leninskiy Prospekt 3, Tel. 919181; Mittwoch ab 19 Uhr deutschsprachiger Stammtisch, zu dem Gäste willkommen sind.
Reduit, westeuropäische Küche, helles und dunkles selbst gebrautes Bier, über drei Stockwerke in

historischem Gebäude, 12-1 Uhr, Litovskij val 27, Tel. 469401.

Razguljai Traktir, Geheimtipp unter den russischen Restaurants, 13-2 Uhr, Sovjetskij pr. 13, Tel. 214897.

Solnetschnyj Kamen, serviert u. a. schmackhafte Fischgerichte, 12-2 Uhr, pl. Vasilevskoqo 3 (Rossgärter Tor), Tel. 539104.

Titanic, trotz Untergangsszenario gemütlich speisen, z. B. im Rettungsboot, russische Küche, Bar, Tschernjakovskogo 74, Tel. 536768.

Chajka, stilvolles Hotel-Restaurant, Bufett-Frühstück, intern. Speisekarte, große Auswahl, 7-24 Uhr, Pugacheva 13, Tel. 352292.

Dom Ochota, bekannt für seine Wildgerichte, 10-22 Uhr, Svobodnoje (Straße nach Zelenogradsk, auch Hotel), Tel. 226994.

CAFÉS: **Caramel Cafe – DJ Bar**, Tag- und Nachtbetrieb im Kaliningrad-Plaza-Komplex, 7. Stock, mit großartigem Ausblick auf die Stadt: Leninskij Prospekt 30, Tel. 5304610; **Arlekino**, 12-1 Uhr, Sovjetskij pr. 9-11, Tel. 228695.

Centaur Café, auch deutsche Gerichte, gemütlich, in einem Bunker, 13-1 Uhr, ab 21 Uhr Tanzmusik, Litovskij val 1, Tel. 466689.

Kiber-da, Internet-Café und kultiges Pub im Hinterhof; Sportübertragungen, tgl. 12-23 Uhr, Komsomolskaya 87, Tel. 911830.

***MODERNE EINKAUFSZENTREN:* Europa-Center**, ul. Teatralnaja 30 beim pl. Pobedy, **Kaliningrad Plaza**, Leninskij pr. 43.

Dom mit **Museen**, tägl. 10-17 Uhr, ostrov Kanta, www.sobor-kaliningrad.ru.

Bernsteinmuseum (muzej jantarja), Mai-Sept. Di-So 10-19, sonst 10-18 Uhr, pl. Marschala Vasilevskogo 1, Tel. 461563.

Otto-Lasch-Bunker (muzej Blindasch), tägl. 10-18 Uhr, ul. Universitetskaja 2.

Museum für Geschichte und Kunst (Istorikochudoschestvennyj muzej), 10-18 Uhr, ul. Klinitscheskaja 21, Tel. 453844.

Museum der Weltmeere (muzej mirovogo okeana), Mi-So 10-18 Uhr, Mo und Di Öffnung einzelner Abteilungen, zahlreiche Museumsevents, Nabereshkaja Petra Velikogo 1, http://world-ocean.ru/en.

Zoo, tägl. 9-20 Uhr, Terrarium und Aquarium 10-16.30 Uhr, prospekt Mira 12, Tel. 218914.

Zentrum Zeitgenössischer Kunst, Litovskij val 38, Programm: www.ncca.ru/kaliningrad.

FESTE: Am **Tag der Marine** (letzter Sonntag im Juli) ist der Besuch von Baltijsk / Pillau ohne Sondergenehmigung möglich.

Bernstein-Musikfestival: Juni oder Juli.

Russischer Zirkus „Jantar" (Zelt), Oktjabrskaja 1a, Tel. 533297.

SVETLOGORSK (RAUSCHEN)

Telefonvorwahl international: 007-40153, innerhalb des Gebiets 8-40153.

Ulitsa Karla Marksa 7a, Tel. 22098, www.svetlogorsk-tourism.ru.

Korvet, Restaurant und Unterhaltungszentrum, tägl. 11-22.Uhr, Oktjabrskaja 36 (nahe Seilbahn), Tel 22040.

Hoffmann-Haus (Villa Dom Skazochnika), Restaurant mit künstlerischer Atmosphäre im Kaminzimmer des Gästehauses, Goffmann per. 4, Tel. 22396, http://hoffmannhouse.ru.

H.-Brachert-Museum, Mo-Do 10-17, So 10-16 Uhr, Otradnoje, ul.Tokareva 7.

JANTARNYJ (PALMNICKEN)

Ul. Sovetskaja 53/2, Tel +79114627959 www.visit-kaliningrad.ru.

Bernsteinmuseum Jantarnyj Zamok, Mo-Sa 10-18 Uhr, ul. Sovjetskaja 61 a; geführte Touren ab Museum zum Aussichtspunkt auf das Bernstein-Bergwerk.

Yantarnaya Laguna, Café im Bernsteinmuseum, 10-18 Uhr.

SOVJETSK (TILSIT)

Telefonvorwahl international: 007-40161, innerhalb des Gebiets 8-40161.

Druschba, ul. Druschba 5, Tel. 75384. Etwas besser: **Restaurant Marina**, ul. Iskry 38, Tel. 76102.

Knut Liese

Minija – das „Klein Venedig“ nahe der Memel-Mündung

Foto: Wide Wings (Shutterstock.com)

LITAUEN IM ÜBERBLICK

Litauen, der geografisch südlichste der Baltikum-Staaten, beeindruckt – anders als das skandinavisch anmutende Estland oder das von der Hanse und deutschen Grafen geprägte Lettland – durch das schönste Barockensemble nördlich von Rom; die Altstadt von Vilnius (Wilna) ist allein schon einen Besuch wert. Multinationalität kennzeichnet ihre Geschichte, aus der auch die bis heute dominierende Position der katholischen Kirche herrührt, die dem Land ihren Stempel aufgedrückt hat: Nicht kühle Backsteingotik wie in Lettland und Estland, sondern Renaissance- und Barockgebäude herrschen hier vor, oft von Italienern oder Süddeutschen entworfen.

Litauen ist auch ein „fernes, nebliges, zärtliches und leises Land" – wie in diesem Zitat von Oskar Miloš, einem litauischen Politiker, wurde es oft besungen und, häufig aus der Ferne des Exils, zum idyllischen Land der Kindheit stilisiert, so bei Adam Mickiewicz oder bei den in die USA ausgewanderten Czesław Miłosz (Nobelpreisträger und Ehrenlitauer polnischer Zunge) und Tomas Venclova. Da erscheinen hellgrüne Hügel, dunkle Wälder und das Blau der Seen. Die gibt es freilich nicht nur in der Literatur, sondern auch in Wirklichkeit: stille Seen im Aukštaitija-Nationalpark, Vogelparadiese im Memeldelta und Wanderdünen auf der Kurischen Nehrung.

Litauen ist zwar mit 65 300 km² das größte Land des Baltikums, nimmt sich aber im Vergleich zu anderen europäischen Staaten recht bescheiden aus (Deutschland: 357 000 km²). Immerhin ist es damit größer als die Schweiz und nur geringfügig kleiner als Bayern.

Als Teil der Osteuropäischen Tiefebene weist das Land keine größeren Erhebungen, dafür aber eine abwechslungsreiche, durch die Gletscher der Eiszeit geformte Landschaft auf. Neben den Niederungen – wie etwa dem Memeltal – gibt es zwei große Moränengebiete: die Schemaitischen (Telschener) Höhen (bis 234 m) im Norden und den Baltischen Höhenrücken im Osten. Ihn krönt der Juozapinės-Berg, er ist mit nur 294 m der höchste des Landes. Die Ostseeküste hat eine Länge von 99 km, davon entfallen 49 km auf den litauischen Teil der Kurischen Nehrung, eine lang gestreckte, schmale Landzunge, die durch ihre bis zu 60 m hohen Wanderdünen berühmt ist. Die Nehrung trennt das Kurische Haff – eine Meeresbucht, die nur bei Memel (Klaipėda) einen engen Durchlass zur Ostsee besitzt – vom offenen Meer.

Mit knapp 3 Millionen Einwohnern ist Litauen das bevölkerungsreichste Land im Baltikum. Die große Mehrheit (84 %) besteht aus Litauern. Das war nicht immer so: Deutsche, Juden und Polen spielten bis zur Katastrophe des Zweiten Weltkriegs sowohl zahlenmäßig als auch in der Sozialstruktur eine wichtige Rolle. Heute gehört nur knapp ein Fünftel der Einwohner nationalen Minderheiten an: 5,4 % der litauischen Bürger sind Russen (sie leben vornehmlich in den Großstädten) und 6,6 % sind Polen, die geschlossen rund um Vilnius siedeln.

Die litauische Sprache gehört zusammen mit dem Lettischen zur baltischen Sprachgruppe, einem eigenen Zweig der indogermanischen Sprachfamilie. Es ist die älteste heute noch gesprochene indoeuropäische Sprache. Mit sieben grammatischen Fällen und etlichen Stolpersteinen in der Aussprache ist Litauisch eine für Ausländer schwer zu erlernende Sprache. Sie ähnelt dem Sanskrit. Merken Sie sich zunächst vielleicht nur *Laba diena* (Guten Tag), worauf die gastfreundlichen Litauer sicherlich mit *Šveiki atvykę* (Herzlich willkommen) antworten werden – und Sie können sich auf die Reise machen.

Links: Trakai in Litauen ist die fotogenste Burg des Baltikums.

Foto: Amoklv (Dreamstime.com)

Geschichte und Kulturgeschichte

Die geschichtlichen Berg- und Talfahrten zwischen Großmacht (im 14. Jh. reichte Litauen als damals größter europäischer Staat von Węgrów, 80 km östlich von Warschau, bis vor die Tore Moskaus, von Odessa am Schwarzen Meer bis zur Ostsee) und schlichter Nichtexistenz machen Litauen zu einem komplizierten Thema. Sehr oft identifiziert sich die moderne litauische Nation mit dem alten litauischen Staat, ohne zu berücksichtigen, dass dieser ein multinationales und multikonfessionelles Land war, in dem um 1400 die Litauer etwa 30 % der Bevölkerung ausmachten. Die Kanzleisprache des Herzogtums zu jener Zeit war das Ruthenische (Alt-Weißrussische), das später vom Lateinischen und dann vom Polnischen ersetzt wurde.

Im 19. Jh. entdeckten die polonisierte litauische Elite und etliche folklorebegeisterte Polen das Litauische und machten es zur Literatursprache. Sie wurde zum verbindenden Element bei den Bestrebungen, einen modernen litauischen Staat schaffen. Dabei wurde die ältere Geschichte gewissermaßen sprachlich „lithuanisiert". Dies betrifft besonders die Personen- und Ortsnamen: Wichtige historische Persönlichkeiten, die sich durchaus als Bürger Litauens im Sinne des multinationalen Großfürstentums, aber nicht als Litauer im ethnischen Sinne verstanden, hätten sich vermutlich wenig über die in der heutigen populären Literatur verwendete Schreibweise ihrer Namen gefreut. Sie hießen beispielsweise, was alle Quellen beweisen, Tyszkiewicz und nicht „Tiškevičius", Glaubitz und nicht „Glaubicas"; aus dem Architekten Knackfuß ist in den letzten Jahren gar ein „Knakfusas" geworden. Zudem sind Namen wie jener der Adelsfamilie Radziwill oder der Dynastie der Jagiellonen seit Jahrhunderten im deutschen Sprachgebrauch verankert und daher verständlicher als Radvila oder Jogaila.

Oben: Am Kurischen Haff. Rechts: Der litauische Herrscher Gediminas verweigerte die Taufe.

Andererseits wird im vorliegenden Buch die Form Vytautas und nicht Witold oder Witowt verwendet, da diese eher im polnischen und englischen Schrifttum verbreitet sind; außerdem erscheinen alle Personen der neueren Geschichte sowie die Ortsnamen in der litauischen Sprachform. Liest man neuere litauische Veröffentlichungen (z. B. den überall in Wilna erhältlichen „Barockführer durch Litauen"), so scheint sich inzwischen ein geschichtstreuerer Umgang mit den Namen durchzusetzen.

Litauen im Mittelalter

Die älteste Geschichte Litauens verliert sich im Nebel, den nur spärliche archäologische Funde und seltene Schriftquellen der Nachbarvölker ein wenig aufzuhellen vermögen. Die Urahnen der heutigen Balten siedelten sich bereits einige Jahrhunderte vor Christi Geburt an der Ostseeküste an. Das Wort *Litva* taucht zum ersten Mal 1009 in den Quellen auf – in der Quedlinburger Chronik über den Tod des später heiliggesprochenen Bruno auf seiner Missionsreise zu den Prußen. Der erste historisch fassbare Herrscher Litauens, Mindaugas (Mindowe), hatte sich 1251 an einem unbekannten Ort, vielleicht in Wilna, taufen lassen; zwei Jahre später wurde er zum König von Litauen gekrönt, übrigens dem einzigen in der Geschichte des Landes. Da der Deutsche Orden dennoch seine Einfälle auf litauisches Gebiet nicht aufgab, wurde das Christentum schon bald als eine wenig nützliche Religion angesehen und die missionierenden Franziskanermönche getötet – Litauen kehrte zu seiner alten Naturreligion zurück.

Diese Erfahrung prägte offensichtlich auch Mindaugas' Nachfolger, denn noch 1323 erwiderte Gediminas auf den Vorschlag, zum römisch-katholischen Glauben überzutreten, entrüstet: „Wenn mich aber jemand jemals taufen wollte, dann sollte es am liebsten der Teufel sein!" (Sed si unquam habui in

Foto: Bernd Helms

proposito, dyabolus me baptizaret!). Die traditionelle Religion basierte auf dem Glauben an zahlreiche Götter, darunter an den Donnergott Perkūnas; mit Opfergaben geehrt wurden auch Naturgewalten, Bäume oder Steine.

Trotzdem setzte sich am litauischen Hof seit der Mitte des 14. Jh. die Erkenntnis durch, dass an der Taufe kein Weg vorbeiführe, um Macht und Stabilität des Staates zu erhalten. 1385 war es soweit: Prinz Jagiello (Jogaila) ließ sich taufen und heiratete die junge polnische Königin Hedwig (Jadwiga) von Anjou, wurde unter dem Namen Ladislaus (Władysław) König von Polen und gründete die Jagiellonendynastie, die wichtigste Dynastie in der Geschichte der beiden Länder. Er verpflichtete sich, das Land der christlichen Mission zu öffnen, gemeinsam mit Polen gegen den Deutschen Orden vorzugehen und eine Realunion zwischen Polen und Litauen zu errichten.

Die Entscheidung für das katholische Rom und nicht für Byzanz bedeutete Litauens Eintritt in die abendländische

Foto: Kai-Ulrich Müller

Geschichte, war aber zugleich Ursache für Spannungen zwischen Orthodoxen und Katholiken.

Zunächst kam es nur zu einer Personalunion. Der 1392-1430 von Jagiello als Großfürst in Litauen eingesetzte Vetter Vytautas (Witold, Witowt) ließ sich trotz der Union kaum Zügel anlegen und unternahm zwischenzeitlich gar Anstrengungen, sich selbst zum litauischen König krönen zu lassen. Mit dem Beinamen „der Große" würdigen die Litauer Vytautas als den de facto letzten unabhängigen Herrscher von Litauen. Dieser geschickte Politiker starb ohne männlichen Erben, was das Land für die nächsten 400 Jahre auf Gedeih und Verderb mit dem polnischen Königreich verband.

Die gemeinsame litauisch-polnische Politik gegen den Deutschen Orden gipfelte 1410 in der sog. ersten Tannenbergschlacht (Litauisch Žalgiris, Polnisch Grunwald). Diese wohl größte Schlacht des Mittelalters in Ostmitteleuropa endete mit einem überwältigenden Sieg der Polen und Litauer. Damit war die Frage nach der Vormachtstellung in diesem Teil Europas entschieden; erst 250 Jahre später wurde das polnisch-litauische Königreich von Schweden und dann von Russland als regionaler Macht abgelöst. Für Litauen bedeutete der Sieg die Absicherung seiner Grenzen im Südwesten. Ihr Verlauf wurde 1422 im sog. Frieden am Melnosee endgültig festgelegt und ist noch heute in einem Teil der Grenzlinie zwischen Litauen und dem russischen Kaliningrader Gebiet erkennbar.

Oben: Katholischer Gottesdienst in Vilnius (Kapelle des Aušros-Tors). Rechts: Barocke Pracht in der Johanniskirche (Universität in Vilnius).

Der polnisch-litauische Doppelstaat

Ein einschneidendes Ereignis für Litauen war die Errichtung der Lubliner Union von 1569: Die südliche Hälfte des Gebietes (die heutige Ukraine) ging an Polen; das in dieser Weise verkleinerte Großfürstentum Litauen wurde dem Königreich Polen gleichgestellt und mit ihm zu einem „unteilbaren Leib" verbunden. Der gemeinsam in Polen zu wählende und in Krakau zu krönende Monarch, die Reichstage, von denen jeder dritte auf litauischem Gebiet abgehalten werden musste, sowie eine gemeinsame Außenpolitik und Münzprägung sollten die Einheit des neuen Bundesstaates gewährleisten.

Die verheerenden Kriege gegen Moskau, Schweden und die Türkei im 17. Jh. ruinierten die Staatskasse, die freie Königswahl führte zu häufigen Einmischungen der Nachbarstaaten in die innenpolitischen Geschicke des Landes, das Prinzip der Einstimmigkeit bei den Reichstagsbeschlüssen unterhöhlte den Staat, da keine neuen Gesetze verabschiedet werden konnten. Was der Adel der beiden Teilstaaten als seine „Goldene Freiheit" bezeichnete und was tatsächlich die Grundgedanken vieler demokratischer Prinzipien der heutigen Zeit vorwegnahm, erwies

Foto: Tomasz Torbus

sich gleichzeitig als ein schlecht funktionierendes und anachronistisches System, das letztlich zum kläglichen Niedergang der einstigen europäischen Großmacht führte.

In den effizient regierten absolutistischen Nachbarstaaten, in denen zur gleichen Zeit drei große Herrscherpersönlichkeiten an der Macht waren – Friedrich der Große in Preußen, Katharina die Große in Russland und Maria Theresia in Österreich –, kam der Gedanke auf, dass man sich auf Kosten der polnischen Adelsrepublik *Rzeczpospolita* (Res Publica) ohne Gefahr bereichern könnte. So wurde der polnisch-litauische Staat in den drei Teilungen Polens 1772, 1792 und 1795 schlicht unter seinen Nachbarn Preußen und Russland aufgeteilt.

Im kulturellen Sinne aber war die Epoche der Jagiellonen und der Adelsrepublik für Litauen eine Blütezeit. Diese begann im 15. Jh. mit Meisterwerken der Gotik wie der filigranen Wilnaer Annenkirche, setzte sich in der Regierungszeit der beiden letzten Jagiellonen, Sigismund des Alten und Sigismund Augusts (Žygimantas, Žygimantas Augustas) fort, als Humanismus und Renaissance in Wilna glorreichen Einzug hielten, und fand einen Höhepunkt 1579, als die berühmte Alma Mater Vilniensis, die erste Universität des Großfürstentums, gegründet wurde. Auch in Zeiten politischen Niedergangs florierten barocke Architektur, Skulptur und Malerei. Allein im Lauf des 17. Jh. erschienen in den Druckereien Wilnas 889 Titel, darunter 26 Bücher auf Litauisch.

Um die Wurzeln der nationalen Probleme Litauens im 19. und 20. Jh. besser zu verstehen, muss man weit in der Geschichte ausholen. Bereits im 15. und 16. Jh. setzte eine Polonisierung des Adels in den litauischen, ruthenischen und livländischen Provinzen ein. Der sprachlichen Uniformität des Adels entsprach bald eine konfessionelle, weil mit dem Erfolg der Gegenreformation der Katholizismus zur Staatsreligion aufstieg. Zwar bestand im 18. Jh. die „Rzeczpospolita beider Nationen" offiziell weiterhin aus den Ländern der Polnischen Krone und dem Großfürstentum Litauen, in Wirklichkeit aber setzte sich der Name „Königreich Polen" für beide Teile des Staates immer mehr durch.

Als 1791 im Zuge der verspäteten Staatsreformen die sog. Verfassung des 3. Mai, die erste in Europa, in Kraft trat, rief die darin beschlossene Auflösung des Großfürstentums Litauen unter den litauischen Abgeordneten keine Aufregung hervor, da sich diese in Sprache und Kultur kaum noch von den Polen unterschieden.

Litauens schmerzhafte Befreiung

Im 19. Jh. veränderte sich das grundlegend. An die Stelle der schwachen einheimischen Herrscher traten die russischen Zaren mit ihrer Russifizierungspolitik. Die polonisierte Adelsschicht nahm an den zwei großen nationalen Aufständen (November-Aufstand 1830-1831, Januar-Aufstand 1863-1864) teil, die sowohl an der Weichsel als auch an der Memel blutig ausgefochten wurden. Der Widerstand scheiterte, und dabei wurde der Adel stark dezimiert: Allein im Januar-Aufstand kamen 25 000 Adlige aus Litauen um oder wurden nach Sibirien verbannt.

Träger des neu definierten litauischen Nationalbewusstseins wurden die Nachkommen der von der Leibeigenschaft befreiten, Litauisch sprechenden Dorfbevölkerung, die sich als neue Intelligenz in den bislang polnisch-jüdischen Städten niederließ. Zwar durften in Litauen keine litauischsprachigen Bücher in lateinischer Schrift gedruckt werden, aber Jahr für Jahr wurden Tausende litauischer Bücher aus Memel und Königsberg (Ostpreußen) ins Land geschmuggelt.

Jetzt schlug die Stunde der Dichter: Die Werke von Kristijonas Donelaitis (1714-1780), der jenseits der Grenze im Preußischen lebte, wurden gedruckt. Für die Verbreitung der litauischen Sprache setzten sich aktiv Maironis (1862-1932) und Jonas Basanavičius (1851-1927) ein, der Gründer der Zeitschrift *Aušra* (Morgenröte) – der ersten litauischsprachigen Zeitung. Die litauische Nation begann sich über ihre Sprache zu definieren. Vor allem Schemaitien und das Gebiet um Kaunas wurden zum Zentrum der nach 1880 sehr aktiven litauischen nationalen Emanzipationsbewegung.

Die Niederlage Russlands im 1. Weltkrieg ermöglichte die Entstehung des litauischen Staates. Die „Taryba" (Litauischer Landesrat) rief am 16.2.1918 (heute ein Feiertag: Unabhängigkeitstag) einen unabhängigen Staat Litauen aus, in dem Wilhelm von Urach Graf von Württemberg als Mindaugas II. regieren sollte; nach der deutschen Niederlage wurde jedoch die Republik ausgerufen. Schwierig gestaltete sich die Festlegung der Grenzen. Lettland besetzte zunächst Palanga, Deutschland stritt mit Litauen um das Memelland und Polen stellte Ansprüche auf Wilna. Diese Stadt wechselte von 1918 bis 1920 sage und schreibe sechsmal die Staatszugehörigkeit! Nach zweimaliger Besetzung durch die Rote Armee bemächtigten sich im Oktober 1920 die Polen der Stadt und gründeten den Marionettenstaat „Mittellitauen", dessen Bevölkerung sich 1922 in einer Volksabstimmung für den Anschluss an Polen entschied. Die Folge war eine dauerhafte Verstimmung zwischen Litauen und Polen. Kaunas wurde zur neuen Hauptstadt erklärt. Erst 1941 erhielt Vilnius (Wilna) die Hauptstadtrechte zurück. Bis 1938 gab es keine diplomatischen Beziehungen zwischen den beiden Staaten und in allen litauischen Pässen stand der Vermerk, dass sie für *tous les pays, la Pologne exceptée* (für alle Länder außer Polen) gültig seien.

Schwierig war auch das Verhältnis zu Deutschland, nachdem das zuvor zu Ostpreußen gehörige Memelland

Rechts: Antanas Smetona regierte das unabhängige Litauen 1920-1922 und 1926-1940.

Foto: Jonathan Smith

mit der Stadt Memel (Klaipėda) dem Völkerbund unterstellt und französisch verwaltet wurde. 1923 besetzten die Litauer die Region, in der gemäß der 1925 durchgeführten Volkszählung 45 % der Bevölkerung Deutsche waren, 26,5 % Litauer und der Rest sich als „Memelländer" bezeichnete. 1939 übergab Hitler den Litauern ein Ultimatum, woraufhin die Region „heim ins Reich" geführt wurde.

Das unabhängige Litauen der Zwischenkriegszeit stand größtenteils unter dem Zeichen des autoritären Regimes von Antanas Smetona (1920-1922 und 1926-1949), dem *tautos vadas* (Führer der Nation), auch wenn zwischenzeitlich (1922-1926) demokratische Spielregeln eingehalten wurden. Trotz aller Fehler und Schwierigkeiten bereiteten diese 20 Jahre Eigenstaatlichkeit die Basis für den modernen Staat. Aus der immer stärker verklärten Erinnerung an diese Zeit schöpften die Menschen Mut während der langen sowjetischen Okkupation, und sie bewirkte, dass der Unabhängigkeitsgedanke niemals aus den Köpfen der Litauer verschwand.

Eigentlich gab es zwei sowjetische Besatzungsperioden, die erste 1940/41 und die zweite nach 1945. Nach dem geheimen Zusatzprotokoll zum Hitler-Stalin-Pakt vom 23. August 1939 wurden Polen und die Baltischen Staaten zwischen Deutschland und der Sowjetunion aufgeteilt. Das zunächst den Deutschen zugeschlagene Litauen wurde in Nachverhandlungen am 28. September 1939 gegen das Lubliner Gebiet in Polen ausgetauscht und kam so in die sowjetische Einflusssphäre. Zunächst gaben die Sowjets Wilna an Litauen zurück, forderten aber dafür die Erlaubnis für die Errichtung von Militärstützpunkten – die Scharfsichtigen im Land brachten dies auf die Formel: *Vilnius mūsų, Lietuva Rusų* (Vilnius unser, Litauen den Russen). Im Juni 1940 war es soweit: Ein an alle Baltischen Staaten gestelltes Ultimatum forderte die Einsetzung von prosowjetischen Regierungen, die Rote Armee marschierte ein und die neuen, fügsamen Volksvertreter baten um die Aufnahme ihrer Länder in die Sowjetunion, eine Bitte, der wohlwollend entsprochen wurde. In Deportationswellen wurden Tausende nach Sibirien verschleppt; die allerwenigsten sind wieder zurückgekehrt.

Noch bevor diese Wunden heilen konnten, lernten die Litauer den anderen Totalitarismus kennen: Die deutsche Besatzung des Landes 1941-1944 bedeutete die Ermordung beinahe der gesamten jüdischen Bevölkerung. Weit über 200 000 Menschen wurden erschossen oder verhungerten in den Gettos. Ein bis heute unbewältigtes brisantes Thema ist die Rolle, die freiwillige litauische Erfüllungsgehilfen des Holocaust dabei spielten. Viele Juden wurden von litauischen paramilitärischen Organisationen und SS-Einheiten ermordet, allein 4000 in Pogromen kurz vor dem Einmarsch der Deutschen. Große Opfer hatten auch die anderen Bevölkerungsgruppen zu beklagen, vor allem in den Dörfern. Sie wurden Opfer von Vergeltungsschlägen in einem Partisanenkrieg, den sowjetische Partisanen, national gesinnte litauische Gruppierungen sowie die polnische bürgerliche Heimatarmee führten.

Litauens Sonderrolle nach 1945

Die Eroberung Litauens durch die Rote Armee 1944-1945 bedeutete für viele die Befreiung oder zumindest das kleinere Übel. Einigen aber erging es noch schlimmer als zuvor. Im Zuge der Gleichschaltung der Gesellschaft wurde jeglicher bürgerlicher Widerstand ausgelöscht; die sibirischen Arbeitslager füllten sich wieder. Um ethnisch reinen Tisch zu machen, wurden Hunderttausende Polen aus dem Wilnaer Gebiet und Deutsche aus dem Memelland vertrieben. Dann ging man zur Errichtung des „einzig gerechten" sozialistischen Systems über. Die Industrialisierung wurde forciert und die Landwirtschaft kollektiviert. Im Schulunterricht wurden die Vorzüge des „freiwilligen" Anschlusses an die Sowjetunion dargelegt, und der dialektische Materialismus marxistischer Prägung ersetzte die Religion, das „Opium fürs Volk", deren Ausübung nur noch alten Damen zugestanden wurde.

All diese Maßnahmen vermochten aber aus den Litauern keinen „Homo Sovieticus" zu formen; unter der Oberfläche brodelte der Widerstand. Dadurch dass eine loyale litauische Kommunistische Partei erfolgreich lavierte und so den Litauern einige Freiheiten erhalten blieben, war Litauen (wie auch die anderen Baltischen Staaten) ohnehin der aufgeklärteste Winkel der Sowjetunion.

Folgerichtig war es denn die litauische Sowjetrepublik, die dem Regime die erste Niederlage innerhalb der Sowjetunion zufügte. Bei einem Kräfteverhältnis wie zwischen David und Goliath war man im Westen zwar voller Bewunderung, aber auch erschrocken über die mutigen Litauer, die im März 1990 unter der Führung von Vytautas Landsbergis ihre Unabhängigkeit verkündeten und so das Imperium herausforderten. Ob dies alles in einem riesigen Blutbad enden würde, fragten sich viele Beobachter. Im Januar 1991 wurden tatsächlich sowjetische Fallschirmjäger geschickt, um „die Gültigkeit der sowjetischen Verfassung im vollem Umfang" wieder herzustellen. 14 Tote gab es bei der Besetzung des Fernsehzentrums in Wilna. Wie eine schützende Mauer versammelten sich 100 000 Litauer vor dem Parlament und verhinderten die Erstürmung durch das sowjetische Militär. Einen Monat später ergab eine Volksbefragung 90 % Zustimmung für die Unabhängigkeit. Die Selbstauflösung der Sowjetunion im Sommer 1991 gab endgültig grünes Licht für ein freies Litauen.

Eine erste Einschätzung der postkommunistischen Realität war nicht nur positiv: Arbeitslosigkeit (damals bei 16 %) und die wirtschaftliche Re-

Rechts: 1991 verhinderten 100 000 Litauer die Erstürmung des Parlaments durch das sowjetische Militär.

Foto: Antanas Sutkus

zession eröffneten eine lange Liste von Grundübeln postsowjetischer Wirklichkeit. Doch kurz darauf zeigte die litauische Wirtschaft, ähnlich der der anderen baltischen Staaten, beachtliches Wachstum. Am 11.5.2003 fand das EU-Beitrittsreferendum statt, die Litauer stimmten mit 91 % für den Anschluss an die EU 2004. Diese politische Einbindung ermöglichte Litauen weiteren Aufschwung. Die Weltwirtschaftskrise 2009 machte dem Staat schwer zu schaffen und führte zu wirtschaftlichen Rückschlägen und einem harschen Sparkurs. Doch anschließend reichten die Kriterien für die Währungsumstellung auf den Euro im Jahr 2015 aus.

Die außenpolitische Lage hat sich verbessert: Das mit eigenen Problemen beschäftigte Russland musste sich mit dem Abgang der Baltischen Staaten abfinden. Mit den Nachbarländern gibt es Verträge über die Anerkennung der Grenzen und gutnachbarliche Beziehungen. Trotz gelegentlicher Irritationen über die polnische Minderheit um Wilna und die litauische in der Gegend von Suwałki (Polen) und trotz der schweren historischen Bürde verbessern sich auch die Kontakte zum westlichen Nachbarn Polen, der wichtigster Fürsprecher für die Mitgliedschaft Litauens in der EU und in der NATO war. Die Verankerung in EU und NATO seit 2004 verkörpert für die Litauer die Hoffnung auf eine ruhige Zukunft nach der traumatischen Geschichte der letzten 100 Jahre.

Nach der Ära Algirdas Brazauskas, einst KP-Chef Litauens und geschickter Taktierer unter dem Sowjetregime und Ministerpräsident einer sozialliberalen Koalition, sowie nach mehreren Regierungswechseln wurde 2008 dank einer Vier-Parteien-Koalition Andrius Kubilius von der konservativen Vaterlandsunion Regierungschef. Bei den Wahlen 2012 verübelte man ihm vor allem seine strikte Sparpolitik und den Plan für ein neues Kernkraftwerk; seither führt der Sozialdemokrat Algirdas Butkevičius die Regierungsgeschäfte. Staatsoberhaupt ist die international sehr versierte Dalia Grybauskaitė.

Foto: Knut Liese

VILNIUS UND SEIN UMLAND

VILNIUS (WILNA)
TRAKAI (TRAKEN)

3 Litauen

★★VILNIUS (WILNA)

Inmitten lieblich bewaldeter Hügel, wo die Vilnia (Vilna) in die Neris mündet, liegt ★★**Vilnius (Wilna)** ❶. Die charmante Hauptstadt Litauens kündigt sich schon von Weitem durch den Anblick ihrer Kirchtürme an. Der allgegenwärtige farbenfrohe Barock verleiht der Stadt ein einzigartiges Flair, das sie deutlich von Tallinn und Riga unterscheidet, die von der Backsteingotik geprägt sind. Wo noch vor ein paar Jahren Putz von den Mauern bröckelte, präsentiert sich heute stolz eine frisch restaurierte Hauptstadt, die tags und nachts gleichermaßen von Einheimischen und Touristen bevölkert ist.

Ihre Prachtbauten erinnern an die Zeit, als der polnisch-litauische Staat zu den mächtigsten Europas gehörte – die Altstadt zählt zum UNESCO-Welterbe; 2009 war Vilnius Kulturhauptstadt Europas. Man entdeckt Überbleibsel des einst regen jüdischen Lebens, die Stadt galt als ein „Jerusalem des Ostens". Schließlich wird den Besuchern die sowjetische Zeit und der Kampf eines kleines Volkes um sein Recht auf Selbstbestimmung gegenwärtig. Lassen Sie die Stadt auf sich wirken und bummeln Sie gemütlich durch die engen Gassen der Altstadt, um das heutige Antlitz von Vilnius zu entdecken.

Links: Die Annenkirche in Vilnius, ein Kleinod gotischer Backsteinarchitektur.

Geschichte

Als sich einst Fürst Gediminas, von der Auerochsenjagd ermüdet, in dieser Gegend zur Ruhe niederließ, träumte er von einem eisernen Wolf, der so laut heulte wie hundert seiner Artgenossen auf einmal. Der Oberpriester legte den Traum aus: An dieser Stelle wird eine mächtige Stadt entstehen, deren Ruhm, symbolisiert durch das Wolfsgeheul, um die ganze Welt gehen wird. Der wahre Kern dieser Überlieferung ist, dass Gediminas tatsächlich um 1320 seine Residenz vom benachbarten Trakai nach Wilna verlegte, das allerdings wesentlich älter ist als die Legende es wahrhaben will.

Die Deutschordensritter brannten in der zweiten Hälfte des 14. Jh. ganze vier Mal die Stadt nieder. Trotzdem entwickelte sie sich rasch, was durch die Verleihung des Magdeburger Stadtrechts nach der Christianisierung Litauens 1386 noch begünstigt wurde. Neben Katholiken und Anhängern der alten Naturreligion spielten in der Stadt die Orthodoxen eine wichtige Rolle. 1503-1522 baute man eine starke, 3 km lange Stadtbefestigung mit neun Toren. Unmittelbarer Anlass war die Gefährdung durch Moskau, an das Polen-Litauen

» Karte S. 79, Stadtplan S. 68-69, Info S. 82-83

1514 die mächtige Stadt Smolensk verlor. Aber noch bevor aus dieser Bedrohung Wirklichkeit wurde, erlebte Wilna im 16. Jh. sein goldenes Zeitalter. Die letzten Jagiellonenkönige, Sigismund I. der Alte und Sigismund II. August, führten von Krakau aus die Renaissancekunst und die aus Italien stammende Kultur des Humanismus ein. Aus der wehrhaften Burg wurde ein Renaissancepalazzo, es entstanden Krankenhäuser und Druckereien. Krönender Abschluss dieser Entwicklung war 1579 die Gründung der ersten Universität Osteuropas, der Universitas Vilnensis.

Die größten Reichtümer besaßen einige Adelsfamilien, die Paläste bauten und überaus prächtige Kirchen stifteten. Die übrige Bebauung bestand aus Holzhäusern; wie aus etlichen Reisebeschreibungen der Zeit hervorgeht, gehörten die vereinzelten gemauerten Häuser vor allem Ausländern. Die hölzerne Siedlung wurde häufig von verheerenden Bränden heimgesucht wie von dem Feuer im Jahr 1610, das beinahe die gesamte Stadt einäscherte. 1655 kamen die Moskauer, besetzten sie und metzelten 25 000 ihrer Bewohner nieder. Dann folgte ein langer Reigen von Eindringlingen – Schweden, Russen, Sachsen. Doch auch während dieses politischen Niedergangs blühte das kulturelle Leben: Ehrgeizige Mäzene stifteten in der zweiten Hälfte des 18. Jh. 40 Kirchen und 18 Klöster.

Im Zuge der Teilungen Polens geriet Wilna 1795 für 120 Jahre unter russische Herrschaft – ein politisches Wechselbad zwischen liberal und brutal: Eine tolerante Epoche brachte der Stadt beispielsweise durch die bis 1832 bestehende Universität den Beinamen „polnisches Athen" ein; gnadenlose Unterdrückung dagegen herrschte nach dem Januar-Aufstand 1863-1864. Der damalige Gouverneur Michail Muravjov bekam wegen der von ihm befohlenen öffentlichen Hinrichtungen den zutreffenden Beinamen *Veschatel*, der „Hänger". In dieser Zeit entstand die litauische Nationalbewegung, die mit der Aufwertung des in den Dörfern Schemaitiens gesprochenen Litauischen begann. Allerdings konnte sie im polonisierten Wilna nur schwer Fuß fassen: Eine deutsche Zählung von 1915 listete hier neben 54 % Polen und 41 % Juden nur 2 % der sich der eigenen Sprache bedienenden Litauer auf.

Diese ethnische Gemengelage war der Kern der Auseinandersetzungen zwischen Polen und Litauern, die sich in der Zwischenkriegszeit verschärften. Wilna wurde 1920 vom polnischen General Żeligowski besetzt (die Polen sagten befreit) – angeblich in Eigeninitiative, in Wirklichkeit aber auf Anweisung des aus Wilna stammenden Marschalls und Staatsführers Józef Piłsudski. Die Polen „rechtfertigten" diesen Schritt mit einer nachträglichen Volksabstimmung im Wilnaer Gebiet, die Litauer betrachteten die Stadt jedoch weiterhin als ihre eigentliche Hauptstadt.

Auf die Polen folgten die Sowjets und dann die Nazis, die auf ihre Weise begannen, die Nationalitätenfrage zu lösen. Von den 70 000 Juden der Stadt überlebten etwa 3500, die anderen verhungerten im Getto oder wurden im nahen Paneriai (polnisch Ponary) von der SS und litauischen Freischärlern ermordet. Mit den Menschen starb auch die blühende jüdische Kultur von *Wilne*, dem „Jerusalem des Ostens".

Das Ende des Zweiten Weltkriegs markiert auch den Untergang des polnischen *Wilno*. Die Kämpfer der polnischen Heimatarmee, die die Stadt zusammen mit der Roten Armee am 13. Juli 1944 einnahmen, wurden verhaftet und nach Sibirien deportiert. Anschließend schob man – in zwei großen Wellen 1945-1947 und 1955-1957 – etwa 100 000 polnische Wilnaer nach Westen ab. Während man die gebildeten Schichten fast vollständig vertrieb, war man bei anderen, die für die Sowjetisierung des Landes keine Gefahr dar-

Rechts: Blick auf Vilnius.

» Stadtplan S. 68-69, Info S. 82-83

Foto: agustavop (iStockphoto.com)

stellten, nachsichtiger; viele Dörfer um Wilna blieben von der Vertreibung verschont. Die Stelle der Vertriebenen und Ermordeten nahmen Litauer aus der Gegend von Kaunas sowie Russen ein.

Auch wenn heute Litauer mit 63 % die Mehrheit der Einwohner Wilnas stellen, ist die Stadt immer noch multinational: mit ca. 16 % Polen, 12 % Russen, 4 % Weißrussen und 0,5 % Juden. Die Einwohnerzahl wuchs in der Nachkriegszeit auf etwa 600 000 an (derzeit 530 000), Plattenbau-Trabantenstädte umgeben den historischen Kern.

Um den Burghügel (Gediminashügel)

Vilnius ist überschaubar. Mit ihren verwinkelten Gassen, den 300 historischen Gebäuden und sage und schreibe 26 Kirchen ist die etwa 2 km² große Altstadt eine echte Schatztruhe. Der Besucher muss nur die Bereitschaft mitbringen, sich verzaubern zu lassen. Aus der Vogelperspektive erkennt man sofort, dass die wichtigsten Sehenswürdigkeiten nahe beieinanderliegen. Lediglich der Besuch des Rasos-Friedhofs, der Peter-und-Paul Kirche in Antakalnis sowie der Sehenswürdigkeiten am rechten Neris-Ufer und am Gediminas-Prospekt sind zu Fuß nicht zu empfehlen; am besten nimmt man dafür einen Trolleybus, mit dem zu fahren schon ein Erlebnis ist.

Der weitläufige **Kathedralenplatz** am nördlichen Rand der Altstadt bietet sich als Ausgangspunkt für die Stadtbesichtigung an. Der Blick auf die Fassade der ★**Kathedrale** (1) (Arkikatedra bazilika) lässt Zweifel darüber aufkommen, wo man sich befindet: Die einem griechischen Tempel nachempfundene blendend weiße Erzbischöfliche Basilika erinnert an ein vorchristliches Heiligtum. Führt man sich die turbulente Geschichte des Bauwerks vor Augen, ergibt sich ein tieferer Sinn: Hier stand einst ein Tempel des Perkūnas, des litauischen Hauptgottes, dessen Attribut der Blitz war. An diesem Platz ließ der litauische König Mindaugas eine Kirche bauen. Die nächste stammte von Großfürst Jogaila und die nach einem Brand

» Stadtplan S. 68-69, Info S. 82-83

erbaute dritte von Großfürst Vytautas, doch auch diese gotische Kirche fiel einem Brand zum Opfer.

Die spätere Geschichte der nach dem Krakauer Bischof und Patron Polens, dem hl. Stanislaus, benannten Kathedrale ist eine lange Kette von Abbruch- und Wiederaufbaumaßnahmen. Schon im 15. Jh. wurde die erste Kirche für die wachsende Zahl der Gläubigen zu klein. Man errichtete sie daher im Stil der norddeutschen Backsteingotik nach 1420 praktisch vollständig neu. Nach einem Brand kam ein Renaissancebau nach dem Entwurf des Italieners Bernardino Zanobia de Gianotti (1534-1557) an die Reihe; nach weiteren Unglücken folgten früh- und spätbarocke Umbauten.

All diese Bauphasen sind heute kaum erkennbar, da der 1783-1801 durchgeführte neoklassizistische Umbau von Laurynas Stuoka-Gucevičius (Wawrzyniec Gucewicz) eigentlich ein Neubau war. Das Äußere nahm das Aussehen eines griechischen Tempels an und erscheint nun gediegen-streng und wohlproportioniert im eleganten Stil des Klassizismus. Ins Auge sticht vor allem die Vorderfront – ein majestätischer **Portikus** mit sechs dorischen Säulen von 20 m Höhe. Die riesigen **Heiligenfiguren** (5 m Höhe) auf dem Dreiecksgiebel sind ein späterer Zusatz des Gucevičius-Schülers Schulz, sie stellen die hl. Helena, den hl. Kasimir und den hl. Stanislaus dar, passen in ihrer Überdimensionalität aber eigentlich überhaupt nicht zu der ruhigen Fassade. Unter den Sowjets wurden 1950 die Originale zerstört (in der Kathedrale sollte eine Autowerkstatt eröffnet werden, zum Glück nutzte man sie stattdessen als Konzerthalle), seit 1996 ersetzen sie Kopien.

Im Inneren wendet man sich vor allem den Seitenkapellen zu. Der barocken **Königskapelle** (die zweite links) blieb ein Umbau durch Gucevičius erspart, vielleicht hat die Inschrift am Eingang: „Violator huius operis infelix

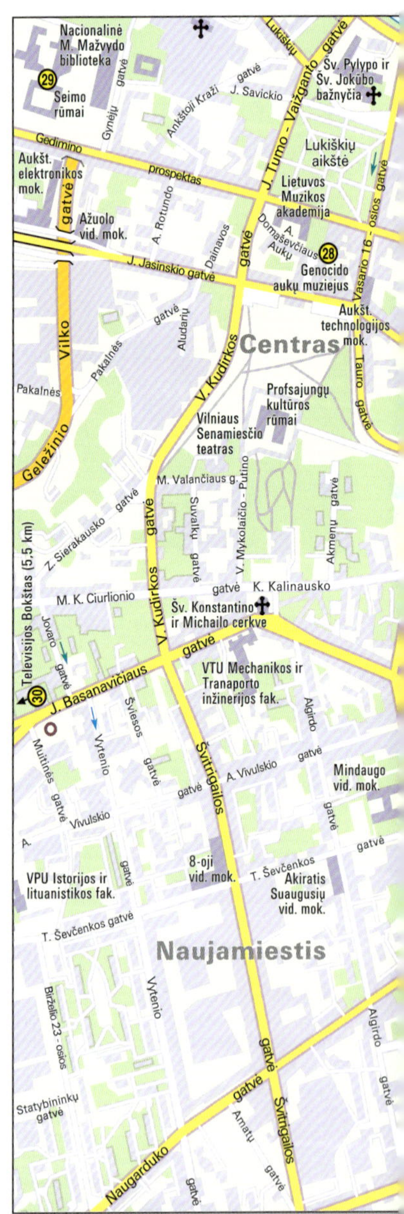

» Stadtplan S. 68-69, Info S. 82-83

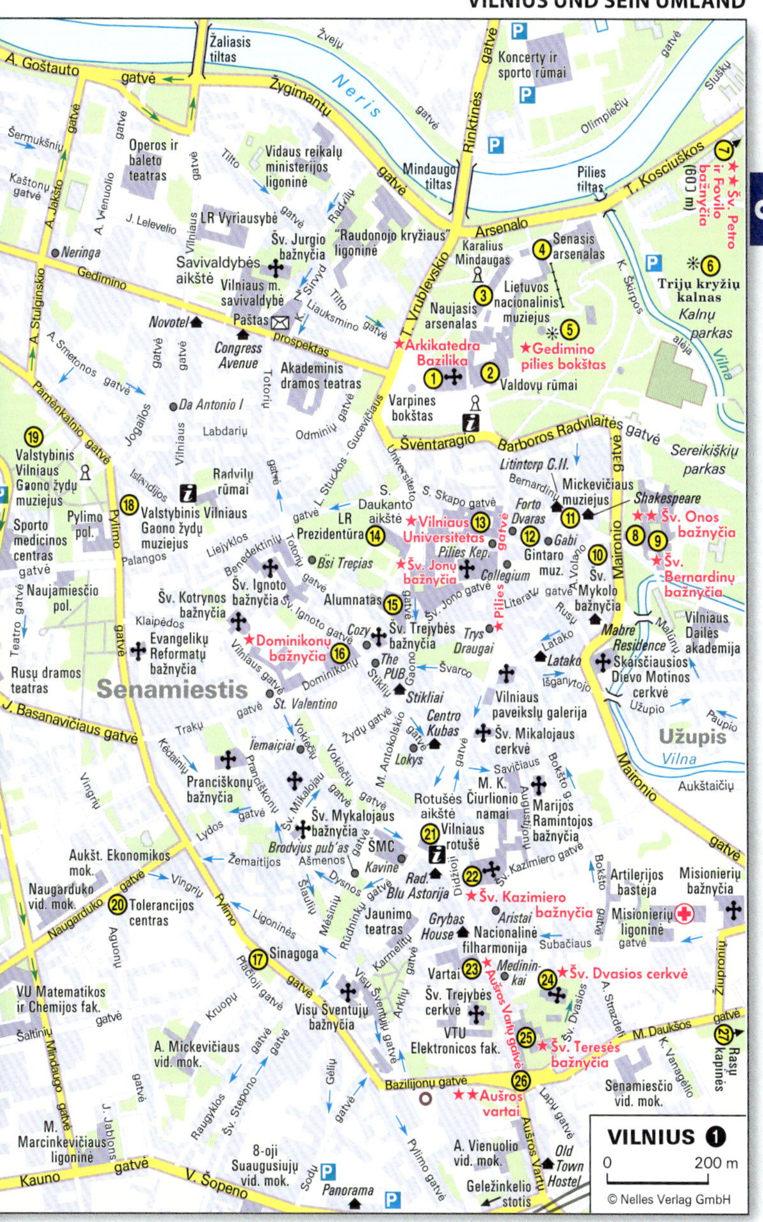

Žaliasis tiltas
A. Goštauto gatvė
Žygimantų gatvė
Neris
Žvejų
Rinktinės gatvė
Koncerty ir sporto rūmai
Olimpiečių
Slušky
Operos ir baleto teatras
Vidaus reikalų ministerijos ligoninė
Mindaugo tiltas
Pilies tiltas
T. Kosciuškos
★★ Šv. Petro ir Povilo bažnyčia (600 m)
Šermukšnių
Kaštonų gatvė
A. Jakšto
A. Vienuolio
J. Lelevelio
LR Vyriausybė
Šv. Jurgio bažnyčia
"Raudonojo kryžiaus" ligoninė
Arsenalo
Karalius Mindaugas
Senasis arsenalas
Trijų kryžių kalnas
Kalnų parkas
Neringa
Gedimino prospektas
Savivaldybės aikštė
Vilniaus m. savivaldybė
Paštas
Novotel
Congress Avenue
T. Vrublevskio
Naujasis arsenalas
Lietuvos nacionalinis muziejus
K. Škirpos
Vilnia
A. Stulginskio
A. Smetonos gatvė
Akademinis dramos teatras
★Arkikatedra Bazilika
★Gedimino pilies bokštas
Valdovų rūmai
Varpinės bokštas
Pamėnkalnio gatvė
Da Antonio I
Labdarių
Odminių gatvė
Jogailos
Šventaragio
Barboros Radvilaitės gatvė
Sereikiškių parkas
Valstybinis Vilniaus Gaono žydų muziejus
Radvilų rūmai
S. Daukanto aikštė
LR Prezidentūra
Universiteto
S. Skapo gatvė
Litinterp C.II.
Mickevičiaus muziejus
Shakespeare
Forto Dvaras
★★ Šv. Onos bažnyčia
Sporto medicinos centras
Pylimo pol.
Pylimo gatvė
★Vilniaus Universitetas
Pilies Kep.
Gabi
Gintaro muz.
★Šv. Bernardinų bažnyčia
Naujamiesčio pol.
Šv. Ignoto bažnyčia
Bsi Trečias
★Šv. Jonų bažnyčia
Collegium
Maironio gatvė
Šv. Mykolo bažnyčia
Šv. Kotrynos bažnyčia
Alumnatas
Literatų gatvė
Vilniaus Dailės akademija
Rusų dramos teatras
Evangelikų Reformatų bažnyčia
★Dominikonų bažnyčia
Cozy
Šv. Trejybės bažnyčia
Trys Draugai
Mabre Residence
Latako
Skaisčiausios Dievo Motinos cerkvė
Senamiestis
St. Valentino
The PUB
Stikliai
Vilniaus paveikslų galerija
Užupio
Paupio
J. Basanavičiaus gatvė
Trakų
Žemaičiai
Centro Kubas
Šv. Mikalojaus cerkvė
Užupis
Lokys
Savičiaus
Pranciškonų bažnyčia
M. Antokolskio
Rotušės aikštė
M. K. Čiurlionio namai
Marijos Ramintojos bažnyčia
Aukštaičių
Vingrių
Šv. Mykalojaus bažnyčia
Brodvjus pub'as
ŠMC
Vilniaus rotušė
Aukšt. Ekonomikos mok.
Žemaitijos
Ašmenos
Kavinė
Rad.
Blu Astorija
★Šv. Kazimiero bažnyčia
Artilerijos bastėja
Misionierių bažnyčia
Naugarduko vid. mok.
Tolerancijos centras
Jaunimo teatras
Grybas House
Aristai
Nacionalinė filharmonija
Misionierių ligoninė
Subačiaus gatvė
Sinagoga
Vartai
Medininkai
★Šv. Dvasios cerkvė
VU Matematikos ir Chemijos fak.
Visų Šventųjų bažnyčia
Šv. Trejybės cerkvė
Aušros Vartų gatvė
VTU Elektronicos fak.
★Šv. Teresės bažnyčia
M. Daukšos
K. Vanagėlio
Rasų kapinės
A. Mickevičiaus vid. mok.
Bazilijonų gatvė
★★Aušros vartai
Senamiesčio vid. mok.
M. Marcinkevičiaus ligoninė
J. Jablonskio
8-oji Suaugusiųjų vid. mok.
A. Vienuolio vid. mok.
Old Town Hostel
Kauno gatvė
V. Šopeno
Panorama
Pylimo gatvė
Geležinkelio stotis
VILNIUS 1
0 200 m
© Nelles Verlag GmbH

esto" (Der Zerstörer dieses Werkes sei verdammt) ihre Wirkung auf ihn nicht verfehlt. Hochkarätige Renaissance-Grabmäler der in Krakau tätigen Italiener Bernardino Zanobia de Gianotti und Giovanni Maria Padovano weist die **Goštautas-Kapelle** (Gasztold) auf, die dritte auf der rechten Seite.

Die wahre Perle der Kathedrale aber ist die ★**Kasimir-Kapelle**, die schönste barocke Kapelle, die in der polnisch-litauischen Res Publica errichtet wurde. Der Bau, den der königliche Architekt Constantino Tencalla 1626-1636 errichtete, ist dem hl. Kasimir, dem Sohn von Kasimir IV. Jagiello, geweiht. Dieser äußerst fromme junge Mann konnte sich als Anwärter auf den ungarischen Thron gegen Matthias Corvinus nicht durchsetzen und starb im Jahr 1484 mit 26 Jahren. Er wurde 1602 heiliggesprochen und zum Patron von Litauen erkoren. Mit den Fresken, die Szenen aus seinem Leben darstellen, den versilberten Holzstatuen der polnischen Könige und litauischen Großfürsten der Jagiellonen-Dynastie sowie Wänden aus schwedischen Sandsteinblöcken, braunem Granit und schwarzem Marmor bildet die Kapelle ein einmaliges Gesamtkunstwerk.

In einer Ende der 1930er Jahre wiederentdeckten **Krypta** ruhen der litauische Großfürst und König von Polen Alexander I. sowie das Herz von Ladislaus IV. Wasa. Von den hier bestatteten Königinnen ist vor allem Barbara Radziwill (Barbora Radvilaitė) legendenumwoben: Sie war die große Liebe von König Sigismund August, die aber das Parlament nicht als standesgemäß erachtete, so dass man die in der Kathedrale vollzogene Eheschließung des Paares geheim hielt. Hier wurde auch Großfürst Vytautas (Witold) der Große beigesetzt, der litauische Held der Tannenberg-Schlacht gegen die Deutschordensritter (1410); allerdings ist nach all den Um- und Neubauten seine genaue Begräbnisstätte unbekannt. Bei der Führung in der Unterkirche mit ihren 27 Räumen wird auch ein 1985 entdecktes Fresko mit einer Kreuzigungsszene präsentiert.

Das Untergeschoss des 57 m hohen, frei stehenden **Glockenturms** auf dem Kathedralenplatz gehörte einstmals zu einem Turm der Stadtbefestigung. 2002 erhielt er sechs neue Glocken. Das moderne, martialische **Reiterstandbild** stellt **Gediminas**, den Stadtgründer dar. Der dazu verwendete Granit, eines der letzten Geschenke des „Großen Bruders", stammt aus der Ukraine.

Hinter der Kathedrale steht der 1655 von den Russen zum Teil, 1801 dann ganz zerstörte **Großfürstenpalast** (2); 2002 begann seine Rekonstruktion. Sie ist noch nicht vollendet, das Bauwerk dient aber bereits als Teil des **Nationalmuseums**: Auf zwei Themenrouten erkundet man seine Bauhistorie sowie höfische Repräsentation und Schlossalltag durch die Jahrhunderte.

Nahe der Mündung der Vilnia in die Neris steht in einer Grünanlage die **Unterburg**, ein Komplex von Gebäuden des 16.-18. Jh., ehemaligen Arsenalbauten. Im **Neuen Arsenal** (3) (Zeughaus) 200 m nördlich der Kathedrale bietet das **Nationalmuseum** einen umfassenden Überblick über die Geschichte des litauischen Staates und seiner Kultur, z. B. zeigt es wunderschöne Volkstrachten aus allen Regionen des Landes. 200 m weiter stellt das **Nationalmuseum** im rekonstruierten **Alten Arsenal** (4), einem Gebäude im Renaissancestil, archäologische Funde und Angewandte Kunst aus, u. a. historische Möbel, Porzellan und Schmuck.

In direkter Nachbarschaft zum Kathedralenplatz befinden sich zwei auffällige Hügel, die die Stadtsilhouette bestimmen und als Aussichtspunkte geradezu ideal sind. Per **Seilbahn** oder über 78 Stufen geht es auf den Burgberg (Pilies kalnas), den **Gediminashügel**: Dort bekrönt der wuchtige achteckige ★**Ge-**

Rechts: Der Glockenturm der Kathedrale von Vilnius basiert auf einem Wehrturm.

 » Stadtplan S. 68-69, Info S. 82-83

Foto: Jonathan Smith

diminasturm (5) (mit einer geschichtlichen Ausstellung im Inneren) die 48 m hohe Hügelkuppe. Er ist Teil der Oberburg; die Deutschordensritter belagerten ihn mehrmals. Im Lauf der Zeit wurde er zum Wahrzeichen der Stadt. Die Fahne an seiner Spitze wechselte über die Jahrhunderte etliche Male; seit 1989 weht hier stolz die gelb-grün-rote Nationalflagge Litauens. Von hier bietet sich eine schöne Aussicht auf die Stadt.

Der nächste Hügel liegt jenseits der Vilnia; Der **Berg der drei Kreuze** (6) (Trijų Kryžių kalnas), auch Kahler Berg genannt. Ihn sollte man ebenfalls besteigen. Schon im 14. Jh. wurden hier drei Kreuze, wie es heißt, zur Erinnerung an das Martyrium der ersten christlichen Missionare aufgestellt: Zu Gediminas' Zeiten soll eine aufgebrachte heidnische Menge an dieser Stelle sieben Franziskanermönche getötet haben; drei davon kreuzigte man auf dem Hügel. Eine andere Erklärung besagt, die Kreuze seien als Andenken an die Pest aufgestellt worden, eine dritte wiederum, sie sollten die Deutschordensritter beschwichtigen und ihnen zeigen, dass sie eine bereits christianisierte Stadt belagerten. Wie dem auch sei, die ersten hölzernen Kreuze wurden morsch und zerfielen im 19. Jh.; ihre eisernen Kopien wurden 1916 aufgestellt. Diese wiederum fielen 1950 dem Kampf des atheistischen Staates gegen die Kirche zum Opfer (ihre Reste sind am Fuß des Hügels zu sehen) und wurden erst 1989 durch Betonrepliken ersetzt, die schnell zum Symbol des neuen litauischen Staates aufstiegen.

Der Spaziergang auf den Hügel lohnt nicht nur wegen der Kreuze: Von hier aus hat man den schönsten Blick auf die Stadt. Das ★**Panorama** reicht von der Theresienkirche neben dem Tor der Morgenröte (linker Hand) über die kleine Annenkirche und die Universität bis hin zur Kathedrale am äußersten rechten Rand des Bildes.

Geht man vom Hügel aus 1 km nerisaufwärts (ca. 1,5 km vom Kathedralenplatz), gelangt man nahe dem Neris-Ufer zur ★★**Peter-und-Paul-Kirche** (7) (Šv. Petro ir Povilo bažnyčia)

Foto: Elena Rostunova (Shutterstock.com)

im Stadtviertel Antakalnis; wer müde ist, nimmt einen Trolleybus der Linien 2, 3, 4, 8 oder 12. Dieser Bau ist ein absolutes Muss bei der Stadtbesichtigung. Nikolaus Pac (Mykolas Pacas), der Oberbefehlshaber des Großfürstentums, soll 1655 angesichts der brandschatzenden Moskauer Truppen, gegen die er machtlos war, gelobt haben, eine prächtige Kirche zu stiften, wenn der Feind das Land verließe.

1668-1675 entstand nach dem Entwurf des Krakauer Architekten Jan Zahor eine Kirche, die tatsächlich ihresgleichen sucht. Und das nicht so sehr wegen der Außenansicht, sondern wegen der bis 1704 von italienischen Bildhauern vollendeten herrlichen **Stuckarbeiten**: Genreszenen, biblische und mythologische Schlachtenbilder, Menschen verschiedener Stände in endlosem Reigen, oft vom Teufel angeführt, breiten sich wie in einem Kaleidoskop vor den Augen des erstaunten Betrachters aus. Bei ca. 2000 Figuren wiederholt sich keine Pose und keine Geste; alles ist noch bereichert durch Darstellungen von Pflanzen, Tieren, Früchten, Blumen und Blattwerk. Obwohl ein Hauptaltar nie aufgestellt wurde, wirkt die Kirche wie ein vollendetes Gesamtkunstwerk, und auch die Vielzahl der Stuckfiguren erzeugen kein Gefühl der Überladenheit. Eine wahre Augenweide ist auch der riesige Kronleuchter, 1905 in Lettland hergestellt. Bringen Sie genügend Zeit mit, um diesen Anblick gebührend genießen zu können!

Oben: Die Burgstraße (Pilies gatvė) gilt als Vilnius' schönste Straße. Rechts: Die Michaeliskirche von 1594 dient als Museum für Kirchengeschichte.

Das ★★Gotische Viertel

Von der Kathedrale führt eine für den Autoverkehr gesperrte Gasse, die ★**Burgstraße** (Pilies gatvė), in die Altstadt. Biegt man von ihr nach links ab in die **Bernhardinergasse** (Bernardinų gatvė), steht man nach 300 m, mitten im sog. ★★**Gotischen Viertel**, vor einem Kleinod: der ★★**Annenkirche** (8) (Šv.

Onos bažnyčia). „Diese Kirche möchte ich auf Händen nach Paris tragen!" soll Napoleon auf dem Weg nach Russland bei ihrem Anblick ausgerufen haben. Diese architektonische Perle von nur 20 m Länge besticht durch ihre Backsteinfassade: Erker und Ziertürmchen, schmale hohe Fenster, dazwischen ein großer Kielbogen und sich wiederholende kleine Bögen in Höhe der Fialen. Der Architekt war vermutlich Michael Enkinger, der aus Danzig stammende Hofarchitekt von König Alexander, der hier etwa 1495-1500 sein Hauptwerk schuf. Mit 33 unterschiedlichen Formsteinen verwirklichte er eine manierierte spätgotische Vision, die mehr an Goldschmiedekunst als an Großarchitektur denken lässt – und das zu einem Zeitpunkt, als in Krakau bereits die Renaissance Einzug hielt. Die sächsischen und nordfranzösischen Vorbilder wurden hier auf einzigartige Weise von Werkstein in Backstein übersetzt. Das Innere des Kirchleins und der danebenstehende Glockenturm stammen aus dem 19. Jh. und sind nur ein schwacher Abglanz des Meisterwerks.

Stadtführer verbreiten gern folgende romantische Erzählung, die mehr zu Herzen geht als die Baugeschichte: Da ist von der Zuneigung der Baumeistertochter zu einem der Gehilfen die Rede, der aber wird vom strengen Vater vertrieben; erst nach dessen Tod kehrt er zurück, heiratet seine Angebetete und vollendet den Bau der Kirche. Das schwerer wirkende Sockelgeschoss soll demnach das Werk des Vaters sein, die an die Flammen der Liebe erinnernde „Verrücktheit in Backstein" des oberen Teils die Arbeit des Gehilfen.

Hinter der Annenkirche ist die große ★**Bernhardinerkirche** (9) (Šv. Bernardinų bažnyčia) einen Besuch wert (Führung mit Anmeldung). Diese spätgotische Kirche vom Ende des 15. Jh. war in der Sowjetzeit Lagerhaus, wurde dann jahrelang restauriert und ist jetzt wieder Heimat von Franziskanern. Sie war in das System der Stadtmauern

Foto: Knut Liese

einbezogen, was ihre wehrhafte Form erklärt; in die Außenmauer hatte man mehrere Schießscharten gebrochen.

Die dritte Kirche in der Nachbarschaft, die ab 1594 im Renaissancestil errichtete **Michaeliskirche** (10) (Šv. Mykolo bažnyčia), beherbergt seit 2005 das **Museum für Kirchengeschichte**. Neben Malereien, liturgischen Geräten und historischen Dokumenten und Büchern ist das marmorne **Grabmal** des litauischen Kanzlers Lew Sapiecha (Sapiega) rechts neben den Resten des Hauptaltars) eindrucksvoll, der hier mit seinen beiden Ehefrauen ruht.

Das „Muss" aller polnischen Sehnsuchtstouristen liegt in der **Bernhardinergasse Nr. 11**: das **Adam Mickiewicz Museum** (11) (Mickevičiaus Memorailinis butas-muziejus). In diesem Haus lebte kurz Polens Nationaldichter, bis er 1822 verhaftet und nach Russland verbannt wurde; später war Paris seine Exilheimat. Das von Andrzej Wajda, dem Oscarpreisträger des Jahres 2000, verfilmte Mickiewicz-Epos „Herr Thaddäus", beginnt mit Worten, die jeder Pole (und

» Stadtplan S. 68-69, Info S. 82-83

Foto: Roman Babakin (Shutterstock.com)

jeder zweite Litauer) kennt: „Litauen, Du mein Vaterland! Du bist wie Gesundheit, die nur der so recht zu schätzen weiß, der sie verloren." Das Museum liegt in einem malerischen Hof.

Für Manche mag eines der **Bernstein-Museen** von größerem Interesse sein, z. B. das **Gintaro muziejus** (12) (g. Šv. Mykolo 8). Auf Litauisch, Deutsch und Englisch lernt man hier einiges über das versteinerte Harz. Besuch und Führung sind frei – die merkantilen Hoffnungen spielen sicherlich eine Rolle: Das Museum ist mit einem Laden und einer Galerie verbunden. Keiner nimmt es aber übel, wenn Gäste ihr Portemonnaie in der Tasche lassen.

Von der ★Universität zum Tor der Morgenröte

In dem unregelmäßigen Block zwischen Burg- und Universitätsstraße (Pilies, Universiteto) und zwei kleinen Gassen (Šv. Jana, Skapo) erstreckt sich das ausgedehnte Areal der **★Universität** (13), des wichtigsten historischen Profanbaus der Stadt, gegründet 1579. Nach der Krakauer Universität die zweitälteste des polnisch-litauischen Staates, ging diese ursprüngliche Jesuitenhochschule auf eine Initiative des Königs Stephan Bathory (reg. 1576-86) zurück, der ihr Privilegien verlieh. Die Universität war Zeugin einer turbulenten Geschichte und erlebte mehrmals den Wechsel der Unterrichtssprache. Nach ihrer Blütezeit unter dem liberalen Zaren Alexander I. wurde sie 1832 als Antwort auf die Unterstützung des polnischen November-Aufstands geschlossen und erst 1915 wieder ins Leben gerufen. Heute studieren hier über 20 000 Studenten, darunter etliche Ausländer, die hier u. a. Jiddisch lernen können. Treppen und Gänge verbinden ein Dutzend Innenhöfe, Arkaden, Galerien, Fakultätsgebäude und die Johanniskirche, von deren Turm man die Stadt überblickt. Orientierung und Informationen: www.muziejus.vu.lt/en.

Oben: Einer der Innenhöfe der 1579 gegründeten Universität.

» Stadtplan S. 68-69, Info S. 82-83

Im **Sarbiewski-Hof** (Sarbievius) gibt es eine verlockende Universitätsbuchhandlung, die auch Werke auf Englisch oder Deutsch im Angebot hat. Die umliegenden Bauten gehören der **Bibliothek** an, die auf ihre knapp 5 Mio. Bücher – darunter auch einzigartige Handschriften – stolz sein kann, zwei Räume mit klassizistischer Wand- und Deckenbemalung, der **Smuglevičius-Saal** (Smuglewicz) und der **Lelewel-Saal**, können im Rahmen der Universitätsführungen (Mo-Sa) besichtigt werden. Der größte Hof ist nach dem Jesuitenprediger **Piotr Skarga** benannt, der bereits im 16. Jh. die Anarchie in der polnisch-litauischen Adelsrepublik anprangerte; die monumentale Fassade der ★**Johanniskirche** beherrscht den ★**Großen Hof**. Sie war erst ein gotischer, dann ein Renaissance-Bau, bevor ihr der berühmte Johann Christoph Glaubitz ein barockes Kleid umlegte. Die geschwungene, mit Säulen besetzte Fassade ist aber nur ein Vorspiel für die Pracht im Innenraum. Der **Hauptaltar** im Chor ist eine schnörkelige, goldstrahlende Komposition aus zehn Altären, die im Halbkreis aufsteigend angeordnet sind. An den Innenwänden der Kirche findet man die **Grabtafeln** verschiedener Berühmtheiten, u. a. von Konstantinas Sirvydas, dem Vater des litauischen Schrifttums (1578-1631), von Adam Mickiewicz, Nationaldichter Polens (1798-1855), und von Stanisław Moniuszko (1819-1872), dem Schöpfer der wichtigsten polnischen Oper, der jahrelang Organist hier in der Johanniskirche war.

Der lang gestreckte **Präsidentenpalast** (14) beherrscht den Platz S. Daukanto aikštė mit einem monumentalen klassizistischen Säulengang. Der Bau war ursprünglich Bischofspalast, später Sitz des russischen Gouverneurs von Litauen und beherbergt heute Büros der Präsidentin. Führungen finden freitags bis sonntags statt. Spektakulär ist der **Flaggenwechsel** am Sonntag um 12 Uhr mit Soldaten in historischen Uniformen. Die hufeisenförmige Gartenfassade betrachtet man am besten vom **Alumnat** (15) (Alumnatas) aus, einem reizvollen Studenteninternat vom Ende des 16. Jh. mit einem dreigeschossigen **Arkaden-Innenhof**. An einem schattigen Platz verführt dort ein **Café** zu einer Pause auf dem Stadtrundgang.

Der Barock hat uns spätestens wieder bei der ★**Dominikanerkirche** (16) (Dominikonų bažnyčia), auch Heiliggeistkirche genannt, eingeholt. Die einzige Kirche, in der auch zur sowjetischen Zeit regelmäßig Gottesdienste stattfanden, ist die Hauptkirche der polnischen Minderheit in der Stadt. Ihr Architekt war Glaubitz; aufgrund der bereits vorhandenen Bebauung durfte er hier keine Prachtfassade errichten und musste mit einer schönen, von weither sichtbaren Kuppel vorlieb nehmen, im Inneren der Kirche konnte er aber seiner Fantasie freien Lauf lassen. Wieder steht man überwältigt vor einem barocken **Hauptaltar**, vor einer Farb- und Formenorgie mit 16 goldenen Altären mit ihren Rocailles, geschwungenen Pfeilern und schwebenden Engeln.

Spazieren Sie weiter in die einstige **Deutsche Strasse** (Vokiečių), die das Rückgrat des jüdischen Wilna bildete. In heute so malerischen Straßen wie Stiklių, Gaono oder Zydų richteten die Nazis das sog. Kleine Getto ein; die Bewohner ermordeten sie in den nahen Wäldern.

An das einst rege jüdische Leben erinnert die **Synagoge** (17) im neomaurischen Stil (Pylimo gatvė 39, errichtet 1894), Andachtsstätte der heute nur noch ca. 5000 Mitglieder zählenden jüdischen Gemeinde. Das **Jüdische Museum** hat hier mehrere Filialen; z. Zt. geschlossen ist die **Erinnerungsstätte** (18) in der Pylimo g. 4; besuchenswert die **Holocaust-Ausstellung** (19) in der Pamėnkalnio g. 12 und die Ausstellungen im **Toleranzzentrum** (20) (Naugarduko g. 10/2), die an die grausam vernichtete jüdische Welt von Wilna erinnern – eine große Kultur mit Schriftstellern wie Yitzchak Perez und Scholem

Foto: Knut Liese

Alejchem, Talmud-Gelehrten und Wissenschaftlern.

Zwischen den Weltkriegen gab es im jiddischen „Wilne“ über 100 Synagogen und Bethäuser, 160 jüdische Vereine, sechs jiddische oder hebräische Tageszeitungen, eine jiddischsprachige Technische Hochschule, das Jüdische Wissenschaftliche Institut (Albert Einstein und Sigmund Freud im Vorstand) und eine jiddische Sektion des P.E.N.-Clubs. Führungen durchs historische jüdische Vilnius beleuchten dies Erbe.

In der einstigen **Großen Straße** (Didžioji g.), gelangt man zum klassizistischen **Rathaus** (21) von Laurynas Stuoka-Gucevičius (Gucewicz) von 1799. Die einst dort ansässige **Gemäldegalerie** (Vilniaus paveikslų galerija) mit Werken vom 17. bis 20. Jh. ist in den weiter nördlich gelegenen **Chodkevičiai-Palast** (Didžioji g. 4) umgezogen. Weiter südlich fesselt der Anblick der rosafarbenen ★**Kasimirkirche** (22), der drittälteste Barockbau der Res Publica (nach dem weißrussischen Neswisch, einer Radziwillstiftung von 1584, und der Peter-und-Paul-Kirche in Krakau). 1604 begonnen, diente die römische Jesuitenkirche Il Gesú von Vignola als Vorbild für Fassade und Innenraum. Nur die seltsam niedrigen Türme sind Ergebnis eines Umbaus im 19. Jh. Die an die Jagiellonen-Krone erinnernde Kuppellaterne verweist auf die königliche Herkunft des Namenspatrons. In der Sowjetzeit diente die Kirche zynischerweise als „Museum des Atheismus“, in dem dargelegt wurde, dass jede Religion Opium fürs Volk sei, und eine Leninstatue thronte an der Stelle des Altars. Heute haben die Messen wieder viel Zulauf.

Am Rathaus beginnt die ★**Aušros Vartų gatvė**, die zentrale Straße eines Viertels, in dem sich in der Frühneuzeit gern russische Kaufleute aus Moskau oder Smolensk niederließen. Daher gibt es hier – sonst in Litauen äußerst selten – Beispiele orthodoxer Kunst aus der Zeit vor 1795. Sie gehen eine Symbiose ein mit westeuropäischen Kunstströmungen, so beispielsweise beim **Tor des ehemaligen Basilius-Klosters** (23) (1761 erbaut), wo die weichen, welligen Linien der vielschichtigen Gesimse und die gewundenen Flächen unverkennbar an die Kunst des Rokoko erinnern. Schöpfer dieses Tors und der nahe gelegenen ★**Russisch-Orthodoxen Heiliggeistkirche** (24) war wiederum Johann Christoph Glaubitz, ein Architekt süddeutscher Herkunft (1700-1767, litauisch: Jonas Kristupas Glaubicas). Seine Werke in Wilna sind allein schon eine Reise wert – nirgendwo sonst in Europa ist das Rokoko so allgegenwärtig; anderswo ist es oft nur Innenräumen und kleinen Gartenpavillons vorbehalten. Sein genialstes Werk ist die große **Ikonostase** (Ikonenwand, die den Altarraum vom Gemeinderaum trennt) der Heiliggeistkirche. Hier zeigt sich eine grün gehaltene Architektur mit

Oben und rechts: Das Aušros-Tor, erbaut 1514 und bis heute das Wahrzeichen Wilnas, beherbergt ein wundertätiges Marienbildnis von 1620.

» Stadtplan S. 68-69, Info S. 82-83

Foto: Tomasz Torbus

mehrmals durchbrochenem Gebälk, von freistehenden Säulen gestützt und mit Ikonen und goldenen Verzierungen versehen.

Einige Schritte weiter gilt es wieder ein Meisterwerk zu bewundern: die Fassade der ★**Theresienkirche** (25). Sie spielt bewusst mit dem Farbkontrast zwischen schwarzem Basalt und weißem, aus Schweden importiertem Marmor und ist das Werk von Constantino Tencalla, dem Hofbaumeister von König Ladislaus IV.

Das ★★**Tor der Morgenröte** (26) (**Aušros-Tor**, erbaut 1514) ist eins der Wahrzeichen Wilnas. Es ist das einzige erhaltene Stadttor der mittelalterlichen Wehrmauer und beherbergt in einer **Kapelle** im Hauptgeschoss ein wundertätiges **Muttergottesbild** – das wichtigste Heiligenbild Litauens. Um 1620 in Wilna gemalt, erhielt es etwa 100 Jahre danach den vergoldeten Silberoklad und noch später als Votivgabe den liegenden Halbmond. Die Behauptung, es stelle die von König Sigismund II. August geliebte Frau Barbara Radziwill (Barbora Radvilaitė) dar, gehört in den Bereich der vielen Mythen, die sich um das Bild ranken.

Eine ähnliche Pietät wie vor dem Muttergottesbild empfinden viele Litauer beim Anblick des **Rasų-Friedhofs** (27) (Tau-Friedhof, poln. Rossa), vom Aušros-Tor 2 km südostwärts. Einen Teil des Rasų-Friedhofs bildet ein kleiner Militärfriedhof, wo die – 1920 und 1939 im Kampf gegen die Rote Armee sowie die 1944 bei der Befreiung der Stadt von den Deutschen – gefallenen polnischen Soldaten bzw. Partisanen aus der Heimatarmee ruhen. Hier liegt auch das Grab, in dem die Mutter des polnischen Diktators Józef Piłsudski und dessen Herz bestattet sind. Unter den mehrheitlich polnischen Gräbern findet sich auch der Grabstein des berühmtesten litauischen Künstlers: des Malers und Komponisten Mikolajus Konstantas **Čiurlionis** (1875-1911; s. S. 89) und der des Autors und Publizisten Jonas Basanavičius (1851-1927). Seine hügelige Lage macht den Rasų-Friedhof zu einem der malerischsten des Landes.

Foto: Luca Roggero (Dreamstime.com)

Außerhalb der Altstadt

Rechts der Vilnia, durch Brücken mit der Altstadt verbunden, liegt im **Užupis-Viertel** das Montmartre von Vilnius. Künstlerateliers, Galerien und Bohème-Kneipen haben sich in ehemaligen Handwerkerhäuschen angesiedelt – eine „Künstler-Republik mit dem Recht auf Glücklichsein".

Von der Kathedrale zum modernen Stadtzentrum im Westen führt die 2 km lange Allee **Gediminas-Prospekt**. Monumentalbauten der Zeit um 1900 mit Banken, Geschäften, Restaurants und Hotels säumen ihn sowie moderne Einkaufszentren. Die Avenue erreicht den Platz **Lukiškių aikštė**, von dem Lenin als Statue einst zur düsteren **Zentrale des sowjetischen Geheimdienstes KGB** schaute, die sich zum **Museum für die Opfer des Genozids** (28) (Genocido aukų muziejus) gewandelt hat. Man kann Verliese besichtigen, Dokumente und Fotos einsehen. Tausende Litauer wurden hier vor ihrer Deportation nach Sibirien gefangen gehalten (Führungen auf Englisch n. V.).

Die neuere Geschichte ereilt einen am Ende des Gediminas-Prospekts, am modernen **Parlamentsgebäude** (29) (Seimo rūmai). Das Haus wurde zum Symbol litauischen Unabhängigkeitsstrebens: 100 000 Menschen bildeten am 13. Januar 1991 einen lebenden Schutzwall vor den Sowjettruppen (diese hatten bereits das Radio- und Fernsehzentrum gestürmt), so dass sie vor einem Sturm auf das Parlament zurückschreckten. Einige **Barrikaden** hat man als Mahnmale stehen lassen.

In der Satellitenstadt **Karoliniškės** bietet der über 300 m hohe **Fernsehturm** (30) aus 190 m Höhe eine schöne **Aussicht** über Stadt und Umland. 14 Kreuze am Fuß des Sendeturms und ein sehenswertes **Museum** im Parterre erinnern an die Opfer des Freiheitskampfes, als sowjetische Truppen im Januar 1991 die Freiheitskämpfer brutal zurückschlugen.

Oben: Kunstinstallation im Europos Parkas.

» Stadtplan S. 68-69, Info S. 82-83

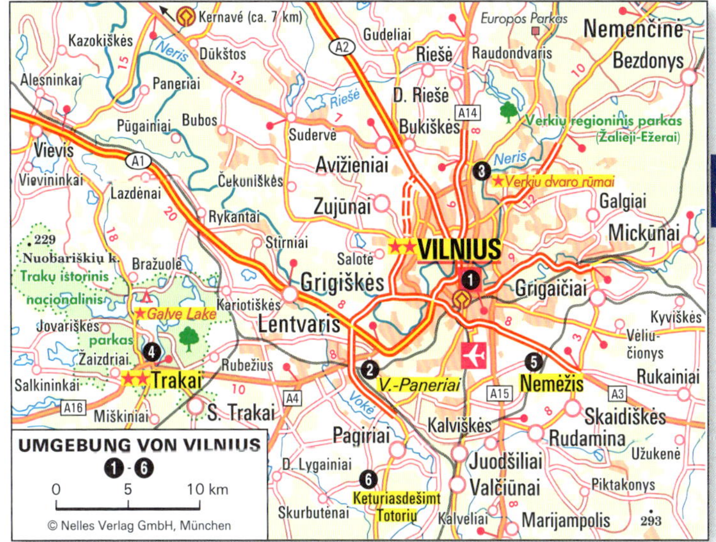

AUSFLÜGE VON VILNIUS

In der unmittelbaren Umgebung, im Südwesten der Stadt, gibt es ein düsteres Ausflugsziel: Im Wald von **Paneriai** ❷ (poln. Ponary, dt. Ponar) ermordeten 1941-44 die deutsche SS und litauische Schutzmannschaftsangehörige 100 000 Menschen, 70 000 davon waren Juden, die übrigen sowjetische Kriegsgefangene und Mitglieder der polnischen Elite. Erst seit 1991 gibt es hier ein **Denkmal**, das den Ermordeten jüdischer Abstammung gewidmet ist. Ein kleines **Museum** erschließt die erschütternden Dimensionen dieses Völkermords.

Am Neris-Ufer, 8 km nördlich der Altstadt, lohnt der Besuch des neoklassizistischen ★**Verkiai-Palastes** ❸, der ab 1780 nach einem Entwurf von Stuoka-Gucevičius errichtet wurde. Vom Sommersitz der Bischöfe blieb allerdings nur der Ostflügel übrig; man besichtigt die Wohnräume der Familie Wittgenstein, die hier im 19. Jh. zu Hause war. Radler und Wanderer lockt herrliche, am Steilufer gelegene **Regionalpark**.

Der Ortsname geht auf eine Legende zurück: Den gemeinsamen Sohn eines heidnischen Oberpriesters und einer Frau legte die Mutter aus Angst vor Strafe in einen Adlerhorst. Der vorbeireitende Landesfürst war durch das Weinen des Kindes (lit. *werkt* – Weinen) aufmerksam geworden, fand es und zog es groß. Der Lizdejko genannte Junge wurde zum Urahnen der mächtigsten litauischen Familie Radziwill.

10 km nördlich Vilnius, an der Verkiai-Straße, zieht es die Vilniuser ins Erholungsgebiet **Žalieji-Ežerai** (Grüne Seen) und unweit davon in den 55 ha großen **Europos Parkas** (Europapark), ein Open-Air-Museum mit über 100 originellen modernen ★**Skulpturen** nahe dem Mittelpunkt Europas. Im Jahr 2002 kam der Park sogar ins Guinness-Buch der Rekorde mit der weltgrößten Skulptur aus 3000 Fernsehgeräten.

14 km nördlich davon (26 km von Vilnius) steht seit 2004, dem Beitrittsjahr Litauens zur EU, eine sternenbekrönte Granitsäule am von Geografen errechneten **Mittelpunkt Europas**.

» Karte S. 79, Info S. 82-83

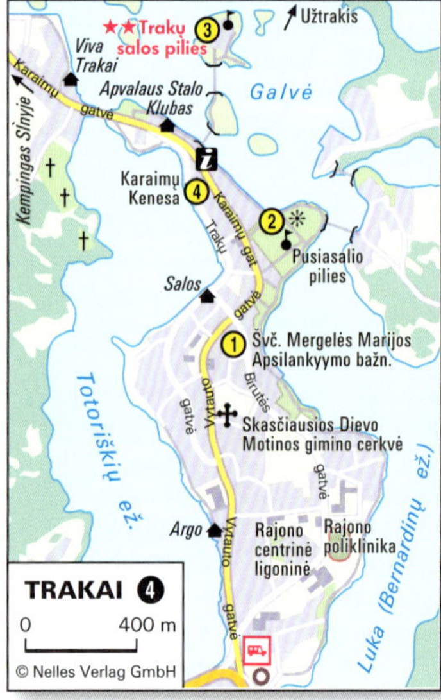

★★Trakai

Der eindrucksvollste Ausflug führt von Wilna 27 km westwärts nach ★★**Trakai** (**Traken**) ❹, zur mittelalterlichen Residenz der litauischen Herzöge, der fotogensten Burg des Baltikums (s. Bild S. 54) – eingebettet in eine der schönsten Landschaften Litauens, mit blau schimmernden Seen, duftenden Kiefernwäldern und grünen Tälern, die als **Nationalpark** (Trakų istorinis nacionalinis parkas) geschützt ist.

Ein Viertel des Parks sind Seen und Teiche: man erkundet ihn am besten vom Wasser aus; neben der Halbinselburg und bei der Brücke zur Inselburg gibt es Paddel-, Tret- und Segelboote zu mieten. Ein Ausflug ans Ostufer des ★**Galvė-Sees** zum klassizistischen Tyszkiewicz-Palais **Užutrakis** ist zu empfehlen: Aufwändig restauriert, dient es der Regierung für Repräsentationszwecke. Auch ein Spaziergang durch den weitläufigen **Schlosspark** lohnt sich.

Trakai liegt auf einer langen Halbinsel zwischen Galvė-, Luka- und Totoriškės-See. Vom Busbahnhof führt die Vytauto Gatvė zur 1409 erbauten **Katholischen Kirche** ①, deren **Marienikone** mit Silberoklad Ziel vieler Wallfahrer ist. Passiert man die **Nepomuk-Säule** (17. Jh.), wird rechts der Straße die **Halbinselburg** ② sichtbar. Noch vor einigen Jahren eine unscheinbare Ruine, zeigt sich heute die von elf Türmen umgebene, 4 ha große Anlage fast wie zu ihrer Blütezeit.

Vom Nordufer schaut man auf die bezaubernde ★★**Inselburg** ③ mit ihren roten Ziegelbauwerken im Grün des Eilands, umgeben vom blauen See. Zwei hölzerne Brücken, dazwischen ein winziges Inselchen, führen vom Festland aus hinüber. Als ihm die ältere Halbinselburg zu klein geworden war, begann Großfürst Vytautas am Ende des 14. Jh. mit dem Bau einer neuen, uneinnehmbaren Feste. Das Ergebnis war imposant: Die trapezförmige **Vorburg** mit vier mächtigen Türmen ist von der Hauptburg durch einen Wassergraben getrennt. Diese hat eine beinahe quadratische Form, ein Eingangstor und zwei parallele Wohnflügel.

Ein **Museum** in den Westkasematten der Vorburg beherbergt Porzellanminiaturen, ein rekonstruiertes Jagdzimmer und ein Schlafzimmer, eine Pfeifensammlung und ein **Foltermuseum**.

In der **Hauptburg** (Palas) gibt es Rüstungen und Dokumente zur Geschichte der Burg und Litauens zu bewundern. Der schönste Raum, der **Große Saal**, liegt im Hauptgeschoss und ist 21 m lang; seine Decke schließt mit einem aufwendigen Sterngewölbe ab.

Ältere Abbildungen zeigen, dass vor hundert Jahren von der Burg nur wenig übrig war. Aufbaumaßnahmen ließen seit 1951 die Inselburg wieder entstehen. Historiker mögen angesichts dieser Rekonstruktion ohne ausreichende Vorlagen verzweifeln – die Besucher aber sind begeistert, denn die roten

Rechts: In Trakai gibt es noch Holzhäuser der Karäer, einer kleinen jüdischen Sekte.

Foto: Knut Liese

Backsteinbauten inmitten der malerischen Seenlandschaft wirken zauberhaft, fast wie Märchenschlösser.

Im Ort Trakai leben ca. 65 **Karäer** in einigen der malerischen **Holzhäuser**. Diese Glaubensgemeinschaft ist eine jüdische Sekte, deren Anhänger nur das Alte Testament und nicht den Talmud als Heilige Schrift anerkennen. Mitglieder dieser Minderheit lebten im Mittelalter auf der Krim, von wo sie Vytautas als Leibgarde nach Trakai holte. Anscheinend traute der Großfürst den Karäern und Tataren, die ebenfalls hier angesiedelt wurden, mehr als den Litauern – kein Wunder, denkt man an die heftigen Bruderkämpfe um die Macht. Heute gibt es noch ca. 250 Karäer in Litauen. Sowohl in Vilnius (Liubarto gatvė 6), im nahen Moluvenai als auch in Trakai haben sie ihre *kenessa* genannten Gebetshäuser. In der von 1812 stammenden **Kenessa** (4) in der Karaimų 30 in Trakai finden noch Gottesdienste statt. Das nahe kleine **Museum** präsentiert Volkskundliches dieser aussterbenden Glaubensgemeinschaft.

Nemėžis und Keturiasdešimt Totorių

In der Gegend von Wilna leben noch **Tataren**. Ihre **Holzmoscheen** sind in **Nemėžis** ❺ und **Keturiasdešimt Totorių** ❻ („Dorf der 40 Tataren") erhalten. In Totorių steht die 1815 errichtete Moschee in einem muslimischen Friedhof mit **Grabmälern** mit arabischer Inschrift aus dem 16. Jh.

Kernavė

40 km nordwestl. von Vilnius liegt am Neris das UNESCO-Welterbe **Kernavė**, im 13. Jh. Litauens erste Hauptstadt. Damals waren ihre fünf aufgeschütteten **Burghügel** von Wehrburgen bekrönt. Heute hat der Ort eine neugotische Kirche, einen Kreuzweg und nur 300 Einwohner. Von den Hügeln bietet sich ein schöner Blick aufs Neris-Tal. Die seit 10 000 Jahren besiedelte Gegend ist eine Fundgrube für Archäologen. Darüber informiert das **Archäologische Museum** mit Freigelände.

» Stadtplan S. 80, Karte S. 79, Info S. 82-83

Vilnius (Wilna) (☎ 5)

Vilnius Tourist Info Center, Vilniaus g. 22, Tel. 262 9660, tägl. 9-18 Uhr; Didžioji g. 31 (Rathaus), tägl. 9-12.30, 13.15-18 Uhr, Rodūnios kelias 2-1 (Flughafen), tägl. 9-21 Uhr, Šventaragio g. 2 (Pavillon Kathedralenpl., in der Saison), www.vilnius-tourism.lt. Freien Internet-Zugang bietet die Touristeninformation in der Vilniaus g. 22. Info-Broschüre: „Vilnius in your pocket"; www.inyourpocket.com/lithuania/vilnius. Tipp: **Vilnius City Card**, erhältlich in drei Varianten: 24 Std/ inkl. ÖPNV-Nutzung 17 €, ohne ÖPNV 13 €; 72 Std. mit ÖPNV 26 €.

LITAUISCHE KÜCHE: Mehr – und günstiger als in Riga oder Tallinn – findet man in Vilnius nationaltypische Gerichte.
Forto Dvaras, litauische Kost im holzgetäfelten Parterre oder mit Keller-Flair, Pilies g. 16, Tel. 2611070. **Neringa**, beinahe schon eine Institution: das Lokal mit den sowjetischen Fresken an den Wänden und hervorragender Bandmusik ab 19 Uhr hat schon Legenden wie Wladimir Wyssotzki oder Josef Brodsky zu Gast gehabt, 7-23 Uhr, Gedimino pr. 23, Tel. 2614058. **St. Hubertus**, exquisite Steaks und Wildgerichte, ausgesuchte Weinkarte, 12-24 Uhr, Vokiečių 24, Tel. 61569777. **Užupio klasika**, liebevoll und etwas schnörkelig ausgestattetes Restaurant und Café in der Hauptstraße der Künstlerrepublik Užupio, auch Mittagstisch, Užupio g. 28, Tel. 2153677. **Medininkai**, in einem alten Keller, hervorragende Salate, 12-24 Uhr, Aušros Vartų 8, Tel. 60086491. **Lokys**, Steaks, Wildgerichte und köstliche *Blynai*, ein in Jägermanier dekorierter historischer Kellerraum, 12-24 Uhr, Stiklių 8, Tel. 2629046, www.lokys.lt. **Gabi**, osteuropäische Spezialitäten in feinem Altstadt-Interieur, Šv. Mykolo 6, Tel. 61530095.
ITALIENISCH: **Da Antonio I**, Pizza-Holzofen, 11-23 Uhr, Vilniaus 23, Tel. 2620109. **St. Valentino**, Essen und Service exzellent, 7.30-23 Uhr, Vilniaus 47/18 / Ecke Trakų, Tel. 2314198.
CAFÉ: **Pilies Kepyklėlė**, sehr hübsches Café, alte Holzdecke und -möbel, guter Kuchen, Pilies g. 19, Tel. 2608992.

Einkaufszentrum **Akropolis**, größter Shoppingparadies des Baltikums, tgl. 8-22 Uhr, Ozo 25, nördlich des Zentrums, www.akropolis.lt.

Zentralpost: Gedimino 7, Mo-Fr 7-19, Sa 9-16 Uhr.

FLUG / ZUBRINGER: **Internationaler Flughafen Vilnius** (Tarptautinis Vilniaus oro uostas), Info-Tel. 61244442, www.vilnius-airport.lt/en, liegt 7 km südlich der Stadt im Stadtteil Kirtimai. Transfers: Ein Triebwagen-Pendelzug verbindet Flughafen und Hauptbahnhof alle 30 Min. in 7 Min.; Bus Nr. 1 fährt alle 30 Min., Bus Nr. 2 (über Gediminas-Prospekt und Žaliasis-Brücke alle 15 Min.
TAXI: Taxen kosten ca. 1 bis 1,16 € pro km, Startbetrag 1,45 €. Für den Flughafentransfer sollte für die Strecke zum Kathedralplatz nicht mehr als 10 €, zum Kongresszentrum nicht mehr als 9 € verlangt werden. Von Ausländern werden oft einige Euro mehr erwartet: Beim Einsteigen aufpassen, ob der Zähler eingeschaltet ist. Funktaxen sind immer günstiger als ein Taxi vom Stand; alle Taxen s.: www.etaksi.lt; hier kann man auch ein Taxi per Internet oder SMS bestellen.
BAHN / BUS: Bahnhof und Busbahnhof liegen nahe beieinander. Viele der Trolleybuslinien haben hier ihre Endhaltestelle, Nr. 2, 5, 7 fahren in die Stadtmitte. Busse und Trolleybusse sind die gängigen Verkehrsmittel, sie verkehren von 5.30 bis 23.30 Uhr, www.vilniustransport.lt. Tickets kauft man an Kiosken 0,64 €/30 Min., 0,93 €/60 Min. oder beim Fahrer (1 €); es gibt 1-, 3- und 10-Tagestickets für ca. 3,50, 6 und 12 €. **Busbahnhof**: Sodų 22, Tel. 262482, 8-17 Uhr. **Bahnhof**: Geležinkelio 16, Tel. 330088, Kategorie „coupe" (die höchste) bei Schlafwagenreservierung empfehlenswert, Tel. 2693183.

Nationale Philharmonie (Nacionalinė Filharmonija), Aušros vartų 5, Tel. 266 5216, 2665233, www.filharmonija.lt. **Oper** (Operos ir Baleto Teatras), klassische Musik, Vienuolio 1, Tel. 2620727, www.opera.lt.
Einen übersichtlichen **Veranstaltungskalender** bietet auf Englisch www.vilnius-events.lt/en.

Den besten Ruf unter den Theatern haben: **Lietuvos Nacionalinis Dramos Teatras** (Litauisches Nationaltheater), Gedimino 4, Reservierung: Tel. 8 526 26471, www.teatras.lt. **Russisches Dramatisches Theater** (Rusų Dramos Teatras), Basanavičiaus 13, Tel. 2620552, www.rusudrama.lt.

NACHTLEBEN: www.local-life.com/vilnius, **The Pub**, Dominikonų 9, Tel. 678 83363, tägl. ab 22 Uhr, Fr/Sa bis 5 Uhr. Hier wie auch im **Aristai**, Šv. Kazimiero 3, **Gravity**, Jasinskio 16, und im Jazz- und Rockklub **Brodvėjus pub'as**, Mėsinių 4, Tel. 65257790, 12-5 Uhr, gibt es öfters Livemusik. Sportler bevölkern gern die Sportsbar **RePUBlic** (50 Sorten Bier), Vilniaus g. 27, Tel. 861444844, Studenten den Ableger des modernen Kunstmuseums **SMC Kavine**, Vokiečių 2, Tel. 64033048. Einen berauschenden Blick über die Stadt, hervorragende Drinks und schickes Interieur bietet die **Sky Bar** im 22. Stock des Reval Hotel Lietuva, Konstitucijos 20, 17-2 Uhr.

Informationen über litauische Museen unter www.muziejai.lt.
Krypta des Doms, nur mit Führung, Voranmeldung Tel. 2611127, www.katedra.lt.
Großfürsten-Palast (Lietuvos Didžiosios Kunigaikštystės valdovų rūmai), Di-Fr 11-18, Sa, So 11-16 Uhr; Katedros a. 4, www.valdovurumai.lt.
Nationalmuseum (Lietuvos Nacionalinis Muziejus), **Neues Arsenal**, Landesgeschichte, Di-So 10-18 Uhr, Arsenalo 1, Tel. 2629426.
Nationalmuseum, **Altes Arsenal**, Archäologie, Angewandte Kunst, Zeiten wie Neues Arsenal; Arsenalo 3, www.lnm.lt.
Burgmuseum (Gedimino pilies bokštas), April-Sept. tägl. 10-19, sonst 10-17 Uhr, Arsenalo 5, Gediminas-Burg, Tel. 2617453.
Museum für Kirchengeschichte in der Michaeliskirche (Bažnytinio paveldo muziejus), Di-Sa 11-18 Uhr, Šv. Mykolo 9, Tel. 269 7800.
Adam-Mickiewicz-Museum (A. Mickevičiaus Memorialinis butas-muziejus), Di-Fr 10-17, Sa, So 10-14 Uhr, Bernardinų g. 11 und Tauro 10-1, Tel. 261 8836.
Bernstein-Museum (Gintaro muziejus), tägl. 10-19 Uhr, Šv. Mykolo 8, Tel. 2623092, www.ambergallery.lt.
Universität, nur geführte Touren, anmelden: Tel. 2687103, www.mb.vu.lt/en/about-library/guided-tour.
Präsidentenpalast, Führung: Fr-So, Fr und So auch auf Engl., Anmeldung: ekskursijos@prezidentas.lt oder Tel. 70664073.
Vilnius-Kunstmuseum (Vilniaus Paveikslų Galerija), Di-Sa 11-18, So 12-17 Uhr, Didžioji 4, Tel. 2124258, www.ldm.lt/VPG.
Radzivill Palais (Radvilų rūmai), Di-Sa 11-18, So 12-17 h, Vilniaus 24, www.ldm.lt/RRM.
Jüdische Museen (Valstybinis Vilniaus Gaono žydų muziejus), Holocaust-Ausst.: Mo-Do 9-17, Fr 9-16, So 10-16 Uhr, Paménkalnio 12; Toleranzzentr., Naugarduko g. 10/2, Mo-Do 10-18, Fr, So 10-16 Uhr, www.jmuseum.lt
Museum der Genozid-Opfer (Genocido Aukų Muziejus), Mi-Sa 10-18, So 10-17 Uhr, Aukų 2a, Tel. 2496264, www.genocid.lt/muziejus. **Čiurlionis-Haus**, Savičiaus 11, Tel. 2126414. **Bastion**, Bokšto 20-18, Tel. 2612149. **Fernsehturm**, tgl. 10-22 Uhr, Sausio 13-osios 10, Tel. 2040333, www.lrtc.net.
UMGEBUNG: **Gedenkstätte Ponar**, (Panerių Memorialas), Di-So 9-17 Uhr, Agrastų 17, Führung Tel. 66289575, www.jmuseum.lt.
Europos parkas, tgl. 10 Uhr bis Sonnenuntergang, Joneikiskių k., Tel. 2377077, 2377070, www.europosparkas.lt.

Trakai (☎ 528)

TIC, Karaimų g. 41, Tel./Fax 51934, www.trakai-visit.lt. **Informationsbüro des Nationalparks**, Karaimų 5, Tel. 55776, gute Website (Englisch): www.seniejitrakai.lt.

Burgmuseum (Trakų salos pilis ir istorijos muziejus), 10-19/17 Uhr Winter außer Mo, Tel. 58241. **Karäer-Mus.** (Karaimų ekspozicija), Mi-Mo 10-18 Uhr, Karaimų 22.

Kernavė (☎ 382)

Kerniaus g. 4a, LT-19172 Kernavė, Tel. 47385, www.kernave.org. Museum: Mai-Okt./Juni, Aug. Di/Mi-Sa 10-18, sonst 10-16 Uhr; Führungen im Sommer, Buchung per Telefon od. E-Mail: muziejus@kernave.org

Foto: Knut Liese

KAUNAS UND DAS SÜDLICHE LITAUEN

KAUNAS (KAUEN)
SCHLÖSSER AN DER MEMEL
DRUSKININKAI

KAUNAS UND DER SÜDEN

Kaunas alias *Kauen* oder *Kowno* ist als „litauische Hauptstadt wider Willen" bekannt: Als zwischen den Weltkriegen Vilnius zu Polen gehörte, mussten die Litauer zähneknirschend Kaunas, die zweitgrößte Stadt des Landes, zur Hauptstadt ausbauen. Der Ort am Zusammenfluss von Neris und Nemunas (Memel) aber gewann dabei, denn neben der malerischen mittelalterlichen Altstadt entstand damals eine großzügige, moderne Neustadt.

Südöstlich liegt das Naherholungsgebiet Kauno marios, das „Kaunaser Meer". Ausflugsziele nahe der Stadt sind das Kloster Pažaislis und das Freilichtmuseum Rumšiškės, und auch die weiter entfernt gelegenen Burgen und Schlösser am Memelufer warten auf Besucher.

Im Süden lockt der einst so elitäre, dann so realsozialistische und nun den Anschluss an die neuen Verhältnisse suchende Kurort Druskininkai. Und nicht zuletzt spielt, wie überall in Litauen, die Natur eine ganz große Rolle: Ihre Liebhaber kommen im Nationalpark Dzūkija, der bis an die weißrussische Grenze reicht, auf ihre Kosten.

Links: Willkommen im Freilichtmuseum Rumšiškės bei Kaunas.

★KAUNAS (KAUEN)

Nach Meinung vieler Forscher ist ★**Kaunas** ❼ die älteste Stadt des Landes. Das heutige Stadtgebiet war, wie ein arabischer Reisender berichtete, bereits im 11. Jh. dicht besiedelt. Unweit der litauisch-preußischen Grenze gelegen, wurde Kaunas im 15. Jh. zu einer wohlhabenden Handelsstadt; man führte über die Memel Holz, Pelze, Wachs und Getreide aus. Im 17. und 18. Jh. folgte eine Phase des Niedergangs. Als Hauptstadt des russischen Gouvernements Westlitauen ging es ab 1843 wieder aufwärts: Eisenbahnanschluss, Gaslicht als Straßenbeleuchtung, Industriebetriebe, ab 1892 dann sogar Straßenbahnen – zunächst von Pferden gezogen – markierten den Aufstieg.

1920-1939 war Kaunas der historische Brennpunkt des wiedererstandenen Litauen. Hier fanden die litauischen Landtagssitzungen statt, hier residierten die Bischöfe und hier wurde die Einführung der neuen Währung, des Litas, beschlossen. 1922 wurde die Universität gegründet, zwar 1950 offiziell aufgelöst, 1990 aber wieder eröffnet. Die zwischenkriegszeitliche Multinationalität der Stadt ist heute Vergangenheit: Noch bevor die Wehrmacht 1941 die Stadt einnahm, richteten litauische Faschisten ein fürchterliches Blutbad unter

» Karte S. 91, Stadtplan S. 86-87, Info S. 94-95

den Juden an. Die SS ermordete dann in einer minutiös geplanten Aktion alle überlebenden Juden in der Stadt; die meisten von ihnen kamen in dem als Fabrik 1005B getarnten Fort IX (heute Museum, s. Info S. 95) um. Einer der wenigen Gerechten dieser Zeit war Chiune Sugihara, der japanische Konsul in Kaunas, der mit gefälschten Visa ungefähr 6000 Menschen das Leben rettete. Unter sowjetischer Zeit erlebte Kaunas eine forcierte Industrialisierung, aber nur wenig Ansiedlung von Russen: Heute ist das gut 300 000 Einwohner zählende Kaunas mit seinem litauischen Bevölkerungsanteil von über 93 % die „litauischste" aller Städte des Landes.

★Altstadt (Senamiestis)

Die ★**Altstadt** mit ihrer Lage zwischen Nemunas (Memel) und der hier einmündenden Neris und ihren 500 denkmalgeschützten Bauten gehört zu den schönsten des Baltikums. Die Häuser sind oft einstöckig und wirken etwas kleinstädtisch, die Fassaden sind meist neuzeitlich, hie und da lugt unter der Putzschicht Backsteinmauerwerk hervor, Beleg für die mittelalterliche Herkunft der Bauten. Die Achse der Altstadt bildet die **Vilniaus gatvė**. Hier sitzt man im Sommer in den Cafés und betrachtet das emsige Treiben auf der Straße. Alle Sehenswürdigkeiten sind mühelos zu Fuß erreichbar.

Den besten ★**Blick** auf das gesamte Ensemble der Altstadt hat man vom **Aleksotas-Hügel** (1) aus, unmittelbar südlich der Memel, auf den man mit einer von Schweizern 1935 erbauten Zahnradbahn hinauffahren kann, Fahrkarten gibt's bei der Schaffnerin. Eine zweite **Zahnradbahn** – ein deutsches Fabrikat von 1931 – fährt im Norden der Neustadt auf den **Žalia-Hügel** (Žaliakalnis), den Grünen Berg, von wo sich ebenfalls ein schönes **Panorama** ausbreitet.

Das Wahrzeichen von Kaunas ist der „Weiße Schwan", wie das mitten auf

dem Rathausplatz (Rotušės aikštė) gelegene ★**Rathaus** (2) im Volksmund genannt wird. Die Bauarbeiten begannen 1542. In den Grundmauern noch gotisch, zeigt sich das heutige Gebäude in einem spätbarock-frühklassizistischen Mantel nach dem Entwurf des Böhmen J. Mateker. Das weiß getünchte Gebäude mit seinem charakteristischen 53 m hohen Turm erinnert eher an eine Kirche als an ein Rathaus. Es diente als Reiseresidenz der Zaren sowie als Gouverneurssitz und beherbergt heute das Standesamt, im Keller ein Museum litauischer Töpferkunst.

Den **Rathausplatz** säumen niedrige Bürgerhäuser. Neben Litauern und Polen lebten hier in der Frühneuzeit Händler und Handwerker aus Deutschland, Schweden und sogar Venedig. Auf der Ostseite hat sich im einstigen **Gildehaus** heute ein stimmungsvolles Restaurant (Nr. 2 und 3) etabliert. Eine typische, komplett eingerichtete **Apotheke** vom Ende des 19. Jh. findet man im **Litauischen Museum für Medizin und Pharmaziegeschichte** auf der Nordsei-

» Stadtplan S. 86-87, Info S. 94-95

te des Platzes. Die Pferdeställe der alten Post auf der Westseite wurden zum **Museum für Kommunikation**. Ein weiteres **Museum** (3) liegt südwestlich des Platzes und ist Litauens größtem Dichter **Maironis** (eigentlich Jonas Mačiulis, 1862-1932) gewidmet. Viele seiner Werke wurden im preußischen Tilsit (heute Kaliningrader Gebiet) gedruckt und nach Litauen geschmuggelt, da die zaristischen Behörden nur Publikationen auf Russisch zuließen. Den Süden des Platzes markiert die **Jesuitenkirche** mit weißer Doppelturmfassade.

Folgt man dort der Aleksoto gatvė, stößt man bei Nr. 6 auf das schöne ★**Perkūnas-Haus** (4), das nach dem Donnergott der alten Litauer benannt ist. Dieses spätgotische Backsteinhaus mit seiner reichgestaltigen Fassade voller Erker, Fialen, Friese und Nischen erinnert an die Vilniusser Annenkirche. Um 1500 errichtet, gehörte es einem wohlhabenden Hanse-Kaufmann, der hier sein Kontor unterhielt, es aber augenscheinlich nicht bewohnte, da keine Spuren einer Küche entdeckt werden konnten. Heute gehört das Haus zum Jesuiten-Gymnasium und enthält u. a. eine Mickiewicz-Ausstellung. Nur wenige Schritte weiter, am Nemunas gelegen, präsentiert sich die **Vytautas-Kirche**, die einzige gotische Hallenkirche Litauens. Der bekannte litauische Autor Juozas Tumas-Vaižgantas wurde hier begraben.

Erkundet man das Gebiet nördlich des Rathausplatzes, stößt man auf die **Dreifaltigkeitskirche** mit dem sog. **Massalski-Haus** (mit elegantem Renaissancegiebel, sichtbar von der Papilio-Straße). In der Papilio gatvė erblickt man dann die spätgotische **Georgskirche** (5) mit eigenwilligen, frei um den Chor stehenden Strebepfeilern.

Anschließend sollte man auf den zweiten mittelalterlichen Profanbau der Stadt (außer dem Perkūnas-Haus) einen Blick werfen: Schon 1367 stand an der Mündung der Neris in die Memel eine **Burg** (6) mit vier Türmen und 9 m hohen Mauern, 1580 kam eine halbrunde Bastei dazu, mit einem Durchmesser von 41 m.

» Stadtplan S. 86-87, Info S. 94-95

Foto: Daria Sparrow (Shutterstock.com)

Die ★**Kathedrale** (7) (Šv. Petro ir Povilo arkikatedra) nordöstlich des Rathausplatzes wurde 1408-1413 errichtet und nach einem Ausbau im 17. Jh. mit 80 m Länge zur mächtigsten Kirche des Landes. Sie ist nahezu völlig barockisiert, nur an den fantasievollen Sterngewölben des Chors und der Sakristei erkennt man, dass sie aus dem Mittelalter stammt. Zur Kathedrale wurde sie 1921 erhoben, kurz nachdem Kaunas zeitweilige Hauptstadt wurde.

Neustadt (Naujamiestis)

In der zweiten Hälfte des 19. Jh. breitete sich die Stadt nach Osten aus. Die schnurgerade, autofreie **Freiheitsallee** (Laisvės alėja), die übrigens einst die erste Fußgängerzone der UdSSR war, 30 m breit und 1,7 km lang, ist von Cafés, Restaurants, Kinos und Läden gesäumt. Bis zur Schleifung der Festung Kaunas war nur eine begrenzte Gebäudehöhe erlaubt, so entstanden erst nach dem Ersten Weltkrieg monumentale Repräsentationsbauten im anspruchsvollen funktionalistischen Stil. Am westlichen Ende der Freiheitsallee (Nordseite) präsentiert das **Zoologische Museum Tadas Ivanauskas** (8) auf vier Stockwerken in riesigen Vitrinen alle erdenklichen ausgestopften Tiere – zur Begeisterung vieler Kinder.

Die Freiheitsallee ziert ein **Vytautas-Standbild** (9) von 1932, das nach der Zerstörung durch die Sowjets 1990 neu gegossen wurde. Folgt man der Allee, kommen **Musiktheater**, **Puppentheater** und **Schauspielhaus** ins Blickfeld. Die Freiheitsallee endet im Osten mit dem riesigen Bau der **Russisch-orthodoxen Kathedrale** (10) (Šv. Arkangelo Mykolo bažnyčia). Der berühmte russische Architekt Benois errichtete diesen sog. *Sobor* mit seinen fünf silberglänzenden Kuppeln 1891-1895 für die russische Garnison; ähnliche Bauten schuf er u. a. in Darmstadt und Bad Homburg in Deutschland. Sonntags sieht man hier viele Hochzeiten.

Oben: Kaunas – Altstadtpanorama mit Memelbrücke. Rechts: Im Teufelsmuseum von Kaunas.

» Stadtplan S. 86-87, Info S. 94-95

Die Südwestecke des Sobor-Platzes nimmt die ★**Žilinskas-Galerie** (11) ein. Das 1983-1989 errichtete postmoderne Gebäude bildet den würdigen Rahmen für die hervorragende Kunstsammlung des Geschäftsmanns Mykolas Žilinskas, der 1950-1989 in Westberlin lebte. Seine Schätze – Meißner Porzellan, altägyptische Funde und Gemälde von Meistern wie Rubens, Corot, Courbert oder Rodin – machte er 1989 seiner Heimatstadt Kaunas zum Geschenk.

Ein weiteres Zentrum der Neustadt ist der **Platz der Einheit** (12) (Vienybės aikštė) mit der Figur eines **Freiheitsengels**, der eine Fahne schwenkt und gesprengte Ketten hält. 1950 musste er seinen Platz für ein Lenindenkmal räumen; sein Comeback erfolgte 1989. Im Nordwesten ist der Platz durch den 1931-1936 errichteten Komplex des **Militärmuseums** (und des Čiurlionis-Museums) begrenzt. Dieser pathetische „Neoneoklassizismus" spiegelt den Geist der Diktatur unter Antanas Smetona wider (ab 1926). Neben Waffen aller Epochen fallen Teile eines **Flugzeugwracks** auf: Mit dieser Maschine unternahmen Steponas Darius und Stasys Girėnas, die 1933 Lindberghs Alleinflug-Rekord New York–Paris mit New York–Kaunas unterbieten wollten, ihren legendären Flug. Nach über 6000 km stürzten sie über Ostbrandenburg (bei Soldin, heute Myślibórz) ab; 60 000 Menschen kamen zum Begräbnis.

Weniger dramatisch präsentieren sich die Exponate des ★**Čiurlionis-Museums** (Eingang V. Putvinskio-Straße). Der berühmteste Künstler und Musiker des Landes, Mikolajus Konstantinas Čiurlionis (1875-1911) lebte in Druskininkai, Leipzig, St. Petersburg, Wilna und Warschau. In seinem kurzen Leben schuf er über 250 Musikstücke, deren Motive er aus dem reichen Schatz der litauischen Volksmusik schöpfte. Bekannter sind seine 300 Aquarelle voller Mystik und Symbolismus. Der Maler betrachtete seine bildnerischen Kunstwerke und seine musikalischen Kompositionen als Einheit: Im Musiksaal kann man den Musikwerken lauschen, die Čiurlionis bildlich umzusetzen versuchte. Er schrieb auch die erste litauische Symphonie. An der Kasse stehen Aufnahmen seiner berühmtesten Werke – See- und der Waldsonate – zum Verkauf.

Foto: Thomas Stankiewicz

Ungewöhnliches bietet das ★**Teufelsmuseum** (13) auf der gegenüberliegenden Straßenseite: Knapp 2000 Hexen- und Teufels-Ebenbilder aus der ganzen Welt sammelte der impressionistische Maler Antanas Žmuidzinavičius (1876-1966) lebenslang; zahlreiche Abbilder des Höllenfürsten sind seitdem dazugekommen. Der Fantasie sind hier keine Grenzen gesetzt – einer der Volkskünstler stellte Hitler und Stalin in Teufelstracht über Litauen tanzend dar.

Am Kaunaser See

65 km² misst der 1965 angelegte große Stausee, **Kauno marios**, der im Südosten unmittelbar an die Stadt grenzt. Östlich des Staudamms liegt eine von zwei wichtigen Sehenswürdigkeiten,

» Stadtplan S. 86-87, Info S. 94-95

das ★★**Kamaldulenserkloster** mit der **Hl. Jungfrau-Mariä-Kirche** in **Pažaislis** ❽. Die Kamaldulensermönche unterlagen einem Schweigegebot und ließen sich gelegentlich in Inklusen einmauern. Stifter der Anlage im dichten Wald am Ufer der Memel war Christoph Siegmund Pac (Pacas), Kanzler des Großfürstentums Litauen, der durch den prächtigen Bau unsterblichen Ruhm erlangen wollte. Giovanni Battista Frediani und Pietro Puttini leiteten den Bau (1667-1712, Weihe bereits 1674). Die Anlage mit Klosterbauten, Gästehaus und den Einsiedlerhäusern (heute noch drei von ursprünglich 13) ist entlang einer Ost-West-Achse angeordnet. Den Mittelpunkt bildet die sechseckige Zentralkirche mit weithin sichtbarer Kuppel und Doppelturmfassade. Das Ganze wirkt streng und monumental, wie es die Ordensregel vorschreibt. Bei der Führung durch eine Schwester des Kasimir-Ordens, der das Kloster heute besitzt, werden die reichen Stuckarbeiten der **Sakristei** sowie der von der hohen Kuppel dominierte Innenraum der **Kirche** gezeigt. In der Klosteranlage findet seit 1996 ein hochkarätiges Sommer-Musikfestival statt, an dem u. a. schon Yehudi Menuhin und Justus Frantz teilnahmen; Programm: www.pazaislis.lt.

Am Ostufer des Stausees liegt das ★★**Freilichtmuseum Rumšiškės** ❾, das gegenwärtig 195 ha umfasst und über 180 Bauten zählt. Hier werden die traditionellen Bauweisen aller vier historischen Regionen des Landes – Žemajtija (Niederlitauen), Aukštaitija (Oberlitauen), Dzūkija, und Suvalkija (Sudauen) – sowie eine typisch litauische Kleinstadt gezeigt. Ein Weiler symbolisiert jeweils eine Region, so dass man meint, durch das ganze Land zu wandern. Eine Abteilung dokumentiert auch Vertreibung und Widerstand. Der **Rundgang** durch alle vier Museumsdörfer umfasst 7 km, sodass viele die Besichtigung mit einer **Kutsche** oder mit dem Auto vorziehen; am besten nimmt man ein **Leihrad**.

SCHLÖSSER AN DER MEMEL

Alte Schlösser entlang dem mächtigen Nemunas (Memel) bezaubern bis heute: Anfangs waren sie wehrhafte Burgen an der umkämpften Grenze zum Ordensland Preußen und dienten später, baulich verändert, den mächtigen Adelsfamilien als Residenzen.

Am nördlichen Memelufer, 8 km von Kaunas, steht in **Raudondvaris** ❿ das **Lustschloss** des Grafen Dziewałtowski von 1615. Trotz seiner Schießscharten war es nicht für ernsthafte Belagerungen gerüstet. Die späteren Besitzer, die Radziwills und Graf Tyszkiewicz (Tiškevičius), ließen das Schloss umbauen; es nahm die kostbare Kunstsammlung des Grafen auf, die dann samt Besitzer in die USA „emigrierte".

Auch bei **Burg Raudonė** ⓫ 45 km flussabwärts ist das Wehrhafte nur vorgetäuscht. Der preußische Holzhändler Krispin Kirschenstein ließ sie Ende des 16. Jh. im historisierenden Stil errichten mit mächtigen Rundtürmen für beide Wohnflügel und einem 33 m hohen Turm in der Mitte. Graf Platon Subov, ein Liebhaber der Zarin Katharina II., war der nächste Schlossbesitzer. Seine Tochter ließ es 1854-77 neugotisch umbauen im Stil der Gebäude zu Vytautas Zeiten. Heute ist hier eine Schule, den Hauptturm kann man besteigen.

Die imposanteste Burg liegt 10 km westlich von Raudonė und wird schlicht als ★**Pilis** ⓬ („Burg") oder **Panemunė** bezeichnet. Am bewaldeten Nordufer der Memel verfehlt man sie leicht. Sie ist auch unter weiteren Namen bekannt (u.a. Giełgudów, Vytenai). Vom kleinen Parkplatz rechts der Hauptstraße nach Jurbarkas geht man einige hundert Meter hinauf zu einem eleganten Geviert mit zwei runden Ecktürmen – dem besterhaltenen **Renaissanceschloss** des Landes. Der deutsche Architekt Peter Nonhardt baute es 1604-1610 für den ungarischen Kaufmann Imre Eperješ. Später gelangte es in die Hände der Familie Giełgud (Gelgaudas). Nach der

 » Karte S. 91, Info S. 94-95

Čekiškė
Panevėžiukas
Labūnava
Žeimiai
Vepriai
Pilis
Raudonė
Klausučiai
Nemunas
Vandžiogala
Boniškiai
Jonava
Upninkai
Babtai
Gelgaudiškis
Vilkija
Šveikarija
Neris
Rukla
Gegužinė
Šakiai
Lekėčiai
Voškoniai
Užusaliai
Domeikava
Lukšiai
Kulautuva
Karmėlava
Pravieniškės II
Raudonvaris
KAUNAS
Veršiai
Kauno mar.
Rumšiškės
Žasliai
Griškabūdis
Ežerėlis
Pažaislis
Šlienava
Lietuvos liaudies buities muziejus
Kaišiadorys
Barzdai
Garliava
Arlaviškės
Bagotoji
Kazlų Rūda
Piliuona
Žiežmariai
Augalai
Šešupė
Veiveriai
Pakuonis
Kruonis
Išlaužas
Darsūniškis
Pilviškiai
Antanavas
Sasnava
LITHUANIA
Vilkaviškis
Prienai
Šunskai
Jieznas
Aukštadvaris
Gižai
Baraginė
Igliauka
Birštonas
Marijampolė
Stakliškės
Karkliniai
Gudeliai
Balbieriškis
Bartninkai
Punia
Butrimonys
Onuškis
Žuvintas
Kalvarija
Liudvinavas
Žuvintas ež.
Luksnėnai
Alytus
Simnas
Venciūnai
Daugai
Seštokai
Metelys
Alovė
Obelija
Didžiulis
Senoji Varėna
Puńsk
Dusia
Lazdijai
Seirijai
Ryliškiai
Perloja
Jez. Gaładuś
Dzūkijos
Varėna
Merkinė
Krasnopol
Sejny
Veisiejai
Leipalingis
Galstas
nacionalinis
Liškiava
Marcinkonys
Wigierski P.N.
Jez. Wigry
Viečiūnai
parkas
Druskininkai
Grūtas
Čepkelių raistas
Kapčiamiestis
Grūto parkas
POLAND
Kadyš
Parečča
Bieršty
Płaska
Sapockin
BELARUS
Gruszki
Augustów
Hoža
Novy Dvor
Račiciy
Lipsk
HRODNA
Dąbrowa Białostocka
Sztabin
Lasosna
SÜDLITAUEN
7 - 21
0 10 20 km
© Nelles Verlag GmbH, München

3 Litauen

Foto: nikolpetr (Shutterstock.com)

Niederlage Antoni Giełguds, Oberbefehlshaber der litauischen Streitkräfte im polnischen November-Aufstand 1830-1831, wurde das Schloss von den Russen beschlagnahmt. Intensiv restauriert, wird es heute als Eventlocation vermietet. Ein schöner **Park** umgibt es.

LITAUENS SÜDEN: SUVALKIJA UND DZŪKIJA

Der Süden des Landes teilt sich in zwei Regionen: *Dzūkija* heißt der Landstrich östlich des Nemunas (Memel), an der weißrussischen Grenze, nach Norden bis in die Gegend von Vilnius und Trakai. Die Dzūken sprechen noch ihren „Dzūkavimas"-Dialekt. Es ist eine arme Gegend mit sandigen Böden, auf denen Kartoffeln angebaut werden. In den Dörfern sieht man noch alte Bauernhäuser in Blockbauweise. Das Gebiet südlich von Kaunas im Memelbogen hingegen heißt *Sūduva* oder *Suvalkija* – nach der Stadt Suwałki in Polen. Die Region ist landschaftlich abwechslungsreich, mit Moränenhügeln und malerischen Seen.

Oben: Ausflugsboot auf der Memel bei Druskininkai. Rechts: Waldmuseum in Druskininkai.

Die Hauptstadt von **Suvalkija** (**Sudauen**) ist die Stadt **Marijampolė** ⓭, die dem Besucher keine besonderen Sehenswürdigkeiten bietet. Der **Naturpark Žuvintas ežeras** ⓮ ist Biosphärenreservat mit hoher Biodiversität im Sumpfland um den gleichnamigen **See**. Er ist wegen der sumpfigen Niederung schwer zugänglich. Birken, Kiefernwälder, das Blau mehrerer Seen und das kräftige Grün der Felder bilden hier eine wunderschöne, erholsame Landschaft. Das nahe **Simnas** ⓯ besitzt eine sehenswerte **Renaissancekirche**.

In **Dzūkija** (**Dzukien**) liegt Litauens größter und berühmtester Kurort: ★**Druskininkai** ⓰, 7 km vor der weißrussischen Grenze. Von Vilnius empfiehlt sich die Anfahrt über den Čiurlionis-Geburtsort **Varėna** (eigentlich zwei Städte; vor 1939 gab es ein litauisches und ein polnisches Varėna): Die Straße A 4, die von hier via Merkinė

(s. S. 94) in den Kurort führt, wurde 1975 von namhaften Künstlern mit 22 monumentalen **Holzfiguren** verziert und heißt seither **Čiurlionis-Straße**.

Einst mondän, dann proletarisch, blickt Druskininkai auf eine lange Geschichte zurück. *Druska* heißt auf Litauisch Salz – die hiesigen salzhaltigen Quellen waren bereits im 17. Jh. bekannt. Per Dekret machte der letzte polnische König Stanislaus Poniatowski 1794 den Ort zur Heilstätte. Im 19. Jh. war er zaristischen Beamten vorbehalten; ab Mitte des 19. Jh. nahm die Entwicklung zu einem allgemein zugänglichen Kurort ihren stürmischen Lauf, begünstigt durch die nahe Bahnlinie Warschau-St. Petersburg.

In der polnischen Zeit zwischen den beiden Weltkriegen wurde er zu dem eleganten Kurort Druskienniki ausgebaut, in dem die Warschauer Elite ihre Herzprobleme kurierte. Anders in der Nachkriegszeit: Wie Pilze aus dem Boden schossen Betriebskurhäuser empor – bis zu 500 000 Mitglieder der müden Arbeiterklasse machten hier ihre Bade- und Trinkkuren und genossen das Heilwasser aus den sieben Mineralquellen, das bei Verdauungsstörungen Wunder wirken soll. Heute findet man hier vergleichweise preiswert ein breites Spektrum an Kur- und Wellnessangeboten, Wald-Klettergarten, Aquapark, Golfplatz sowie ein reiches Kulturprogramm. Die „Waldstadt" ist zudem ein schönes Reiseziel, mit der malerischen Memel, Kiefernwäldern, Seen mitten im Ort und zahlreichen Parks.

Ein **Museum** gedenkt des bedeutenden Komponisten und Malers **Čiurlionis** (1875-1911), der hier seine Kindheit und Jugend verbrachte und sein symphonisches Poem „Der Wald" komponierte. Zwar gibt es nur zwei originale Bilder hier, aber die Holzhäuser vermitteln eine angenehme Atmosphäre. Beeindruckend sind die Sommerkonzerte im Garten des Museums.

Ein weiteres Museum befindet sich in einem märchenhaften Holzhaus, in

Foto: nikolpetr (Shutterstock.com)

einem Park 2 km südöstlich vom Zentrum: das **Waldmuseum** (Girios aidas). Neben der Ausstellung über Flora und Fauna, samt ausgestopften Tieren, gibt es Hexen, Zwerge und andere Holzfiguren, die man hier auch kaufen kann.

Ein Hauptanziehungspunkt ist der ★**Grūtas Park** ⓱, ein Sowjet-Themenpark, den der Pilzzüchter Viliumas Malinauskas im Gedenken an die Verschleppung tausender Litauer eingerichtet hat. Im **Skulpturenpark** hat er 84 „gefallene" Plastiken der Sowjetzeit zusammengetragen. Zudem gibt es einen **Tierpark**, einen Spiel- und Picknickplatz, ein Restaurant und einen originellen Sowjetsouvenir-Shop.

Eine Straße entlang des Nemunas führt 10 km weiter nach **Liškiava** ⓲. Auf einem Hügel thront eine nach 1704 errichtete **Dominikanerkirche**, deren Vorbild der große Kuppelbau auf dem Warschauer Neumarkt war. Der zweite Hügel des Ortes besitzt Reste einer **Burg** namens **Nauenpille** bzw. **Nowogródek**, die manche Historiker die Krönungsstätte des einzigen litauischen

Foto: Johannes Hünerfeld

Königs Mindaugas 1253 deuten. Vor allem begeistert die Natur: Vom Burghügel blickt man weit auf die **Mäander der Memel** und die endlosen Kiefernwälder des ★**Dzūkija-Nationalparks**, mit 585 km^2 der größte des Landes. Die **Parkverwaltung** in **Marcinkonys** ⓳ gibt **Infos** zu Wanderwegen, Radrouten und Kanufahrten (u. a. auf den Flüssen Ūla, Merkys und Nemunas).

Von dort fährt man nach Nordwesten. Beim alten Džuken-Städtchen **Merkinė** ⓴ (mit **Heimatmuseum** und **Nationalpark-Informationsbüro**) und bei **Ryliškiai** trifft der Wanderer auf Kiefernwälder, und immer wieder öffnen sich Ausblicke auf den sich dahinschlängelnden Nemunas.

Südöstlich von Marcinkonys schließt sich an den Nationalpark bis zur weißrussischen Grenze das größte **Hochmoor** Litauens an, das **Čepkelių raistas** ㉑, mit seltenen Vögeln wie Zwergrohrdommeln, Uhus und Kampfläufern.

Oben: „Ein Männlein steht im Walde..." – Lenin kontrolliert nur noch den Grutas-Park.

KAUNAS UND SÜDLITAUEN

Kaunas (☎ 27)

Kaunas Tourist Information Centre & Convention Bureau, Mo-Do 9-18, Fr 9-17, in der Saison auch Juni-August Sa, So 10-15 Uhr, Mai, Sept. Sa 10-15 Uhr; Laisvės al. 36, Tel. 323436, www.kaunastic.lt.
Weitere TIC-Filialen: Flughafen, Busbahnhof, Bahnhof, Rathausplatz und rund um die Uhr im Hotel Park Inn Kaunas, K. Donelaičio g. 27, Tel. 306100. „Kaunas in Your Pocket" enthält nützliche Adressen, Tipps und Termine, www.inyourpocket.com/lithuania/kaunas.

Zwei traditionelle preiswerte litauische Restaurants: **Lietuviški Patiekalai**, litauische Gerichte trägt das Restaurant schon im Namen; zur Luchzeit 11-16 Uhr gibt es ein Buffet, von dem man zwanglos probieren kann, Personal in Volkstracht, Mo-Mi 9-21, Do-Sa 9-23, So 11-21 Uhr, auch mit Außengastronomie an Kaunas' Haupt-Flaniermeile, Laisvės 21, Tel. 8-655-35536, www.lietuviski-patiekalai.lt. **Bernelių Užeiga**, rustikales Interieur, Kellner in Folklorekleidung, 11-22/1 Uhr, M. Valančiaus g. 9, Tel. 200913, www.berneliuuzeiga.lt.
Restoranas Gralis, romantische Atmosphäre, der Ausstattung nach spanisch, kulinarisch ein überaus schmackhaftes Poutpourri, 10-24 Uhr, Trumpoji g. 10, Tel. 209373, http://restoranasgralis.lt. **Perkūno namai**, exzellentes Essen zu moderaten Preisen, unbedingt reservieren, Perkūno 61 (im Hotel), Tel. 320230, 12-24 Uhr, www.perkuno-namai.lt.
CAFÉS: Viele in der Vilniaus, z. B. **Kavinė Dviese**, schmackhafte und preiswerte *Kibinais*, 10-22 Uhr, Vilniaus 8, Tel 203638.

Philharmonie (Kauno Filharmonija), Kasse: Di-So 14-18 Uhr, Sapiegos 5, Tel. 200478, www.kaunofilharmonija.lt. **Musiktheater** (Muzikinis teatras), Kasse Di-So 11-14, 15-18 Uhr, Laisvės 91, Tel. 200933, www.muzikinisteatras.lt. **Pantomimetheater** (Pantomimos teatras), Daukšos g. 34, Tel. 8-61297070, www.pantomimosteatras.webs.com. **Miesto sodas**, Restaurant, gute Live-Jazzmusik, Laisvės aleja 93, Tel. 424424, www.miestosodas.lt.

» Karte S. 91

www.muziejai.lt, Region Kaunas. **Töpfereimuseum**, Di, Mi, Fr-So 11-17, Do 11-19 Uhr, Rotušės a. 15 (im Rathauskeller), Tel. 203572. **Litauisches Museum für Medizin und Pharmaziegeschichte**, Di-Sa 10-17 Uhr, Rotušės a. 28, Tel. 201569. **Museum der Kommunikationsgeschichte**, Mi-Sa 10-18 Uhr, Rotušės a. 19. **Literaturmuseum**, Di-Sa 9 17 Uhr, Rotušės a. 13. **Perkūnas-Haus** (Perkūno namai), Ausstellung zu Mickiewicz und Hansezeit, Führungen in historischer Kleidung; Do, Fr 14-17 Uhr und n.V., Aleksoto 6, www.perkunonamas.lt.
Burg, Pilies g. 17, Di-Fr 10-18, Sa 10-17 Uhr.
Čiurlionis-Museum, Di-So 11-17, Do bis 19 Uhr, Putvinskio 55, Tel. 229 475.
Teufelsmuseum (Velnių muziejus), Öffn. wie Čiurlionis-M., Putvinskio 64, Tel. 221587.
Militärmuseum, April-Sept. Di-So 11-17, sonst Di-Sa 10-17 Uhr, Donelaičio 64, Tel. 320765.
Kunstmuseum Žilinskas, Öffn. s. Čiurlionis-M., Nepriklausomybės a. 12, Tel. 222853.
Zoologisches Museum Ivanauskas, Di-So 11-19 Uhr, Laisvės a. 106, Tel. 229675.
Fort IX (IX Fortas), Nazi- und Sowjetterror im einstigen russischen Fort, April-Okt. Mi-Mo 10-18, sonst 10-16 Uhr, Žemaičių pl. 73, Tel. 377750; www.9fortomuziejus.lt.
Zahnradbahn, Aleksoto: Mo-Fr 7-11, 12-16, Sa 10-16 Uhr; Žaliakalnis Mo-Fr 7-19, Sa. So 9-19 Uhr.
Pažaislis, Klosteranlage: Gruppenführung nur mit vorheriger Anmeldung Tel. 458868, www.pazaislis.org, auch Russisch und Englisch, Di-Fr 10-17, Sa 10-16 Uhr. Musiksommer Mai-August, qualitätvolles Programm, preiswerte Eintrittskarten. www.pazaislis.lt. Trolleybus 5 u. 9, Mikrobus 27 u. 55 bis Endhaltestelle.
Freilichtmuseum Rumšiškės (Lietuvos liaudies buities muziejus), Park ganzj. tägl. zugänglich, im Sommer bis 20 Uhr, Innenbesichtigung: Mai-Sept. tägl. 10-18 Uhr, sonst Führung n. V., 20 km östlich von Kaunas an der A1, Tel. 346-47392, www.llbm.lt.

BUS: Fernbusse Vytauto 24/26, 4.30-22 Uhr, Info nur Litauisch: www.kautra.lt. Info-Tel. für Stadtbusse 200015, Fahrpläne auch auf Englisch: www.kvt.lt, www.marsrutai.info/kaunas; am Kiosk gekaufte Fahrkarten im Fahrzeug entwerten.
BAHNHOF: Čiurlionio 16, www.litrail.lt, 24 Std. offen, Tickets bis 5 Min. vor Abfahrt!
FLUGHAFEN: Karmėlava, Tel. 399307, www.kaunas-airport.lt, Ryanair. 12 km nördlich von Kaunas, Taxi ins Zentrum ca. 18 € (unbedingt verhandeln!), Stadtbus 29 fährt ab Flughafen über Bus- und Hauptbahnhof.

Druskininkai (☎ 313)

Büro Gardino 3, Tel. 60800, info.druskininkai.lt. Mo-Fr 8.30-17.15/16.15, Pause 12.15-13 Uhr; **Touristeninfo** Čiurlionio 65, Mo-Sa 10-18.45/17, Pause 13-13.45, So 10-17 Uhr.

Hotel-Restaurant „Druskininkai", „Europa Royale". **Forto Dvaras**, Čiurlionio 55, Tel. 55438, www.druskininkudvaras.lt.

Čiurlionis-Museum, Di-So 11-17 Uhr, Čiurlionio 35, Tel. 51131, www.muziejai.lt. **Stadtmuseum** (**Druskininkų miesto muziejus**), Mo-Sa 11-17 Uhr, Čiurlionio 59; www.druskininkumuziejus.lt. **Waldmuseum** („Girios aidas" = Waldecho), Di-So 10-18 Uhr, Čiurlionio 116, Bus 3 bis „Mišku urėdija", Tel. 53901, www.dmu.lt.

Klettergarten **ONE nuotykių parkas**, b. Aqua-Park, ganzj. ab 10 Uhr, Maironio g., Tel 60720911, www.onenuotykiuparkas.lt.

SCHIFF: Linie, Ausflüge in der Saison. Tel. 53393, www.gelme-druskininkai.lt.

Grūtas (☎ 313)

Grūtas-Park (Grūto parkas); Ansammlung von in Litauen nach 1989 demontierter Denkmäler aus der Sowjetzeit, ausgestellt in der Waldlandschaft, Saison täglich 9-22, sonst 9-17 Uhr, Grūtas, 7 km westl. Druskininkai, Tel. 55511, www.grutoparkas.lt.

Marcinkonys (☎ 310)

Park-Info Dzūkija-Nationalpark und **Čepkeliai-Naturreservat**, Mo-Fr 8-17, Sa 8-15.45 Uhr; in **Marcinkonys**: Šilagėnių 11, Tel. 44466, in **Merkinė**: Vilniaus 2, Tel. 57245. www.cepkeliai-dzukija.lt.

Foto: Dennis Dolkens (Dreamstime.com)

OBER- UND NIEDERLITAUEN

AUKŠTAITIJA-NATIONALPARK
BERG DER KREUZE
ŽEMAITIJA-NATIONALPARK
PALANGA (POLANGEN)

OBERLITAUEN UND NIEDERLITAUEN

Aukštaitija (**Aukschtaitien**, **Oberlitauen**), die größte Region Litauens, die sich von der weißrussischen Grenze im Osten bis hin zu den Flüssen Nevėžis im Westen sowie Nemunas (Memel) und Neris im Süden erstreckt, hat mehrere Namen. Der hier gesprochene Dialekt des Litauischen bildete die Grundlage für die im 19. Jh. geschaffene moderne litauische Schriftsprache. Die Landschaft dieses Landesteils wird von unzähligen eiszeitlichen Moränen dominiert – „Hügel auf Hügeln, und auf diesen Hügeln wieder Hügel und kleine Hügel ...", so der Dichter Antanas Baranauskas. Im Osten befinden sich zudem viele Seen, was die Landschaft äußerst abwechslungsreich macht. Die größte Sehenswürdigkeit der Region ist der Aukštaitija-Nationalpark.

Der westliche Teil Litauens heißt **Žemaitija** bzw. Schemaitien, der deutsche Name ist **Niederlitauen**, auch wenn es keine besonders auffälligen Höhenunterschiede zu Oberlitauen gibt. Dies ist traditionell das Land der dunklen Kiefern- und Eichenwälder, dessen Bevölkerung stets auf ihre Unabhängigkeit bedacht war. Die zahlreichen am Ende des 14. Jh. unternommenen Versuche des Deutschen Ordens, sich dieses Gebiets zu bemächtigen und auf diese Weise die ersehnte Landverbindung zwischen Preußen und Livland (dem Gebiet des heutigen Lettland und Estland) herzustellen, schlugen fehl.

Unberührt von der bewegten Vergangenheit zeigt sich der Žemaitija-Nationalpark in seiner Naturschönheit. Große Anziehungskraft übt auch der Berg der Kreuze bei Šiauliai (Schaulen) aus – ein sehenswertes kulturgeschichtliches Phänomen, das den vom Glauben getragenen Widerstand der Litauer gegen seine Besatzer eindrücklich demonstriert. Ob Naturliebhaber oder kunsthistorisch Interessierte – an der schmalen Ostseeküste und beim Besuch des Bernsteinmuseums in Palanga kommt jeder auf seine Kosten.

★★Aukštaitija- Nationalpark

115 km nordöstlich von Wilna, an den Ufern der 100 Seen, wird man in eine andere Welt versetzt: Stille und Abgeschiedenheit statt Reisebusse und Menschenmassen. Allerdings hat auch hier das moderne Zeitalter auf dramatische Weise Einzug gehalten – 30 km nordöstlich der Grenze des Aukštaitija-Nationalparks ragt der **Atomreaktor Ignalinos AE** empor. Seine Geschichte

Links: Auf dem Berg der Kreuze bei Šiauliai.

» Karte S. 100-101, Info S. 106-107

ist mit der des Nationalparks verknüpft: Als die Litauer 1974 das Gebiet zum Nationalpark erklärten, wollten sie den Bau des sowjetischen Atomkraftwerkes vom Tschernobyl-Typ stoppen. In diesem Kampf eines kleinen Volkes gegen die Sowjetmacht ging es um die Nationalitätenproblematik und die Befürchtung, völlig abhängig von Moskau zu werden. Tatsächlich wurden für den Bau fast nur Russen herangezogen, die in der 1975 dafür gegründeten Stadt **Visaginas** heute noch 50 % der Bevölkerung stellen. Gebremst durch den Tschernobyl-Schock und die Auflösungserscheinungen der Sowjetunion wurde der Bau 1987 nur teilweise fertiggestellt: statt drei nur zwei Reaktorblöcke. Die Bedenken der Anrainerstaaten, besonders Schwedens, führten dazu, dass sich Litauen zur Stilllegung des Reaktors bis Ende 2009 verpflichtete. Zeitweise hatte Litauen 80 % seines Stroms aus diesem Atomkraftwerk bezogen.

Rechts: Beliebtes Urlaubsvergnügen – eine Bootstour durch den Aukštaitija-Nationalpark.

Der Plan, mit Polen und Lettland einen neuen Reaktor zu errichten, ist seit der Volksabstimmung 2012 mit 63 % Neinstimmen und der Wahl des neuen Regierungschefs und Kraftwerkgegners Algirdas Butkevičius vorläufig auf Eis gelegt worden.

Zurück zur ländlichen Idylle des ★★**Aukštaitija-Nationalparks** ㉒: Er umfasst zusammen mit dem westlichen **Labanoras-Regionalpark** knapp 1000 km². Dichte Kiefernwälder prägen die vielfältige Natur, Hügel und Seen verdankt er der letzten Eiszeit, die hier am Rand des Baltischen Höhenrückens kräftige Moränenwälle hinterließ. Hier leben Elche, Hirsche, Wildschweine, Fischotter, Füchse und sogar Luchse; der Stolz der Nationalparkleitung sind acht Fledermausarten. Unter den über 200 Vogelarten gibt es Auerhähne, Schreiadler, Waldohreulen und Steinkäuze sowie die in Litauen fast allgegenwärtigen Störche.

Den Ausgangspunkt für eine Tour durch den Nationalpark bildet, nahe der Kreisstadt **Ignalina** 1, das am **Lusiai-See** gelegene Dorf **Palūšė** 2, in dem sich die **Parkverwaltung** befindet. Hier beginnen **Wanderwege** sowie **Wasserrouten**, die man mit gemieteten **Kanus** oder **Ruderbooten** zurücklegen kann. Bei dieser reizvollsten Art, den Park zu erkunden (es werden mehrtägige Paddeltouren mit Zelt angeboten), durchfährt man den **Žeimenys-See**, einen 12 km langen, aber nur 1 km breiten Rinnensee; den **Dringis-See** oder den wohl schönsten, den ★**Baluošas-See** mit seinen sieben Inseln. Nur mit einem Führer kommt man in die streng geschützten Reservate des Parks: den Urwald von **Ažvinčiai** und den Eichenwald von **Ginučiai**.

Eine Rundfahrt mit dem Auto, die man auf der weitgehend asphaltierten Straße von Palūšė aus machen kann, vermittelt einen ersten Eindruck vom Nationalpark; allerdings kommt man auf dem Fahrrad mit der Natur unmittelbarer in Berührung.

Bevor man aber – so oder so – aufbricht, ist die reizvolle ★**Holzkirche von Palūšė** an der Reihe: 1747-1757 erbaut, bezaubert das Kirchlein durch seine drei hölzernen Barockaltäre und durch einen achteckigen schindelgedeckten Glockenturm.

Die Rundfahrt durch den Nationalpark führt nach Norden durch **Vaišniūnai** und **Trainiškis** (am Südufer des Baluošas-Sees) an einer imposanten tausendjährigen **Eiche** von 6 m Umfang vorbei. Fährt man ein Stück zurück und biegt nach links auf einen Schotterweg ab, erreicht man zwei malerisch am Ostufer des Baluošas-Sees gelegene Dörfer, **Šuminai** und **Strazdai** 3. Zusammen mit dem weiter nördlich gelegenen **Vaišnoriškės** und zwei weiteren Siedlungen gehören diese Streudörfer zu den so genannten **Museumsdörfern**, in denen typische Bauernhäuser und Gehöfte Oberlitauens geschützt werden.

Weiter nordwestlich kommt man durch **Daunoriai**, wo die Straße wieder asphaltiert ist, und durch **Šeimatis**. Hier trifft man auf einen Findling namens „**Mokas**". Der Volksmund sieht in ihm einen Weisen, der sich selbst in einen Stein verwandelte, weil er der ständigen Fragerei der Menschen überdrüssig war.

In **Stučiai** empfiehlt es sich, im tiefsten See Litauens, dem **Tauragnas-See** (60,5 m Tiefe), ein erfrischendes Bad zu nehmen. An seinem Westende bei **Tauragnai** 4 bieten die Anhöhen einen schönen Blick auf die Seenlandschaft. Von dort aus gelangt man über Sėlė und Kirdeikiai (im nahen **Stripeikiai** 5 gibt es ein sehenswertes ★**Imkereimuseum**) zum Ausgangspunkt nach Palūšė zurück. Vom Berg ★**Ladakalnis** 6, 2 km südlich von Ginučiai, genießt man eine herrliche Aussicht.

Im Norden Oberlitauens

In Oberlitauen ist man weitab von Touristenrouten, hier erschließt sich das

Foto: Thomas Stankiewicz

ländliche Litauen am besten. Verträumte Dörfer, zauberhafte Dorfkirchen, legendenumrankte Schlösser warten auf den Reisenden. Nahe der lettischen Grenze, 10 km vom Grenzort Zarasai (an der Europastraße E 262 von Kaunas nach Daugavpils, Lettland), bildet ★**Stelmužė** 23 den ersten Haltepunkt. Von außen macht die dortige **Holzkirche**, heute eine Filiale des Museums von Zarasai, einen unscheinbaren Eindruck: turmlos, einschiffig und bretterverschalt. Sie wurde 1650 nur mit der Axt, ohne Säge und ohne Eisennägel erbaut. Ihr Inneres begeistert: Altar und Kanzel sind mit schönen Reliefs und Figuren geschmückt, die mehr an die Volks- als an die hohe Kunst denken lassen. Beim Parkplatz steht die **Älteste Eiche Litauens**, die 13,5 m Umfang hat und 1500 Jahre alt sein soll.

Das nächste Ziel, **Rokiškis** 24, stammt aus dem 15. Jh.; schon damals war die Stadt für den Anbau von Flachs bekannt, den englische, flandrische und holländische Händler aufkauften. Ab Ende des 18. Jh. residierte hier Graf

» Plan S. 98, Karte S. 100-101, Info S. 106-107

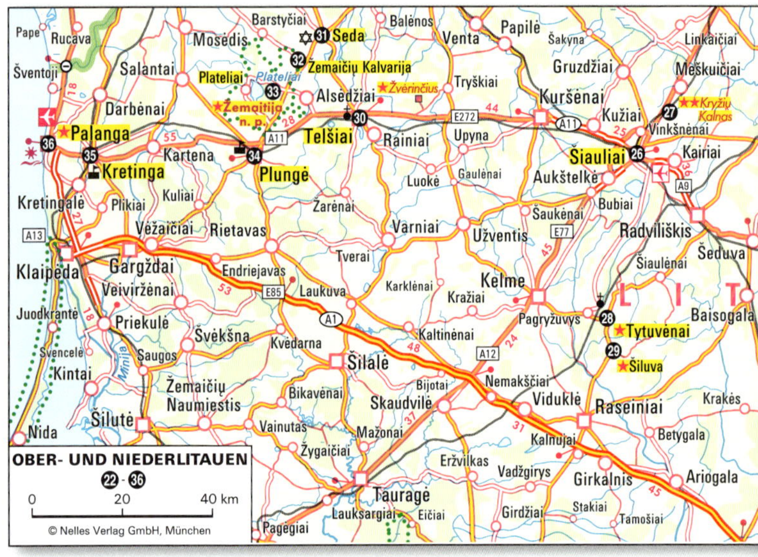

Tiesenhausen, der sich von Gucevičius 1801 ein **Schloss** errichten ließ. 1905 neubarock umgebaut, präsentiert es ein buntes Stilgemisch. Wertvoll ist das Interieur: Das **Landeskundliche Museum** zeigt hier u. a. einen ausgestopften Braunbären und einen holzvertäfelten **Speisesaal** im Zakopane-Stil von 1900, der sich an der Volkskunst der Hohen Tatra orientiert. Das Schloss bildet mit der Stadt eine planerische Einheit: Eine der vom Palast strahlenförmig ausgehenden Alleen führt über den langen Marktplatz direkt auf die **Matthäus-Kirche** zu, erbaut nach dem Entwurf des Rigaer Baumeisters Gustav von Schacht und des Wieners Georg Werner von 1865 bis1885.

Biržai (**Birsen**) ㉕ im Grenzbereich zwischen Oberlitauen und Schemaitien war einer der Stammsitze der mächtigsten Adelsfamilie des Landes, der *Radziwills* (Radvila). Sie leiteten ihre Herkunft von einem Fürstengeschlecht des Kiewer Rus ab und hinterließen über die ganze polnisch-litauische Monarchie verstreut Schlösser, u. a. im weißrussischen Neswisch oder in Warschau (Residenz des Staatspräsidenten).

Unter dem 10 % der Gesamtbevölkerung ausmachenden Adel der „Rzeczpospolita", der sehr darauf bedacht war, dass sich kein Edelmann über seine Standesbrüder erhob, gehörten die Radziwills zu den wenigen, die einen Fürstentitel tragen durften. Ihr ★**Schloss** in Biržai erlebte nach seinem Bau in den Jahren 1575-1589 eine turbulente Geschichte mit den Schweden in der Hauptrolle: 1625 wurde es mit einiger Mühe – mit dem Graben tiefer Stollen unter der Mauer – von Gustav Adolf erobert. 1655 kamen die Schweden nochmals plündernd und brandschatzend wieder.

Vor ihrem dritten Erscheinen 1704 hatten der russische Zar Peter der Große und der König von Polen August II. der Starke im Schloss ein Bündnis gegen diesen gemeinsamen Feind unterzeichnet – bei den erbitterten Kämpfen wurde das architektonische Prachtstück zu einer bemitleidenswerten Ruine. Erst 1978-1985 wurde der Bau mit sei-

» Karte S. 100-101, Info S. 106-107

nen massiven Seitenrisaliten und der zweigeschossigen Loggia im Mittelteil praktisch neu errichtet und beherbergt heute das **Heimatmuseum „Sėla"** mit Informationen zur Landesgeschichte, aber auch zur Brautradition des Ortes: Der **Bierweg** im Keller informiert über das Bierbrauen, mit Bierprobe.

Nordwestlich von Biržai finden sich interessante **Karsthöhlen**, um die sich Geschichten und Anekdoten ranken. Die bekannteste Doline ist das **Kuhloch** *(Karvės ola)*, in welche einmal eine grasende Kuh gefallen sein soll.

Die letzten adligen Besitzer von Biržai, die Familie Tyszkiewicz (Tiškevičius), hatten einst auf den kostspieligen Wiederaufbau des Schlosses verzichtet und sich von 1849 bis 1862 ein neues Domizil, das **Astravas-Palais** auf der Nordostseite des **Širvena-Sees** erbauen lassen. Um dorthin zu gelangen, muss man eine 525 m lange Brücke, Pėsciųjų tiltas, überqueren, die aus einer schier endlosen Reihe von Holzbohlen besteht, hölzerne Handläufe sichern den Fußweg übers Wasser.

★★Berg der Kreuze

Šiauliai (**Schaulen**) ㉖, die viertgrößte Stadt des Landes (ca. 105 000 Einwohner), begeistert nicht auf Anhieb. Dem Ersten Weltkrieg fielen 65 % der Häuser zum Opfer, im Zweiten Weltkrieg wurde die Stadt gar zu 85 % zerstört; auch die Bevölkerung, die fast zur Hälfte aus Juden bestand, wurde dezimiert. So erinnert eigentlich nur die **Peter-und-Paulskirche**, ein Renaissancebau mit einem 70 m hohem Turm, an die Blütezeit dieses uralten Ortes. Eine überdimensionale **Sonnenuhr** auf dem Hauptplatz, der eine 21 m hohe, von einem Schützen gekrönte **Säule** als Zeiger dient, ist das Wahrzeichen der Stadt. Es ehrt den 750. Jahrestag der Schlacht bei „Saulė" im Jahr 1236, bei der die Litauer dem livländischen Schwertbrüderorden eine verheerende Niederlage zufügten.

Für die meisten Besucher ist Šiauliai der Ausgangspunkt für einen Ausflug zum 12 km nördlich liegenden ★★**Berg der Kreuze** (**Kryžių Kalnas**)

» Karte S. 100-101, Info S. 106-107

㉗. Dieser eigentlich unscheinbare Hügel ist gespickt mit unzähligen Kreuzen in verschiedensten Größen und Materialien und belegt die tiefe Religiosität des litauischen Volkes. Gleichzeitig verdeutlicht dieser Ort, wie sich in Litauen der alte heidnische Glaube und der Katholizismus vermischt haben, da die Menschen hier wie in uralten Zeiten mit dem Aufstellen eines Kreuzes ein mystisches Opfer darbringen.

Hier stand einst ein altes heidnisches Heiligtum, das mehrmals Überfällen der Schwertritter zum Opfer fiel. Später wurden an dieser Stelle eine Burg und nach der Christianisierung Schemaitiens 1413 eine Kapelle errichtet. Schon damals entstand die Sitte, dass die Wallfahrer Kreuze mit sich brachten und sie auf dem Hügel hinterließen. Viele Kreuze kamen nach den Aufständen gegen die Russen 1830-1831 und 1863-1864 hierher, als die Toten und die nach Sibirien Verbannten nicht offiziell geehrt werden durften. 1200 Kreuze zählte man zu Beginn der Sowjetherrschaft.

In ihrem Bestreben, eine atheistische Gesellschaft zu formen, war der Sowjetmacht dieser geheimnisvolle Hügel, der den Volksglauben so deutlich vergegenwärtigte, ein Dorn im Auge. 1961 zerstörten „unbekannte Täter" Hunderte der Kreuze und schütteten die nahe gelegene heilige Quelle zu. 1973 kamen Bulldozer und planierten einen Teil des Geländes und 1977 tauchte gar der Plan auf, einen großen Staudamm zu errichten und den Hügel völlig unter dem Wasser verschwinden zu lassen. Als dann im Juni 1990 Tausende mit Kreuzen den Hügel hinaufgingen und auf diese Weise ihren Wunsch nach Unabhängigkeit manifestierten, war bereits klar, dass das traditionsbewusste kleine Volk einem Imperium erfolgreich getrotzt hatte.

Heute gibt es auf dem Kryžių Kalnas mehr als 15 000 größere und unzählige kleinere Kreuze – in dieser Dimension ein weltweit einmaliges Ensemble. Täglich kommen neue Kreuze hinzu. Bei einem Spaziergang wird eine große Material- und Formenvielfalt sichtbar: Die Palette reicht von zwei simplen zusammengenagelten Latten bis zu ausgetüftelten filigranen Darstellungen, wahren Meisterwerken der Volkskunst. Alle diese Kreuze hüten die Geschichten ihrer Schöpfer. Wenn sie sprechen könnten, würde sich der Hügel in einen summenden Bienenstock verwandeln. Solange die Kreuze aber stumm sind (und wenn gerade keine lärmende Reisegruppe vorbeikommt), ist der Kryžių Kalnas ein seltsam stiller Ort des Nachdenkens über das menschliche Streben nach Ewigkeit.

Ein Tagesausflug von Šiauliai nach Süden erschließt den Westen Schemaitiens. ★**Tytuvėnai** ㉘, 65 km von Šiauliai, ist ein von Wäldern und Seen malerisch umgebenes Städtchen. Große Berühmtheit erlangten hier das einstige Bernhardinerkloster und die dazugehörige **Marienkirche**. 1614-1639 errichtet, weist die Kirche noch gotische Züge auf, z. B. am Sterngewölbe im Inneren oder bei den Spitzbogenfenstern, was für eine arge provinzielle Stilverspätung spricht. Die Fassade kam im 18. Jh. hinzu, ebenfalls der geräumige, von Laubengängen umgebene Hof, wo sich die weit gereisten Pilger ausruhen konnten; in seiner Mitte befindet sich ein Gebäude mit einer dem römischen Vorbild abgeguckten Scala Santa, einer Heiligen Treppe. Im farbenfrohen Inneren begeistern die geschmeidigen Rokokoaltäre mit ihrem geschwungenen und gebrochenen Gebälk, den Pilastern und den seltsam gestalteten korinthischen Säulen. Viel ruhigere Formen hat dagegen das Grabmal des Stifters Andreas Wołłowicz, das um 1640 in der Werkstatt des berühmten, in Danzig tätigen Niederländers Willem van den Blocke angefertigt wurde.

★**Šiluva** ㉙, 8 km südlich, ist ein **Wallfahrtsort**, zu dem Tausende pil-

Rechts: Letzte Feinarbeit am selbst geschnitzten Kreuz vor der Aufstellung am „Berg der Kreuze".

 » Karte S. 100-101, Info S. 106-107

Foto: Claudia Quaukies

gern, unter ihnen 1993 auch Papst Johannes Paul II., der antikommunistisch engagierte Pole. Hier soll 1607 einem Hirtenjungen die Jungfrau Maria erschienen sein – weinend, da sie keine Kirche in dem Roggenfeld gesehen hatte, ein Versäumnis, das alsbald nachgeholt wurde. Heute steht an diesem Ort eine **Jugendstil-Kirche** in der seltsamen Form eines 40 m hohen Turmes aus dem Jahr 1903 nach dem Entwurf von Antoni Wiwulski (Antanas Vivulski), dem Schöpfer des Drei-Kreuze-Denkmals in Wilna und des Grunwald- bzw. Tannenbergschlacht-Denkmals in Krakau. Im Ort selbst sollte man auch die große **Marienbasilika** besichtigen, einen barocken Bau aus Backstein mit einer Orgie aus Stuck, der 1760-1778 von Tomasz Podhayski geschaffen wurde. Das Lichtspiel der Nachmittagssonne versetzt den Besucher in eine Welt aus weiß glänzenden Heiligen, Engeln und mythischen Bestien. Die Kirche teilt man sich oft nur mit bekopftuchten älteren Damen, die die Füße einer Christusfigur am Eingang küssen.

★Žemaitija-Nationalpark

Das Regionalzentrum **Telšiai** ㉚ bietet sich an für einen Stopp zwischen Šiauliai und der Küste. Über der Stadt thront eine alte **Pfarrkirche**, seit 1926 bischöflicher Dom, ein spätbarocker Bau von 1765 mit achteckigem Turm. Interessant ist der Besuch im 1932 gegründeten **Regionalmuseum**. Es besitzt wertvolle Gemälde, darunter die „Anbetung der Könige" von Lukas Cranach (z. Zt. im Safe weggeschlossen) – sie stammen aus den Adelsresidenzen der Gegend, u. a. aus Plungė, Vilkenas und Plateliai. Vom regen jüdischen Leben mit seinen Hochschulen blieb nichts erhalten; die Juden Telšiais wurden 1941 bei einem Pogrom ermordet.

Etwas nördlich von Telšiai, nahe der A11 Richtung Kuršėnai, liegt der kleine ★**Žvėrinčius-Tierpark**, wo in naturnahen Gehegen Wölfe, Luchse, ein Braunbär und weitere heimische Tiere zu sehen sind. Sie wurden vom Inhaber teils nach Verletzungen liebevoll wieder aufgepäppelt und gepflegt (der Ausschil-

» Karte S. 100-101, Info S. 106-107

Foto: Thomas Stankiewicz

derung „Telšių Miškų Oredija Žvėrinčius" folgen).

Bei der Suche nach Spuren der jüdischen Welt machte der Verfasser in **Seda** ㉛, 22 km nördlich von Telšiai, eine Entdeckung: Eine (2005 eingestürzte) hölzerne Synagoge aus dem 19. Jh. in der Basanavičiaus gatvė Nummer 10. Einst gab es im Osten Europas Tausende; nach dem NS-Wahn war jene in Seda eine der letzten. Seda besitzt eine 1770 errichtete **Holzkirche** – die größte Litauens, mit drei Schiffen und Emporen.

Von Seda geht es südwestwärts nach **Žemaičių Kalvarija** ㉜. Im 17. Jh. wurde dort vom Dominikanerorden ein **Kreuzweg** angelegt. 7 km lang und mit 20 **Kapellen** ausgestattet, führt er über die umliegenden Hügel und endet bei der **Marienkirche**, in der ein für wundertätig gehaltenes **Marienbild** verehrt wird. Jedes Jahr vom 8. - 12. Juli treffen sich hier Tausende Menschen zu einem religiösen Fest, das von einer farbenfrohen Kirmes begleitet wird.

Oben: Badeurlaub in Palanga, dem größten Bade- und Kurort Litauens. Rechts: Im Bernstein-Museum von Palanga.

Den Eingang zum ★**Žemaitija-Nationalpark** ㉝, einem ausgedehnten Seen- und Sumpfgebiet, bildet das Dorf **Plateliai**. Die hügelige Landschaft lädt zu Wanderungen und Fahrradtouren ein; mit einem Fahrrad kann der malerische, 12 km² große **Plateliai-See** mit seinen sieben Inseln umrundet werden; bis auf ein kurzes Stück strampelt man ca. 25 km auf wenig befahrenen Nebenstraßen. Der See bietet ein geeignetes Revier für Bootsfahrten (die **Burginsel** ist ein beliebtes Ausflugsziel) und zum Segeln; in Plateliai kann man Boote leihen. Im Nationalparkzentrum ist eine Führung zur einstigen **Militärbasis** der Roten Armee (Šaltojo karo ekspozicija) buchbar, wo auf Deutschland gerichtete SS-20 Raketen stationiert waren.

In **Plungė** ㉞, 10 km südlich des Nationalparks, steht das stattliche **Neurenaissance-Schloss** der Familie **Ogiński** (beste Zufahrt von der Straße Stoties gatvė aus, die parallel zu den Bahngleisen verläuft). Es wurde 1879 von Karl

» Karte S. 100-101, Info S. 106-107

Lorenz nach einem älteren Entwurf des berühmten preußischen Architekten Friedrich August Stüler errichtet. In einem der Nebengebäude des Schlosses unterhielten die Ogińskis eine Musikschule, die der berühmte Maler und Komponist Čiurlionis (s. Kaunas, S. 89) in den Jahren 1889-92 besuchte. Mehr noch als das seit 1994 bestehende **Museum** im Schloss lädt der ausgedehnte **Landschaftspark** zum Verweilen ein.

★Palanga (Polangen)

Die Ortschaft **Kretinga** ㉟, 11 km östlich von Palanga, gehörte einst dem Heerführer Jan Karol Chodkiewicz, der mit seinen litauisch-polnischen Truppen 1605 die Schweden bei Kirchholm in der Nähe von Riga schlug. Als Dank stiftete er 1617 die (später umgebaute) **Marienkirche**, in der er selbst auf einem **Schlachtengemälde** im Hintergrund zu entdecken ist (linkes Querhaus). Später ging der Besitz an die Tyszkiewicz-Familie über, die das ★**Schloss** 1875 gründlich umbauen ließ. Seit seiner Renovierung 1992 beherbergt der erhaltene Teil des Schlosses ein **Museum** mit sehenswerten Empire-Interieurs. Teilweise rekonstruiert wurde auch der gräfliche **Wintergarten** in der **Orangerie** mit Grotten, Wasserfällen und einer Sammlung exotischer Pflanzen, der heute als Hintergrund für ein stilvolles **Restaurant** dient. Man sollte sich dieses vierstöckige Treibhaus aus Gusseisen und Glas keineswegs entgehen lassen: Es zeugt von der regen Fantasie und dem immensen Reichtum dieser Adelsfamilie.

Litauisch *Palangė* heißt auf Deutsch „Fensterbank", womit die Rolle der Stadt ★**Palanga** (**Polangen**) ㊱ als das litauische Fenster zur Welt durchaus treffend benannt ist. Palanga liegt am Ende des einst schmalen Korridors, der jahrhundertelang den einzigen Zugang Litauens zur Ostsee bildete. Unmittelbar südlich begann schon das Deutschordensland Preußen mit der Stadt Memel (Klaipėda), nördlich lag Lettland, damals Livland genannt. Zum größten **Bade- und Kurort** des Landes (mit Flughafen) wurde es aber erst nach der Eingemeindung vieler anderer Orte, so dass es sich heute über eine Länge von 24 km hinzieht – von der lettischen Grenze bis zum Dorf Nemirsėta, das einst **Nimmersatt** hieß und bereits in Preußen lag („Nimmersatt, wo das Deutsche Reich ein Ende hat").

Foto: Knut Liese

Das eigentliche Palanga ist aber klein und überschaubar geblieben. Das verkehrsberuhigte Zentrum besteht teils aus reizvollen hölzernen Villen. Der schöne breite weiße ★**Sandstrand** ist die Hauptattraktion des Orts. Zum Flanieren laden eine **Strandpromenade** sowie die neue **Seebrücke** ein, wo man den Sonnenuntergang genießt; zum Kneipenbummel eignet sich besonders die **Basanavičiaus-Straße**.

Nicht nur bei Regen zieht das ★★**Bernstein-Museum** die Besucher in Scharen an – ein absolutes Muss. Es befindet sich im **Neurenaissance-Schloss** des Grafen **Tyszkiewicz**, das

» Karte S. 100-101, Info S. 106-107

1897-1902 von Franz Schwechten, dem Architekten der Berliner Gedächtniskirche, errichtet wurde. Die **Bernsteinsammlung** legte bereits der Graf an, sie wurde in der Nachkriegszeit auf ca. 25 000 Stücke erweitert und gehört heute zu den reichsten der Welt; ausgestellt sind etwa 5000 Exponate.

„Die Meeresgöttin Jūratė verliebte sich in den Fischer Kastytis, heiratete ihn heimlich und lebte mit ihm in einem Palast am Meeresboden, bis ihr Vater, Donnergott Perkūnas, davon erfuhr. Erzürnt über die Liaison mit einem Sterblichen, vernichtete er das Schloss und ließ den Fischer an einen Felsen auf dem Meeresgrund ketten. Die Trümmer des goldenen Schlosses und die Tränen der Nixe werden bis heute als funkelnde Steinchen an den Strand gespült ..." Hört man diese schöne Legende, wird man von der Wissenschaft enttäuscht, denn die definiert Bernstein als 40 Mio. Jahre altes Nadelbaumharz.

Etliche der wunderschönen Stücke kann man unter Lupen betrachten: Von Hellgelb bis fast Schwarz reicht die Farbpalette des Bernsteins, viele Exponate besitzen Einschlüsse, etwa eine Millionen Jahre alte Mücke oder Teile einer Eidechse. Zu dem zu Kunstwerken verarbeiteten Bernstein zählen prußische und litauische Stücke aus dem 7.-9. Jh. Im Kaminzimmer des Schlosses finden stilvolle Konzerte statt.

Rund um das Schloss erstreckt sich ein sehenswerter, vom französischen Landschaftsarchitekten Edouard François André entworfener **Park** mit einer Fülle von Bäumen, Blumen, Rasenflächen und Teichen. Mitten im Grün entdeckt man den **Birutė-Hügel**, wo nach einer Legende unter den unbefleckten Beschützerinnen des heiligen Feuers das Mädchen Birutė lebte. Vom Herrscher Kęstutis entführt, wandelte sich die heilige Jungfrau zur vorbildlichen Ehefrau und gebar den späteren Großherzog Vytautas. Sie liegt unter dem Hügel bestattet und wurde zum Symbol der Treue zu Litauens Traditionen.

Aukštaitija Nationalpark und Umgebung (☎ 386)

TIC Ignalina, multilinguales Personal mit sehr umfangreichem Wissen, Mo-Fr 8-18 Uhr, Sa 10-15 Uhr, Ateities g. 23, Tel. 52597, www.ignalinatic.lt. **Palūšė Park-Info**, Lūšių g. 16, Tel. 47478, www.anp.lt. **Gemeinde Palūšė**, touristische Tipps: www.paluse.lt.

Interessante Museen im Nationalpark: **Mühlenmuseum Ginuciai**, Tel. 616 29366 (hier auch Unterkunft in ehem. Müller-Zimmern mögl.). **Imkereimuseum Stripeikiai**, u.a. kunstvoll geschnitzte historische Exponate zur Bienenzucht, Mai-15. Okt. Di-So 10-19 Uhr, am Ortsausgang in nördlicher Richtung nach 4,5 km Schotterweg.

KANU: Die 126 Seen haben z.T. Verbindung; die wichtigsten Wasserwanderwege des Parks sind gekennzeichnet.

Zarasai (☎ 385)

TIC, Mo-Fr 8-17, Sa 9-14 Uhr, Selių a. 22, Tel. 37171, www.zarasai.lt/tic.

Kirchenkunstmus. Stelmužė, Mai-Sept. 10-18/17 Uhr u. n.V., Tel. 52456. **Energiemuseum**, Tiltiškės (4 km Salakas), in einer idyllischen **Wassermühle** im Gražutė-Wald, geöffn. n. V., Tel. 30890, 615-26219.

Rokiškis (☎ 278)

Schloss mit Regionalmuseum, Di-So 10-18 Uhr, Tyzenhauzų g. 5, www.muziejusrokiskyje.lt; St.-Matthäus-Kirche am anderen Ende der Allee; Info: www.rokiskiotic.lt.

Biržai (☎ 450)

TIC, J. Janonio g. 2, 5280 Biržai, Tel./Fax 33496, www.visitbirzai.lt/en.

Heimatmuseum im Radziwillschloss, Mai-Sept. Mi-Sa 10-18.30, Di, So 10-17.30, sonst Mi-Sa 9-17.30 Uhr, J. Radvilos g. 3, Tel. 33 390, www.birzumuziejus.lt.

Šiauliai (☎ 41)

Šiauliai, Vilniaus g. 213, Tel. 523110, Fax 523111, http://tic.siauliai.lt.

» Karte S. 100-101

Fragen Sie im **Juonė pastuogė**, Aušros al. 31 A, Tel. 524926, www.jonis.lt, oder im Teehaus **Mūsų Verbena**, Žemaitės gatvė 89, Tel. 211117, www.verbena.lt, nach Spezialitäten wie *Adaryti blyneliai*, gefüllte Pfannkuchen, *Šalta sriuba*, kalte Rote Bete-Suppe, zu der heiße Kartoffeln gereicht werden.
Auch empfehlenswert: **Cafe Rūta**, Café und Schokoladenmuseum, Tilžės 133, www.sokoladomuziejus.lt, Mo-Fr 10-19, Sa, So 10-17 Uhr.
Italia, Pizzeria, im Geschäftszentrum Vilniaus 167, Tel. 520866.
Salingas, chinesische Küche, Tilžės 168, Tel. 520922.

Berg der Kreuze, per Auto von Šiaulai: etwa 6 km Richtung Riga, dann rechts abbiegen (Hinweisschild) und 2 km geradeaus; mit öffentlichem Bus: ab Busbahnhof Šiaulai (7.25, 8.25, 10.25, 11, 12.15, 13.10, 14.15, 15.40, zurück 9.37, 10,43, 12.17, 13.03, 14.03, 15.07, 17.32 Uhr) nach Joniškis, aussteigen an der Haltestelle Domantai.

Plateliai (☎ 448)

Informationszentrum Žemaitija-Nationalpark, auch Unterkunftvermittlung, Didžioji g. 8, Tel. 49231, www.zemaitijosnp.lt.

Ausstellung zum Kalten Krieg (Šaltojo karo muziejus): ehem. Militärbasis, Mai-Sept. stdl. 10-18, sonst alle 2 Std. 10-16 Uhr.

Kretinga (☎ 455)

Pas Grafą (Beim Grafen) im Wintergarten (Orangerie) des Kretinga-Schlosses, Café, gelegentlich laute Diskomusik; tgl. ab 10 Uhr, Tel. 51366, www.pasgrafa.lt. **Špitolė**, Café mit breitem Angebot an Tees, führt auch Devotionalien, Mo-Fr 9-19, Sa, So 9-15 Uhr, Vilniaus 3, gegenüber der Kirche.

Kirche Mariä Verkündigung (Kretingos Viešpaties Apreiškimo Svč. M. Marijai bažnyčia), geöffnet Mo-Fr 7-18 Uhr, Sa, So 8-18, Messen So 8, 10.30, 12.30 Uhr, im Nebenraum rechts vom Altar finden gelegentlich Sonderausstellungen lokaler Künstler statt, Vilniaus 2, Tel. 76373.
Museum im Schloss von Kretinga (Kretingos muziejus), großes Heimatmuseum mit Haushaltsgegenständen und Kreuzen Schemaitiens, Präsentation der Gutsherrenkultur, Mi-So 10-18, Orangerie länger offen, Vilniaus 20, Tel. 77323. www.kretingosmuziejus.lt.

Palanga (☎ 460)

TIC, Vytauto g. 94, Tel. 48811, www.palangatic.lt.

Pušų paunksnėje, litauische Küche, Dariaus ir Girėno 23, Tel. 49091.
Steak House Lašas, ist eine der vielen Gaststätten des Landes, die die Sehnsucht der Menschen nach den USA in bare Münze umsetzen, Basanavičiaus 29, Tel. 60544880.
Du Broliai, elegantes Restaurant, Speisen bei Kerzenlicht, ab 10 Uhr bis zum letzten Kunden geöffnet, Vytauto 160, Tel. 40040.
Alanga, bekannt für gute Fischgerichte, Hotel-Restaurant, 8-24 Uhr, Nėries 14, Tel. 49215, www.alanga.lt.
HBH-Brauerei; Brauerei, Familienrestaurant mit großen Portionen und Kinder-Spielmöglichkeiten, tägl. 11/12-23/24 Uhr, Žibinikų, nördlich der Stadt, Richtung Darbenai abbiegen, HBH-Schildern folgen, Tel. 65537777, www.hbh.lt/de/hbh-palanga.
Žuvinė Palangoje, modernes Fischrestaurant an der Flaniermeile am Waldrand, Basanavičiaus g. 37A, Tel. 48070, http://zuvine.lt.

Vila Ramybė, große Weinkarte, gutes Musikprogramm, tägl. 10-24 Uhr, Vytauto 54, Tel. 54124, www.vilaramybe.lt.

Bernsteinmuseum (Gintaro muziejus), Di-Sa/So: Juni-Aug. 10-20/19, sonst 11-17/16 Uhr, Vytauto g. 17, Tel. 53501, www.pgm.lt.

Fahrradverleih: Vytauto 67 und 116; Dariaus ir Girėno 1.

Flughafen Palanga (oro uostas): 6 km nördl. Palanga, 26 km bis Klaipėda, Tel. 52020, www.palanga-airport.lt. Klein, kundenfreundlich. Busfahrplan in die Stadt ist dem Flugplan angepasst, Bus kommt 1 Std. vor Flug und fährt 20-30 Min. nach Landung ab. Linienflüge mit airBaltic, www.airbaltic.lt, NorwegianAirShuttle (Oslo), www.norwegian.com, u. SAS (Kopenhagen), www.flysas.com.

Foto: Joel Carillet (iStockphoto)

MEMEL UND KURISCHE NEHRUNG

KLAIPĖDA (MEMEL)
KURISCHE NEHRUNG
NEMUNASDELTA

MEMEL UND DIE KURISCHE NEHRUNG

Klaipėda, zu Deutsch Memel, ist eine sympathische Stadt. Zwar verfügt sie kaum über größere Baudenkmäler, für die als Ersatz Kaufmannsspeicher, Brunnen und gleich zwei Postämter stehen, dennoch strahlt Memel eine angenehme Atmosphäre aus und ist dank dem abwechslungsreichen Straßenbild alles andere als langweilig. Aufgrund ihrer wirtschaftlichen und militärischen Bedeutung war die Stadt noch bis 1987 für Ausländer gesperrt; seit ihrer Öffnung durchwandern sie Ströme von Touristen. Ein großes Kontingent stellen die Heimatreisenden, die das ostpreußische Memel ihrer Erinnerung im heutigen Antlitz der Stadt wiederzuentdecken hoffen.

Auf der Kurischen Nehrung, keine Wegstunde von Stadtlärm und -verkehr entfernt, findet man schier endlose Sandstrände, weite Buchten mit klarem Wasser, schilfbewachsene Ufer, pilzreiche Birken- und Kiefernwälder und schmucke Fischerdörfer. Und natürlich die berühmten Wanderdünen: Mit Höhen bis zu 60 m gehören sie zu den mächtigsten Europas.

Links: Das Restaurantschiff Meridianas hat seinen festen Liegeplatz auf der Dane (Dange) in Klaipėda.

★KLAIPĖDA (MEMEL)

Der Name von ★**Klaipėda** 37 leitet sich ab von den kurischen Wörtern *klaips* und *eda*, was so viel wie „Brotesser" bedeutet. Die Kuren, verwandt mit den Litauern und den Prußen, bevölkerten diese Gegend im Mittelalter, bevor sie vom deutschen Schwertbrüderorden unterjocht und im Lauf der Zeit assimiliert wurden. Nahe der Meerenge, die die in das Haff mündende Memel mit der Ostsee verbindet, gründeten deutsche Siedler 1252 eine Stadt, die sie nach dem Fluss Memel benannten. Erst 1328 ging die Stadt endgültig von Livland, dem heutigen Estland und Lettland, in den Besitz des preußischen Ordensstaates über.

Die Litauer waren immer wieder bemüht, Stadt und Burg zu vernichten, die ihnen den Zugang zum Meer versperrten; so fiel Memel zwischen 1323 und 1409 sechsmal verheerenden Bränden zum Opfer. Als die Zeiten ruhiger wurden, schaffte die Stadt den Aufstieg zu einer reichen Handelsstadt, die mit Riga und Danzig konkurrierte.

An der Wende zum 20. Jahrhundert waren 90 % der Einwohner von Memel Deutsche; in den umliegenden Kreisen gab es eine starke litauische Minderheit. Nach dem Ersten Weltkrieg machte Litauen politische Ansprüche auf die Region geltend; damals entstand

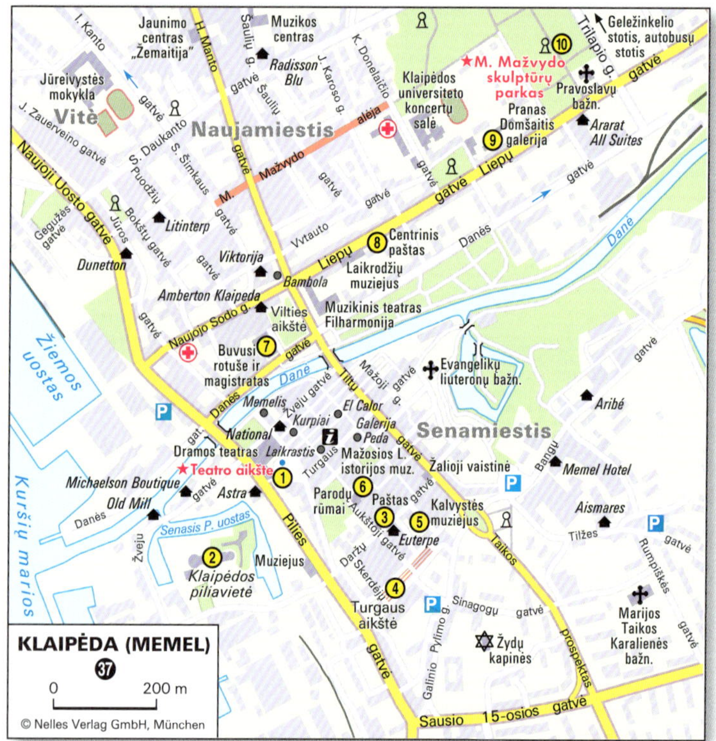

der Begriff „Memelland". Als Mandatsgebiet des Völkerbundes wurde es von den Franzosen verwaltet. Sie sahen tatenlos zu, als litauische Freischärler es 1923 besetzten – Litauen war nach dem Verlust Wilnas an Polen auf einen derartigen politischen Erfolg angewiesen. Trotz seines Autonomiestatus war das Memelland nun die Bühne einer repressiven Litauisierungspolitik. Am 22. März 1939 holte Hitler das Memelland „heim ins Reich" und leitete Terrormaßnahmen gegen die litauischen Einwohner ein. Mit der Eroberung Memels durch die Rote Armee 1945 wurden die Deutschen vertrieben. Die neue Bevölkerung setzt sich zu 65 % aus Litauern sowie aus Russen und einem Rest von rund 20 000 Menschen deutscher Herkunft zusammen. Heute ist Klaipėda mit rund 157 000 Einwohnern Litauens drittgrößte Stadt, ein wirtschaftliches, kulturelles und seit der Eröffnung der Universität 1991 auch ein intellektuelles Zentrum.

Rechts: Den Theaterplatz von Klaipėda ziert der Ännchen-von-Tharau-Brunnen.

Altstadt (Senamiestis)

Das an der Meerenge gelegene Memel wird durch den von Osten nach Westen fließenden Fluss Danė (Dange) in Neu- und **Altstadt** geteilt. Im Süden liegt die kleine Altstadt, deren wichtigste Sehenswürdigkeiten in zwei Stunden mühelos erwandert werden können.

» Stadtplan S. 110, Info S. 118-119

Die Namen ihrer sich rechtwinklig kreuzenden engen Gassen – Bäcker-, Schlosser-, Schmiede- oder Fleischergasse (Kepėjų, Šaltkalvių, Kalvių, Mėsininkų gatvė) – offenbaren, dass v.a. das Handwerk im mittelalterlichen Memel den Einwohnern zum Broterwerb diente. So findet man in der Stadtmitte überwiegend kleine, oft recht malerische einstöckige **Fachwerkhäuser**; viele ahmen allerdings die älteren Häuser nur nach und sind erst nach dem großen Brand von 1854 entstanden. Heute haben sich hier Souvenirläden, Cafés und Restaurants etabliert. Manche der engen Gassen lassen das deutsche Erbe noch erahnen; die stimmungsvollsten dieser Sträßchen heißen **Aukštoji gatvė**, **Mažoji gatvė** und **Daržų gatvė** – hier steht ein schönes, „Elefantenspeicher" genanntes historisches Gebäude.

Am ★**Theaterplatz** (1) (Teatro aikštė), von dem aus man die Stadtbesichtigung am besten beginnt, steht das **Neurenaissance-Theater** aus dem Jahr 1854 sowie ein **Brunnen** mit der Bronzefigur eines jungen Mädchens; nicht nur alte Ostpreußen erkennen sofort, dass es sich um das bekannte **Ännchen von Tharau** handelt. Der aus Memel stammende Barockdichter **Simon Dach** (1605-1659) schrieb ein Lied – verzaubert von der Schönheit einer Siebzehnjährigen, die er bei ihrer Hochzeit mit einem Pastor names Portatius in Königsberg gesehen hatte. Das Gedicht wurde 1778 aus der Memeler Mundart von Johann Gottfried Herder ins Hochdeutsche übertragen und beginnt mit den auf dem Denkmal verewigten Versen: „Ännchen von Tharau ist's, die mir gefällt, sie ist mein Leben, mein Gut und mein Geld". Das Denkmal, 1912 eingeweiht, war nach 1945 verschollen und wurde 1989 auf eine litauisch-deutsche Initiative hin von einem Berliner Künstler neu gegossen.

Westlich des Theaterplatzes liegt das **Gelände der einstigen Deutschordensburg** (2) (Memelburg), die, zur Festung umgebaut, im 19. Jh. ihre strategische Bedeutung verlor und dann abgetragen wurde. Heute gibt in den ausgegrabenen Kellergewölben und der Prinz-Friedrich-Bastei das **Burgmuseum** den Besuchern eine Vorstellung von der Stadt- und Schlossgeschichte.

Foto: Roman Babakin (Shutterstock.com)

Entlang der Danė wie auch in den kleinen Straßen der Altstadt trifft man noch einige **Salzspeicher**, die aus der ersten Hälfte des 19. Jh. stammen; Cafés, Kneipen und Galerien findet man heute darin. Einer der Speicher gehörte dem Kaufmann Heinrich Schliemann (1822-1890), der sein hier erworbenes Vermögen dazu benutzte, seinen Jugendtraum zu verwirklichen und die Schauplätze der homerischen Epen, darunter die Stadt Troja, auszugraben.

Einige der Bürgerhäuser sind Fachwerkbauten; die schönsten Beispiele für diese Bauweise sind das **Haus** in der **Pilies 19** sowie ein **Fischspeicher** in der **Aukštoji 3**, der jetzt als Ausstellungshalle benutzt wird (Parodų rūmai). In der Gegend gibt es noch die **Grüne Apotheke** (Žalioji vaistinė) aus dem Jahr 1677 (Tiltų gatvė) zu entdecken

» Stadtplan S. 110, Info S. 118-119

sowie die **Alte Post** (3) (Aukštoji 13). Hier drängen sich die Reisegruppen mit ihren zuvor erstandenen Postkarten: Jeder wünscht sich einen fantasievollen Sonderstempel mit dem Motiv einer alten Postkutsche. Einen Hauch echten Alltagslebens atmet man auf dem **Marktplatz** (4) (Turgaus aikštė), wo an Ständen unter freiem Himmel und in einer Halle vom Wodka über Obst und Gemüse, Blumen bis hin zu Korbwaren und Bernstein allerlei Waren feilgeboten werden.

Eine besondere Attraktion bildet das **Schmiedemuseum** (5) in einer alten Schmiede (Šaltkalvių 2a), wo im ersten Hauptgeschoss typisch litauische gusseiserne Kreuze ausgestellt sind. Alles wurde liebevoll vom Historiker Varkalis zusammengestellt. Hier befinden sich auch Schmiedearbeiten, die vom alten Friedhof des heutigen Mažvydas-Skulpturenparks (s. u.) gerettet wurden – sehr sehenswert. Ein Blick sollte auch in das **Museum von Klein-Litauen** (6) (d. h. des Memellandes und dem östlichen Teil Ostpreußens) geworfen werden, auch wegen des großen Stadtmodells. Malerisch ist das Ufer der Danė mit einigen stolzen Segelschiffen, das einst beliebte Restaurantschiff **Meridianas** liegt seit 2010 in der Werft..

Neustadt (Naujamiestis)

Über die alte **Danė-Brücke** gelangt man in die Neustadt. Hier symbolisiert das Steinmonument **Arka** das vereinigte Litauen. Bald öffnet sich ein großer Platz: das neustädtische Zentrum mit **Musiktheater**, **Amberton Hotel** und dem **Alten Rathaus** (7). Der Bau gehörte einst Memels reichstem Kaufmann und diente 1807 dem preußischen Königspaar Friedrich Wilhelm III. und Königin Luise rund ein Jahr als Unterkunft auf ihrer Flucht vor Napoleon.

1770 wurde die **Lindenstraße**, Liepų gatvė, angelegt, an der zur Gründerzeit reiche Kaufleute und Industrielle ihre Häuser bauten. Diese grüne Allee säumen historistische und Jugendstil-Bauten. Unbedingt sehenswert ist das **Hauptpostamt** (8) mit 44 m hohem Turm und Glockenspiel. Ansprechend restauriert, prunkt dieser neugotische Backsteinbau des deutschen Baumeisters H. Schrode aus dem Jahr 1893 mit einer fantasievoll ausgemalten, holzgetäfelten Schalterhalle. Interessant sind diese Museen: das **Uhrenmuseum** nahe der Post (Liepų 12) und die **Gemäldegalerie** (9), in der neben Werken litauischer Künstler des 20. Jh. hochkarätige russische Malerei ausgestellt ist.

Am Ende der Lindenstraße markiert eine griechisch-orthodoxe Kirche den Eingang in den ★**Skulpturenpark** (10) (M. Mažvydo skulptūrų parkas). Die litauische Inschrift an einem der Tore verkündet: „Der rote Terror hat nicht nur die Lebenden ausgelöscht, sondern auch die, die bereits tot waren". Hier lag einst der Zentralfriedhof der Stadt, der 1977 eingeebnet wurde. Die modernen Skulpturen in dieser heute populären Grünanlage stammen aus mehrmals von der Stadtverwaltung organisierten Workshops; auch im übrigen Klaipeda begegnet man vielen Skulpturen.

★★KURISCHE NEHRUNG

Ein schmaler Landstreifen von 98 km Länge und Breiten zwischen rund 3 km bis zu gerade mal 380 m ist die größte landschaftliche Sehenswürdigkeit Litauens. Allerdings gehört er nur zur Hälfte dem Baltenstaat. Am Ende des Ersten Weltkriegs wurde hier in Anlehnung an die alte Grenze zwischen dem Bistum Samland und dem direkt den Deutschordensrittern unterstehenden Gebiet die Grenze des Memellandes gezogen. Der südliche Teil der Nehrung verblieb bei Deutschland; nach den geopolitischen Umwälzungen des Jahres 1945 gehört dieser Teil heute zur Russischen Föderation (s. S. 33). Auf dem litauischen Teil der Nehrung befinden sich heute vier Ortschaften mit insgesamt 2600 Einwohnern sowie der zu

» Stadtplan S. 110, Info S. 118-119

Palanga
Rūdaičiai
Kurmaičiai
Kūlupėnai
Dauginčiai
Kartena
Narvaišiai
Prūsaliai
Vydmantai
Padvariai
Kretinga
Lubiai
Girkaliai
Minija
Žutautai
Šiemuliai
Juodeikiai
Kretingalė
Jokūbavas
Baubliai
BALTIJOS
Plikiai
Kuliai
Mazūriškiai
Smilgynai
Kvietiniai
Stockholm
★Lietuvos Jūrų muziejus
Vėžaičiai
Žadeikiai
K.-Smiltynė
Århus, København
★KLAIPĖDA
Gargždai
Jakai
Ferry
Dovilai
Endriejavas
★★Kuršių
Brožiai
Kiel, Mukran, Travemünde
Vaškiai
Alguonėnai
Veiviržėnai
Judrėnai
nerijos
Priekulė
LITHUANIA
Juodkrantė
Raganų kalnas
JŪRA
Dreverna
Veiviržas
Avikalnis
Vilkyčiai
Švėkšna
Stemplės
Svenselė
nacionalinis
Naglių kopa (53 m)
Sakūčiai
Saugos
Inkakliai
Bliūdsukiai
Kintai
Pervalka
Ramučiai
Meškinė
Karvaičiai
★Nemuno deltos regioninis parkas
Kroku Lanka
Gardamas
Šyliai
Preila
Minija
Traksėdžiai
Grabupiai
Macikai
Laučiai
Naumiestis
Ventė
parkas
Uostadvaris
Atmata
Šilutė
Nida
Kuršių
★★Parnidžio
Pakalnė
Pagryniai
Pašyšiai
Rusnė
Degučiai
marios
Skirvytė
Juknaičiai
Katyčiai
Kanteniškiai
Stubriai
Usėnai
Nemunas
Kuršskij zaliv
Mysovka
Jasnopoljanka
Jasnoe
RUSSIA
Prohladnoe
Višnëvka
Mostovoe
A13
E272
A11
A1
E85
UMGEBUNG VON KLAIPĖDA (MEMEL)
37 - 46
0 10 km
© Nelles Verlag GmbH, München

Foto: Knut Liese

Klaipėda gehörende Stadtteil Smiltynė. Die vier selbstständigen Dörfer, ruhige Ferienorte, sind zu der administrativen Einheit **Neringa** zusammengeschlossen. Dieser Name ehrt eine gütige Riesin, die den von den Stürmen auf dem Haff geplagten Fischern der Gegend half, indem sie Sand in ihrer Schürze sammelte und damit die Wind und Wellen abweisende Nehrung aufschüttete. Allerdings erklären Geologen diesen Vorgang etwas anders: Endmoränen bildeten an der Stelle der heutigen Nehrung eine Inselkette. Vor ca. 7000 Jahren wurden diese Inseln durch den Sand, den die Nordströmung entlang der Samlandküste herantrieb und der sich zwischen ihnen ablagerte, zur Nehrung verbunden.

Von Klaipėdas Altstadt verkehrt mindestens stündlich eine **Personenfähre** (s. S. 118; **Autofähre** 3 km südlich) zur Nehrung nach **Smiltynė** (**Sandkrug**) **38** auf der anderen Seite der Meerenge. Der Ort war ehemals Poststation an der Strecke zwischen Riga und Königsberg. Heute ist Smiltynė für die Menschen aus Klaipėda das bevorzugte Ziel für Badeausflüge; stark frequentiert werden ★**Meeresmuseum**, **Aquarium** und **Delfinarium** in der alten **Festung Kopgalis** (**Kopgallen**) an der nördlichen Spitze der Nehrung. Das Meeresmuseum und die Aquarien, in denen neben der Ostseefauna exotische Korallen zu sehen sind, werden z. Z. renoviert. Beliebt sind weiterhin **Shows** im Delfinarium, wo auch Schwimmen mit den Delfinen möglich ist.

Oben und rechts: Zum Ökosystem der Kurischen Nehrung gehören Feuchtgebiete, in denen u. a. die Gelbe Iris gedeiht, und Sanddünen.

Weiter südlich, am ★★**Nationalpark Kurische Nehrung** (Kuršių Nerijos nacionalinis parkas), UNESCO-Welterbe seit 2000, ist eine Eintrittsgebühr zu zahlen, Autos dürfen nur auf den ausgewiesenen Parkplätzen geparkt werden, Zelten und das Verlassen der markierten Wanderwege sind verboten. Hier wird ein einmaliges Ökosystem geschützt: Birken-, Kiefern- und Fichtenwälder, die rund ums Jahr von über 300 Vogelarten sowie etlichen Säugetierarten bewohnt sind. Am imposantesten ist der **Elch**: 30 Tiere sind im **Elchbruch**, dem Wald zwischen Preila und Nida, zu Hause; Jäger beschränken ihre Zahl, um den Wald zu schützen. Es ist ein unvergessliches Erlebnis, wenn man sie zu sehen bekommt: „Sie sind ... sehr langbeinig mit breit ausladendem Geweih. Auf diesen langen Beinen schreiten sie langsam dahin, ohne Furcht zu zeigen." (Thomas Mann).

Juodkrantė (**Schwarzort**) **39** ist ein Ferienort inmitten eines herrlichen Kiefernwalds. Ab 1854 wurde hier Bernstein gefördert, bis dies nach 40 Jahren unrentabel wurde. Ein schöner Spaziergang führt auf den **Hexenberg** (Raganų kalnas) – der Pfad ist mit fast 100 Holzplastiken verziert, die Märchenmotive aufgreifen und von regionalen Künstlern in den letzten 20 Jahren angefertigt wurden. In Juodkrantė beginnt auch ein 2,5 km langer Uferweg – ein

» Karte S. 113, Info S. 118-119

Foto: Joel Carillet (iStockphoto.com)

schöner Spaziergang. Das nächste Ziel sind die **Reiherberge** (Garnių kalni) mit einer Kolonie von Reihern und Kormoranen, sowie der **Schafenberg** (Avikalnis) mit einer weiten Aussicht auf Ostsee und Haff. Einen Vorgeschmack auf die Große Düne bei Nidden geben die sog. **Toten Dünen** (Kupsten) und die 53 m hohe **Negelnsche Düne** (Naglių kopa), die man kurz vor der Abzweigung zum Ort **Pervalka** (**Perwelk**) ㊵ zu sehen bekommt. Aus dem Kurischen übersetzt bedeutet der Ortsname „Hergeschleppt", was sich auf die hierher „geschleppten" Einwohner der versandeten Dörfer bezieht. Insgesamt verschwanden 14 Dörfer vom 16. bis zum 19. Jahrhundert unter den wandernden Sanddünen. Darunter war auch der Ort **Karvaičiai** (**Karwaiten**), aus dem Ludwig Rhesa (1776-1840) stammte, der als erster litauische Volkslieder (*daínos*) ins Deutsche übersetzte; sein **Denkmal** krönt die 53 m hohe **Skirpstas-Düne**. Pervalka selbst verzaubert durch einen idyllischen Hafen und schöne alte Holzhäuser.

★**Nida** (**Nidden**) ㊶, das Alexander von Humboldt 1809 nach 24 Stunden strapaziöser Reise durch eine Landschaft, die ihn an die Sahara erinnerte, endlich erreichen konnte, ist heute ein problemlos zugängliches Feriendorf voller Pensionen, Cafés und Restaurants. „Entdeckt" wurde der Ort von Künstlern, die hier eine Malerkolonie gründeten. Mit Ernst Ludwig Kirchner, Max Pechstein und Karl Schmidt-Rottluff entwickelte sich der Ort zu einer „Filiale" der *Brücke*, der berühmten Dresdner Vereinigung expressionistischer Maler. Die Künstler waren von der grandiosen Natur und ihrer lichtdurchfluteten Farbigkeit angetan, die vom flammenden Nordlicht im Winter bis hin zu den glitzernden Flächen des Haffs an glühend heißen Sommertagen variiert. Zu den Malern gesellte sich **Thomas Mann**, der hier 1929 ein **Haus** mit „Italienblick" kaufte. Die folgenden drei Sommer bis zu seiner Emigration verbrachte er in Nidden und arbeitete an „Joseph und seine Brüder". Das Haus dient heute als literarisches Kulturzentrum.

» Karte S. 113, Info S. 118-119

Nida besitzt über 50 alte **Fischerhäuser** in typischer Farbgebung: Braun wie die Erde waren die kurischen Häuserfassaden, weiß wie der Sand die Fenster und blau wie der Himmel („Kurisch-Blau") Türen und Giebelbretter. Von den früheren Dorfbewohnern zeugt der pittoreske ★**Friedhof** (auf der Anhöhe bei der Kirche), auf dem Kuren, Deutsche und Litauer bestattet sind. Schon Lovis Corinth malte ihn, seine Bilder kann man in der Münchner Neuen Pinakothek bewundern. Auffallend sind die mannigfaltig geformten **Kreuze**, die *Krikštai* mit Tier- und Pflanzenornamenten. Bei ihrem Anblick kann man an das berühmte Gedicht „Die Frauen von Nidden" von Agnes Miegel (1879-1964) denken – über die Pest, die „des Nachts gekommen" und „mit den Elchen über das Haff geschwommen" ist, als ob „die wandernde Düne des Leides (nicht) genug" wäre. Die evangelische **Kirche** am Friedhof stammt von 1888, im Sommer finden hier oft Konzerte statt.

Im Hafen liegen alte **Kurenkähne** – durch den fehlenden Kiel und ihren geringen Tiefgang ideal für das seichte Haff – für touristische Rundfahrten. Ihre bunt verzierten geschnitzten **Wimpel** (Verklicker), die den Heimathafen, Familienstand und Wohnort anzeigen, drehen sich nach dem Wind.

Den Höhepunkt des Besuchs auf der Kurischen Nehrung bildet die ★★**Große Düne** (Parnidžio), die trotz dem durch Touristen verursachten Schwund immer noch mit etwa 50 bis 60 m Höhe über dem Ort thront. 159 Stufen führen hinauf. Eigentlich sind es zwei große Dünen mit dem dazwischenliegenden **Tal des Schweigens**, in dem man ringsum nichts als Sand sieht. Die Dünen der Kurischen Nehrung strahlen einen einmaligen Zauber aus. Sie sind mächtig, fallen direkt zum Wasser hin ab und formen halbmondförmige Sicheldünen, so dass man sich in der Sahara wähnen könnte. Der vorherrschende Westwind lässt sie bis zu einem halben Meter jährlich wandern. Dabei machen die Dünen vor nichts Halt: Wälder und Dörfer werden verschüttet und tauchen nach Jahren auf der anderen Seite in Form von toten Baumstämmen und Trümmerresten wieder auf.

Hier gibt es Stellen, wo man noch allein sein kann. Riesige weiße Sandberge glitzern in der leuchtenden Sonne. Man fühlt sich in eine zeitlose Szenerie von Himmel, Wasser und Sand versetzt. Überlassen wir das Wort einem großen Bewunderer der Kurischen Nehrung, Thomas Mann: „Der Eindruck war tief. Man findet einen erstaunlich südlichen Einschlag. Das Wasser des Haffs ist im Sommer bei blauem Himmel tiefblau. Es wirkt wie das Mittelmeer. Es gibt dort eine Kiefernart, Pinien ähnlich. Die weiße Küste ist schön geschwungen, man könnte glauben, in Nordafrika zu sein."

MEMELDELTA

Zentrum der Deltaregion der Memel (Nemunas) ist **Šilutė** ㊷, zu Deutsch **Heydekrug** (50 km südl. von Klaipėda). 1511 erwähnen die Quellen eine Dorfschänke, die dem Ort ihren Namen gab. Eine neugotische **Kirche** von 1926 und das **Heimatmuseum** sind die Sehenswürdigkeiten. Viele deutsche Familien leben noch hier.

Die Stadt Šilutė ist ein guter Ausgangspunkt für Exkursionen in das landschaftlich reizvolle Memeldelta, etwa nach **Rusnė** (**Ruß**) ㊸, das dort auf einer eingedeichten Insel liegt, wo der Nemunas (Memel) sich in seine drei Mündungsarme gabelt: Atmata (Atmath), Pakalnė (Pokallna) und Skirvytė (Skirwieth; Grenzfluss zum Kaliningrader Gebiet). In das satte Grün eingebettete **Fischerhäuser** (v. a. im Ortsteil **Skirvytėlė**), die **Kirche** und der **Leuchtturm** erwecken den Eindruck, als ob die Zeit stehen geblieben wäre. Der deutsche Schriftsteller und Dramatiker Her-

Rechts: Malerisch muten die alten Fischerhäuser der Nehrungsdörfer an.

» Karte S. 113, Info S. 118-119

Foto: Kai-Ulrich Müller

mann Sudermann, der 1857 im nahen Matzicken (Macikai bei Šilutė) zur Welt kam, lieferte in seiner Kurzgeschichte *Die Reise nach Tilsit* eine Charakterisierung, die ihren kulturgeschichtlichen Hintergrund vielleicht im bereits 1448 erteilten Krugrecht sowie dem Durst örtlicher Fischer und russischer Flößerknechte des 19. Jh. hat: „Auf der rechten Seite kommt nun Ruß, der große Herrenort, in dem so viel getrunken wird wie nirgends auf der Welt. Vor dem Rußner Wasserpunsch fürchten sich ja selbst die Herren von der Regierung".

Minija (**Minge**) ㊹ erstreckt sich zu beiden Seiten des gleichnamigen Flusses, an der Mündung in den Atmata-Arm des Nemunas. Als die schönen Häuser verfielen, da ihre Besitzer, meist Fischer, sie nach Überschwemmungen aufgegeben hatten, zogen hier **Ausflugslokale** ein, auch einen **Jachthafen** gibt es nun.

Weit ragt der Landzipfel „Windenburger Ecke" mit aussichtsreichem Leuchtturm ins **Kurische Haff**. Beim Ort **Ventė** ㊺ stand einst die Ordensburg **Windenburg**, wohl so genannt als Anspielung darauf, dass die Winde hier tatsächlich ungehindert durch den Ort fegen. Später abgetragen, lieferte die Burg das Baumaterial für eine Kirche im benachbarten **Kintai**.

Hier beginnt das ★**Naturschutzgebiet Nemuno deltos regioninis parkas** in dem Störche, Kraniche und Schwäne leben. Eine **Ornithologische Station** beringt Vögel, um ihre Flugrouten verfolgen zu können. Etwa 300 Arten wurden nachgewiesen; im Frühling und Herbst werden bis zu 1 Mio. Tiere gezählt. Neben der Vogelwarte gibt es ein kleines **Ornithologisches Museum**.

Im östlich von Šilutė gelegenen Ort **Degučiai** ㊻ entzückt ein schönes Beispiel der Volksbaukunst. Eine dreieckige **Holzkirche** von 1757, ein sich nach oben verjüngender hölzerner **Glockenturm** sowie eine kleine **Holzkapelle** mit der reizvollen Skulptur „Trauernde Gottesmutter mit zwei Engeln" bilden ein harmonisches Ensemble. Die Kirche besitzt drei Holzaltäre mit spätbarocker Knorpelschnitzerei.

» Karte S. 113, Info S. 118-119

Klaipėda (Memel) (☎ 46)

TIC, Turgaus g. 7, Tel. 412186, www.klaipedainfo.lt. Alljährlich erscheint „Klaipėda in Your Pocket" mit allen nützlichen Adressen und Terminen auch für die weitere Umgebung, wie Nationalpark Kurische Nehrung, Nemunasdelta, Šilutė u.a. www.inyourpocket.com/lithuania/klaipeda.

Erwarten Sie von Klaipėda, obwohl es eine Küstenstadt ist, keine Fischrestaurantszene wie in Hamburg oder Skandinavien; ziehen Sie Süßwasserfische den Meeresfischen vor. **Keltininko namas**, im alten Hafenhotel mit Blick über den Fluss Danė, feines Leinen und Silberbesteck krönen den Genuss, Žvejų 20/22, Tel. 474764, www.oldporthotel.lt. M**omo Grill**, Steakhaus mit winziger Karte, aber großartiger Qualität, Liepų gatvė 20, Tel. 69312355, www.momogrill.lt. **Senamiesčio Baras**, schlichtes Lokal in einem Altstadt-Hinterhof mitten zwischen vielen Galerien und Kunstwerkstätten: entsprechend ist das Publikum; europäische/litauische Küche, günstige Preise, guter Mittagstisch, Daržų10 / Bažnyčių 4, Tel. 412237.

Friedricho pasažas, gemütliches Lokalensemble mit Steakhaus, Café u.a. in der Altstadt für den Nachmittagskaffee, zum Abendessen oder auf einen Drink, Tiltų g. 26, Tel. 411076.

Beer Garden, Bierhausatmosphäre, Žvejų g 12, Tel. 618-28343. Gute Restaurants im **Hotel Ararat** (armenische Küche) Liepų 48a, Tel. 410001, im **Hotel RadissonBlu** Newport Restaurant (Business Lunch), Šaulių 28, Tel. 490800.

El Calor, lateinamerikanische Musik ist die Spezialität dieses Clubs, Kepėjų 10, Tel. 67159899. **Dr. Who**, ist die angesagte Adresse für House, Funk und Oldies, Fr, Sa, Naujojo Sodo 1, im Hotel Amberton Klaipėda.

Musiktheater (Muzikinis teatras), Danės 19, Tel. 397404, www.muzikinis-teatras.lt, und **Dramatisches Theater** (Klaipėdos dramos teatras), Teatro 2, Tel. 314453, www.kldteatras.lt, lohnen sich auch ohne litauische Sprachkenntnisse. Im Gebäude des Musiktheaters: **Philharmonie**, Danės 19, Tel. 410576.

Die drei historischen Museen **Burgmuseum**, Pilies g. 4, **Klein-Litauen-Museum** (Mažosios Lietuvos istorijos muziejus), Didžioji vandens 6, Tel. 410524. u. **Schmiedemuseum** (Kalvystės muziejus), Šaltkalvių 2, Tel. 410526, haben eine gemeinsame Eintrittskarte für 2,90 €, Di-Sa 10-18 Uhr, www.mlimuziejus.lt/en. **Uhrenmuseum** (Laikrodžių muziejus), Di-Sa 10-18, So 10-17 Uhr, Liepų 12, Tel. 410413. **Gemäldegalerie** (Pranas Domšaitis galerija), Di-Sa 10-18, So 10-17 Uhr, Liepų 33, Tel. 410421.

BAHNHOF (gelezinkelio stotis): 15 Min. Fußweg ins Zentrum, Bus Nr. 8 in die Altstadt.

BUSBAHNHOF (autobusų stotis): gegenüber Bahnhof, Butkų Juzės 9, für längere Fahrten Express-Busse empfehlenswert. Vorsicht vor Busangeboten, die von Personen auf der Straße angeboten werden: etwas schneller, etwas teurer als die öffentlichen Busse, aber auf eigenes Risiko!

TANKSTELLEN*:* meistens 24 Std. offen.

AUTOBAHN*:* A1 und A2 beginnen in Klaipėda (nach Vilnius und Panevežys), moderner Standard, aber Vorsicht vor Pferdefuhrwerken auf der Autobahn. Straßenpolizei: Giraites 3, Tel. 719402.

INTERNATIONALER FÄHRHAFEN*:* Tel. 395 050, Linien: Klaipėda – Sassnitz/ Mukran, – Kiel, – Karlshamn/Schweden. **Krantas Shipping**: Kundenbüro: Teatro a. 5, Tel. 395111, www.krantas.lt, Mo-Fr 8-18, Sa 10-15 Uhr

KURISCHE NEHRUNG (☎ 469)

Nationalparkzentren (Kuršių Nerijos nacionalinis parkas) www.nerija.lt, **Nida**: Naglių g. 8, Tel. 51256, **Smiltynė** (nur Sommer): Smiltynės g. 11, Tel. 46-402256

FÄHRE*:* Klaipėda – Kurische Nehrung ab **Hafen Alte Burg** an der Žvejų g., Südufer des Danė-Flusses, ca. alle 30-60 Min., Fahrplan und Preise www.keltas.lt, Anlegestelle in Smiltynė, 1,5 km vom Meeresmuseum.

AUTOFÄHRE*:* verkehrt vom **Neuen Hafen** (Naujoji perkėla), 3 km südlich der Mündung der Danė an der Nemuno g. und legt 2,5 km weiter südlich an der Nehrung an (etwa alle 40 Minuten, ca. 5.40-24 Uhr, www.keltas.lt. Regelmäßige Busse bis Nida.

Hinweis: 10 km nach der Fähre, hinter Juodkrantė sind ca. 6 € Ökosteuer a. Maut-Schranke fällig, s. www.visitneringa.com.

Juodkrantė (☎ 469)

TIC, Rėžos 8, Tel. 53490, www.visit neringa.com.

Vela Bianca, italienische Gerichte und schönes Ambiente, tgl. ab 11 Uhr, Rėžos 10, Tel. 62112503. **Ąžuolynas**, Hotel, Restaurant mit Garten- und Meeressicht, 10-24 Uhr, Rėžos 54, Tel. 53310.

Nida (☎ 469)

Infozentrum Agila, mit Galerie, kl. Einkaufszentrum, Juni-Aug. Mo-Sa 9-19, So 10-15, sonst Mo-Fr 8-17, Sa 9-18 Uhr, Taikos 4, Tel. 52538, www.visitneringa.com.

Das größte kulinarische Vergnügen in Nida ist frischer gebratener Fisch – z. B. bei **Ešerinė**, mit Blick auf das Haff, litauische Speisen, frische Fische, 10-24 Uhr, Naglių 2, Tel. 68755830; oder **Senasis Uostas**, Blick auf Parkplatz, dafür aber akzeptable Preise, Naglių 29, Tel. 69938980. **Laumė**, hat nur während der Saison geöffnet, mit schöner Aussicht, Pamario g. 24-3a (hinter der Bernsteingalerie), Tel. 61126297. Die Konditorei **Gardumėlis**, Pamario g. 3, öffnet in der Saison auch ein Café in der Taikos g. 13, www.kepykla-gardumelis.lt. Im *užeiga* (Gasthof) **Sena Sodyba** neben dem Ethnografischen Museum, Naglių 6-2, Tel. 52782, mit seinen leckeren *Blynai* und gutem Frühstücksbuffet, mit Garten, 9-22 Uhr kann man sich wie zu Hause fühlen. Ab 17 Uhr hat die Bar **Brandy Lounge** geöffnet, Taikos 4.
Gut ist das Restaurant im Hotel **Jūrate**, u.a. mit einem hervorragenden Aalschaschlik, Pamario 3, Tel. 52300.

Thomas-Mann-Kulturhaus, das Haus ist in erster Linie Begegnungs- und Veranstaltungsstätte für Literaten und bietet ein vielfältiges Kulturprogramm, 10. Mai-15. Sept. tgl. 10-18, sonst Di-Sa 10-17 Uhr, Skruzdynės 17, Tel. 52260, www.mann.lt.
Bernsteingalerie, Museum und Geschäft, Juni-August tgl. 9-21 Uhr, Außersaison kürzer, Pamario 20, www.ambergallery.lt. **Etnografisches Museum**, Heimatmuseum in einer Fischerkate des 19. Jh., Juni-Mitte Sept. tägl. 10-18, sonst Di-Sa 10-17 Uhr, Naglių 4.

Smiltynė (☎ 46)

Infozentrum Kurischer Nationalpark, Mai-Sept., Smiltynės g. 11, T. 402256, www.nerija.lt.

Meeresmuseum (Jūros muziejus ir akvariumas), Aquarium wird z. Z. renoviert; Definarium-Shows Juli-Aug. Di-So 11.30, 13, 15, 16.30, Juni 12, 14, 16, Mai, Sept. Mi-So 12, 15, sonst Fr 12 u. Sa, So 12, 15 Uhr, Smiltynės g. 3, Tel. 490754, www.juru.muziejus.lt.
Nationalparkausstellung, Mai-Sept. Mi-So 11-18 Uhr, Juni-Aug. tägl., Tel. 402256.

UNTERES MEMELGEBIET (☎ 441)

Ventė, Kintai

Kintai-Ventė Turizmo Centras, auch Vermietung von Freizeitausrüstung, Tel. 69510, www.kintai.lt.

Ornithologische Station, u.a. Beringungsstation, Sammlung ausgestopfter Vögel, Tel. 68516, www.nemunodelta.lt.

Šilutė

TIC Šilutė, Lietuvininkų 10, Tel. 77785, www.siluteinfo.lt. **Nemunas Delta Regional Park**, Mo-Do/Fr 8-12 Uhr u. 12.45-17/15.45 Uhr, Rusnė, Pakalnės 40 A, Tel. 61685, 75050, www.nemunodelta.lt.

Šilutė Museum, der deutsche Kaufmann Hugo Scheu sammelte 1892-1937 im damal. Heydekrug Gebrauchsgegenstände des Memellandes und Schemaitiens, Di-Fr 9-18, Sa 10-14 Uhr, Lietuvininkų 36, Tel. 62209, http://silutesmuziejus.lt.

Schloss Rundāle – eine der Hauptsehenswürdigkeiten Lettlands

Foto: Bernd Helms

LETTLAND IM ÜBERBLICK

Der Reiz Lettlands liegt in den Gegensätzen zwischen der Hauptstadtmetropole und der ländlichen Idylle der Provinz. Riga, die größte Stadt des Baltikums, ist als alte Hansestadt reich an Kunstdenkmälern und weist ein beeindruckendes Ensemble von Gebäuden aus dem Mittelalter, aus der Gründerzeit und der Moderne auf. Seit der Unabhängigkeit macht sich hier der wirtschaftliche Aufschwung deutlich bemerkbar. So haben sich prosperierende Computerfirmen in frisch renovierten Altbauten niedergelassen und in eleganten Boutiquen werden all die Luxusgüter angeboten, die das Herz der Neureichen höher schlagen lassen. Aber wer die pulsierende Hauptstadt Riga für einen Ausflug in die lettischen Provinzen verlässt, kommt sich vor wie auf einer Zeitreise in frühere Jahrhunderte. Im agrarisch strukturierten Hinterland dominiert weitgehend unberührte Natur; Dörfer und Städte machen dort noch einen etwas verschlafenen Eindruck. Der Küstenbereich wird von langen Sandstränden und von meist mit Kiefern bewaldeten Dünen geprägt. Hier finden sich noch Strände, denen Touristenrummel fremd ist.

Lettland ist der mittlere der drei Baltischen Staaten. Im Norden grenzt es an Estland, im Osten an Russland und Weißrussland, die längste Grenze hat es im Süden mit Litauen. Die Küstenlänge von Ostsee und Rigaer Meerbusen beträgt etwa 500 km. Das 64 600 km² große Staatsgebiet hat knapp die doppelte Fläche der Niederlande. Das Land ist flach – 60 % sind weniger als 100 m hoch – und meist eben, nur im Landesinneren gibt es kleinere Hügelländer, insbesondere im Osten. Höchste Erhebung ist der Gaiziņkalns mit 312 m. Die Daugava (Düna), die das Land durchfließt, ist mit einer Länge von 1020 km (davon 367 km in Lettland) der bedeutendste Fluss des Baltikums.

In Lettland leben knapp 2 Millionen Menschen, von denen 62 % Letten sind, Russen bilden mit 27 % die größte Minderheit. Zu den Minoritäten gehören mit jeweils weniger als 4 % auch Weißrussen, Ukrainer, Polen, Juden und Litauer. Die Bevölkerung ist überwiegend protestantisch. Offizielle Landessprache ist seit der Unabhängigkeit 1991 Lettisch, das zur baltischen Sprachgruppe der indoeuropäischen Sprachen gehört.

Geschichte

Die lettischen Provinzen bieten dem Besucher heute eine friedvolle ländliche Idylle. Doch Lettland hat durch seine strategisch wichtige Lage an der Ostsee oft die Begehrlichkeit mächtiger Staaten geweckt. Deutsche, Polen, Schweden und Russen haben über Jahrhunderte das Land besetzt und regiert, und so waren die Letten bis auf zwei Jahrzehnte nach dem 1. Weltkrieg und die Zeit seit 1991 nie Herren im eigenen Land. Blutige Kriege und Unterdrückung durch Fremdherrschaft bestimmen seine Geschichte.

Kampf ums Ostseegold

Nach dem Abschmelzen der Gletscher der letzten Eiszeit siedelten ab 9000 v. Chr. Jäger und Sammler im Baltikum. Vor 4000 Jahren wanderten indogermanische Stämme ein, die seit 500 v. Chr. Bernsteinhandel – sogar bis in den Mittelmeerraum – betrieben. Das Baltikum wurde bald zum Umschlagplatz für Kaufleute, die mit Russland handelten.

Angelockt von diesem Wohlstand, überfielen Wikinger, Schweden, Dänen und Russen wiederholt das Baltikum, wurden aber abgewehrt. Erst 1180 gelang Hansekaufleuten mit der Gründung von Handelsposten an den Flüssen die Ansiedlung. Mit ihnen kamen Mönche, die eine blutige Missionierung begannen.

Links: Bernstein ist das „Gold der Ostsee".

Foto: Claudia Quaukies

Der Ordensstaat

Der Mönch Meinhard von Segeberg begründete 1186 die Missionsstation Uexküll (Ikšķile) an der Düna 50 km oberhalb ihrer Mündung und errichtete dort, im Land der Liven, eine steinerne Burg, das erste gemauerte Gebäude im Baltikum. Sie wurde schon nach wenigen Jahrhunderten abgetragen; seit dem Bau des Rigaer Wasserkraftwerks stehen die spärlichen Überreste, durch ein modernes Regendach geschützt, auf einem Inselchen im Stausee der Düna.

Meinhard wurde der erste Bischof von Livland. Die erbitterten Widerstände, die die Liven und andere baltische Stämme der Christianisierung entgegensetzten, konnte einer seiner Nachfolger, Bischof Albert von Buxhoeveden, mit einem Kreuzfahrerheer brechen. Er hatte eine päpstliche Bulle erwirkt, die den Kampf gegen die heidnischen Balten einem Kreuzzug nach Jerusalem gleichsetzte; so gründete er den Schwertbrüderorden, dessen Ritter weite Teile des Baltikums eroberten und den „geistlichen Staat" Livland schufen. Bischof Albert gilt auch als Gründer von Riga (1201).

Nach einer Niederlage gegen die Litauer und Semgaller (s. S. 101) unterstellte sich der Schwertbrüderorden 1237 dem im Prußenland bereits etablierten Deutschen Orden und bildete unter diesem Dach die livländische Ordensprovinz; 1253 wurde Riga Erzbistum. Die starke Position des Livländischen Ordens im Land wurde erst 1410 nach der vernichtenden Niederlage des Deutschen Ordens in der Schlacht von Tannenberg gegen die Polen und Litauer deutlich erschüttert. Riga entwickelte sich zu einem bedeutenden Partner im Bund der Hanse.

Die Deutschen wurden nicht nur Herren über das Land, sondern auch über dessen Inventar: Damals entwickelte sich die Schollenpflichtigkeit der let-

Oben: Bei der 800-Jahr-Feier in Riga im Jahr 2001.
Rechts: Der Schwedenkönig Gustav Adolf stiftete 1632 die erste livländische Universität.

tischen Landbevölkerung. So wurden die Letten zu Knechten. Dies erklärt den großen Erfolg der Reformation in Livland im 16. Jahrhundert: Der Übertritt zum Protestantismus war Ausdruck des Widerstands der Letten – in den Städten auch der deutschen Kaufleute – gegen die Obrigkeit. Die katholische Gegenreformation war nicht sehr erfolgreich, obwohl als erstes Buch in lettischer Sprache 1585 der katholische Katechismus erschien, erst zwei Jahre später der lutherische.

Die Polen- und Schwedenzeit

Ivan IV. der Schreckliche wollte für Russland die eisfreien Häfen an der Ostsee erobern, marschierte deshalb 1558 in Livland ein und begann so den 24 Jahre währenden Livländischen Krieg. In dessen Verlauf legte Gotthard Kettler als letzter livländischer Ordensmeister am 5. März 1562 sein Amt nieder und löste den Orden auf. Er bekam als erster Herzog das neu gegründete Herzogtum Kurland und Semgallen von Polen als Lehen. Zwanzig Jahre später endete der Livländische Krieg damit, dass Livland polnisch wurde; Kurland blieb von Polen abhängig.

Anfang des 17. Jh. eroberte Schweden große Teile von Livland, nur Lettgallen verblieb unter polnischer Herrschaft. Die Letten begrüßten die schwedischen Eroberer, denn sie erhofften sich von ihnen größere Freiheiten. Tatsächlich erlaubte ihnen Gustav II. Adolf von Schweden erstmals den Schulbesuch und gründete 1632 in Tartu (Dorpat) die erste baltische Universität, an der auch Balten studieren durften. Karl XI. finanzierte die Übersetzung der Bibel ins Lettische durch Ernst Glück, sie erschien 1694.

Unter russischer Herrschaft

Das Ende der Schwedenherrschaft begann mit dem Nordischen Krieg 1700, in dessen Verlauf das Baltikum

Foto: Wolfgang Gockel

zwei Drittel seiner Bevölkerung verlor, denn die Russen unter Peter I. dem Großen eroberten Livland nicht nur blutig, sondern brachten auch die Pest ins Land.

1709 siegte der russische Zar endgültig über den schwedischen König Karl XII. Im folgenden Jahr huldigten die Bürger von Riga dem Zaren, obwohl Schweden erst mit dem Frieden von Nystad 1721 Livland an Russland abtrat, das nun mehrere wichtige Häfen im Westen des Reiches besaß. Die deutschen Grundbesitzer erhielten vom Zaren wieder ihre alten Rechte. Sie verwalteten das Land, Deutsch blieb Amtssprache. Die der lettischen Landbevölkerung von den Schweden gewährten Freiheiten wurden zurückgenommen, die lettischen Bauern wurden zu Leibeigenen.

Erst 1817 wurde die Leibeigenschaft in Kurland, 1820 in Livland aufgehoben, in Lettgallen wie im übrigen Zarenreich 1861, und erst daraufhin war es auch den Letten möglich, Grund und Boden zu erwerben.

Foto: Ingus Kruklitis (Shutterstock.com)

Erwachendes Nationalgefühl

Wie in vielen Ländern Europas erwachte auch im Baltikum im 19. Jh. ein Nationalbewusstsein; lettische Studenten pflegten auf „Lettischen Abenden" ihre Nationalkultur. Aus der Bewegung dieser sog. Jungletten entwickelte sich die Studentenverbindung *Lettonia*. Für ihre Burschenschaftsfahne wählte sie nach einem mittelalterlichen lettischen Mythos die Farben Rot-Weiß-Rot, Vorbild für Lettlands heutige Nationalflagge. Damals begannen die national gesinnten Letten, alte lettische Volkslieder zu sammeln, die *daínas* (Einz. *daina*), und schon 1873 fand das erste gesamtlettische Liederfest in Riga statt.

Die Ziele der Jungletten beschränkten sich nicht nur auf eine kulturelle Gleichberechtigung. Sie kämpften, unterstützt von Russen, auch für ökonomische und politische Chancengleichheit der neuen lettischen Mittelschicht gegenüber der bevorrechteten deutschbaltischen Oberschicht. Zar Alexander III., der 1881 den russischen Thron bestieg, teilte diese Haltung und begann sofort mit einer intensiven Russifizierung der baltischen Provinzen. Die Jungletten begrüßten diese Entwicklung, wurden doch die Privilegien der Deutschbalten beschnitten. Allerdings zeigte sich bald, dass sich die Förderung alles Russischen gegen ihre Ziele richtete. So wurde Russisch alleinige Schulsprache, Deutsch und Lettisch waren verboten, und bei Gericht durfte nur noch Russisch gesprochen werden. Gleichzeitig erlebte die Region eine wirtschaftliche Blüte. Die Intensivierung der Landwirtschaft, die Entwicklung von Industrie und Handel und der Eisenbahnanschluss an Russland machten Riga zu einem der bedeutendsten Industriestandorte im Zarenreich.

Die russische Revolution von 1905 griff auch auf das Baltikum über. Mitte Januar marschierten Arbeiter protestierend durch Riga, Jelgava (Mitau) und Liepāja (Libau). Sie wurden von Militäreinheiten zusammengeschossen. Die revolutionäre Bewegung ergriff auch die verarmte Landbevölkerung: Sie stürmte die Gutshäuser, fast 200 gingen in Flammen auf. Die lettische Nationalbewegung nutzte die daraufhin vom Zaren versprochenen Zugeständnisse und veranstaltete im November einen Kongress in Riga. Allerdings beantwortete das russische Militär alle Freiheitsbestrebungen mit Strafexpeditionen auf den Dörfern und Kriegsgerichten mit hunderten Toten in den Städten.

Erster Weltkrieg und Freiheitskrieg

Die Zarenarmee erlitt gleich zu Beginn des Ersten Weltkriegs bei Tannenberg eine vernichtende Niederlage. Die Deutschen besetzten daraufhin im Sommer 1914 ganz Litauen und Kurland. So verlief die Front bis zum Herbst 1917 südlich von Riga entlang

Oben: Das Freiheitsdenkmal in Riga. Rechts: Kārlis Ulmanis wurde 1918 Ministerpräsident der Republik Lettland.

der Düna. Dann wurde auch Riga besetzt. Die Novemberrevolution 1918 in Deutschland, die Kapitulation der Mittelmächte und der damit verbundene Abzug der deutschen Truppen aus dem Baltikum bot den Letten endlich die ersehnte Chance zur Unabhängigkeit: Am 18. November 1918 rief der Volksrat im Rigaer Nationaltheater die Republik Lettland aus, und Kārlis Ulmanis, Vorsitzender des Bauernbundes, wurde zum Ministerpräsidenten ernannt.

Darauf kam es zu blutigen Kämpfen zwischen der Roten Armee und den im Land verbliebenen deutschbaltischen Regimentern, diese wurden von den Westmächten im Kampf gegen die „kommunistische Gefahr" unterstützt. Erst am 1. August 1920 schloss Russland einen Friedensvertrag mit den Letten in Riga. Ein Jahr später wurde Lettland Mitglied des Völkerbundes.

Foto: Wolfgang Fockel

Erste Unabhängigkeit für 20 Jahre

Die junge Republik Lettland wurde zu einem demokratischen Rechtsstaat. Allerdings hatte das Land während Welt- und Bürgerkrieg entsetzlich gelitten. Auf dem Land herrschte schlimmste Armut. Die Großindustrie war zum überwiegenden Teil zu Beginn des Krieges nach Russland evakuiert worden. Beträchtlich waren auch die Verluste unter der Bevölkerung. Riga, damals schon größte Stadt im Baltikum, hatte über die Hälfte ihrer rund 500 000 Einwohner verloren.

Die Regierung führte deshalb eine Bodenreform durch. Der so geschaffene bäuerliche Mittelstand konnte landwirtschaftliche Produkte exportieren, Wohlstand brachten auch die neuen Industriebetriebe. Gleichzeitig waren auf Grund der großen Parteienzersplitterung die politischen Verhältnisse instabil: 1922-1934 hatte Lettland 18 Regierungen! Am 16. Mai 1934 putschte schließlich Kārlis Ulmanis und errichtete ein autoritäres Regime, dem er als *vadonis* (Führer) vorstand.

Am 23. August 1939 schlossen das Deutsche Reich und die Sowjetunion einen Nichtangriffspakt, der das Schicksal der Baltischen Staaten bestimmte, denn in geheimen Zusatzprotokollen dieses Hitler-Stalin-Paktes legten beide Staaten ihre Interessensphären fest: Die Baltischen Republiken sollten der Sowjetunion überlassen und die verbliebenen Deutschbalten umgesiedelt werden („Heim ins Reich").

Kurz nach dem Beginn des 2. Weltkriegs zwang Moskau die Baltischen Staaten, einen „Beistandspakt" mit der Sowjetunion zu unterzeichnen und der Roten Armee auf deren Territorien die Errichtung von Stützpunkten zu gewähren. Im November und Dezember 1939 wurden 52 000 Deutsche aus Lettland nach Deutschland umgesiedelt.

Sowjetrepublik Lettland

Unter dem Vorwand, die Baltischen Staaten hätten die Beistandspakte unterlaufen, stationierten die Sowjets am 16. Juni 1940 weitere Truppen in Lett-

Foto: Kai-Ulrich Müller

land und erzwangen Wahlen, bei denen nach offizieller Lesart 97,6 % für die kommunistische Einheitsliste stimmten. Lettland wurde Bestandteil der UdSSR, geschätzte 15 000 Letten wurden deportiert.

Deshalb begrüßten die Balten die deutsche Wehrmacht bei ihrem Vormarsch im Spätsommer 1941 begeistert als Befreier von Stalin. Allerdings brachten sie nicht die ersehnte Unabhängigkeit. Außerdem organisierte die SS im neu errichteten „Reichskommissariat Ostland" den Mord an der jüdischen Bevölkerung, an dem sich auch einige Einheimische, zum Beispiel die lettischen „Donnerkreuzler", aktiv beteiligten. Im KZ Kurtenhof (Salaspils) bei Riga wurden auch tausende westeuropäische Juden ermordet.

Im Herbst 1944 eroberte die Rote Armee Lettland zurück: Es war nun wieder Sowjetrepublik geworden, die Landwirtschaft wurde zwangskollektiviert, rund 40 000 Letten in sibirische Straflager verschleppt und das Land durch den forcierten Zuzug von Russen, die bald die Mehrheit in den Städten bildeten, russifiziert. Russisch wurde offizielle Amtssprache.

Oben: Mahnmal für über 100 000 hier Ermordete – KZ-Kurtenhof-Gedenkstätte (Salaspils). Rechts: Jugendstil in Riga.

Der Weg zum souveränen Staat

Erste Protestkampagnen gegen die sowjetische Herrschaft richteten sich in Lettland im Herbst 1986 besonders gegen umweltzerstörende Großprojekte wie ein geplantes Daugava-Wasserkraftwerk. Im Juli 1989 erklärte der Oberste Sowjet der lettischen Sowjetrepublik die Souveränität Lettlands, was Moskau nicht akzeptierte. Im Januar 1991 starben vier Menschen, als eine OMON-Einheit (Spezialtrupp des sowjetischen Innenministeriums) versuchte, das lettische Innenministerium zu stürmen. Zwei Monate später stimmten 73,6 % der Bevölkerung (also auch etliche der dort lebenden Russen) bei einem Referendum für die Unabhängigkeit Lettlands, die am 21. August verkündet wurde. Die lettische Republik wurde vom Unionsrat der UdSSR daraufhin anerkannt und noch im September in die UNO aufgenommen – mit der Wiedergewinnung staatlicher Souveränität ist den Letten ein historisches Bravourstück gelungen.

Nach 1992 und nach der Wirtschaftskrise 2009 kam das Land durch marktwirtschaftliche Rosskuren, die der Bevölkerung große Opfer abverlangten, zu erfreulichen Wirtschaftserfolgen. Lettlands solide Geldpolitik machte den Weg frei für die Einführung des Euro 2014. Seit 2004 ist das Land NATO- und EU-Mitglied. Die Regierungsgeschäfte führt als Ministerpräsidentin seit 2014 die Wirtschaftswissenschaftlerin Laimdota Straujuma mit einer Mitte-Rechts-Regierung. Russlands Expansion in der Ukraine schürt angesichts der russischen 27 %-Minorität in Lettland die Furcht vor dem großen Nachbarn.

Foto: Lana B (Shutterstock.com)

Kunst, Kultur und Natur in Lettland

Unterschiedliche Völker haben über Lettland nicht nur politische Macht ausgeübt, sie führten auch ihre jeweiligen Bauweisen und die Architekturstile ihrer Zeit ein. Die lettischen Stämme hatten bis ins frühe Mittelalter Holzbauten errichtet. Der Ritterorden und seine deutschen Baumeister brachten die norddeutsche Backsteingotik ins Land. Sie erbauten Burgen, prachtvolle Kirchen sowie Wohn- und Handelshäuser. Unter schwedischem Einfluss verbreitete sich im 17. Jh. der Barock in Lettland. In Riga entstanden zahlreiche neue Wohnhäuser mit prunkvollen Fassaden. Viele Großgrundbesitzer ließen ihre Herrenhäuser auf dem Land ebenfalls im neuen Stil bauen. Ende des 18. Jh. wurde der russische Klassizismus auch in Lettland stilprägend. Berühmt ist Riga für seine üppigen Jugendstilbauten, die Anfang des 20. Jh. in neuen Stadtteilen entstanden. Zu Zeiten der Sowjetherrschaft veränderten die Plattenbauten wie in allen sowjetischen Orten das Aussehen der lettischen Städte radikal. Das Land dagegen ist geprägt von weiten Wäldern, Sümpfen, Feldern. Als Symbol der Schönheit pflanzten die Letten früher eine Eiche in die Mitte jedes Feldes. Lettland hat 200-mal mehr alten Baumbestand als seine Nachbarn. Das Eichenlaub im Staatswappen symbolisiert Stärke und Beständigkeit: die Eiche wird bis heute in Lettland verehrt. Eine lettische Nationalliteratur sowie eine Nationalmusik entwickelten sich im Zuge des erwachenden Nationalbewusstseins im 19. Jh. Überragende Bedeutung haben dabei für die sangesfreudigen Letten die *daínas*, Volkslieder, die seit dem frühen Mittelalter überliefert sind und systematisch im 19. Jh. gesammelt wurden, insbesondere von Krišjānis Barons. Die ca. 2 Mio. Volkslieder symbolisieren für die Letten das Überdauern ihrer Kultur und Tradition während der vielen Jahrhunderte der Fremdherrschaft; die alle fünf Jahre in Riga stattfindenden Sängerfeste (2013, 2018) mit zehntausenden Teilnehmern stehen auf der Liste des UNESCO-Erbes.

Foto: Bernd Helms

TALLINN
Narva
BALTIJAS JURA
Peipsi järv
Narva
ROSSIJA
Hiiumaa
EESTI
Vigala
Pärnu
Tartu
Saaremaa
Liivi lahti
Valga
Pskov
Gauja
Velikaja
Rigas juras licis
Ventspils
RIGA
LATVIJA
Liepaja
Lielupe
Daugava
Rezekne
Daugavpils
Venta
Siauliai
Klaipeda
LIETUVA
Panevezys
B'ELARUS'

RIGA UND SEMGALLEN

RIGA
JŪRMALA
SCHLOSS RUNDĀLE
JELGAVA (MITAU)

★★RIGA

Die backsteingotischen Kirchen im Stadtpanorama lassen es schon von weitem erahnen: ★★**Riga** ❶ blickt auf eine lange Tradition als stolzes Mitglied der Hanse zurück. Die Hauptstadt der Republik Lettland, mit rd. 700 000 Einwohnern die größte Stadt des Baltikums und deshalb auch dessen „heimliche Hauptstadt" genannt, wurde vor über 800 Jahren von einem Bremer Bischof und dessen Schwertbrüderordensrittern am rechten Ufer der **Daugava** (**Düna**) gegründet, gut 10 km vor ihrer Mündung in die Ostsee.

Strategisch günstig zwischen Westeuropa und Russland gelegen, entwickelte sich hier ein bedeutendes Handelszentrum. Der Wohlstand der Kaufleute zeigt sich bis heute an prunkvoll verzierten Bürgerhäusern, die sich mit denen anderer europäischer Großstädte messen können. Die Letten pflegen ihre Zeugnisse der Vergangenheit, auch wenn diese meist die Kultur der fremden Oberherren dokumentieren: Bis zum Ende des 18. Jh. bestimmten Deutsche die Geschicke der Stadt und stellten knapp die Hälfte der Einwohner. Heute sind 46 % der Bewohner Letten und fast ebensoviele – ungefähr 42 % – Russen, Weißrussen und Ukrainer .

Links: Das im Krieg zerstörte Schwarzhäupterhaus in Riga wurde aufwändig rekonstruiert.

Riga hat kein so einheitliches Stadtbild wie Tallinn (Reval) oder Vilnius (Wilna), sondern zeigt erweist sich beim Streifzug durch die malerischen Winkel der Altstadt und die großzügigen Boulevards der Gründerzeitviertel als ein vielseitiges Abbild seiner langen, wechselvollen Geschichte: schöne **Jugendstilgebäude**, restaurierte Handelshäuser, alte Kirchen und holprige Kopfsteinpflastergassen.

Elegante Boutiquen in renovierten Altbauten, Anziehungspunkte besonders der neureichen russischen Bewohner, verführen zum Einkaufsbummel, viele gemütliche Restaurants und Kneipen laden zum Verweilen ein. Wenn die Cafébetreiber im Sommer Tische und Rattanstühle ins Freie stellen und bunte Markisen anbringen, verleihen sie dieser Stadt im hohen Norden ein fast südländisches Flair.

Die lettische Hauptstadt ist das politische, wirtschaftliche und industrielle Zentrum des Landes. Die Hälfte aller Industrieprodukte Lettlands werden hier hergestellt. Nach dem Zusammenbruch der Sowjetunion hatte die von der Rohstoffeinfuhr aus Russland abhängige lettische Industrie mit großen Schwierigkeiten zu kämpfen, und viele Rigaer Betriebe mussten schließen. Als dann mit der Unabhängigkeit die Wirtschaft wieder wuchs, führte die Weltwirt-

» Karte S. 146-147. Stadtplan S. 132-133, Info S. 152-153

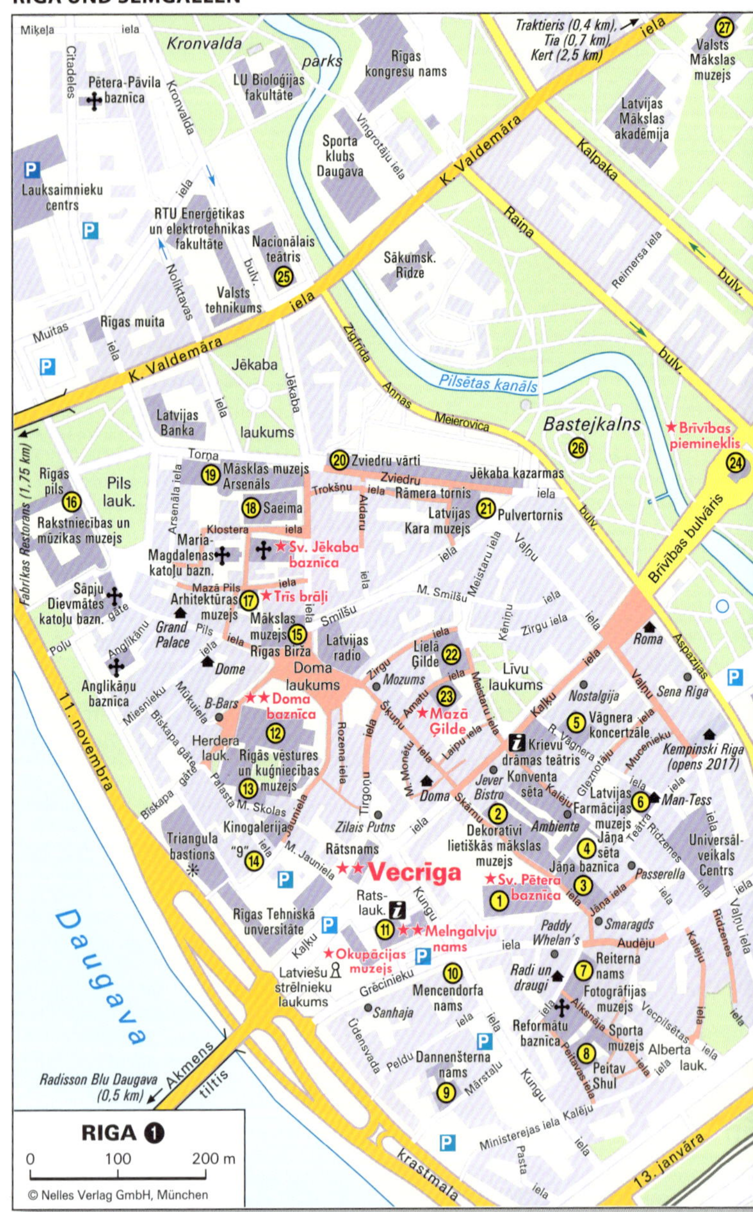

Kronvalda parks
Pētera-Pāvila baznīca
LU Bioloģijas fakultāte
Rīgas kongresu nams
Traktieris (0,4 km), Tia (0,7 km), Kert (2,5 km)
Valsts Mākslas muzejs
Latvijas Mākslas akadēmija
Sporta klubs Daugava
Lauksaimnieku centrs
RTU Enerģētikas un elektrotehnikas fakultāte
Nacionālais teātris
Sākumsk. Rīdze
Valsts tehnikums
Rīgas muita
K. Valdemāra iela
Kalpaka bulv.
Raiņa bulv.
Pilsētas kanāls
Jēkaba laukums
Latvijas Banka
Bastejkalns
★Brīvības piemineklis
Zviedru vārti
Jēkaba kazarmas
Mākslas muzejs Arsenāls
Rīgas pils
Pils lauk.
Saeima
Rāmera tornis
Latvijas Kara muzejs
Pulvertornis
Rakstniecības un mūzikas muzejs
Maria-Magdalenas katoļu bazn.
★Sv. Jēkaba baznīca
Sāpju Dievmātes katoļu bazn.
Arhitektūras muzejs
★Trīs brāļi
Mākslas muzejs Rīgas Birža
Latvijas radio
Grand Palace
Dome
Doma laukums
Lielā Ģilde
Līvu laukums
Roma
Sena Rīga
Brīvības bulvāris
Anglikāņu baznīca
B-Bars
★★Doma baznīca
Mozums
★Mazā Ģilde
Nostalģija
Vāgnera koncertzāle
Kempinski Riga (opens 2017)
Herdera lauk.
Rīgas vēstures un kuģniecības muzejs
Krievu drāmas teātris
Konventa sēta
Jever Bistro
Doma
Latvijas Farmācijas muzejs
Man-Tess
11. novembra krastmala
Kinogalerija
Zilais Putns
Dekoratīvi lietišķās mākslas muzejs
Ambiente
Jāņa sēta
Universālveikals Centrs
Triangula bastions
"9"
Rātsnams
★★Vecrīga
Jāņa baznīca
Passerella
★Sv. Pētera baznīca
Daugava
Rīgas Tehniskā universitāte
Rats-lauk.
★★Melngalvju nams
Smaragds
Paddy Whelan's
★Okupācijas muzejs
Latviešu strēlnieku laukums
Mencendorfa nams
Radi un draugi
Reiterna nams
Fotogrāfijas muzejs
Sanhaja
Reformātu baznīca
Sporta muzejs
Alberta lauk.
Peitav Shul
Dannenšterna nams
Akmens tiltis
Radisson Blu Daugava (0,5 km)
Fabrikas Restorans (1,75 km)
13. janvāra iela
RIGA 1
0 100 200 m
© Nelles Verlag GmbH, München

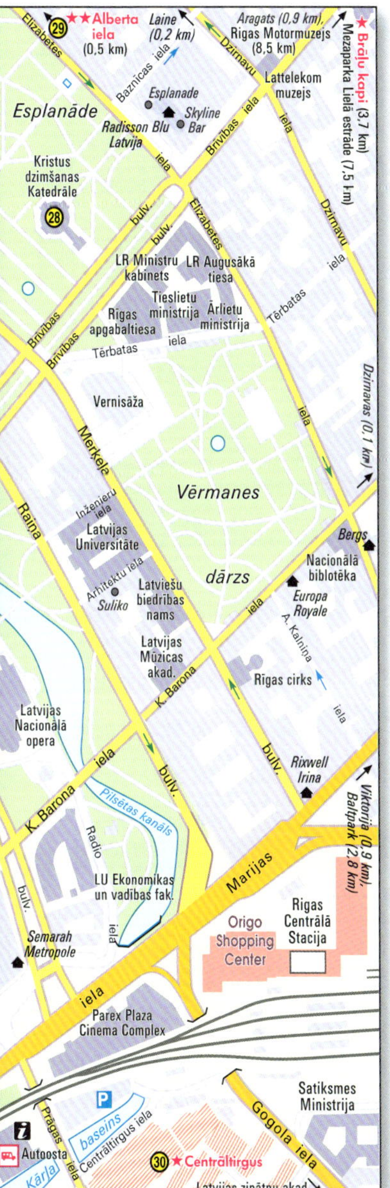

schaftskrise 2009 zu vorübergehendem Stillstand.

Der Hafen Rigas, im Zarenreich der zweitgrößte russische, wird heute gern von Kreuzfahrtschiffen angelaufen.

Nach Jahrzehnten Sowjetherrschaft präsentiert sich Riga heute als lebendige, aufstrebende Großstadt. Inzwischen wurden viele Häuser der Altstadt geschmackvoll saniert. Die UNESCO belohnte dies mit der Aufnahme der Altstadt in die Liste des Weltkulturerbes. Die baltische Metropole war 2014 Kulturhauptstadt Europas.

Geschichte

Der dritte Bischof von Livland, der deutsche Albert von Buxhoeveden aus Bremen, ließ eine an der Düna bestehende Kaufmannssiedlung 1201 befestigen und gilt daher als Stadtgründer von Riga. Dieser Name leitet sich vom Rige-Bach ab, lettisch *Rīdzene*, der in die Düna mündete. Erzbischofssitz und Burg der Ordensritter lagen einst innerhalb der Stadtmauern.

Die Stadt entwickelte sich bald zu einem der wichtigsten Handelszentren im Ostseeraum und trat 1282 der Hanse bei. Regiert wurde Riga seit 1226 von einem Stadtrat, gewählt von den überwiegend deutschen Kaufleuten; er bestimmte den Bürgermeister. Großen Einfluss hatten die Gilden, denen Letten und Liven nicht beitreten durften; jene besaßen keinerlei Rechte in der Stadt. Der Machtpoker zwischen Orden und Erzbischof machte den Rigaern das Leben schwer und führte wiederholt zu Auseinandersetzungen. Begeistert schlossen sie sich daher im 16. Jh. der Reformation an. Gotthard Kettler, letzter Ordensmeister, dankte daraufhin am 5. März 1562 im Rigaer Schloss ab, besaß aber als kurländischer Herzog weiterhin einen mächtigen Posten, den ihm Polen verliehen hatte. Riga blieb zunächst reichsfreie Stadt und huldigte erst 20 Jahre später der polnischen Krone. Doch schon 1621

» Stadtplan S. 132-133, Info S. 152-153

Foto: GagliardiPhotography (Shutterstock.com)

eroberten die Schweden die Stadt und erhoben sie 1660 sogar zu ihrer zweiten Hauptstadt. 1710, im Nordischen Krieg, eroberten sie die Russen und erklärten sie zur Hauptstadt des nun russischen Gouvernements. Als Napoleon 1812 in Russland einmarschierte, brannten die Verteidiger Rigas alle Vorstädte ab, um freies Schussfeld zu haben und wenigstens die ummauerte Altstadt zu retten – doch Napoleons preußisches Zwangs-Hilfskorps ließ, das Scheitern des unbeliebten Franzosen vorausahnend, Riga befehlswidrig unbehelligt.

Fünfzig Jahre später trug man die Stadtbefestigungen ab; sie erfüllten keinen militärischen Zweck mehr. Außerdem brachten Industrialisierung und starke Landflucht nach der Aufhebung der Leibeigenschaft beträchtlichen Platzbedarf mit sich. 1914 lebten eine halbe Million Menschen in Riga. Dies war nach St. Petersburg die wichtigste Hafenstadt des Zarenreichs und drittgrößter Industriestandort Russlands.

Am 18. November 1918 wurde in Riga die Unabhängigkeit der Lettischen Republik verkündet, die aber nur bis zum Sommer 1940 währte, als sowjetische Truppen die Stadt besetzten. Dem Terror des sowjetischen Geheimdienstes fielen Zehntausende zum Opfer. 1941 marschierten die Deutschen ein. In der Stadt und ihrer Umgebung ermordete die SS mit Hilfe lettischer Sympathisanten bis zum Herbst 1944, als die Rote Armee die Stadt zurückeroberte, Regimegegner und mehr als 200 000 Juden aus ganz Europa.

Das Zentrum Rigas war durch den Krieg schwer beschädigt. Leider wurde manches in der Nachkriegszeit nicht unsensibel restauriert. Der umfassende Wiederaufbau der Altstadt begann erst in den 1980er Jahren. Zugleich sammelte sich in Riga die lettische Unabhängigkeitsbewegung, die 1987 zum Jahrestag der Deportationen unter Stalin eine erste Demonstration veranstaltete. Am 21. August 1991 wurde hier die

Oben: Rigas Altstadt liegt am rechten Ufer der Daugava. Rechts: Ein Aufzug befördert Besucher zur Aussichtsgalerie des Petrikirchturms.

staatliche Unabhängigkeit verkündet und Riga wieder zur Hauptstadt der Republik Lettland. Riga hat seit 2009 den 1976 geborenen russischstämmigen Nils Ušakovs als Bürgermeister.

Die meisten Sehenswürdigkeiten Rigas liegen in der ★★**Altstadt** oder ihrer unmittelbaren Nähe und lassen sich gut zu Fuß erkunden. Der mittelalterliche Grundriss der Stadt ist deutlich erkennbar, auch die Stadtmauer ist an einigen Stellen erhalten oder wurde in neuerer Zeit ergänzt. Begrenzt wird der historische Stadtkern durch die Daugava (Düna) im Westen und im Osten von dem Boulevard- und Parkensemble, das im 19. Jh. an Stelle der geschleiften Festungsmauern und Bastionen angelegt wurde, zu beiden Seiten des ehemaligen Wassergrabens.

Foto: Wolfgang Hockel

4 Lettland

Rund um die ★Petrikirche

Das stolze Wahrzeichen der Stadt ist der barocke **Turm** der ★**Petrikirche** (1) (Sv. Pētera baznīca) – mit dem **Aufzug** kann man auf die zweite ★**Turmgalerie** fahren: Aus 72 m Höhe bietet sich dem Besucher ein prachtvoller Blick auf das Stadtgebiet. Eine Urkunde erwähnt die Petrikirche erstmals 1209 als städtische Gemeindekirche mit einer einfachen Halle. Im 15. Jh. leisteten sich die Rigaer Bürger hier eine dreischiffige Basilika mit Kapellenumgang, die zu einem der herausragenden gotischen Baudenkmäler im Baltikum wurde.

Ursprünglich hatte sie einen gotischen Turm, er stürzte 1666 ein; an seiner Stelle entstand der achteckige barocke Turm. Dessen hohe, elegante, dreifach durchbrochene hölzerne Bekrönung – mit 122 m damals die höchste Holzkonstruktion der Welt – wurde zum Wahrzeichen der Stadt. Doch darin schlug 1721 ein Blitz ein und sie brannte ab. Zar Peter der Große, der zufällig in Riga weilte, befahl den Bürgern noch in der Brandnacht, den Turm originalgetreu zu rekonstruieren. Deutsche Artilleriegeschosse beschädigten die Kirche 1941 erheblich. Bis 1973 dauerte der Wiederaufbau; doch statt Holz verwendete man für die Turmspitze nun Eisen. Auch die **Turmuhr** von 1746 wurde nachgebaut: Sie spielt jetzt wieder tagsüber alle drei Stunden die lettische Volksweise *Rīga dimd* (Riga dröhnt). Von der reichen Innenausstattung ist außer einigen Grabmälern nicht viel erhalten. Die Kirche dient unter der Woche als Ausstellungshalle, sonntags finden wieder Gottesdienste statt.

Den **Petrikirchplatz**, die kleine dreieckige Anlage an ihrer Nordseite, ziert seit 1990 eine Skulptur der Bremer Stadtmusikanten, ein Geschenk der deutschen Partnerstadt.

In unmittelbarer Nachbarschaft stehen zwei weitere Kirchen: In der **Georgenkirche** (auch: Jürgenskirche) von 1225 ist heute das **Kunstgewerbemuseum** (2) untergebracht (Skārņu 10/20); dies ist das älteste noch existierende sakrale Steingebäude der Stadt, der letzte Überrest der Schwertbrüderburg „Jürgenshof", die 1297 von den Rigaer Bürgern aus Zorn über die Herrschaft der Ritter zerstört wurde. Zunächst als Armenhauskirche, dann ab Mitte des 16. Jh. als Speicher genutzt, wurde das Gebäude mehrfach umgebaut.

An der Stelle der ersten Rigaer Bischofspfalz steht die spätgotische **Johanniskirche** (3) (Jāņa baznīca). Sie war ursprünglich Teil eines Dominikanerklosters, erstmals erwähnt 1297. 1330 wurde die Kapelle zur Kirche erweitert und das Westportal geschaffen. Um die Wende vom 15. zum 16. Jh. erfolgte ihr Umbau zu einer einschiffigen Backsteinkirche, ihre Westseite gestaltete man in einer originellen Mischung aus Gotik und Renaissance. Nach der Reformation diente die Kirche als Speicher, wurde dann aber der lettischen Gemeinde übergeben, die dort Gottesdienste in lettischer Sprache abhalten konnte; sie ist bis heute evangelische Kirche geblieben. Im Inneren ist ein spätbarocker **Altar** besonders bemerkenswert. Angeblich sollen einst zwei Mönche in die Südwand eingemauert worden sein. Heute sieht man noch eine steinerne **Maske** mit geöffnetem Mund, durch die ein Dominikaner dem Volk gepredigt haben soll: „Tut Buße und führt ein christliches Leben ohne Sünde!"

Christliche Gesinnung bewies der Rigaer Patrizier Eck, als er 1592 neben der Johanniskirche ein Witwenheim stiftete. Das gelb gestrichene Gebäude wurde nach ihm **Eckens Konvent** genannt. An der Fassade ist das Steinrelief von 1618 „**Christus und die Sünderin**" angebracht. Durch ein Tor des mittelalterlichen Dominikanerklosters zwischen Eckens Konvent und Johanniskirche gelangt man in den **Johannishof** (4) (Jāņa sēta), wo ein Stück restaurierte Stadtmauer mit Schießscharten und Wehrgang aus dem 13. Jh. zu sehen ist.

Hinter dem Johannishof verläuft die Straße **Kalēju iela**, darin prunkt 100 m rechts an der Straßenecke ein auffällig buntes **Jugendstilhaus** mit symbolisierter Sonne am Erker über dem Eingang.

Ein Abstecher in die entgegengesetzte Richtung führt zum **Wagner-Konzertsaal** (5) (Vāgnera 4). Hier spielte einst das 1772 gegründete Deutsche Theater, an dem 1837-1839 Richard Wagner als Kapellmeister wirkte. Eine Plakette am Haus erinnert u. a. an den deutschen Komponisten, der Riga allerdings wegen privater Schulden heimlich verließ.

In derselben Straße lädt das **Pharmaziemuseum** (6) (Farmācijas muzejs) in einem Gebäude aus dem 18. Jh. zur Besichtigung ein. Es ist empfehlenswert, bereits im voraus eine Führung (englisch) zu buchen, um diese Reise in die Vergangenheit der Kunst der Medizinherstellung miterleben zu können.

Das Speicherviertel

Im **Speicherviertel** im Südteil der Altstadt ließen sich viele deutsche Kaufleute nieder und bauten große Lagerhäuser, von denen rund ein Dutzend noch erhalten sind. In der Mārstaļu iela, an der Ecke Audēju iela, zieht das **Reuternhaus** (7) (Reiterna nams) bewundernde Blicke auf sich. Für Johann Reutern, damals Ältester der Großen Gilde, wurde dies Meisterwerk des nordischen Barock 1684-88 errichtet. Die Fassade ist prachtvoll geschmückt mit korinthischen Säulen, mit Porträts von Johann Reutern und seiner Frau an den Kapitellen. Blattwerkfriese im Mittelteil zieren Portal und Fenster. Wie bei Kontorhäusern üblich, befanden sich im Erdgeschoss die Geschäftsräume, darüber wohnte die Familie, die Waren wurden unter dem Dach gelagert.

Zwei Blocks weiter auf der Mārstaļu steht die **Reformierte Kirche** (1727-1733 errichtet, 1805 renoviert). Im oberen Stockwerk kann man heute Konzerte hören.

Dahinter lohnt ein Abstecher in die Peitavas iela: Hier kommt man an der

Rechts: Die Altstadt von Riga zählt zum UNESCO-Welterbe und lädt zum Bummeln ein; diese nette Bar in der Grecinieku iela verführt zu einer Pause.

 » Stadtplan S. 132-133, Info S. 152-153

Foto: Leonardo Patrizi (iStockphoto)

einzigen erhaltenen **Synagoge** (8) Rigas vorbei (Peitavas 6/8), der **Peitav Shul**. Das großartige Jugendstilgebäude von 1905 wurde vor allem dank der Spenden von 1000 jüdischen Gemeindemitgliedern 2009 prächtig restauriert. Der helle Raum mit umlaufender Galerie vermittelt den Eindruck von räumlicher Weite. Anders als die übrigen Synagogen der Stadt wurde sie nicht von den Nationalsozialisten abgebrannt, weil angesichts der engen Bebauung das Feuer zu leicht auf das ganze Viertel hätte überspringen können.

An Prachtentfaltung konnte es das heute stark restaurierungsbedürftige **Dannensternhaus** (9) in der Mārstaļu iela Nr. 21 einst mit dem Reuternhaus aufnehmen. Als Hanse-Haus Speicher- und Repräsentationsgebäude zugleich, entstand es um 1696 und gehörte einem Familienangehörigen Reuterns. Er wollte seinem Verwandten nicht nachstehen, und so zählte sein Haus mit der aufwändigen Fassade damals wie das Reuternhaus zu den bedeutendsten Barockgebäuden der Stadt.

Spaziergang zum ★★Dom St. Marien

An der **Daugava** entlang, über eine schön angelegte **Promenade** (daneben leider starker Autoverkehr), gelangt man zur Straße Grēcinieku iela und dort 200 m hinauf – zum **Mentzendorffhaus** (10) (Mencendorfa nams). In dem stattlichen Gebäude mit dekorativer Ausmalung zeigt ein **Museum**, wie ein Patrizierhaus im 17. und 18. Jh. eingerichtet war; auch kunstgewerbliche Wechselausstellungen sind zu sehen.

Der Platz schräg gegenüber hieß bis zum 2. Weltkrieg **Rathausplatz**, der jetzige **Rāts laukums** teilt sich die Fläche mit dem „Platz der Lettischen Schützen". Seine eindrucksvollen Bauten wurden im Krieg zerstört, darunter auch das prächtige ★★**Schwarzhäupterhaus** (11) (Melngalvju nams; Bild S. 130), das Haus der Bruderschaft der unverheirateten Kaufleute; sein schwer beschädigter prunkvoller Giebel wurde von den Sowjets gesprengt. Inzwischen ist es in alter Pracht rekonstruiert worden, die 28 m hohe **Giebelwand** mit ihrem

» Stadtplan S. 132-133, Info S. 152-153

Skulpturenschmuck zieht alle Blicke auf sich, ein idealer Standort für die **Kanzlei des lettischen Präsidenten**, der linke Eingang führt zur **Touristeninformation**. Vor dem Gebäude steht eine Nachbildung der historischen **Rolandsfigur** (ihr Vorgänger von 1897 steht in der Petrikirche).

Das ★**Okkupationsmuseum** (Okupācijas muzejs) nebenan klärt über die Verbrechen der Nazis und Sowjets an der nationalen Souveränität des lettischen Volkes auf. Ein eigener Raum ist dem Unabhängigkeitskampf vom September 1991 gewidmet. Das **Denkmal** davor erinnert an die lettischen Schützenverbände, die im Ersten Weltkrieg und im Bürgerkrieg auf Seiten der Roten kämpften. Schräg gegenüber erstand das **Rathaus** nach alten Plänen, originalgetreu mit barockem Turm. Allerdings entschieden sich die Architekten für ein modernes Dach sowie eine schlichte, neuzeitliche Anbindung an die rückwärtigen Häuser.

Der ★★**Dom St. Marien** (12) (Doma baznīca) ist mit 187 x 43 m Grundfläche und 2 m dicken Mauern die größte Kirche des Baltikums. Den Grundstein legte Bischof Albert 1211 noch außerhalb der Stadtgrenze, da für ein so großes Bauvorhaben innerhalb der damaligen engen Stadtmauern kein Platz war. Das Baukonzept als romanische Kirche wurde mehrfach verändert. Älteste Teile des Domkomplexes sind Chor und Querschiff, außerdem der südlich anschließende Kreuzgang und der Kapitelsaal des zugehörigen Klosters. Im 14. und 15. Jh. erhielten die Seitenschiffe Kapellen im gotischen Stil.

Der Bischof musste derweil zu seinem Entsetzen feststellen, dass die Stadtgemeinde ihn übertrumpft hatte: Der Petrikirchturm war höher als der Domturm. Das war für ihn nicht hinnehmbar, hier ging es ums Prestige und die ihm vom Papst verliehene Macht. Um die Ordnung wiederherzustellen, wurde der **Turm** des Doms auf 140 m erhöht und überragte somit um 3 m die Petrikirche. Die Domturmspitze brannte allerdings später ab und wurde 1775 durch die bauchige Barockhaube ersetzt, die der Turm noch heute trägt.

Bilderstürmer vernichteten während der Reformationszeit die Innenausstattung. Sehenswert sind das **Epitaph der Kleinen Gilde** aus dem frühen 17. Jh., das **Grab Meinhards**, des ersten Bischofs von Livland (eine Nachbildung aus dem 19. Jh.), auch die sehr schönen Schnitzereien der barocken **Holzkanzel** und das **Gestühl** der Schwarzhäupter, von dem allerdings nur noch Reste vorhanden sind. Die **Walcker-Orgel** (1884) mit überreich verziertem **Prospekt** von 1601 hat 6768 Pfeifen und gilt als eine der klangschönsten der Welt (Hörproben: www.walcker.com). **Konzerte** finden Mai-Sept. Mo-Sa für 20 Min. um 12 Uhr statt, ab Mitte März Mi und Sa; Abendkonzerte meist Mi, Fr und Sa ab 19 Uhr, Programm s. www.doms.lv. Täglich gibt es Gottesdienste.

Im romanischen **Kreuzgang** von 1215 mit seinen schönen Arkaden sind Zeugnisse aus Rigas Geschichte ausgestellt, u. a. bemerkenswerte mittelalterliche Grabsteine (Eingang vom Dom). Dies ist eine Abteilung des **Museums für Stadtgeschichte und Seefahrt** (13) (Rīgas vēstures un kuģniecības muzejs, Eingang Palasta iela Nr. 4), das einen interessanten Überblick über die Entwicklung der Hansestadt gibt. Im Westflügel des Klosters ist seit dem Mittelalter die **Domschule** untergebracht, an der 1764-1769 der Philosoph und Theologe Johann Gottfried **Herder** unterrichtete. Im Rahmen seiner Studien zu Volksliedern sammelte er lettische *dainas*, noch bevor die Letten sich intensiver damit beschäftigten; ein **Denkmal** auf dem **Herderplatz** (Herdera laukums) westlich vor dem Dom erinnert an ihn.

Von hier zweigt südwärts die Straße **Palasta iela** ab, deren **Haus Nr. 9** (14)

Rechts: Die Walcker-Orgel im Rigaer Mariendom ist eine der klangschönsten der Welt – ein Konzertbesuch empfiehlt sich.

» Stadtplan S. 132-133, Info S. 152-153

Foto: Thomas Stankiewicz

der „Palast“ ist, in dem Peter der Große mehrfach wohnte – einst ein repräsentatives Kaufmannshaus, von dessen prachtvollem Äußeren allerdings nichts erhalten geblieben ist.

Nahe der Düna bietet das gläserne Bürohaus **Triangula Bastion** mit der Ausstellung „Riga einst und jetzt“ (Rīga senāk un tagad) von seiner Terrasse einen schönen Blick über den Fluss, hinüber zum **AB Damm**, Ort vieler Kulturprojekte. Ebenfalls am anderen Ufer glänzt seit 2014 das „Lichtschloss“ (Gaismas pils) des lettischen Architekten Gunārs Birkerts: die extravagante neue **Nationalbibliothek**.

Die **Jauniela**, eine Gasse mit einigen sehr schönen Fassaden und kleinen Restaurants, führt östlich um den Dombezirk herum zum **Domplatz** (Doma laukums). Er entstand Ende des 19. Jh. durch Abriss älterer Häuser auf dem niedrigen Straßenniveau mittelalterlicher Bauten. Die Höhe der umliegenden Straßen ist im Lauf der Jahrhunderte um 2 m angewachsen; nun führen Stufen zu ihnen hinauf. Die **Börse** (15) am Domplatz, 1852-55 erbaut als Kopie eines venezianischen Renaissancepalasts, ist heute das **Kunstmuseum Rigaer Börse** (Mākslas muzejs Rīgas Birža). Man genießt hier das schöne Interieur und die staatlichen Kunstsammlungen, u. a. westeuropäische Malerei seit dem 17. Jh., Kunstgewerbe des 18. bis 20. Jh. und ostasiatische Keramik.

Rechts der Börse dient die frühere Kommerzbank als **Radiohaus**. Während der Unruhen 1991 sendete es, unkontrolliert von Moskau, Nachrichten: Monatelang hinderten Betonbarrikaden die OMON-Truppen (Spezialeinheit des sowjetischen Innenministeriums) am Eindringen in das Gebäude.

Das Schloss und die ★ „Drei Brüder“

Behäbig und trutzig steht das **Ordensschloss** (16) (Rīgas pils) an der Düna. Sein **Heiliggeistturm** an der Fluss- und der **Bleiturm** auf der Stadtseite prägen seit 1515 die Ansicht. Die Rigaer Bürger mussten, nachdem sie das Ordensschloss an der Georgenkirche niedergerissen hatten, 1330 dem Deutschen Orden eine neue Burg errichten: An diesem strategisch günstigen Standort am Düna-Ufer konnten die Ritter Hafen und Flussschifffahrt kontrollieren. Wegen erneuter Streitigkeiten mit dem Orden rissen die Rigaer zwar 150 Jahre später auch diese Burg wieder ein, aber der Orden gewann die Oberhand und den Bürgern blieb nichts anderes übrig, als den Burgbau ein zweites Mal zu finanzieren. Das Schloss diente nach dem Ende des Ordensstaats den jeweiligen Gouverneuren – Polen, Schweden und Russen – als Regierungssitz. Immer wieder wurde es umgebaut. Während der ersten Republik Lettlands war es Amtssitz des Staatspräsidenten, auch der jetzige, Andris Bērziņš, residiert wieder im Schloss. Deshalb kann es nicht besichtigt werden – das gilt z. Z. auch für den Flügel, in dem das **Museum für Literatur und Musik** untergebracht ist, er wird bis 2016 restauriert.

Vom Schlossplatz gelangt man in die **Mazā Pils iela**. Rechter Hand stehen die ★**Drei Brüder** ⑰ (Trīs brāļi), drei Wohnhäuser aus dem 15. bis 17. Jh., die zu den Wahrzeichen Rigas gehören. Das Haus Nr. 17 mit dem gotischen Stufengiebel ist das älteste erhaltene Wohnhaus der Stadt. Nr. 19 beherbergt das **Lettische Architekturmuseum** (Archiv, Wechselausstellungen). Gegenüber führt eine schmale Gasse zur ★**Jakobikirche** (Sv. Jēkaba baznīca) mit ihrem gotisch wirkenden Turm von 1756. Diese kleinste der mittelalterlichen Kirchen Rigas wurde erstmals 1225 erwähnt, aber aus dieser Zeit stammt nur noch der spätromanische Chor. Malereien aus dem 13. Jh. im Chorgewölbe wurden bei Restaurierungsarbeiten wiederhergestellt. In der Jakobikirche wechselten, je nachdem, wer gerade in der Stadt herrschte, viermal die Konfessionen. Seit 1923 ist sie Amtskirche des katholischen Erzbischofs von Riga.

Rechts: Die „Drei Brüder" in Riga; das Stufengiebelhaus ist das älteste der Stadt.

Nördlich der Jakobikirche wurde Mitte des 19. Jh. das **Haus der livländischen Ritterschaft** ⑱ im Stil der italienischen Neorenaissance errichtet. Heute tagt hier das lettische Parlament **Saeima**. Daran schließt sich das **Arsenal** ⑲ an, das um 1830 als Zolllager gebaut wurde. In dem riesigen, lang gestreckten Empirebau ist die **Kunstgalerie Arsenāls** untergebracht (Wechselausstellungen der Nationalgalerie).

Vom Schwedentor zu den Gildehäusern

Das **Schwedentor** ⑳ (Zviedru vārti) ist das einzige erhaltene Stadttor. Es wurde während der schwedischen Herrschaft 1698 als zusätzlicher Durchgang in die Stadtmauer gebrochen. Der rechte Teil, mit einem Barockgiebel versehen, ist der mittelalterliche **Jürgensturm**, wo zeitweise der Henker der Stadt wohnte. Wenn man durch das Schwedentor tritt, kann man ein Stück – allerdings rekonstruiertes – mittelalterliches Riga betrachten. Hier wurden 1985-87 ein Abschnitt der **Stadtmauer** und der **Ramerturm** restauriert. Daran kann man gemütlich vorbeiflanieren: Hier verläuft eine **Fußgängerzone**.

Der runde **Pulverturm** ㉑ (Pulvertornis) ist der einzige originale der einst 28 Stadttürme Rigas. Im Turm und einem Anbau aus den 1930er Jahren zeigt das **Kriegsmuseum** (Latvijas Kara muzejs) vor allem den lettischen Kampf um die Unabhängigkeit.

Die **Meistaru iela** führt zum Līvu laukums, dem begrünten **Livenplatz**, den die Häuser der Großen und Kleinen Gilde, einst mächtige Vereinigungen der städtischen Selbstverwaltung, dominieren. Die Marien- oder **Große Gilde** ㉒ (Lielā Ģilde) war der Sitz der deutschen Kaufmannsvereinigung der Stadt. Das Gebäude bekam Mitte des 19. Jh. eine Fassade im englischen Neotudorstil. Im Inneren erhalten blieben die an die große Zahl westfälischer Kaufleute erinnernde **Münsterstube** – der einzige

 » Stadtplan S. 132-133, Info S. 152-153

Foto: dimbar76 (Shutterstock.com)

aus dem Mittelalter erhaltene Saal in einem Rigaer Profanbau – und die 1521 für Hochzeitszeremonien entstandene **Brautkammer**. Heute ist das Gebäude Sitz der staatlichen **Philharmonie**.

Johannis- oder ★**Kleine Gilde** (23) (Mazā Ģilde) hieß die Vereinigung der deutschen Handwerkerzünfte in Riga. Das Gebäude wurde 1864-1866 am alten Platz gänzlich neu errichtet, ebenfalls im Neotudorstil, um es der Großen Gilde äußerlich anzupassen. Sehenswert sind der **Konzertsaal** und die prachtvollen, verschiedenen Handwerksberufen gewidmeten **Fenster**.

Eine Anspielung auf die frühere Diskriminierung der Letten soll das sog. **Katzenhaus** schräg gegenüber den Gildehäusern sein. Bauherr war 1909 der reiche lettische Kaufmann Plūme. Nachdem ihm die Aufnahme in die Große Gilde verweigert worden war, setzte er zwei Katzenfiguren auf die Ecktürme. Der krumme Rücken der Tiere sollte den arroganten deutschen Kaufleuten zeigen, dass sie ihm den Buckel herunterrutschen konnten.

Die Neustadt

Im Lauf des 19. Jh. war es innerhalb der Stadtmauer zu eng geworden, und so gestattete Zar Alexander II. 1857, die Festungswälle um die Altstadt abzutragen. Damals begann der systematische Bau der Neustadt, in der auch das berühmte Jugendstilviertel liegt, und an Stelle der Wälle wurde ein Park angelegt, der die Altstadt umschließt. Der Wassergraben wurde zum Stadtkanal, ihn begleitet der **Boulevardbogen**; diesen durchschneidet der breit angelegte **Brīvības bulvāris**, der **Freiheitsboulevard**. Einzelne Häuser erstrahlen – schön renoviert – in neuem Glanz.

Rund um das ★Freiheitsdenkmal

Das ★**Freiheitsdenkmal** (24) (Brīvības piemineklis) bildet den Mittelpunkt des Boulevardbogens. Von Ernests Štālbergs in den 1920er Jahren entworfen, konnte das monumentale Denkmal in der Ausführung des lettischen Bildhauers Kārlis Zāle 1935 am Unabhängigkeits-

Foto: Kai-Ulrich Müller

tag, dem 18. November, eingeweiht werden. *Tēvzemei un brīvībai* (Für Vaterland und Freiheit) lautet die Inschrift auf dem Sockel, den mythische Figuren und Szenen aus dem Freiheitskampf schmücken. Das 42 m hohe Monument krönt eine 9 m hohen Frauengestalt aus Bronze, „**Milda**", die drei goldene Sterne zum Himmel hebt. Sie symbolisieren die drei Gebiete, aus denen die lettische Republik zusammengefügt war: Kurland, Livland und Lettgallen (Semgallen gehörte politisch zu Kurland). Einheimische legen hier Blumen nieder zur Erinnerung an die in der Sowjetzeit nach Sibirien Deportierten. Von 9 bis 18 Uhr wechselt stündlich die **Ehrenwache**.

Den südlichen Teil des Boulevardbogens dominiert die lettische **Nationaloper**, 1860-1863 als Spielstätte für das Deutsche Theater errichtet. Als Gegenpol steht im nördlichen Teil des Parks das 1899-1902 gebaute neobarocke **Nationaltheater** (25), in dem am 18. November 1918 die Unabhängigkeit Lettlands ausgerufen wurde.

Auf dem Weg dorthin passiert man den **Basteiberg** (26) (Bastejkalns), aufgeschüttet aus der Erde der abgetragenen Stadtwälle. Dort sind fünf Gedenksteine zur Erinnerung an die Menschen aufgestellt, die am 20. Januar 1991 beim Sturm der sowjetischen OMON-Truppen auf das lettische Innenministerium ums Leben kamen.

Im Norden des gepflegten **Esplanade-Parks** wird das 1905 errichtete **Staatliche Kunstmuseum** (27) (Valsts mākslas muzejs) restauriert, seine Wiedereröffnung ist für 2016 geplant.

Im Süden des Parks erheben sich die Kuppeln der russisch-orthodoxen **Geburt-Christi-Kathedrale** (28) (Kristus dzimšanas katedrāle), erbaut 1876-1884. Von ihrer Innenausstattung ist nichts mehr erhalten, da die Sowjets die Kirche zum Planetarium (planetārijs) umfunktionierten. Inzwischen wurde sie wieder der russisch-orthodoxen Kirche übergeben, die mit Hilfe von Spenden das Interieur neu gestaltete.

Oben: Jugendstil-Treppenhaus der Latvijas-Bank. Rechts: In der Halle des Zentralmarkts.

» Stadtplan S. 132-133, Info S. 152-153

Foto: sinankocaslan (iStockphoto)

★★Jugendstil in Riga

Sphingen, Gorgonen und andere merkwürdige Fabelwesen bevölkern das berühmte ★★**Jugendstilviertel** nordöstlich der Altstadt. Riga gehört mit Wien, Paris und Barcelona zu den Zentren des Jugendstils in Europa, schließlich besteht rund ein Drittel der Häuser im Zentrum aus Jugendstilbauten. Zu Beginn des 20. Jh. wuchs die Stadt mit der Industrialisierung rasant an, ein Bauboom sondergleichen setzte ein. Der damals in Westeuropa in Mode gekommene Jugendstil wurde von den lettischen Architekten begeistert aufgegriffen, die auch gleich das deutsche Wort übernahmen: *jūgendstils*.

Die bekanntesten Beispiele sind die fünf ★★**Jugendstil-Häuser** (**Nr. 2, 2a, 4, 6, 8, 13**) in der ★★**Alberta iela** (29), die Michail Eisenstein, der Vater des berühmten sowjetischen Regisseurs Sergej Eisenstein, 1906 erbaute. Er ließ bei der Fassadengestaltung seiner Fantasie freien Lauf: Frauenköpfe mit wallendem Haar, Monster, Löwenhäupter, Girlanden oder Pflanzenornamente. Ein **Jugendstilmuseum** (Rīgas Jūgendstila muzejs) befindet sich in **Nr. 12**.

Eisenstein plante ebenfalls die **Häuser Nr. 10** und **Nr. 33** in der **Elizabetes iela**, die ebenso prachtvoll anmuten. Auch in der **Brīvības iela** und ihren Seitenstraßen finden sich schöne Beispiele nordischen Jugendstils; etwa das Haus **Strēlnieku 4a** von 1905, das die Stockholmer Wirtschaftsschule nutzt.

Moskauer Vorstadt

Eifriges Markttreiben herrscht am ★**Zentralmarkt** (30) (Centrāltirgus). Die deutschen Zeppelinhallen aus Kurzeme dienen hier seit 1930 auf 72 000 m² dem Handel mit frischem Fisch, Fleisch, Obst, Gemüse, Salzgurken und vielerlei Brotsorten, aber auch anderen Waren (Vorsicht: Taschendiebe!).

Südöstlich des Markts hat Stalins Russland seine Spuren hinterlassen: Das Gebäude der **Lettischen Akademie der Wissenschaften** (Latvijas zinātnu akad.) ragt in reinstem stalinistischen

» Stadtplan S. 132-133, Info S. 152-153

Zuckerbäckerstil in den Himmel.

Folgt man der Gogoļa iela ca. 250 m bis zur Ecke Dzirnavu, so kommt man zur 1992 eingeweihten **Jüdischen Gedenkstätte**. Dort bildet der Rest der Fundamente der einst prachtvollsten Rigaer Synagoge eine „Klagemauer". Am 4. Juli 1941 fanden hier rund 300 Juden aus Litauen und Lettland den Tod: Die Nationalsozialisten hatten sie in das Gebäude getrieben und es daraufhin abgebrannt. Etwas östlich hatten die Nazis 1941 das Getto der Stadt eingerichtet, von wo die Rigaer Juden in die Wälder der Umgebung gebracht und im Herbst 1941 ermordet wurden.

★Brüderfriedhof, Freilichtbühne und ★Motormuseum

Bedeutendster Friedhof Rigas und wichtige lettische Gedenkstätte ist der **★Brüderfriedhof** (Brāļu kapi) im Norden der Stadt; er entstand 1924-1936. 2000 Gefallene aus dem Ersten Weltkrieg und dem Unabhängigkeitskampf ruhen hier wie auch Soldaten aus dem Zweiten Weltkrieg. Man betritt die Anlage durch ein hohes, von Reitergruppen flankiertes **Tor**. Eine 205 m lange **Lindenallee** – die Linde als Symbol des Weiblichen – leitet zur Ehrenterrasse mit Ewiger Flamme; Eichen umgeben sie, das Männliche symbolisierend. Von dort führen Treppen zu den tiefer liegenden Gräberfeldern. Am Ende steht die etwa 9 m hohe **„Mutter Lettlands"**, die um ihre toten Söhne trauert.

In der Nähe, im grünen Stadtteil **Mežaparks**, wurde in einem Park die große **Freilichtbühne** (Lielā estrāde) errichtet, wo die berühmten Sängerfeste stattfinden (s. S. 129).

Das im östlichen Stadtteil **Mežciems** gelegene **★Motormuseum** wird renoviert, bis zur Wiedereröffnung sind seine seltenen **Oldtimer** in Piepilsētas, Krustkalni, Ķekava ausgestellt.

Rechts: Aufwändig restauriert – ehemaliges Kurbad von 1916 in Jūrmala.

★Jūrmala (Rigastrand)

Am Strand der „Lettischen Riviera" **★Jūrmala** (**Rigastrand**) ❷ herrscht im Sommer Hochbetrieb. Der Ort beginnt 10 km westlich der Großstadt und zieht sich dann über fast 30 km (!) Strandlinie hin. Bereits Mitte des 19. Jh. entdeckten die Rigaer den Erholungswert des Ostseestrands vor ihrer Haustür; feinkörniger Sand und schier endlose Kiefernwälder lockten die Städter scharenweise an. Damit waren Ruhe und Beschaulichkeit der langen Reihe kleiner Fischerdörfer in den Sommermonaten dahin. Schnell entstanden elegante Hotels, Sanatorien und ein Kasino. Wer es sich leisten konnte, wurde Besitzer einer der fantasievollen **Jugendstil-Sommervillen** aus Holz mit Schnörkeln und Schnitzereien, Erkerchen und Türmchen.

Von diesen fröhlich bunten Villen sind noch viele erhalten, zum Beispiel in **Majori**, dem Hauptort von Jūrmala: Es gibt griechische Tempel, gotische Burgen und verwinkelte Hexenhäuschen, und Jurmalas **Fußgängerzone** hat ein farbiges Steinpflaster erhalten.

An den Stränden – seit Sowjetzeiten beliebt bei wohlhabenden Russen – finden sich in regelmäßigen Abständen Duschen und sanitäre Anlagen. Die **Strände** von **Majori** und **Bulduri** erhielten sogar die „Blaue Flagge" für Top-Wasserqualität. Bulduri lockt Familien zudem mit dem größten Spaßbad des Baltikums, dem **Akvaparks**. Im Ragakapas-Dünen-Naturpark ist das **Küstenfischer-Freilichtmuseum** zu besichtigen, mit historischen Holzgebäuden und Booten. Das **Stadtmuseum** beleuchtet annähernd zwei Jahrhunderte Kurbadgeschichte.

Der Glanz des früher mondänen, für seine **Schwefelquellen** bekannten Kur- und Badeortes **Ķemeri** (**Kemmern**; 20 km weiter westlich, etwas landeinwärts) ist verblasst; nur das neoklassizistische **Kurhotel** und der **Kurpark** haben etwas vom alten Charme bewahren

Foto: Knut Liese

können. Sehr interessant ist dort ein Besuch im **Infozentrum** (Mai-Sept. im historischen „Waldhaus") des **Ķemeri-Nationalparks**, der mit einem großen **Moor**, Seen, einer reichen Vogel- und Pflanzenwelt und ausgeschilderten **Naturlehrpfaden** aufwartet.

★Das Ethnografische Freilichtmuseum Lettlands

Im malerischen ★**Ethnografischen Freilichtmuseum Lettlands** ❸ (Latvijas etnogrāfiskais brīvdabas muzejs) am **Juglas ezers** (**Jägel-See**), knapp 10 km östlich des Stadtzentrums, bekommt man auf den 87 ha einen guten Eindruck davon, wie das ländliche Lettland bis ins 19. Jh. ausgesehen hat. 118 volkskundliche Bauwerke, **Holzgebäude**, Windmühlen, Bauernhäuser, Kirchen, aufgeteilt nach den vier lettischen Provinzen, können in dem weitläufigen Areal besichtigt werden. Dabei wurden die natürlichen Gegebenheiten des Geländes berücksichtigt, z. B. errichtete man am Seeufer ein kurisches **Fischerdorf**. Besonders wertvoll ist ein **Speicher** aus Liepāja (Libau) aus dem 17. Jh. Die meisten Gebäude im Museum sind ohne die Verwendung von Nägeln erbaut und zeigen so eindrucksvoll das große Können der lettischen Handwerker. Zum Programm des Museums gehören folkloristische Veranstaltungen; Handwerker zeigen ihre Künste, und in der **Taverne** kann man lettische Nationalspeisen probieren.

KZ-Gedenkstätte Salaspils

Drei dicht beieinanderliegende Gedenkstätten 20 km südöstlich von Rigas Stadtkern erinnern an ein düsteres Kapitel deutscher Herrschaft in Lettland. Im **Wald von Rumbala** wurden unter der deutschen Besatzung im Oktober und November 1941 die jüdischen Bewohner Rigas erschossen. Später wurden hier auch sowjetische Kriegsgefangene ermordet, so dass insgesamt rund 50 000 Menschen in diesem Waldstück starben.

2001 wurde eine Gedenkstätte im

Biķernieki-Wald eingeweiht. Hier wurden 1942 Juden aus Österreich, Deutschland, Lettland, Russland ermordet. Ein weißer Altar ist umgeben von unregelmäßig gezackten Felssteinen, die aus der Erde schauen, als ob sich der Waldboden geöffnet hätte; jeder soll an ein verlorenes Leben erinnern.

Die wichtigste Erinnerungsstätte an den Terror der SS ist die **KZ-Gedenkstätte Salaspils** ❹ in der Nähe des gleichnamigen Ortes. Hier befand sich von Oktober 1941 bis Oktober 1944 das Konzentrationslager **Kurtenhof**. In diesen drei Jahren wurden hier über 100 000 Menschen ermordet, hauptsächlich Juden aus vielen Ländern Europas, so Letten, Litauer, Polen, Tschechen, aber auch Deutsche, Österreicher, Niederländer und Franzosen. Die Gedenkstätte wurde 1967 eröffnet. Den Eingang bildet ein 105 m langer und 12 m hoher Betonriegel mit der Aufschrift „Hinter diesem Tor stöhnt die Erde". Innen werden Zeichnungen mit Szenen des entsetzlichen Lagerlebens gezeigt. In einem schwarzen Marmorblock auf dem Gelände schlägt unentwegt ein Metronom, das den Herzschlag der KZ-Insassen bedrückend symbolisiert. Auf der weiten Lichtung im Wald befinden sich Skulpturen, die Leiden, aber auch Hoffnung ausdrücken: „Die Erniedrigte", „Solidarität", „Protest", „Die Mutter". Das Gedenken an die hier ermordeten 7000 Kinder erhält eine mit Heckenrosen bewachsene Mauer aufrecht.

Hitler und seine Schergen wollten nicht nur das jüdische Volk ausrotten, auch die Slawen waren von ihnen zu „Untermenschen" erklärt worden. Sowjetische Kriegsgefangene wurden infolgedessen nicht nach der Haager Konvention behandelt, sondern zu Bedingungen eingesperrt, die bewusst ihren Tod in Kauf nahmen. Nahe dem Ort Salaspils erinnert ein **Mahnmal** auf dem ehemaligen Gelände des deutschen Kriegsgefangenenlagers Stalag 350 daran, dass hier 47 000 sowjetische Gefangene starben.

SEMGALLEN, DER SÜDEN LETTLANDS

Die Gutshäuser und -schlösser in Zemgale (Semgallen), im Süden Lettlands, meist aus der Zeit des Barock und Klassizismus, sind ansehnliche Zeugen der untergegangenen deutschbaltischen Gutsherrlichkeit; Ende des 20. Jh. begann die Restaurierung. Ein Ausflug in die lettische Provinz Semgallen lohnt auch wegen der Ordensburgen. Sie zeugen davon, wie erbittert sich die Semgallen im 13. Jh. gegen den Ordensstaat auflehnten. Auf einer Rundfahrt über Bauska, Rundāle, Jelgava und Dobele kommen Liebhaber von Burgruinen undSchlössern auf ihre Kosten.

» Karte S. 146-147. Info S. 152-153

Bauska und Mežotne

Um den Handelsweg zwischen Litauen und Livland besser zu schützen, ließen Ordensmeister in **Bauska** (**Bauske**) 5 in beherrschender Position am Zusammenfluss von Mēmele und Mūsa – sie fließen ab hier als **Lielupe** in die Rigaer Bucht – 1443 eine **Burg** mit besonders dicken Außenmauern erbauen, deren Ruine auch heute noch beeindruckt. Von Mai bis November ist der **Burgturm** ein hervorragender Ausguck . Im Bereich der Vorburg steht ein fachgerecht mit tschechischer Hilfe rekonstruierter Renaissancepalast, in dem sich heute das **Schlossmuseum Bauska** befindet. In den wiederhergestellten Räumlichkeiten lassen sich authentische Feste feiern, auch Kulturveranstaltungen finden hier statt. Die protestantische **Heiliggeistkirche** (16. Jh.) in der Stadt ist äußerlich schlicht und wehrhaft – der Westturm ist mit Schießscharten versehen – ihr Inneres ist dagegen kostbar ausgestattet.

Ein Abstecher nach **Skaistkalne** (**Schönberg**) 6, 30 km östlich, lohnt wegen der bedeutendsten **Barockkirche** Semgallens aus der Zeit der Gegenreformation. 1666 wurde am Mēmele-Ufer ein Jesuitenkloster als geistige Bastion gegen den Protestantismus gegründet. Knapp 30 Jahre später war die dreischiffige Basilika „Mariä-Himmelfahrt" vollendet. Beeindruckend ist

» Karte S. 146-147. Info S. 152-153

Foto: Anilah (Shutterstock.com)

der 12 m hohe Altar mit dem Bild des Gekreuzigten und prachtvollen Barockskulpturen.

Schloss Mežotne (**Mesothen**) ❼, 9 km westlich von Bauska, gehört zu den bekanntesten Gutsschlössern Lettlands. Das in einem gepflegten englischen Landschaftspark liegende Herrenhaus wurde 1797 für die Erzieherin der Kinder von Zar Paul, Charlotte Lieven, im klassizistischen Stil von Johann Georg Berlitz erbaut, nach Entwürfen des Petersburger Hofarchitekten Giacomo Quarenghi. Besonders prachtvoll ist der Kuppelsaal mit seiner üppigen Deckenbemalung. Trotz Kriegs- und Nachkriegsschäden präsentiert sich das Schloss, vorbildlich restauriert, in alter Pracht. Es dient heute als **Vier-Sterne-Hotel**. Die eleganten Zimmer im dritten Obergeschoss sind mit Mobiliar des 19. Jh. eingerichtet, die Säle dienen als Restaurants und für Festlichkeiten.

Oben: Das zu besichtigende Schloss Rundāle wird heute auch für staatliche Empfänge genutzt. Rechts: Rokoko-Stuck im Weißen Saal.

★★Schloss Rundāle

Steinerne Löwen schauen grimmig vom Tor auf die Besucher, denn sie bewachen ein imposantes Schloss (*pils*) mit 138 Zimmern: Das barocke Ensemble von ★★**Schloss Rundāle** (**Pilsrundāle**, **Ruhenthal**) ❽ ist eine der größten Sehenswürdigkeiten Lettlands (11 km westlich von Bauska, 77 km südlich von Riga). Die Letten nennen die dreiflügelige Anlage stolz ihr „Klein-Versailles". Wer beim Anblick von Schloss Rundāle spontan an ein Zarenschloss denkt, liegt nicht ganz verkehrt: Ernst Johann Biron (1690-1772) war, wie man es damals ausdrückte, der Günstling der Zarin Anna Ivanovna, die ihren Liebhaber zum Herzog von Kurland ernannte. Ausgestattet mit dieser Würde, verlangte es Biron nach einer repräsentativen Sommerresidenz, mit deren Bau er den Hofarchitekten der Zaren, Francesco Bartolomeo Rastrelli beauftragte, den Erbauer des Winterpalasts in St. Petersburg. Der Schlossbau in Rundāle begann 1736. Aber schon

Foto: Thoma Stankiewicz

vier Jahre später endeten die Arbeiten, denn Biron fiel in Ungnade und wurde nach Sibirien verbannt. Erst 1764 konnten die Bauten wieder aufgenommen werden, als Katharina die Große Biron begnadigt und wieder als Herzog eingesetzt hatte; vier Jahre später war der Bau vollendet. Sein Sohn Peter war der letzte Herzog von Kurland und Semgallen, nach der dritten polnischen Teilung ging er ins Exil. Peters schöne Gattin Dorothea, geb. von Medem und eine der faszinierendsten Frauen ihrer Zeit, spielte später eine nicht unbedeutende Rolle in der Koalition gegen Napoleon.

1795 schenkte Katharina das Schloss ihrem Günstling, dem Grafen Subov. Später wurde es Eigentum der russischen Grafen Schuvalov, die es bis 1920 besaßen. Im Ersten Weltkrieg wurde das Schloss stark beschädigt, diente als Lazarett, später als Internat. Seine intensive Restaurierung begann 1972, der französische **Park**, den früher über 300 000 Linden schmückten, ist nahezu komplett wieder erstanden.

Schloss Rundāle ist klar gegliedert: Im Erdgeschoss befanden sich Verwaltungs- und Wirtschaftsräume. Im ersten Stock, der Beletage, waren im Südflügel die Wohnräume des Herzogs und im Westflügel die Gemächer der Herzogin sowie Gästezimmer untergebracht. Der Ostflügel beherbergte die Repräsentationsräume: Vom Vestibül führt das von Rastrelli entworfene prunkvolle ★**Paradetreppenhaus** zum üppig geschmückten ★**Goldenen Saal**, der als Audienzsaal diente. Das 200 m² große Deckengemälde zeigt allegorisch die Tugenden des Herzogs. Die Wände verkleidete man mit blauem und rosafarbenem Stuckmarmor, die Stuckaturen sind vergoldet. Das **Porzellankabinett** stellt eine schöne Sammlung chinesischer und japanischer Vasen auf üppig gestalteten Konsolen aus. Besonders sehenswert ist der ★**Weiße Saal** im Rokoko-Stil, in dem Bälle veranstaltet wurden. Im Vergleich zum Goldenen Saal wirkt er trotz seiner schönen Stuckaturen beinahe schlicht. Die Wände des **Rosenzimmers** sind mit kostbaren Brokattapeten bespannt. Der mit Delfter Kacheln verkleidete Ofen ist nachgebaut, denn der einzige noch original erhaltene Ofen steht im Zimmer vor dem Schlafgemach des Herzogs. Die Räume im Erdgeschoss werden heute als Museum genutzt.

15 km westlich, im kleinen Ort **Eleja** (**Elley**) ❾, war wiederum ein Hofarchitekt aus St. Petersburg beschäftigt: Das Herrenhaus, 1806-1810 erbaut, wird Giacomo Quarenghi zugeschrieben. Die klassizistische Gesamtanlage und der **Landschaftspark** sind noch erhalten. Sie gruppieren sich um das 1915 ausgebrannte Herrenhaus, die originalen Mauerreste wurden sorgfältig in den jetzigen Bau integriert, den Paradehof zieren Sphingen- und Löwenskulpturen.

★Jelgava (Mitau)

★Jelgava (**Mitau**) ❿, heute die viertgrößte Stadt Lettlands (65 000 Einw.), war einst Hauptstadt des Herzogtums Kurland und Semgallen. Im 18. Jh. wurde hier die erste lettische Zeitung gedruckt. Heute ist Jelgava ein Wirtschaftszentrum der Region, mit einem Eisenbahnknoten und dem einzigen Binnenhafen Lettlands. Die erste schriftliche Nennung stammt von 1264, als die Ordensritter auf einer Insel in der **Lielupe** eine Burg errichteten. Auf dieser Insel baute der Petersburger Hofarchitekt Rastrelli für Ernst Johann Biron, nachdem dieser 1737 die Herzogswürde erhalten hatte, einen prächtigen Palast: das **★Schloss Jelgava**. Es war, ähnlich wie Rundāle, als dreiflügelige Anlage konzipiert. Dieser größte Barockbau des Baltikums bietet mit seiner 150 m langen, prachtvollen Fassade am Lielupe-Ufer einen überwältigenden Eindruck. Der Ehrenhof wurde 1937 durch einen vierten Flügel zugebaut. Im 2. Weltkrieg wurden Jelgava und das Schloss fast völlig zerstört. Bis 1964 äußerlich wiederhergestellt, befindet sich heute darin die **Landwirtschaftliche Universität** Lettlands und ihr **Museum**. Die **★Gruft der Herzöge von Kurland** ist im südwestlichen Untergeschoss zu besichtigen.

Im Stadtzentrum liegt Jelgavas zweitbedeutendstes Gebäude, die **★Academia Petrina**. Herzog Peter Biron, Sohn Ernst Johanns, gründete diese Lehranstalt 1775 als akademisches Gymnasium – die erste höhere Bildungsanstalt Lettlands. Hierfür wurde das Schloss der Herzogin Anna, der späteren Zarin Anna Ivanovna, umgebaut. Der 35 m hohe **Turm** über dem Eingang diente astronomischen Beobachtungen, Lettlands erstes Observatorium. Heute befindet sich in der Academia Petrina das nach dem in Jelgava geborenen Maler benannte **Ģederts-Eliass-Museum** für Regionalgeschichte und Kunst.

Herzog Peter Biron erholte sich von seiner anstrengenden Regierungsarbeit gerne bei der Jagd. In den wildreichen Wäldern 20 km südwestlich von Jelgava ließ er das **Jagdschloss Zaļenieki** (**Grünhof**) ⓫ 1768-1774 im barocken Stil erbauen, vermutlich nach Plänen von Rastrelli (heute eine Schule).

Park Tērvete (Hofzumberge)

Als lettisches Kinderparadies ist der **Park Tērvete** (**Hofzumberge**) ⓬ bekannt, 30 km südwestlich von Jelgava. Der **Schlossberg** von Tērvete war schon in vorchristlicher Zeit von den Semgallen besiedelt. Die Ordensritter errichteten hier im 13. Jh. eine Burg, von der aus sie die Semgallen bei mehreren Aufständen besiegten (heute eine **Ruine**). In einem Teil des weitläufigen Waldlandschaftsparks kommen auch Naturfreunde durchaus auf ihre Kosten: Hier wachsen die **★ältesten Kiefern Lettlands**, und in einem **Arboretum** gedeihen 200 exotische Bäume und Sträucher. Aber die Hauptattraktion ist ein Spaziergang durch den **Märchenwald** von Tērvete, in dem sogar ein **Zwergendorf** Kinder begeistert.

Rechts: Landwirtschaftsstudentinnen beim Einschreibungsfest vor dem Schloss Jelgava.

» Karte S. 146-147. Info S. 152-153

Foto: Gitagraph (iStockphoto)

Hier lebte die Kinderbuchautorin **Anna Brigadere** (1861-1933), die „lettische Astrid Lindgren", deren Haus heute ein **Gedenkmuseum** ist. Im Märchenwald hinter ihrem Haus zeigen **Holzskulpturen** an verschlungenen Wegen die beliebten Figuren aus ihren Büchern, die jedes lettische Kind kennt.

Wer ausreichend Zeit hat, findet auf der Fahrt ehemalige **Gutshäuser** auch in kleineren Orten Semgallens wie **Bramberģe** (**Brandenburg**, 15 km südwestlich von Jelgava, 17. Jahrhundert), **Vilce** (**Wilzen**, 14 km östlich von Tērvete) oder **Augstkalne** (**Grenzhof**, 8 km südlich von Tērvete).

Auce (Autz) und Dobele (Doblen)

Ein schönes neugotisches **Schloss** steht in **Auce** (**Autz**) ⓭; Friedrich August Stüler, Architekt des Neuen Museums in Berlin, entwarf 1840 das Herrenhaus, heute ein Kultur- und Schulungszentrum (www.vecauce.lv).

Im Städtchen **Dobele** (**Doblen**) ⓮ erinnert die eindrucksvolle ★**Ordensburgruine** an alte Zeiten: Die Burg wurde 1263 auf einem Hügel am Fluss Bērze errichtet, 1335 unter dem livländischen Ordensmeister Eberhard von Monheim ausgebaut und war bis 1736 bewohnt. Das erklärt den relativ guten Zustand der Ruine, denn Palastwände sowie Teile von Tor und Ringmauer sind noch erhalten (www.dobele.lv).

Jaunpils (Neuenburg)

Die ★**Ordensburg Jaunpils** (**Neuenburg**) ⓯ von 1301, erbaut unter dem Ordensmeister Gottfried von Rogge, zählt zu den wenigen, die bis ins 20. Jahrhundert bewohnt waren. Sie wurde, wie viele andere Schlösser, im Revolutionsjahr 1905 niedergebrannt, aber anschließend sofort wieder aufgebaut. Heute beschwört hier ein **Hotel** mit **Restaurant** und **Museum** das Mittelalter. Die **Gruft** der ehemaligen Burgbesitzer von der Recke befindet sich neben der **Kirche**, in der man eine schöne **Kanzel** aus dem Jahr 1648 bewundern kann.

» Karte S. 146-147. Info S. 152-153

RIGA UND UMGEBUNG

Keine Ortsvorwahl mehr nötig für Riga und Jurmala.

TIC-Filialen: im **Schwarzhäupterhaus**, Rātslaukums 6, Tel. 67037900, im **Fernbusbahnhof**, Prāgas iela 1, in der **Altstadt beim Livu-Platz**, Kaļķu iela 16; alle Mai-Sept. 9-19, sonst 10-18 Uhr; am **Flughafen**, Ankunftsbereich E, tägl. 24 Std.; www.liveriga.com. **Rīga-Card**: Bonuskarte für freien Eintritt in Museen, kostenlose Nutzung v. Bussen und Bahnen, Rabatte b. Einkaufen; Laufzeit 1, 2 oder 3 Tage (16/20/26 €). **Riga in Your Pocket**: www.inyourpocket.com/latvia/riga.

FLUGHAFEN: 8 km südwestlich, Bus Nr. 22, auch: Minibus 241, Airport Express-Bus (5 €) und Busse bestimmter Hotels; Flughafeninfo: Tel. 1187 (0,64 €/Min.), informative Website: www.riga-airport.com.
TAXI: **Riga Red Taxi**, Tel. 8383; **SIA Baltic Taxi**, Tel. 8500. Zum Stadtzentrum ca. 11,50-14,50 €,Taxameter einschalten lassen!
FERNBUS: **Autoosta**, neun Gesellschaften im Busbahnhof, Prāgas 1, 6-22 Uhr, Info-Tel. 9000009, (0,34 €/Min.), www.autoosta.lv.
BAHNHOF: Stacijas laukums, Allg. Info-Tel. 1181, vom Ausland 00371-67231181, innerlettischer Zugverkehr, www.ldz.lv, www.pv.lv.
STADTVERKEHR: Straßenbahn, Trolleybus, Stadtbusse: kostenloses Info-Tel. 80001919, www.rigassatiksme.lv. Die Internetseite zeigt außer Routen und Fahrplänen öffentlicher Verkehrsmittel auch die optimale Wegstrecke für Auto oder Fahrrad.

BALTISCHE KÜCHE: **Fabrīkas Restorāns**, gutes Essen, ehemalige Fabrik, mit „Terrasse" am linken Düna-Ufer, Blick auf die Altstadt, Balasta dambis 70 (Kipsala), Tel. 67873804, www.fabrikasrestorans.lv. **Melnie Mūki** (Schwarze Mönche), stimmungsvoll in der Altstadt, Kellerräume mit rohen Backsteinwänden, Tel. 67215006, Jāņa sēta 1 www.melniemuki.lv. **Lido Dzirnavas**, Büfett mit deftigen lettischen Köstlichkeiten, 8-23 Uhr, Dzirnavu 76, Tel. 67286204.
RUSSISCH: **Traktieris**, gr. Auswahl, Preise moderat, 12-23 Uhr, Tel. 67332455, Antonijas 8.
ARMENISCH: **Aragats**, würzige Speisen, große Vielfalt, 13-22 Uhr, Mo geschlossen, Miera 15, Tel. 67373445.
INTERNATIONAL: **Esplanāde**, baltische und internat. Köstlichkeiten, vernünftige Preise, 6.30-23 Uhr, Elizabetes 55, im Hotel RadissonBlu Latvija, Tel. 67772211 www.restaurantesplanade.lv. **Ambiente**, köstliches Essen, guter Service, 12-23 Uhr, im Hotel Konventa Sēta, Kalēju 9/11, Tel. 67087507, http://ambiente.lv.
CAFÉS: **Passerella Café**, herrliches Jugendstilambiente in der Altstadt, Kalēju 23, Tel. 67214137. **Osīris**, gutes Frühstück, klassische Musik, Mo-Fr 8- 23, Sa, So 10-23 Uhr, Krišjāņa Barona 31, Tel. 67243002, www.cafeosiris.lv.

Skyline Bar, trendige Cocktail-Lounge im 26. Stock des RadissonBlu Latvija, mit tollem Blick auf die Stadt, So-Do ab 17 Uhr, Fr, Sa ab 15 Uhr, Elizabetes 55, www.skylinebar.lv. **B-Bārs**, moderne Balsam-Bar: würziger Rigaer Balsam-Likör, viele interessante Cocktails und gutes Essen, Doma laukums 2, Tel. 67228842, www.bbars.lv.

Alle Museen Lettlands: www.muzeji.lv; Riga und Umgebung: www.liveriga.lv.
ZENTRUM: **Petrikirche und Turm** (Pēter baznīca), Juni-Aug. Di-Sa 10-19, So 12-19, sonst 10/12-18 Uhr, Skārņu 19, http://peterbaznica.riga.lv. **Kunstgewerbemuseum** (Dekoratīvas mākslas un dizaina muzejs), Di-So 10-17, Mi 10-19 Uhr, Skārņu 10/20, www.lnmm.lv. **Pharmaziemuseum** (Farmācijas muzejs), Mai-Sept. Di-Sa 10-18, sonst 10-17 Uhr, Vāgnera 13. **Reuternhaus** (Reiterna nams), Di-So 12-18 Uhr, Mārstaļu 2. **Mentzendorffhaus** (Mencendorfa nams), Mi-So 11-17 Uhr, Grēcinieku 18. **Schwarzhäupterhaus** (Melngalvju nams) nicht öffentlich. **Okkupationsmuseum** (Okupācijas muzejs), Mai-Sept. 11-18, sonst Di-So 11-17 Uhr, freier Eintritt, Strēlnieku laukums 1, http://okupacijasmuzejs.lv. **Dom** (ev-luth.), Mai-Sept. tägl. 9-17/18 sonst 10-17 Uhr, Doma laukums, www.doms.lv. **Museum f. Stadtgeschichte und Seefahrt** (Rīgas vēstures un kuģniecības muzejs), Mai-Sept. tgl. 10-17, sonst Mi-So 11-17 Uhr, Palasta 4, www.rigamuz.lv. **Kunstmuseum Rigaer Börse** (Mākslas muzejs Rīgas Birža), Di-So 10-18, Fr 10-20 Uhr, Doma l. 6, www.rigasbirza.lv. **Lettisches Geschichtsmuseum** (Latvijas Vēstures

muzejs), Di-So 10-17 Uhr, Brīvības bulvāris 32. **Museum f. Literatur und Musik**, Renov. bis 2016, Pils laukums 2. **Museum f. Architektur**, Mo 9-18, Di-Fr 17/16 Uhr, Mazā Pils 19. **Arsenal** (Arsenāls), Di-So 12-18/17, Do -20, Torņu 1, www.lnmm.lv. **Kriegsmuseum**, (Kara muzejs), Mai-Sept. 10-18, sonst Mi-So 10-17 Uhr, Smilšu 20. **Kunstmuseum** (Latvijas Nacionālais mākslas muzejs), Renov. bis 2016, Valdemāra 10a, www.lnmm.lv. **Oldtimermuseum**, wegen Neugestaltung bis mindestens 2016 geschlossen, Sergeja Eizensteina iela 6, Tel. 27885202, www.mo tormuzejs.lv.

AUSSERHALB: **Ethnografisches Freilichtmuseum Lettlands** (Latvijas etnogrāfiskais brīvdabas muzejs), Park tgl. 10-20, Gebäude 10-17 Uhr, Brīvības gatve 440, 10 km östlich v. Zentrum Richtung Sigulda, ausgeschildert, Bus Nr. 1 von Ecke Merķela und Tērbatas bis Brīvdabas muzejs, www.brivdabasmuzejs.lv.

Salaspils, 22 km südöstlich v. Zentrum Richtung Daugavpils, links ab kurz vor der Rigaer Stadtgrenze oder: Vorortzug bis Station Dārziņi, 20 Min. Fußweg; ganztägig geöffnet.

21. März-15. April: **Frühlingsfestival Windstream**, klassische uund Unterhaltungskonzerte in Riga, www.music.lv/riga. 23. Juni: **Līgo-Fest**, Entzünden der Johannisfeuer. Juni, Juli, August: **Rigaer Sommer**, Konzertreihe, auch in Jūrmala. Oktober: **Internationaler Tag der Musik** in Riga.

Jūrmala

In **Majori**, Lienes iela 5 (neben dem alten Postamt), Tel. 67147900, www.tourism.jurmala.lv, Mo 9-18, Di-Fr. 9-17, Sa 10-17, So 10-15 Uhr.

BALTISCHE KÜCHE: **Erebuni**, gute Fischgerichte vom Grill, mit Nachtbar, an Wochenenden Livemusik und Tanz, März-Sept.,11-4 Uhr, Jomas 57. **MaMa**, mediterrane und baltische Küche, prämiertes Lokal in perfekt renoviertem Holzhaus, Trigoņu iela 22, Majori, Tel. 67761271, www.hotelmama.lv. **Naša Dača**, Gegrilltes oder Kaffee u. Kuchen, in schön modernisiertem Holzhaus, Tel. 28383799, Pilsoņu iela 2, Majori.

INTERNATIONAL: **Orizzonte**, qualitätvolle Küche in Strandnähe, in histor. Holzhaus mit schöner Strandterrasse, Baznīcas iela 2, Dubulti, http://orizzonte.lv. **Aquarius**, elegantes modernes Design, schöne Terrasse, Kulturveranstaltungen, 12-23 Uhr, Bulduri, Bulduru prospekts 33, www.restoran-aquarius.lv.

CAFÉS: **City Café**, delikate Kleinigkeiten, Bücher, Zeitschriften und Internet, im Stadtmuseum, Tirgoņu iela 29, Majori, Tel. 22383201.

EIS: **Eisbude Pinguin**, leckeres Eis, große Auswahl, 9-21 Uhr, Majori, Jomas 46/48.

BAHN: Züge fahren im Sommer ca. alle 20 Min. vom Rigaer Bahnhof zwischen 5.28 und 23.05 Uhr von Bahnsteig 3 und 4, Fahrzeit 40 Min, ca. 1,40 €. ***AUTO:*** Bei Anfahrt April-Sept. ist an der Brücke Priedaine 2 € Maut zu zahlen; Ticket sichtbar platzieren.

MINIBUSSE: Abfahrt ab Halteplatz gegenüber dem Hauptbahnhof ca. alle 5-10 Min., ca. 1,60 € an den Fahrer zu zahlen.

Bauska / Rundāle / Mežotne (☎ 639)

Rātslaukums 1, Bauska, Tel. 23797, www.tourism.bauska.lv.

Schloss Rundāle, Juni-Sept. Schloss: 10-18, Park: 10-19 Uhr, sonst 10-17 Uhr; Pilsrundāle, Rundāles pagasts, Tel. 62274, www.rundale.net. **Schloss Mežotne**, Vier-Sterne-Hotel, Palast geöffnet. 9-20 Uhr, Mežotnes pag., Bauska nov.,Tel. 60711, www.mezotnespils.lv.

Jelgava (☎ 630)

Akadēmijas 1, Tel. 05445, http://tornis.jelgava.lv, www.jelgava.lv.

Schloss, Museum d. Landwirtschaftsschule, Mai-Okt. 9-17 Uhr, Tel. 05617 http://eng.llu.lv, **Gruft** der kurländischen Herzöge, Mo-Fr 9-17 Uhr n. V. Tel. 639-62192, **Ģedert-Eliass-Museum,** Regionalgeschichte und Kunst in der Academia Petrina, Mo 8-19, Di-Fr 8-17/14 Uhr, www.jvmm.lv.

Foto: Knut Liese

KURLAND

TUKUMS (TUCKUM)
SLĪTERE NATIONALPARK
VENTSPILS (WINDAU)
KULDIGA (GOLDINGEN)
LIEPĀJA (LIBAU)

KURZEME (KURLAND)

Malerische Kleinstädte, stille Weiler, alte Burgen und verstreut auf Anhöhen liegende Schlösser prägen **Kurzeme** (**Kurland**). Allerdings hält auch hier moderne Landwirtschaft Einzug. Dennoch bietet sich dem Besucher noch immer eine enorm vielfältige Flora und Fauna; Vögel und besonders Störche und ihre Nester sieht man häufig.

Kurzeme ist eine idyllische Provinz, deren glanzvollste Periode die kurze Zeit umfasste, als es Teil des Herzogtums Kurland und Semgallen war. Der letzte livländische Ordensmeister Gotthard Kettler erhielt 1562 das weltliche Herzogtum als Lehen von der polnischen Krone. Bedeutendster kurländischer Herzog war sein Enkel Jakob Kettler; er führte das Land 1640-1682 zur wirtschaftlichen Blüte und erwarb sogar zwei überseeische Kolonien: die Karibikinsel Tobago und Teile von Gambia in Westafrika.

Nach dem Großen Nordischen Krieg Anfang des 18. Jh. geriet Kurland zunehmend unter russischen Einfluss. Nachdem die Herrscherfamilie Kettler ausgestorben war, ernannte Zarin Anna Ivanovna, verwitwete Herzogin von Kurland, ihren Favoriten Ernst Johann Biron zum Herzog (s. S. 148). Bis dahin war das westliche Kurland von Goldingen (Kuldīga) aus, der östliche Teil von Mitau (Jelgava) aus regiert worden, nun wurde mit Biron endgültig Jelgava zur glanzvollen Hauptstadt des Herzogtums (s. S. 150). Sein Sohn Peter Biron (1724-1800) war der letzte Herzog Kurlands. Nach der Dritten Teilung Polens 1795 fiel sein Herzogtum an Russland.

Links: An der Nordspitze von Kurland – einsamer Strand zwischen Roja und Kolka.

Tukums (Tuckum)

Gut 70 km westlich Rigas liegt am Ortsrand des Dörfchens **Milzkalne** ⓰ ein sehr eindrucksvolles Zeugnis wehrhafter Gutsarchitektur: Das Landgut **Šlokenbeka** (**Schlockenbeck**). Seine Wehrmauer aus Feldsteinen bot der Landbevölkerung schon im 15. Jh. Zuflucht, als hier ein Kastell des Livländischen Ordens errichtet wurde. Die Anlage am Fuß des Hügels Milzukalns (113 m) ist gut erhalten, Torbauten und Schießscharten zeugen noch von der kriegerischen Vergangenheit. Die Wirtschaftsgebäude aus dem 19. Jh. beherbergen ein schlichtes Hotel und ein **Straßenbau-Museum**.

Das malerische Städtchen **Tukums** (**Tuckum**) ⓱, nur 5 km südwestlich, erstreckt sich über mehrere Hügel. Hier stand schon im frühen Mittelalter eine Burg der Liven. Um 1300 errichtete der

Livländische Orden eine Festung, um die Handelswege von Ostpreußen ins Baltikum zu schützen. Ein restaurierter Turm dieser **Burg Jaunpils**, in dem sich **Stadt- und Burgmuseum** befinden, liegt am Brīvības laukums, dem zentralen Platz des Ortes. Hier steht auch die lutherische **Kirche** der Dreifaltigkeit, ein schlichter Bau aus der zweiten Hälfte des 17. Jh. mit einer Orgel von 1769. Am östlichen Stadtrand von Tukums ließ sich der Graf von Medem 1820 von Johann Georg Berlitz das klassizistische **Schloss Durbe** (**Durben**) entwerfen. Der lettische Nationaldichter Jānis Rainis (1865-1929) lebte hier ab 1922 wenige Jahre. Der kleine Landschaftspark ist erhalten.

Das jüngste Schloss der Gegend liegt an der Landstraße nach Ventspils 9 km westlich Tukums: **Jaunmokas** (**Neu-Mocken**) ⓲ ließ der damalige Bürgermeister von Riga, J. Armitsted, im Stil der Neogotik 1901 als Jagdschloss errichten; heute ist es **Hotel** und Eventlocation mit einem **Museum** zur Schloss- und Forstgeschichte. Sehenswert sind die Öfen mit holländischen Kacheln.

KURLÄNDISCHE SCHWEIZ

In der ansonsten flachen, gelegentlich sanft gewellten Landschaft Kurzemes bildet die Gegend um Talsi (ca. 100 km westlich von Riga) eine Ausnahme: Hier sind die Hügel höher (bis 175 m ü. d. M.), und es gibt malerische Täler; besonders reizvoll ist das der Abava. So erhielt die Landschaft den Namen **Kurzemes Šveice** (**Kurländische Schweiz**).

Typisch für diese Region ist die Anlage von **Kandava** (**Kandau**) ⓳: Ein Berg überragt dieses 1231 erstmals urkundlich erwähnte Städtchen; darauf sind noch heute Mauerreste der Ordensburg zu sehen. Relikt ist der quadratische sog. **Pulverturm** am Fuß des Burgberges, wo ein Modell der früheren Anlage steht. Sehenswert im eng bauten Städtchen mit seinen steilen Straßen ist die evangelische **Kirche** von 1736

» Karte S. 156-157, Info S. 163

RUHNU
Rīgas
Jūras
Līcis
27 Kolkas rags
Kolka
Saunags
Vaide
Pitrags
Slīteres
nacionālais
parks
Mazirbe
Sīkrags
28
Aizņklāņi
Melnsils
Lielirbe
Šlītere
Lūžņā
Miķeļtornis
vīšī
Neveja
Vīdale
Pūrciems
Ģipka
Kaļķi
Žocene
Vēde
Rinda
Ance
Jorniņi
26 Dundaga
Roja
Muižarāji
Pāce
Rude
Virpe
Tiņģere
Kaltene
Rinda
Pope
20
A10
Valpene
Lubezere
Valgalciems
Upesgrīva
Amele
Cīruļi
Ugunciems
Pūzes ez.
Blāzma
25 Nogale
18
Salas purvs
Valdemārpils
Puzesmuiža
Pūņas
Stikli
Gambija
Vandzene
Mērsrags
Stiklu dižpurvs
24
23
Laidze
Zūru mežn.
31 Ugāle
Īģene
Krievragciems
Engures ez.
Usmas st.
Iliņi
Māteri
Usma
Spāre
Talsi 22
Lauciene
Pļavas
Dzedrupe
Bērzciems
30
Pastende
Laidzes ciems
Moricsalas rezervāts
Usmas ezers
38
Mundigciems
Abragciems
21
Dižstende
Mordanga
Lībagi
Dursupe
Ezermuiža
Cirkale
Amjūdze
Stende
Strazde
Zlēkas
Tiezumi
Jaun-pagasts
Dzirciems
Engure
30
Veģi
E22
Ķesterciems
Abava
Renda
Brizule
Padure
Ozoli
Sabile 20
Kandava 19
Kaive
Apšuciems
Pūre
Ķemeru nacionālais parks
Kuldīga
Sēme
32
Kalnmuiža
Jaunmokas 18
Priedaine
Višļi
Tukums
16
Pūces
16
17
Milzkalne
33
Kabile
Abavnieki
Pelči
Tume
Smārde
Vāne
Zemīte
A10
Ēdas
Vārme
Sāti
Pravinas
Snēpele
Grenči
Šķēde
Irlava
Degole
Ošenieki
Zante
Vaski
Slampe
Viesati
Raņķi
Gaiķi
Laidi
Džūkste
Lutriņi
Lestene
Remte 42
Sieksāte
Druva
Jaunpils
A9
29
Aizstrautnieki
20
Bukupe
Skrunda
Zirņi
Broceni
Ķaķenieki
Rudbārži
Saldus
32
A9
Marijas muiža
Jaunmuiža
Lēnas
Venta
Ēvarži
Stūri
Dzelda
Pampāļi
Lielauces ez.
Nīkrāce
KURLAND
16 - 42
0
10
20 km
© Nelles Verlag GmbH, München

mit Kanzel, Beichtstuhl und Skulpturengruppen des Holzschnitzers Johann Mertens aus Windau. Über das bei Kanufahrern beliebte ★**Tal der Abava** führt eine alte Brücke von 1873.

Bezaubernde 25 Flusskilometer abwärts besitzt das Städtchen **Sabile** (**Zabeln**) ⓴ den nördlichsten **Weinberg** der Welt. Auf dem terrassierten Südhang wurde schon im Mittelalter Wein angebaut. Jenseits des Tals überrascht das kleine **Freilicht-Kunstmuseum Pedvāle** jeden Sommer mit neuen Kunst-Aktionen in der Natur.

Ein typisches Beispiel einer klassizistischen Gutsanlage ist 15 km nördlich von Sabile **Schloss Dižstende** (**Stende**) ㉑ (*Gut Stenden*) dessen Besitzer von der Brüggen auch die Nebengebäude in diesem Stil errichteten. Im weitläufigen, gepflegten Park steht das ältere, wesentlich schlichtere Gutshaus. Leider ist das Schloss ein Beispiel dafür, wie in der Sowjetzeit solche Bauwerke verschandelt wurden: Hier befinden sich Kulturzentrum und Bibliothek des Dorfes; dafür wurden Räume geteilt, Decken abgehängt und Wände vertäfelt, so dass von der ursprünglichen Raumaufteilung und Innendekoration nichts mehr zu sehen ist.

Das romantisch am **Talsi-See** gelegene ★**Talsi** (**Talsen**) ㉒ ist das Zentrum der Kurländischen Schweiz. Den See umgibt eine neue Holzstegpromenade. Auf einem Hügel steht weithin sichtbar als Wahrzeichen die **Stadtkirche** aus dem 18. Jh. mit dem sehenswerten Epitaph für Ewald von Fischer. Am östlichen Seeufer erhebt sich der Burgberg von Talsi, heute **Stadtpark**, mit der *Villa Hochheim* (1883) des Barons von Fircks, heute **Kreismuseum**. Die Häuser des Orts – einige der alten Holzhäuser wurden bunt restauriert – schmiegen sich an die zum Teil steilen Hügel. Berühmt ist das ungewöhnliche Gebäude in der Straße Zvaigžņu iela 1, die **Familiengruft der Kupffers**. In dieser malerischen Umgebung fällt das überdimensionierte Postamt aus Sowjetzeiten leider umso mehr auf.

Idyllisch liegt 15 km nordöstlich von Talsi das Holzkirchlein von **Iģene** (**Iggen**) ㉓, eine der wenigen erhaltenen Holzkirchen Kurzemes mit einer reich beschnitzten Kanzel aus dem 17. Jh.

In **Vandzene** (**Wandsen**) ㉔ ist das klassizistische **Gutsschloss** eine Schule, 10 km nördlich befindet sich, versteckt in Birkenwäldern, das **Jagdschloss Nogale** (**Nogallen**) ㉕ in Privatbesitz. Die prächtigen Innenräume des Sommerschlosses (1880) der Freiherren von Firck werden restauriert.

Slītere-Nationalpark

Immer ebener und einsamer wird das Land Richtung Kurlands Norden, größter Ort ist das Dorf **Dundaga** (**Dondangen**) ㉖, dessen **Burg** von 1249 mehrfach umgebaut wurde, Wappen der letzten Besitzerfamilie von Osten-Sacken schmücken das Tor. Das Schloss beherbergt Kunst- und Musikschule nebst schlichtem Hotel und **Touristeninformation**. Ein drei Meter langes **Krokodil** aus Beton erinnert an den nach Australien ausgewanderten gebürtigen Dundager und Krokodiljäger Baron Arvid von Blumental.

Nördlichster Zipfel von Kurzeme ist die Landspitze **Kolkas rags** ㉗. Kilometerlang zieht sich der einsame **Strand** hin, gesäumt von Kiefernwald. Touristisch wird das naturnahe Gebiet eher langsam erschlossen, zu Sowjetzeiten war es streng abgeschirmtes militärisches Sperrgebiet. Nach Abzug des Militärs legte man wenige Meter vom Strand entfernt Parkplätze an (am Kolkas rags gebührenpflichtig). Am windumtosten Kap schaut man rechter Hand auf die Rigaer Bucht, linker Hand auf die Ostsee. Tausende Zugvögel ziehen im späten Frühjahr und Herbst hier durch und orientieren sich an dieser

Rechts: Der alte Ortsteil von Talsi, überragt von der Stadtkirche, liegt romantisch am Talsi-See.

 » Karte S. 156-157, Info S. 163

Foto: Arix75 (iStockphoto)

Landzunge. Es gibt hier zudem noch Schmetterlingsarten, die in Westeuropa längst ausgestorben sind.

Von Kolka führt parallel zur Küste die Alte Mazirbe-Straße – weite Teile dieser früher ruppigen Schotterpiste sind einer guten Asphaltstraße gewichen – südwärts Richtung Ventspils durch den **Slītere-Nationalpark** ㉘ (Slīteres nacionālais parks). 15 000 ha Wald- und Buschland kann man allein oder mit Führung auf markierten **Wegen** begehen. Infotafeln erläutern die Ökologie von Slītere. Vom **Aussichtsturm** erkennt man Dünen, Eichen-, Kiefern-, Eiben- und Birkenbestände sowie Marschland. Hier leben See- und Steinadler, Falken, Schwarzstörche, Elche, Hirsche, Wölfe und Luchse.

An der Küste liegen sechs **Livendörfer**, ihr Hauptort ist **Mazirbe**. Die alte livische finno-ugrische Sprache hat inzwischen wieder Beachtung gefunden, und kleine **Museen** erinnern an die alte Kultur, auch eine **Kirche** und einige livische **Peststeine** aus dem 17. Jh. haben überdauert.

Ventspils (Windau)

Das Zentrum von **Ventspils (Windau)** ㉙ präsentiert sich frisch restauriert als entzückende **Altstadt**. Renovierte Holzhäuser, enge Kopfsteingassen, die schöne klassizistische **Nikolaikirche** von 1835 am zentralen **Marktplatz**, auch er neu angelegt, werden übertönt vom Geschrei der Möwen. Unterwegs zur 500 m entfernten Ordensburg passiert man die große **Synagoge**. An der strategisch wichtigen Mündung der Venta (Windau) errichteten die Ordensritter im 13. Jh. ihre **Burg**. Als einzige vollständig erhaltene ihrer Art in Kurland ist sie – aufwendig restauriert – der ganze Stolz der Hafenstadt. Sie beherbergt das moderne **Stadt- und Ordensmuseum** sowie ein uriges **Brauereirestaurant**.

Unter Herzog Jakob Kettler wurde Ventspils Hafen- und Handelszentrum, verlor aber durch die Nordischen Kriege und die Pest von 1710 seinen Rang als größter **Hafen** Kurlands an Liepāja (Libau). Die Sowjets bauten den meist

» Karte S. 156-157, Info S. 163

eisfreien Hafen aus und siedelten größere Industriebetriebe an, wodurch es zu erheblichen Umweltbelastungen kam. Inzwischen sind viele der Fabriken geschlossen, was zwar zu hoher Arbeitslosigkeit führte, die Qualität von Luft und Wasser aber erheblich verbesserte. Westlich der Altstadt begeistert das **Küsten-Freilichtmuseum** mit alten Fischerhäusern und traditionellen Geräten, vor allem aber mit einer historischen **Schmalspurbahn**. Sie zuckelt 3 km durch den waldigen **Küstenpark** mit weißem **Sandstrand**.

Beliebtes Ausflugsziel der Bevölkerung von Ventspils ist **Usmas ezers** ㉚, der **Usma-See**. Auf der Fahrt dorthin kommt man durch das Örtchen **Ugāle** (**Ugahlen**) ㉛ (36 km). Berühmt ist seine **Barockkirche** von 1694 mit der ältesten **Orgel** Lettlands; der von Michael Marquardt prachtvoll geschnitzte Orgelprospekt mit seinen üppigen Ranken entstand wie das Instrument 1701. Der Usma-See bietet Badestrände, Angel- und Wassersportmöglichkeiten. Die **Moricsala** (**Moritzinsel**) mit ihrem Urwald, benannt nach einem Grafen, der hier 1727 Zuflucht vor russischen Truppen fand, ist das älteste Naturschutzgebiet Lettlands (seit 1912) und darf nicht betreten werden.

★Kuldīga (Goldingen)

Die Landstraße 108 führt ventaaufwärts, meist durch Waldland. Auf einer Anhöhe erscheint das klassizistische Gutshaus **Padure**, es ist in Privatbesitz und nicht zu besichtigen. Die Bezirkshauptstadt ★**Kuldīga** (**Goldingen**) ㉜ hat ihren Ursprung an der Stelle, wo die Venta einst schiffbar wurde. Unter den Ordensrittern entwickelte sich der Ort zum wichtigsten Verwaltungszentrum, erhielt schon 1355 Stadtrechte, wurde Hansestadt und im 16. Jh. Hauptstadt des westlichen Teils des Herzogtums Kurland. Heute präsentiert sich Kuldīga als ein sehr hübsches Provinzstädtchen mit alten Holz- und Fachwerkhäusern.

Den **Rathausplatz** dominiert das neugotische **Rathaus** von 1860. Besonders schön restauriert wurde die ehemalige **Hofapotheke** in der Baznīcas iela. Darauf gelangt man zur **Katharinenkirche** aus dem 17. Jh. An der Südfassade befindet sich die Tür, durch die der kurländische Herzog die Kirche betrat. Im schlichten Inneren fallen die noch originale Kanzel und der Altar auf.

Nahebei rauscht der **Wasserfall** des Flüsschens Alekšupīte, auf dessen Höhe von 4 m die Kurländer in ihrem flachen Land sehr stolz sind. Rekordverdächtig ist eher die **Brücke** über die **Venta**, eine der längsten Backsteinbrücken Europas, von der sich die **Ventas rumba** gut präsentiert, die 2 m hohe, flussbreite Stromschnelle der Venta, die hier einst dem Schiffsverkehr flussaufwärts ein Ende setzte. Deshalb wurde hier im 17. Jh. ein Umleitungskanal gegraben.

Aus Backstein ist auch das **Herrenhaus** von 1904 in **Pelči (Pelzen)** ㉝, 6 km südlich. Es diente der Wehrmacht im Zweiten Weltkrieg als Kommandozentrale; eine Grundschule wurde später darin untergebracht. Reste des einst großzügigen Landschaftsparks kann man noch erahnen.

Durch die wunderschöne hügelige Landschaft mit ihren dunklen Wäldern kommt man 17 km nordwestlich von Kuldīga zur **Wasserburg Ēdole** (**Edwahlen**) ㉞. Jenseits des Sees ragt die mittelalterliche Bischofsburg mit ihrer rosafarbenen Fassade auf: ein verwunschenes Dornröschenschloss, das sich in Privatbesitz befindet und sich für stimmungsvolle Feste eignet. Seit dem 16. Jh. war die Burg im Besitz der Familie von Behr. Wie so viele Schlösser wurde auch Ēdole während der Revolutionswirren 1905 abgebrannt, die Familie ließ es aber in alter Form wieder errichten. Die evangelische **Kirche** im Ort besitzt eine ungewöhnliche Decke mit Verzierungen in Stalaktitenform.

Rechts: Ein wirklich malerischer Anblick – die Ventas-Stromschnelle bei Kuldīga.

 » Karte S. 156-157, Info S. 163

Foto: Kai-Ulrich Müller

Liepāja (Libau)

Die Landstraße von Ventspils nach Liepāja verläuft über viele Kilometer parallel zur Ostsee und lädt an der **Steilküste** zu Stopps ein. Einen besonders schönen Blick hat man beim Örtchen **Jūrkalne** ㉟ (Parkplatz bei der Kirche).

Mit 87 000 Einwohnern ist **Liepāja (Libau)** ㊱ die größte Stadt Kurzemes und die drittgrößte Lettlands. Entstanden im 13. h., entwickelte sie sich im 18. Jh., nach dem Niedergang von Ventspils, zum größten **Hafen** Kurlands. Im 19. Jh. wurde sie wegen des eisfreien Hafens und der strategischen Lage zum Industriestandort (Stahlwerk) und russischen Militärhafen ausgebaut (den 1945-92 die Rote Flotte nutzte) und bekam 1873 einen Eisenbahnanschluss. Heute besitzt das Zentrum eine hübsche **Fußgängerzone** in der **Tirgoņu iela**, an der noch einige alte **Holzhäuser** stehen. Die Parallelstraße **Zivju iela** zieren alte **Speicher** und Bronzeplatten mit Handabdrücken lettischer Musiker. Die Zeiten überdauert hat auch das **Peterhaus**, Kungu iela Nr. 24, in dem einst Peter der Große übernachtete. Die nahe **Annenkirche** aus dem 16. Jh. erhielt ihr jetziges Interieur Ende des 19. Jh. von Makss Pauls Berči (der auch die historische **Markthalle**, den Petermarkt, erbaute); erhalten ist jedoch der **Barockaltar**, einer der schönsten Lettlands, geschaffen 1697 von Nicolaus Söffrens, Holzschnitzer aus Windau.

Das größte protestantische Gotteshaus Lettlands ist die palastartige evangelische ★**Dreifaltigkeitskirche**, 1742-58 für die deutsche Gemeinde errichtet. Berühmt ist ihre **Grünebergorgel** von 1885: Mit 7000 Pfeifen und 131 Registern war sie lange die weltgrößte mechanische Orgel, und sie ertönt heute noch bei Konzerten.

Unvergesslich bleibt eine Nacht im historischen **Karosta-Militärgefängnis** (Invalidu 4) bei Gefängniskost; man kann es aber auch einfach nur tagsüber besichtigen. Die umfangreichen Kasernenanlagen des vormals russischen Kriegshafen-Stadtteils Karosta werden überstrahlt von den goldglänzenden

Foto: dinozaver (iStockphoto)

Kuppeln der ★**St. Nikolai-Kathedrale** („Meereskathedrale") von 1903, aus der Zeit von Zar Nikolaus II., der sie den russischen Matrosen stiftete. Das Innere wurde im I. Weltkrieg beschädigt, geplündert und zur Sowjetzeit zweckentfremdet: Die Kirche beherbergte damals Sportstätten und ein Kino, für das die Kuppel zugemauert wurde. Mittlerweile ist sie aufwändig restauriert.

Die **Nordmole** Karostas ragt 1800 m weit ins Meer hinaus.

Liepājas schöner, langer ★**Strand** ist aus feinstem weißen Sand, ausgezeichnet mit der „Blauen Flagge".

Nur 10 km östlich von Liepāja kann man in **Grobiņa** (**Grobin**) ㊲ die eindrucksvollen Ruinen einer **Ordensburg** aus dem 13. Jh. besichtigen.

47 km östlich von Grobiņa, auf dem Gut **Tāšu-Padure** (**Tels-Paddern**), in dessen **Gutshaus** sich heute die Grundschule des Ortes **Kalvene** ㊳ befindet, wurde 1855 der Schriftsteller *Eduard Graf von Keyserling* geboren Er erwähnte dieses Gutshaus in seinem Roman „Abendliche Häuser"; seine Werke spiegeln die untergegangene Welt kurländischer Landadliger wider.

Tierfreunde könnte der **Zoo Ciruli** westlich von Kalvene interessieren, in dem u. a. tibetische *Kiangs*, eine Halbeselart, gehalten werden.

Aizpute (**Hasenpoth**) ㊴ hat einige schöne **Holzhäuser**; mehrere kunstvolle baute der Hobby-Zimmermann Eduard Dambergs ohne Eisennägel. Im 13./ 14. Jh. war Aizpute kurländischer Bischofssitz. Seine Burg ist zerstört, aber gegenüber ist die **Ordensburg** als Ruine erhalten, mit sehenswerten Sgraffito (in den Putz eingeritzte Ornamente) in der Tordurchfahrt.

12 km nordwestlich steht in **Apriķi** (**Appricken**) ㊵ eine prachtvoll ausgestattete ★**Evangelische Kirche**. Im späten 17. Jh. erbaut, wurde die außen schlichte Kirche 1710 innen verschwenderisch ausgeschmückt, u.a. mit einer üppig bemalten Stalaktitendecke. Im Ort befindet sich die Grundschule im einstigen **Schloss** der Gutsherren, 1745 im Stil des Rokoko errichtet.

Das ehemals prächtigste Gebäude der Gegend war das klassizistische **Schloss Kazdanga** (**Katzdangen**) ㊶ der Barone von Manteuffel von 1800 (9 km östlich v. Aizpute). 1905 in der Revolution niedergebrannt, wurde es neoklassizistisch wieder aufgebaut und später nochmals restauriert. 1930-2009 war es Landwirtschaftsschule. Von der einst prachtvollen Innenausstattung wurde der Kuppelsaal erneuert, das Museum kann werktags besichtigt werden. Der weitläufige **Park** hat einen wertvollen Baumbestand.

Bei **Saldus** (**Frauenburg**, 100 km östlich von Liepāja) verlief die historische Grenze zwischen Kurland und Semgallen. 15 km nordöstlich liegt in einem Waldgebiet **Schloss Remte** (**Remten**) ㊷, das heute eine Grundschule beherbergt. Von den Ausmaßen des Landschaftsparks zeugen noch der **Jagdturm** und der **Badeturm** am See.

Oben: St. Nikolai-Kathedrale in Liepāja.

» Karte S. 156-157

KURZEME

Tukums (☎ 631)

Talsu iela 5, Tel./Fax 24451, www.visittukums.lv, www.turisms.tukums.lv.

Arkadia im Hotel Arkadia, gute baltische und internat. Küche in Wellness-Hotel, 12-24 Uhr, nördlich von Tukums an der Küste, Tel. 43130, www.hotelarkadia.lv.

Museum Šlokenbeka, Straßenbaumuseum, Mai-Okt. Di-Fr 9-16, Sa, So 10-17 Uhr, sonst nur Mo-Fr, Milzkalne, www.slokenbeka.lv. **Historisches und Burgmuseum Tukums**, Di-Sa 10-17, So 11-16 Uhr, Brīvības 19a, Tel. 24348. **Schloss Durbe**, Schloss- und Heimatmuseum, Di-Sa 10-17, So 11-16 Uhr, Mazā Parka 4, Tel. 22633. **Schloss Jaunmoku**, Forst- und Jagdmuseum, tägl. 9-17 Uhr, www.jaunmokupils.lv.

Talsi, Dundaga (☎ 632)

Talsi: Lielā iela 6, Tel. 24165, http://talsitourism.lv. Dundaga: Pils iela 14, Tel. 32293, http://visit.dundaga.lv. Nord-Kurzeme. Nationalpark Slītere: http://slitere.lv.

Anreka, Wildspezialitäten, Kareivju 16, Talsi, im Hotel Talsi. **Māra**, Pizzeria, im Sommer Biergarten, Lielā 16, Talsi. Restaurant **Zītari**, auch Hotel, 12-1 Uhr, Kolka.

Pedvāle Freilichtmuseum, Mai-Okt., 10-18, sonst 10-16 Uhr, 22 km südl. von Talsi, www.pedvale.lv. **Schloss Dundaga**, 15. Mai-15. Okt. Mo-Fr 9-17, Sa, So 11-17 Uhr, 35 km von Talsi.

Ventspils (☎ 636)

Dārzu iela 6, Tel. 22263, www.visitventspils.com.

Vilnis, gilt als bestes Restaurant der Stadt mit entsprechenden Preisen, im Hotel Vilnis, Talsu iela 5, Tel 68880. **TexMex** bringt einen Hauch von Mexiko in den Ort, man kann aber auch bodenständige Küche bestellen, Ganību iela 14, Tel. 07544. **Burgschenke Melnais sivēns** (Zum Schwarzen Ferkel), lettische Kost und Bier in mittelalterlichem Ambiente, 11-23 Uhr, Jāna iela 17, Tel. 22396, www.pilskrogs.lv.

Küsten-Freilichtmuseum, Mai-Okt. Di-So 10-18 Uhr, Riņķu 2, Tel. 24467, **Ordensburg** (Livonijas ordeņa pils), modern präsentierte Stadt-, Hafen- und Ordensgeschichte, Di-So 10-18 Uhr; Info für alle Museen: www.ventspilsmusejs.lv.

Kuldiga (☎ 633)

Baznīcas iela 5, Tel./Fax 22259, www.visit.kuldiga.lv, Mo-Fr 9-17, in der Saison auch Sa 10-16, So 10-14 Uhr.

Jāņa nams, gemütlich eingerichtetes Hotelrestaurant, gute Küche, Liepajas iela 36, Tel. 23456. **Stenders**, Restaurant und Bar in der Fußgängerzone, mit großer Auswahl – von Pelmeni bis Pizza, Außenterrasse, Tel. 23763, Liepajas iela 3.

Regionalmuseum Kuldīga, Stadt-, Sozialgeschichte, Spielkartensammlg., Di 12-18, Mi-So 10-18 Uhr, Pils iela 5. **Schloss Ēdole**, tägl. ab 8 Uhr, Programm, Besichtigung: Tel. 26228899, www.edolespils.lv.

Liepāja (☎ 634)

Rožu laukums 5/6, Tel. 80808, www.liepaja.lv, www.liepajaturisms.lv; http://liepaja.travel, Umland: www.grobinaturisms.lv, www.visitdurbe.lv, www.kazdangaspils.com. Viele Websites in Englisch und Deutsch.

ANFAHRT: Linienbusse v. Riga: 3-3,5 Std., Zug 1x tägl. v. Riga: 3 Std., Busstation und Bahnhof nördlich der City.

Pastnieka Māja, stille, künstlerisch gestaltete Oase in der Innenstadt, liebevoll gestaltete Details; kurländische Spezialitäten, Fr. Brīvzemnieka iela 53, Tel. 07521.
Barons Bumbier's, lettische Gerichte in rustikalem Interieur, tägl. ab 11 Uhr, Lielā ielā 13, Tel. 25411, www.baronsbumbiers.lv.
Prison Bar, regelm. Livemusik, Mo-Sa ab 16 Uhr, Stūrmaņu 1, Tel. 88510.

Orgel-Sommer Juli-Sept., **Open-Air-Konzerte** an der Liepāja-Promenade.

Foto: Willy Matheisl (Alamy / mauritius images)

LETTGALLEN UND LIVLAND

DAUGAVPILS (DÜNABURG)
LETTGALLER HÖHEN
LIVLAND
GAUJA-NATIONALPARK

LATGALE (LETTGALLEN) UND VIDZEME (LIVLAND)

Das „Bayern Lettlands“ nennen die Letten die östlichste Provinz ihres Landes, **Latgale** (**Lettgallen**). Die waldreiche, hügelige Landschaft mit saftigen Weiden und einer eher katholisch-konservativen, ihrem Brauchtum eng verbundenen Bevölkerung macht den Vergleich verständlich. Die Lettgaller haben gegenüber den westlichen Provinzen des Landes, vor allem aber in Riga, mit dem Vorurteil zu kämpfen, sie seien hinterwäldlerisch.

Die zahlreichen Seen im Südosten Lettgallens haben der Provinz auch den Namen „Land der blauen Seen“ eingetragen. Landschaftlich schön ist das Tal der Daugava (Düna), die an mehreren Stellen aufgestaut wurde, so dass der Eindruck einer Kette lang gestreckter Seen entsteht.

Nach der Auflösung des Livländischen Ordens wurde Latgale 1569 polnische Woiwodschaft. Im Gegensatz zu den übrigen Provinzen blieb es über 200 Jahre lang polnisch, bis es bei der Ersten Teilung Polens 1772 zu einem Teil Russlands wurde; eine große polnische Minderheit blieb im Land. Im lettischen Staatswappen wird Latgale heute durch eine Sonne im blauen Feld symbolisiert. Der silberne Greif im roten Feld steht für Vidzeme.

Nördlich und westlich an Lettgallen schließt sich die Provinz **Vidzeme** (**Livland**) an. Hochmoore, Berge, tief eingeschnittene Täler und Burgen über Burgen machen Vidzeme zu einer der landschaftlich schönsten und abwechslungsreichsten Regionen Lettlands. Der eine Autostunde von Riga entfernte Gauja-Nationalpark ist eine der großartigsten Touristenattraktionen des Landes. Aber auch der stille Nordosten der Provinz bietet außer dem höchsten Berg des Landes einsam gelegene Burgen und Schlösser in malerischer Landschaft.

An der Daugava (Düna)

Romantik ist am Ortsrand der ehemaligen Hansestadt **Koknese** (**Kokenhusen**) ㊸, 108 km östlich von Riga, zu finden. Der Ort gehörte schon im 13. Jh. zu einem kleinen Fürstentum. Albert, der Erzbischof von Riga, ließ hier eine steinerne Burg errichten, die später abwechselnd im Besitz von Polen, Russen und Schweden war. Im Großen Nordischen Kriegs wurde sie gesprengt. Die malerische **Burgruine** thronte imposant 40 m hoch über dem Fluss; seit

Links: Der Hauptplatz von Cesis mit der gotischen Johanneskirche (13. Jh.) – das beliebte Cēsu-Bier wird seit über 125 Jahren in dieser Stadt gebraut.

» Karte S. 166-167, Info S. 175

die Daugava angestaut wurde, steht sie halb im Wasser. Eine schöne **Eichenallee** führt in den Ort. Ein Burgmodell, Geschenk der Partnerstadt Wittingen, steht im Gemeindeamt. Auf einem kleinen Pfad am Ufer entlang kommt man zur Ruine.

Jēkabpils (**Jakobstadt**) 44 entstand erst 1962, als man die Städte Krustpils am rechten und Jēkabpils am linken Daugava-Ufer zusammenlegte. **Krustpils** (**Kreuzburg**) entwickelte sich um eine Burg des Rigaer Erzbischofs; zum **Schloss Krustpils** umgebaut, ist sie heute Teil des **Historischen Museums**.

In **Jēkabpils** am linken Ufer erlaubte Kurlands Herzog Jakob Kettler im 17. Jh. die Ansiedlung von Russen, „Altgläubigen", die die Reformen der russisch-orthodoxen Kirche ablehnten und dafür in Russland verfolgt wurden. Niedrige Holzhäuschen säumen hier ein originelles Gewirr enger Gassen. Sehenswert ist am Südufer der Daugava ein **Volkskundemuseum** im Freien, **Sēlu Sēta** (Filozofu iela): Es thematisiert das lettische Handwerk im 19. Jh.

Ein Abstecher führt 54 km südwestlich nach **Nereta** (**Nerft**) 45 an der litauischen Grenze. Die über 400 Jahre alte einschiffige evangelische **Kirche**, errichtet 1584-93, mit ihrem achteckigen **Turm** (17. Jh.) gehört zu den eindrucksvollsten der Region. Über dem Kircheneingang prangt das Wappen der Familie Effern als steinernes Relief, drinnen erinnern Grabplatten an sie.

50 km südöstlich, in **Subate** (**Subbath**) 46, steht ein weiteres ungewöhnliches evangelisches Gotteshaus. Der rechteckige Bau mit Walmdach und Ecktürmchen entstand 1686. Im Inneren beherbergt die **Kirche** einen schön geschnitzten **Altar** und eine Kanzel aus ihrer Entstehungszeit.

Breit sind die baumbestandenen Straßen im Schachbrettmuster, zweistöckig die Häuserreihen: **Daugavpils** (**Dünaburg**) 47 am rechten Düna-Ufer erinnert eher an eine russische Provinzstadt als an andere baltische Städte. Der

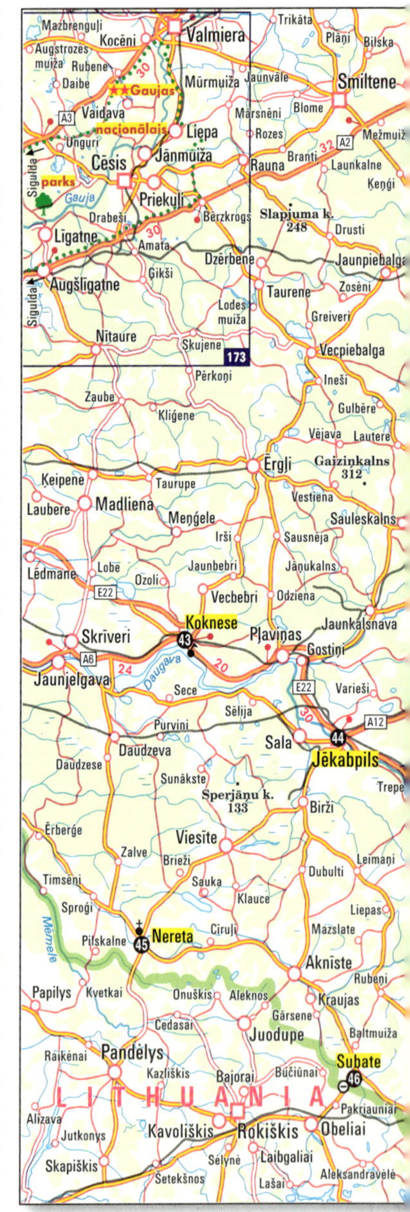

» Karte S. 166-167, Info S. 175

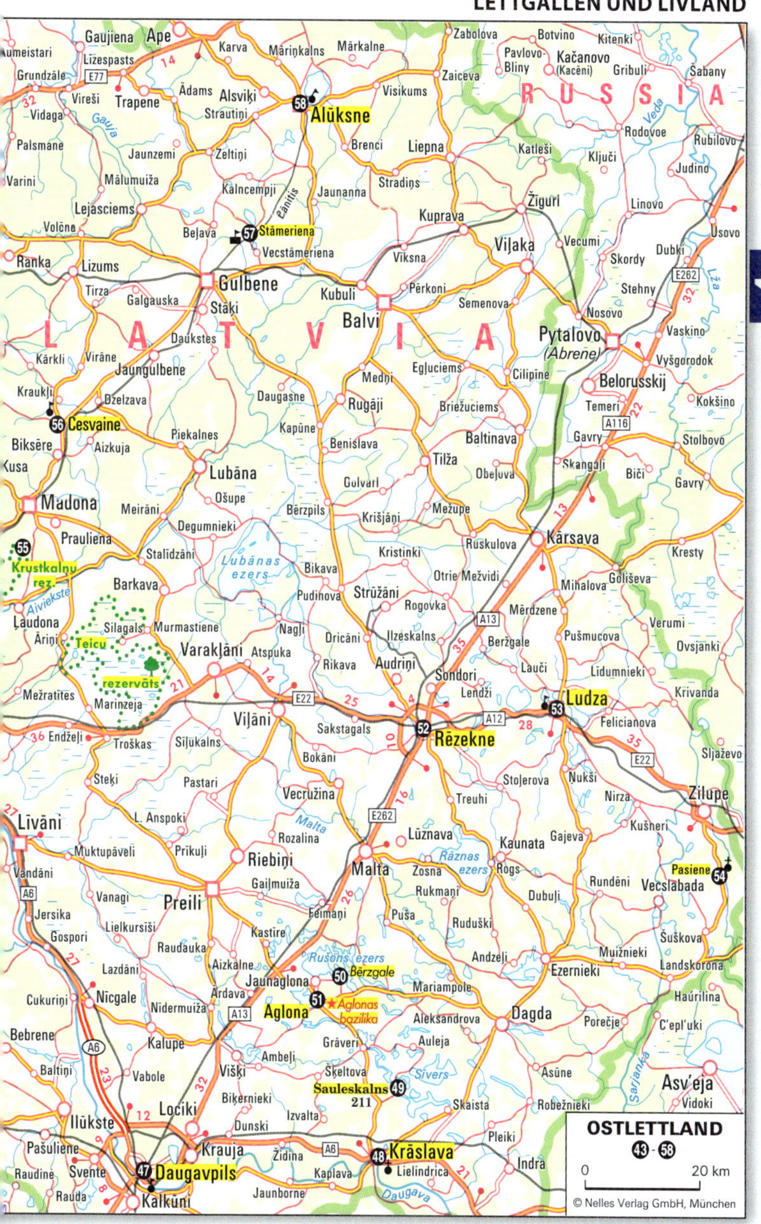
RUSSIA
LATVIA
Alūksne
Gulbene
Balvi
Viļaka
Pytalovo (Abrene)
Cesvaine
Madona
Lubāna
Lubānas ezers
Varakļāni
Viļāni
Rēzekne
Ludza
Kārsava
Zilupe
Līvāni
Preiļi
Riebiņi
Malta
Rāznas ezers
Aglona
Aglonas bazilika
Dagda
Krāslava
Daugavpils
Daugava
Sauleskalns 211
Teicu rezervāts
Krustkalnu rez.
Stāmeriena
Pasiene
Bērzgale
OSTLETTLAND
43 - 58
0 20 km
© Nelles Verlag GmbH, München

Foto: Kai-Ulrich Müller

Eindruck erklärt sich bei einem Blick in die Geschichte: Die heute mit etwa 100 000 Einwohnern zweitgrößte Stadt Lettlands entstand mit dem Bau der Ordensburg Dünaburg 1275. Der Ort wurde wiederholt zerstört und nach den Verheerungen des Livländischen Krieges im 16. Jh. endgültig nicht wieder aufgebaut. Aber der polnische König Stephan Bathory gründete eine neue Stadt gleichen Namens in der Nähe. 1772 kamen Stadt und ganz Lettgallen zu Russland. Die Russen bauten ausgedehnte Festungsanlagen und schleiften alte Stadtviertel. Das neue Zentrum hat bis heute seinen typisch „russischen" Charakter bewahrt. Im 19. Jh. wurde Daugavpils zum Eisenbahnknotenpunkt, was zu einem beachtlichen wirtschaftlichen Aufschwung führte. Für die Industriebetriebe wurden gezielt Russen angesiedelt, die heute über die Hälfte der Stadtbevölkerung stellen.

Sehenswert ist die **Festung** am Ufer der Daugava nördlich des Zentrums; sie entstand an der Stelle der ersten Dünaburg. Anfang des 19. Jh. vom Festungsbaumeister Heckel entworfen, wirkt sie mit Zitadelle, Kasernen, Kasematten, Bastionen und einem Spital wie eine Stadt in der Stadt. Im ehemaligen **Arsenal** erinnert das 2013 eröffnete **Mark Rothko Kunstzentrum** (Marka Rotko mākslas centra atklāšana) an den bekanntesten Sohn der Stadt (1903-1970). Seine jüdische Familie emigrierte 1913 nach Amerika. Jedes lettische Kind lernt im Kunstunterricht, die großformatigen Farbfeld-Bilder dieses bedeutenden Malers des 20. Jh. nachzuempfinden.

Ungewöhnlich nahe beieinander stehen diese drei Kirchen in Daugavpils: die orthodoxe **Boris-und-Gleb-Kathedrale** die mit schönen Ikonen aus dem 19. Jh., die evangelische **Martin-Luther-Kirche** von 1893, die nach einem Brand 1987 unter Leitung von Maija Avota im neugotischen Stil wieder aufgebaut wurde, und die katholische **Kirche der Unbefleckten Empfängnis** der Jungfrau Maria, 1902 erbaut.

Oben: In der Wallfahrtskirche von Aglona. Rechts: Ludza – überragt von Burgruine und Marienkirche.

» Karte S. 166-167, Info S. 175

Foto: proxyminder (iStockphoto)

Flussaufwärts bildet die Daugava im **Naturpark Daugavas loki** (Düna-Mäander) malerische Windungen. Am Anfang der Mäander im Osten liegt das mehrheitlich von Polen bewohnte Städtchen **Krāslava** (**Kraslau**) ㊽. Ursprünglich sollte die Stadt Bischofssitz werden; mit dem Bau der Kathedrale, der Ludwigskirche, war schon begonnen worden. Als aber diese Region an Russland kam, wurden die beiden geplanten Türme nicht mehr verwirklicht. Die dreischiffige **Kirche**, von dem Architekten Antonio Paracco aus Genua 1755-1767 erbaut, zählt zu den schönsten Barockbauten der Region.

Lettgaller Höhen

Das ★**Seengebiet** der südlichen **Lettgaller Höhen** überblickt man bei klarem Wetter am besten vom 211 m hohen **Sauleskalns** (**Sonnenberg**) ㊾, 15 km nördlich von Krāslava. Dort oben war schon in vorchristlicher Zeit eine lettische Kultstätte, die wahrscheinlich der Verehrung der Sonne diente.

Am Südufer des schönen **Rušons ezers** (**Ruschon-See**) liegt idyllisch auf einem Hügel die **Holzkirche** von **Bērzgale** (**Bersgall**) ㊿, 9 km nordöstlich von Aglona. Die äußerlich schlichte Kirche aus dem 18. Jh. ist innen reich geschmückt. Der freistehende kleine Glockenturm, 100 Jahre später gebaut, fällt durch seine originelle Form auf.

Der für Katholiken wichtigste Ort Lettlands ist die ★**Wallfahrtskirche von Aglona** (Aglonas Bazilika) 51. Hierher pilgern jedes Jahr Zehntausende zu Mariä Himmelfahrt am 15. August und versammeln sich zur Heiligen Messe auf dem weiten Areal vor der imposanten Kirche mit ihren beiden 60 m hohen Türmen. Auch Papst Johannes Paul II. besuchte 1993 die prachtvoll auf einer Anhöhe gelegene dreischiffige Basilika. Sie wurde vom Dominikanerorden, der hier 1699 ein Kloster gründete, errichtet und 1800 geweiht. Im Kircheninneren überwiegt in Rokokomanier bemalter Stuckmarmor in zarten Pastelltönen, als wundertätig verehrt wird die Ikone der Muttergottes mit Kind im Hochaltar.

» Karte S. 166-167, Info S. 175

Dass **Rēzekne** (**Rositten**) 52 eine über tausendjährige Geschichte hat, sieht man der Stadt heute nicht mehr an; sie wurde im Zweiten Weltkrieg fast völlig zerstört. Von der Ordensburg aus dem 13. Jh. sind nur noch kleine Mauerreste auf dem begrünten **Schlossberg** erhalten, die in der modernen Industriestadt etwas verloren wirken.

Dagegen ist in **Ludza** (**Ludsen**) 53 die hoch über Stadt und See gelegene Ruine der ★**Ordensburg** noch gut zu erkennen. Der Grundriss der Anlage auf einem Plateau 20 m über dem See ist leicht auszumachen. Besonders eindrucksvoll ist die gewaltige Ruine des mehrstöckigen Hauptturms, der sich über dem Steilhang erhebt. Die barocke katholische **Marienkirche** mit ihren zwei schlanken Türmen steht auch auf dem Gelände.

Ganz im Osten Lettgallens wirkt die besonders schöne ★**Rokokokirche** von **Pasiene** (**Possinja**) 54 mit ihren beiden Türmen wie ein katholischer Vorposten nahe der russischen Grenze. Die Heiligkreuzkirche wurde 1777 als Kirche eines (nicht erhaltenen) Dominikanerklosters geweiht. Liebhaber der Volkskunst werden ihre Freude an dem üppig mit Heiligenfiguren, Engeln und Putten ausgeschmückten Innenraum haben.

VIDZEME (LIVLAND)

Nordwestlich von Rēzekne trennt eine Senke mit ausgedehnten Mooren um den **Lubāns-See** (Lubahnscher See) die Lettgaller von den **Südlivländischen Höhen** (Vidzemes augstiene) im Westen. Die **Hochmoore von Krustkalni** 55 und **Teiči** (über 100 km²), ein wichtiger Rastplatz für Zugvögel, schützt man seit 1982 vor der Zerstörung durch Torfgewinnung. Im Bergland westlich des Städtchens **Madona** ragt der **Gaiziņkalns** heraus, mit 312 m Lettlands höchster Berg.

Rechts: Die Gauja (Livländische Aa) säumen steile Ufer und dichte Wälder.

Ein Geländewagen empfiehlt sich für das kaum besiedelte Moor- und Sumpfland – eine Wildnis voller Seen, Mooren, Bruchwald. Der Pfad durchs Naturschutzgebiet darf nur mit einem Führer betreten werden (Juni bis Oktober, Anmeldung nötig; Infos: www.madona.lv/turisms). Von einem Beobachtungsturm überblickt man das Terrain; hier leben noch Auerhähne, Luchse, Elche, Schwäne, Adler und die größte Population an Kranichen im Baltikum.

Nordwärts findet man in **Cesvaine** (**Sesswegen**) 56 ein besonders üppiges Beispiel historistischen Bauens: Der rustikale, mittelalterlich anmutende Traum von einer **Burg** aus grauen Granitblöcken wurde Ende des 19. Jh. für Adolf von Wulf verwirklicht. Jahrzehntelang beherbergte sie eine Schule, die nun in einem Neubau untergebracht ist. Die Ausstattung des Erdgeschosses mit imposanten Decken und **Jugendstilmalereien** ist erhalten. Das Schloss wird als Eventlocation vermietet und kann im Rahmen einer Führung besichtigt werden.

12 km nordöstlich von Gulbene führt eine prachtvolle Lindenallee zum idyllisch gelegenen **Schloss Stāmeriena** (**Stomersee**) 57 aus dem Jahr 1905 mit seinem großzügigen Landschaftspark.

Eisenbahnfans legen mit Vergnügen die 33 km von Gulbene nach **Alūksne** (**Marienburg**) 58 in 1 Stunde 25 Min. zurück – mit der historischen **Schmalspurbahn „Bānitis"** von 1903.

Hier im äußersten Nordosten Vidzemes übersetzte im 17. Jh. Pastor **Ernst Glück** die Heilige Schrift erstmalig ins Lettische. Zwei **Eichen** erinnern an der Hauptstraße Pils iela an sein Wirken; er pflanzte die eine, nachdem er 1685 das Neue Testament übersetzt hatte, die andere 1689 nach Vollendung der Arbeiten am Alten Testament. Im Wahrzeichen Alūksnes, der ★**Evangelischen Kirche** mit ihrem 55 m hohen, mit Granitplatten verzierten Turm, wird die Ausgabe einer lettischen **Bibel** von 1694 aufbewahrt. Der klassizistische

 » Karte S. 166-167, Info S. 175

Foto: Aleksey Stemmer (Shutterstock.com)

Bau, errichtet 1781-1788, stammt vom Rigaer Architekten Christian Haberland, der auch die Innenausstattung übernahm. Das **Bibelmuseum** im Haus der Touristeninformation erinnert an Ernst Glück (Ernsta Glika).

Auf einer **Insel** im See Alūksne umgeben die **Ruinen der Marienburg** heute eine Freilichtbühne; 1342 gegründet, wurde die Burg von ihren schwedischen Verteidigern im Großen Nordischen Krieg 1702 gesprengt.

★★Gauja-Nationalpark

Bären beobachten (in Līgatne), Burgen besichtigen, Bungee-Jumping – der ★★**Gauja-Nationalpark** (Gaujas nacionālais parks) bietet für jeden Geschmack etwas. Teile der ★★**Talschlucht der Gauja** (**Livländische Aa**) wurden schon um 1930 unter Naturschutz gestellt. Seine heutige Ausdehnung von 917 km^2 erhielt der größte Nationalpark des Baltikums 1973.

Die grandiose Landschaft des Gauja-Urstromtals, mit über 30 m hohen Sandsteinfelsen, Grotten und Höhlen bietet Freizeitattraktionen ersten Ranges. Im Territorium des Parks münden 13 größere Flüsse in die Gauja. Der schnellste ist die Amata mit einem Gefälle von 8 Höhenmetern. Das Gebiet wird auch **Livländische Schweiz** genannt: Als Zar Alexander II. 1862 hier weilte, rief er beim Anblick von Bergen und Schluchten: „Genau wie die Schweiz!" Seitdem heißt jener Aussichtspunkt „**Kaiserstuhl**".

Man kann im Gauja-Park an geführten Wanderungen und Tierbeobachtungen teilnehmen, zu Fuß oder zu Pferde. Die Touristenbüros haben zuverlässiges Kartenmaterial. Die **Wanderwege** im Park sind gut ausgeschildert, einige sind rollstuhlgeeignet. Zur Fischsaison kann geangelt werden. Für Sportliche werden **Kanu- und Floßfahrten** die Gauja hinab organisiert. Für Kanuten gibt es ca. 20 Rastplätze an den Ufern. Wer Nervenkitzel liebt, stürzt sich am **Bungee-Seil** von Gondelbahn oder **Gauja-Brücke** oder saust beim linken Gauja-Ufer in rasendem Tempo über die

» Karte S. 173, Info S. 175

Foto: Ksenija Toyechkina (Shutterstock.com)

Bobbahn – im Sommer auf Schlitten mit Rädern – oder erlebt Weltraumflair im Windkanal **Aerodium**.

Ein guter Ausgangspunkt zum Besuch des Parks ist der Ferienort **Sigulda** (**Segewold**) 59. Hoch über dem **Gauja-Tal** errichteten hier die Schwertbrüder 1207-1226 eine **Ordensburg**, deren Reste noch zu sehen sind (teilweise restauriert). Davor steht das so genannte **Neue Schloss** (1888). Das viel besuchte Städtchen entstand als Sommerfrische, 50 km von Riga, vor gut 100 Jahren.

Auf der anderen Seite der Gauja liegt **Krimulda** (**Kremon**). Schwindelfreie benutzen die **Gondelbahn**, deren 1200 m langes Seil die beiden Orte miteinander verbindet. Schon von weitem sieht man das frühere **Schloss** der Fürsten von Lieven liegen, das eine Reha-Klinik beherbergt. Die Ruine jener **Bischofsburg**, die der Bischof von Riga hier auf der rechten Gauja-Seite in Sichtweite der Ordensburg hatte errichten lassen, hinterließ malerische Ruinen im Wald.

Unübersehbar wird das Tal der Gauja dominiert von der ★**Burg von Turaida** (**Treyden**) 2 km flussaufwärts. Als ein hölzerner Vorgängerbau abbrannte, errichtete der Bischof von Riga ab 1214 an gleicher Stelle die Burg „Fredeland", die später in „Treyden" umbenannt und 1776 durch einen Brand zerstört wurde. In den 1950er Jahren begann man mit dem Wiederaufbau der Anlage. Das **Burgmuseum** dokumentiert die Geschichte der Liven. Ein kleines Kunststudio bietet authentischen lettischen Schmuck mit Informationen über die Bedeutung des Designs. Vom **Bergfried** hat man eine grandiose Aussicht über das Gauja-Tal.

Auf dem Weg dorthin passiert man das **Grab der „Rose von Turaida"**. Die Geschichte über die 1620 gestorbene Maija, wegen ihrer Schönheit „Rose von Turaida" genannt, handelt von ihrer Liebe zum Gärtner Viktor. Allerdings verliebte sich in die Schöne auch ein polnischer Offizier, der sie zu einem

Oben: Über dem Tal der Gauja thront die Burg von Turaida (Treyden) – ein beliebtes Ausflugsziel (nahe Sigulda).

» Karte S. 173, Info S. 175

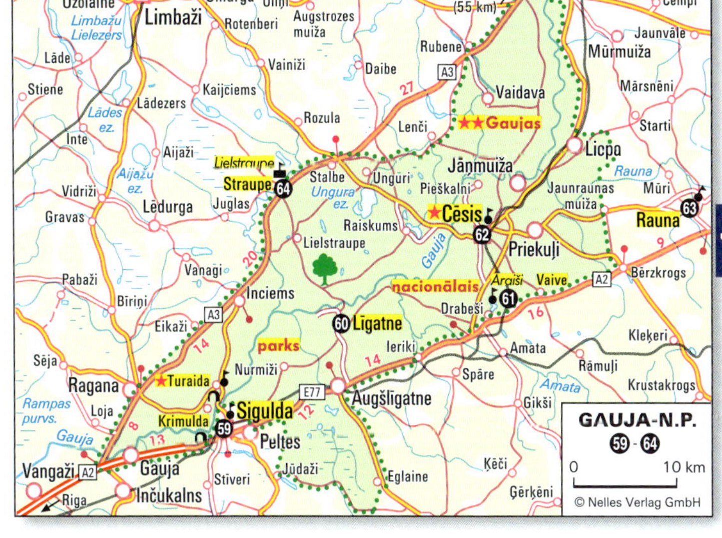

Stelldichein lockte. Dort traf Maija statt auf den von ihr erwarteten Liebsten auf den Offizier, der sich nicht abweisen ließ. Die verzweifelte Maija behauptete daraufhin, ihr Halstuch mache sie unverwundbar, er könne es ausprobieren, woraufhin er ihr mit dem Schwert den Kopf abschlug. Frisch Verheiratete fahren heute am Hochzeitstag dorthin und legen Blumen nieder, in der Hoffnung, dieselbe starke ewige Liebe zu erfahren.

Mit dieser Sage sind noch weitere Plätze im Gaujatal verbunden. So soll **Viktor** die nach ihm benannte **Höhle** unterhalb von Turaida gegraben haben, damit seine Geliebte ihn von dort aus sehen konnte. Daneben befindet sich die **Gūtmaņa Ala** (**Gutmannshöhle**), mit 19 m Länge und einem Mundloch von 12 x 10 m die größte im Baltikum. Hier sollen sich die Liebenden mehrfach getroffen haben. Sie entstand, nach einer Sage, als ein Livenfürst seine untreue Ehefrau an die Sandsteinfelsen kettete. Ihre Tränen wuschen die Höhle aus dem Gestein. Nach einer anderen Sage soll ein weiser und guter Mann das Wasser der Höhle genutzt haben, um Kranke zu heilen. **Höhlenzeichnungen** aus dem 17. Jh. sind hier noch zu sehen. Im Inneren der Höhle entspringt eine kleine Quelle.

Flussabwärts trifft man auf die **Velna Ala** (**Teufelshöhle**). Der Höllenfürst wurde hier einmal vom Sonnenaufgang überrascht und grub sich rasch einen Notzugang in sein finsteres Reich.

Nur 500 m von der Burg Turaida entfernt liegt die **Maza Ala** (Kleine Höhle) – eine fantastische Sandsteinhöhle. Am Eingang sprudelt eine Stauquelle, und aus einem engen Schlupf kommt ein beachtlicher Höhlenbach.

Die hiesigen Pflanzen und die ursprünglichen Bewohner der Region, Bären, Wisente, Luchse und Wildschweine (im **Wildgehege**), kann man am besten auf den **Naturpfaden von Līgatne** **60** ca. 20 km stromaufwärts beobachten (ab Parkinformation gibt es Wanderwege und eine Autoroute).

Im **Archäologischen Freilichtmuseum** von **Āraiši** (**Arrasch**) **61** nahe dem Ostrand des Parks und der Hauptstraße

» Karte S. 173, Info S. 175

Foto: Aleksey Stemmer (Shutterstock.com)

A2 kann man sogar aktiv mitmachen. Zum Schutz vor Überfällen errichteten die Lettgaller im 9. Jh. auf einer Insel im See ein eisenzeitliches hölzernes **Wehrdorf**, dessen Überreste 1876 entdeckt wurden; einige dieser Blockhütten wurden nachgebaut; in ihnen demonstrieren historisch gekleidete „Lettgaller" heute die Handwerke und Tätigkeiten aus damaliger Zeit. Auch eine Windmühle und eine Töpferei sind zu besichtigen. Südlich davon ist die **Ruine einer Ordensburg** aus dem 14. Jh. zu sehen. Im nahen **Vaive** gibt es ein **Bienenmuseum** zur traditionellen Imkerei.

Mitten im Nationalpark wartet die alte Hansestadt **Cēsis** (**Wenden**) ❻❷ mit der besterhaltenen ★**Ordensburg** (1207) Lettlands auf. Drei Türme hatte der im frühen 13. Jh. begonnene Bau, von denen der Westturm mit dem Wohnraum des Ordensmeisters ein schönes Sterngewölbe aufweist. Die imposanten Mauern der Burg, zum Teil in voller Höhe erhalten und über 4 m dick, zeugen noch heute von der Wehrhaftigkeit der Anlage. An der Burg befindet sich das 2012 restaurierte **Neue Schloss** (18./19. Jh.) mit einem **Geschichts- und Kunstmuseum**. Die **Altstadt** von Cēsis blieb im Krieg verschont; die ★**Johanniskirche**, 1284 als Hauptkirche des Ordens geweiht, ist die größte gotische Kirche außerhalb Rigas; kunstvoll ist das **Grabmal des Bischofs Nidecki** von 1588 in der Sakristei. Beliebt ist das hiesige *Cēsu-Alus*-Bier.

Oben: Schloss Lielstraupe, das Barockschloss von Straupe am Westrand des Gauja-Nationalparks.

Historisch bedeutend ist **Rauna** (**Ronneburg**) ❻❸, 20 km östlich, wo sich die Sommerresidenz der Rigaer Bischöfe befand. Von der prachtvollen **Burganlage** sind nach ihrer Zerstörung 1657 eindrucksvolle Reste geblieben.

Ein weiteres Kulturdenkmal findet man in **Straupe** ❻❹ am Westrand des Nationalparks: Das **Schloss Lielstraupe** (**Groß-Roop**) hat seinen Ursprung im 14. Jh., als Burg und Kirche als ein verbundener Gebäudekomplex errichtet wurden. Nach Zerstörungen im Großen Nordischen Krieg wurde das Schloss ab 1727 im Stil des Barock neu aufgebaut. Es ist baufällig und kann derzeit nicht besichtigt werden (eventuell Schlüssel für die barocke ★**Schlosskirche** auf Nachfrage).

Gut 50 km nördlich des Gauja-Nationalparks befindet sich ein weiteres beliebtes Ausflugsziel: das romantische **Tal der Salaca** (**Salis**). Hauptort ist hier **Mazsalaca** (**Salisburg**). Der Fluss hat sich im Lauf der Zeit eine tiefe **Schlucht** durch den farbigen Sandstein gebahnt, von den Steilhängen genießt man prachtvolle Ausblicke. Viele Plätze im Tal sind mit Sagen verbunden – so kann, wer nicht vorsichtig ist, bei der **Werwolfkiefer** (Vilkaču priede) für immer in ein reißendes Tier verwandelt werden. Vorbei an **Teufelshöhle** und **Teufelskanzel** kommt man zum **Tönenden Berg** (Skaņais kalns). Er trägt seinen Namen zu Recht: Hier gibt es ein ganz besonderes Echo (Flussführer unter http://tourism.salacgriva.lv).

 » Karte S. 173

Jēkabpils (☎ 652)

Brīvības iela 140/142, Tel. 33822, www.jekabpils.lv.

Gaļas nams, Café, Konditorei, schöne Terrasse, Viestura 35. **Luiize**, Hotel-Restaurant, Brīvības 190.

Historisches Museum, Mai-Okt. Mo-Fr 9-18, Sa, So 10-17, sonst Mo-Fr 9-17, Sa 10-16 Uhr, Rīgas iela 216 b.

Daugavpils (☎ 654)

Mai-Sept. tägl., sonst Mo-Sa, Rīgas 22a, Tel. 22818, www.visitdaugavpils.lv.

Mark Rothko Art Center, Di, So 11-17, Mi-Sa 11-19 Uhr, Mihailā ielā 3, www.rothkocenter.com.

Gubernators, gemütl., gute Küche, tgl. ab 11 Uhr, Lāčpleša 10, Tel. 22455.

Ludza (☎ 657)

Baznīcas 42, Tel. 07203, www.ludza.lv, http://turisms.ludza.lv.

Alūksne (☎ 643)

Pils ielā 25A, Tel. 22804, Di-Fr. 9-17, Sa 10-15 Uhr, http://tic.aluksne.lv.

Pie Martas, beliebtes Sommercafé am See, Pilssalas ielā 4, Tel. 22572. **Pajumte**, Café, auch warme Speisen, Pils 68.

Sigulda (☎ 679)

Ausekļa 6, Tel. 71335, www.tourism.sigulda.lv, Mai-Okt. 9-19, sonst 9-18 Uhr.

BUS: Rīga–Sigulda ca. stdl., 75 Min. Sigulda – Turaida – Krimulda alle 30 Min.
BAHN: ca. 7-mal tgl., 70 Min.

Aparjods, rustikal, lettische Spezialitäten, Ventas 1a, Tel. 74414. **Kaķu Māja**, nettes Bistro i. Zentr., Pils 8, Tel. 50104.

Burg Turaida, Mai-Sept. 9-20, sonst 9/10-17/19 Uhr, Tel. 71402, www.turaida-muzejs.lv. **Naturpfade Līgatne**, Mo-Fr 9-18, Sa, So 9-19 Uhr, 5 km langer Weg, Wildtierbeobachtung, Aussichtsturm, auch Auto- u. Fahrradroute; Infozentrum Gauja-Nationalpark, Tel. 283-28800, www.gnp.lv, tägl. 9-17 Uhr., Mai-Okt. länger.

GAUJA-NATIONALPARK: **Führung**: 1 Tag vorher anmelden, www.gnp.lv.
Kanu-/ Floßfahrten: Makara tūrisma birojs, Peldu 2, www.makars.lv, hier auch Fahrrad-, Zelt- u. Bootsverleih.

VERANSTALTUNGEN: Juni: **Sonnenwend-Volksfest** Turaida, **Kremerata Baltica**, Sigulda; Juli: **Blues-Festival**, Sigulda; August: **Internationales Opernfestival**, Sigulda.

Cēsis (☎ 641)

Pils lauk. 9, Tel 21815, www.tourism.cesis.lv; Mai-Sept. tägl., sonst Di-So.

Zug- und Busverbindung Riga – Cēsis (1 Std. 40 Min.) mehrmals täglich, Station im Zentrum von Cēsis.

Aroma, Riesenauswahl an Kaffee u. Tee, Snacks, Lenču iela 4, Tel. 02277. **Cafe 2 Locals**, Pub u. Restaurant mit regionaler Küche, Rigas 24a, Tel. 283-77783.

Burg Cēsis, Mai-Sept tägl. 10-18 sonst Di-So 10-17/16 Uhr. **Archäologisches Freilichtmuseum Āraiši**, April-Okt. tgl. 9-19, sonst Mi-So 10-16 Uhr, nahe A2 bei Drabeši, Tel. 07080.

VERANSTALTUNGEN: am 21. Juni: **Kunstfestival**

Valmiera (☎ 642)

Rīga iela 10, Tel. 07177, http://visit.valmiera.lv.

Active Tourism Centre „Eži", Beātes iela 30a, Tel. 07263, www.ezi.lv: Infos über ganz Vidzeme, Führungen, Kanu- u. Radtouren, Abenteuertouren, Nachtwandern, Klettergärten, Boots-, Rad-, Zeltverleih, Unterkunft, – empfehlenswerte Website für Individualtouristen.

Arne Ader

Herbststimmung bei Rõuge (Südost-Estland)

Foto: Knut Liese

ESTLAND IM ÜBERBLICK

Tere päevast! Guten Tag! Schon bei der Begrüßung merkt man, dass dieses Land sich in einem Punkt wesentlich von den anderen Baltischen Staaten unterscheidet: Die Esten gehören zu den finno-ugrischen Völkern und haben eine dem Finnischen verwandte Sprache. Die Nähe zu den Vettern jenseits des Finnischen Meerbusens macht sich auch in der Architektur bemerkbar: Auf dem Land sieht man oft bunte skandinavische Holzhäuser, die im Küstenbereich sogar die schwedentypische Färbung falunrot/weiß aufweisen.

Im Vergleich zu Litauen und Lettland besitzt das kleine Land der Esten viele landschaftliche Superlative: mit 1390 km die längste Küste des Baltikums und mit über 1500 die meisten Inseln, darunter mit Saaremaa die größte baltische Insel. Der Suur Munamägi ist der höchste Berg (318 m), der Peipus-See der größte See. Das Land verfügt als einziges im rohstoffarmen Baltikum über eine Ressource zur Energiegewinnung: Ölschiefer.

Estland ist der nördlichste der drei Baltischen Staaten. Er grenzt im Süden an Lettland und im Osten an Russland, wo der Peipus-See seit Jahrhunderten die natürliche Grenze bildet. Die 45 226 km² dieses kleinsten Baltischen Staates sind überwiegend eben, mit einigen Hügelgebieten. 20 % des Festlandes sind feuchte Niederungen, 5 % der Landesfläche Seen. Gut ein Viertel des Landes ist mit Wald bedeckt. Estland hat ca. 1,3 Mio. Einwohner, davon sind 70 % Esten und 25 % Russen.

Geschichte

Die Besiedlung dieser Region begann etwa um 7000 v. Chr. Finno-ugrische Stämme wanderten um 3000 v. Chr. ins nördliche Baltikum ein. Schon Tacitus erwähnt die *Aestii* etwas ungenau als ein Volk nördlich der Germanen. Die Esten im Landesinneren lebten von Viehzucht und Ackerbau, die Küstenbewohner betrieben Handel mit den Ostseeanrainern und Seeräuberei.

Alt-Livland entsteht

Nach der Missionierung des Baltikums auf lettischem Gebiet im 13. Jh. eroberte Bischof Albert von Buxhoeveden auch die heidnischen estnischen Gebiete. In Abstimmung mit Bischof Albert begannen die Dänen mit der Einnahme Nordestlands. 1227 gehörte der Westen und Süden Estlands, zusammengefasst im Bistum Ösel Wiek, zum Ordensstaat Livland; der Norden des Landes wurde von den Dänen beherrscht. Damit kehrte aber kein Frieden ein, denn die Esten versuchten immer wieder, die Fremdherrschaft abzuschütteln. Die letzten Aufstände 1343 schlugen die Ordensritter während der sog. „Georgsnacht" blutig nieder.

Der dänische König Waldemar IV. Atterdag verkaufte wenig später sein estnisches Herzogtum an den Deutschen Orden, damit hatte der geistliche Staat Livland seine größte Ausdehnung erreicht. Er entsprach etwa dem Gebiet der heutigen Staaten Estland und Lettland. Die günstige Lage Estlands, durch das die Handelsrouten nach Nordrussland verliefen, bewirkte in den kommenden Jahrhunderten eine wirtschaftliche Blüte; allein vier estnische Städte wurden Mitglieder im Bund der Hanse (Reval, Pernau, Fellin, Dorpat). Ihre bedeutendste wurde schon bald Reval (Tallinn) als wichtigster Umschlagplatz für Waren aus westlichen Ländern im Handel mit der russischen Hansestadt Novgorod. Reval verdankte seinen Aufstieg auch dem Dänenkönig Waldemar IV. Atterdag, der 1361 die mächtige Hansestadt Visby auf Gotland zerstörte und so den größten Konkurrenten Revals ausschaltete. Esten allerdings profi-

Links: Sonnwendfeier im Estnischen Freilichtmuseum Rocca al Mare.

Foto: Bernd Helms

tierten kaum vom Reichtum, denn der Handel lag in den Händen deutscher und skandinavischer Hansekaufleute. Auch der estnischen Landbevölkerung wurden alle Rechte genommen; sie wurden faktisch zu Leibeigenen.

Größere Freiheiten versprach die Reformation: Sie verbreitete sich ab 1521 deshalb schnell auf dem Land. Auch die Stadtbürger bekannten sich zu dem neuen Glauben: Sie wollten sich der Herrschaft des Ordens und der Bischöfe entledigen. 1535 erschien der lutherische Katechismus als erstes Buch in estnischer Sprache. Die Macht des Livländischen Ordens war gebrochen.

Estland wird schwedisch

Für den Untergang Alt-Livlands ist Zar Ivan IV. der Schreckliche verantwortlich. Russland besaß keinen direkten Zugang zur See, und so ließ der Zar 1558 sein Heer in Livland einmarschieren, um die Ostseehäfen zu erobern. Der Livländische Krieg zog sich mehr als 20 Jahre hin.

Ein kurioses Detail aus den Wirren dieser Zeit ist die Geschichte des Reichs von Põltsamaa: Der Bischof von Ösel-Wiek hatte nach dem Ausbruch des Kriegs die Insel Ösel an den dänischen König verkauft, der übertrug sie wiederum seinem Bruder, Herzog Magnus. Daraufhin ernannte Zar Ivan der Schreckliche den Herzog zum König von Livland. Magnus heiratete eine Verwandte des Zaren und erwählte das Städtchen Põltsamaa in Estlands Mitte zu seiner Residenz. Er herrschte allerdings über kaum mehr als die dort von ihm ausgebaute Festung – ein König ohne Land: Estland war von fremden Heeren besetzt. Mit dem Ende des Livländischen Krieges im Jahr 1582 verschwand dieses Königreich genauso schnell, wie es entstanden war.

Der Norden Estlands wurde nun schwedisch, der Süden kam unter polnische Hoheit. Frieden herrschte jedoch nicht, denn nun kämpften diese beiden

Oben: Im Ratssaal des Tallinner Rathauses sind aufschlussreiche Schnitzereien zu bewundern.

Mächte um das im Verlauf des Krieges verwüstete Land.

Ab 1645 besaßen die Schweden ganz Estland. Ihre Reformen schränkten die Rechte der zumeist deutschen Großgrundbesitzer ein und ermöglichten Esten den Schulbesuch. An der von Gustav II. Adolf 1632 gegründeten Universität von Dorpat (Tartu) konnten auch Esten studieren. Die Lage der estnischen Landbevölkerung änderte sich allerdings kaum, da die Schollenpflichtigkeit weiter bestand.

Russische Ostseeprovinz

Russland hatte den Wunsch auf einen Zugang zur Ostsee nie aufgegeben, so begann Zar Peter der Große 1700 den Großen Nordischen Krieg. Nach seinem Sieg wurde Estland 1721 russische Provinz. Die Zaren gaben dem Adel alle von den Schweden beschnittenen Rechte zurück, während die estnische Landbevölkerung verelendete. Unter dem aufgeschlossenen Zar Alexander I. wurde bis 1819 die Leibeigenschaft aufgehoben. In der 2. Hälfte des 19. Jh. erhielten die Bauern das Recht, Land zu kaufen; das Fronsystem wurde abgeschafft. Damals entwickelte sich eine eigenständige estnische Nationalkultur.

Die Unterdrückung der Esten durch die deutschbaltische Oberschicht einerseits und die Russifizierung andererseits schürte das erwachende Nationalbewusstsein. Zentrum der neuen Bewegung war die Universität von Tartu, die 1802 den Lehrbetrieb wieder aufnahm. Hier entstanden in der Mitte des 19. Jh. Studenten- und Gelehrtenzirkel, die sich der nationalen Identität und der Kultur des estnischen Volkes widmeten, indem sie u. a. alte Sagen, Mythen und Lieder sammelten. 1869 feierten die Esten in Tartu das erste gesamtestnische Liederfest als Zeichen ihrer kulturellen Eigenständigkeit. Estlands blau-schwarz-weiße Nationalflagge war ursprünglich Corpsfahne des Bundes estnischer Studenten.

Erste Unabhängigkeit

Noch im Ersten Weltkrieg war Estland ein Teil Russlands. Nach der Abdankung des Zaren im März 1917 sahen die Esten eine Chance für ihre Unabhängigkeit und wählten im Juli einen Landtag, den *Maapäev*. Ein Parlament ohne Befugnisse, denn nach der Oktoberrevolution in Russland ergriffen ebenfalls in Estland die Sowjeträte die Macht. Allerdings konnten sie sich nicht lange halten, denn deutsche Truppen rückten nach Estland vor. Die vom *Maapäev* vorbereitete Unabhängigkeitserklärung wurde in aller Eile daraufhin am 24. Februar 1918 im noch nicht besetzten Tallinn verkündet. Konstantin Päts war als Ministerpräsident vorgesehen, aber schon am nächsten Tag marschierten die Deutschen in Tallinn ein.

Um ihre Unabhängigkeit mussten die Esten noch hart kämpfen, denn die Deutschen übergaben zwar nach ihrem Rückzug im November die Macht an die provisorische Regierung, aber zeitgleich fielen sowjetische Truppen ins Land ein. Auf Seiten der Esten kämpften gegen die russischen Invasoren auch deutschbaltische Regimenter und die „weiße" Armee des russischen Generals Nikolai Judenitsch. Auch das Ausland kam den bedrängten Esten zu Hilfe. Finnische Freiwillige und ein britischer Flottenverband unterstützten die junge Republik bei ihrem erfolgreichen Kampf gegen die Rote Armee.

Am 2. Februar 1920 verzichtete Sowjetrussland endlich auf alle Ansprüche: Estland war zum ersten Mal in seiner Geschichte ein unabhängiger Staat. Die Grenze zu Lettland bestimmte man durch die Sprachzugehörigkeit der Bewohner, denn in Livland hatte es bis dahin keine Grenze gegeben. Am 22. September 1921 wurde die Republik Estland Mitglied im Völkerbund.

Die Regierung unter Konstantin Päts verfügte eine Agrarreform, die es estnischen Bauern ermöglichte, endlich auf eigenem Grund und Boden zu

Foto: Arne Ader

wirtschaften. Damit waren die deutschbaltischen Großgrundbesitzer faktisch enteignet, sie genossen allerdings immer noch Minderheitenschutz. Erstmals wurde Estnisch Unterrichtssprache. Politisch erwies sich die Republik jedoch zunehmend als instabil, ab März 1934 regierte Ministerpräsident Päts das Land wie ein Diktator.

Estland als Teil der Sowjetunion

Das Schicksal des unabhängigen Estland war durch den Hitler-Stalin-Pakt vom 23. August 1939 und dessen Zusatzprotokolle besiegelt. Hitler verfügte die Ausschaffung der Deutschbalten „heim ins Reich" und bis Sommer 1941 mussten rd. 20 000 Deutsche in Umsiedlungsaktionen Estland verlassen.

Die Sowjets ergriffen die Macht und errichteten an strategisch wichtigen Plätzen der Ostseeküste Militärstützpunkte. Der stalinistische Terror erfasste die Bevölkerung, vor dem 60 000 Esten nach Schweden und Deutschland flohen. Allein in der Nacht des 14. Juni 1940 wurden 11 000 Esten nach Sibirien und in den Ural verschleppt – die wenigsten überlebten. Als im Spätsommer 1941 deutsche Wehrmachtsverbände in Estland einmarschierten, begrüßten die Esten sie deshalb als Befreier von Stalin und viele schlossen sich den deutschen Truppen an, einige kämpften auch in Verbänden der Waffen-SS.

Aber Narva war die erste baltische Stadt, die die Rote Armee im Januar 1944 zurückerobern konnte – bald war ganz Estland wieder sowjetisch.

Nach dem Krieg wurde die Landwirtschaft zwangskollektiviert und Schwerindustrie angesiedelt. Besonders die Ölschiefervorkommen wurden ohne Rücksicht auf die Umwelt abgebaut. Mit der Ansiedlung von Militär und russischen Arbeitern, v. a. in den Industriegebieten um Kohtla-Järve, begann eine gewaltsame Russifizierung des Landes. Über 90 % der Einwohner Narvas sind

Oben: Kraftwerke bei Narva aus der Sowjetzeit. Rechts: Sängerfest in Tallinn – Symbol estnischen Nationalbewusstseins.

Foto: Arne Ader

heute noch Russen. Russisch wurde Schul- und Amtssprache.

Insgesamt hat Estland in 20 Jahren durch den 2. Weltkrieg, Deportationen und Emigration fast ein Viertel seiner Bevölkerung verloren. Allein im März 1949 wurden über 20 000 Esten von den Sowjets in Arbeitslager nach Sibirien deportiert, wo viele umkamen. Diese Schrecken sind unvergessen, denn fast jeder Este hat Familienmitglieder verloren. So sind die Daten der Deportationen heute nationale Trauertage. Wiedergutmachungsansprüche Estlands oder der übrigen Baltischen Staaten lehnt Russland strikt ab.

Gorbatschov und die Unabhängigkeit

Wie Letten und Litauer protestierten auch die Esten gegen die Sowjetmacht wegen geplanter industrieller Großprojekte. Im Nordosten sollten Phosphoritvorkommen in noch größerem Umfang abgebaut werden, was nicht nur zu einer erneuten Ansiedlung russischer Arbeiter geführt hätte, sondern auch zu katastrophalen Umweltschäden.

An den Jahrestagen des Hitler-Stalin-Paktes kam es zu Massendemonstrationen; hunderttausende Esten trafen sich zu Sängerfesten in Tallinn. Mit dieser „Singenden Revolution“ betonten sie friedlich mit ihren alten Volksliedern ihre kulturelle und politische Eigenständigkeit. Der Oberste Sowjet der estnischen Sowjetrepublik erklärte Estland am 16. November 1988 für unabhängig – die Moskauer Führung lehnte ab. Nach weiteren massiven Protestdemonstrationen wurde im März 1990 die unabhängige Republik Estland ausgerufen, die die Sowjets ebenfalls nicht anerkannten. Bei einem Referendum ein Jahr später votierten 78 % der Bewohner (darunter auch Russen!) für die Loslösung von Moskau. Aber erst als mit dem Putsch gegen Gorbatschov im August 1991 die Kommunistische Partei ihre Macht weitgehend verloren hatte, wurde die erneut verkündete Souveränität der estnischen Republik anerkannt. Estland war nach 50 Jahren

Foto: Bernd Helms

Sowjetherrschaft endlich wieder ein freies und demokratisches Land.

Die Regierung strebte eine freie Marktwirtschaft nach westlichem Vorbild an. Die Probleme waren immens: Privatisierung und die damit verbundene Rationalisierung von Industrie- und Landwirtschaftsbetrieben machten viele Esten arbeits- und brotlos.

Nach dramatischen Entwicklungen in den ersten Jahren der Unabhängigkeit konnte sich die Wirtschaft rasch stabilisieren. Trotz all der Schwierigkeiten wegen der Hinterlassenschaften der Sowjetzeit machte Estland sehr beachtliche Fortschritte bei der Etablierung einer modernen Marktwirtschaft, verzeichnete ein erfreuliches Wirtschaftswachstum (über 7 %) und ist, wie Litauen und Lettland, seit Mai 2004 EU-Mitglied. Die Finanz- und Wirtschaftskrise 2008 brachte einen Rückschlag; durch gute Wirtschaftspolitik und Finanzdisziplin gelang es Estland trotzdem, als erstes baltisches Land die Kriterien für die Euroeinführung zu erfüllen – seit 2011 bezahlt man hier mit Euros.

Oben: Bronzezeitliche Steinkistengräber bei Jõelähtme. Rechts: Die Arensburg in Kuressaare auf Saaremaa (Ösel).

Kunst und Kultur

Zu Estlands ältesten Kulturspuren zählen bronzezeitliche Steinkistengräber bei Jõelähtme (500 v. Chr.). Ihre Häuser bauten und bauen die Esten vorwiegend aus dem reichlich vorhandenen Holz ihrer Wälder. Erst die Ordensritter errichteten große Wehrbauten und Kirchen aus Stein. Eindrucksvolle Zeugnisse dieser Zeit sind u. a. die Burgen von Toolse (Tolsburg) und Kuressaare (Arensburg). Der Reichtum der Hansekaufleute von Tallinn (Reval) zeigt sich bis heute an den vielen mittelalterlichen Baudenkmälern der Altstadt wie der Stadtmauer mit ihren Wehrtürmen und zahlreichen gotischen Bürgerhäusern. Die mit Oberherren und zeitgeschichtlichen Epochen wechselnden Baustile sind in Estland landesweit sichtbar. Ein prächtiges Beispiel für den

Foto: RAndrei (Shutterstock.com)

Barock ist Schloss Kadriorg in Tallinn. Im Klassizismus russischer Prägung wurde im frühen 19. Jh. das Hauptgebäude der wiedereröffneten Universität in Tartu errichtet. Viele deutschbaltische Großgrundbesitzer folgten jener neuen Mode und bauten ihre Herrenhäuser im klassizistischen Stil. Beispiele dafür finden sich in der Umgebung Tallinns: die prächtigen, zum Teil schon gut restaurierten Schlösser, wie z. B. Kolga (Kolk), deren Fassaden vom Reichtum ihrer Erbauer zeugen.

Das architektonische Erbe der Sowjetzeit ist weniger erfreulich: Plattenbauten verschandeln viele Städte wie z. B. die für die russischen Industriearbeiter errichteten Schlafstädte im Ölschieferabbaugebiet um Kohtla-Järve.

Von einer estnischen Nationalliteratur kann man erst seit dem 19. Jh. sprechen, als mit dem erwachenden Nationalbewusstsein eine eigenständige Kultur im eigenen Lied- und Sagengut gesucht wurde. Im Anklang an das finnische Nationalepos *Kalevala* dichtete der Arzt Friedrich Reinhold Kreutzwald 1857-1861 das estnische *Kalevipoeg*, nachdem er die Mythen und Erzählungen über diesen estnischen Helden gesammelt hatte. Kalevipoeg, nach dem Tod seines Vaters König Kalev geboren, ist ein Riese von großer Kraft, der mit seinem Pflug die Hügellandschaft im Osten Estlands geschaffen haben soll. Wie die meisten Helden endet er tragisch: Als seine Mutter Linda von einem finnischen Zauberer entführt wird, eilt ihr Sohn ihr nach. Für ihre Befreiung schmiedet ihm ein Finne ein riesiges Schwert, aber Kalevipoeg erschlägt im Streit den Sohn des Schmiedes. Dieser verflucht ihn: Durch das Schwert soll er umkommen. Als der Riese beim Durchwaten eines Flusses stolpert und das Schwert ihm die Beine abtrennt, stirbt er und wird am Eingang zur Hölle an einen Felsen geschmiedet. Ähnlich wie in der Sage um Kaiser Barbarossa im Kyffhäuser heißt es auch von Kalevipoeg, dass er nur schlafe und zurückkehre, um Estland zu befreien. Manche Esten glauben, dass dies 1920 und 1991 der Fall war.

Foto: Sean Pavone (iStockphoto)

TALLINN UND UMGEBUNG

TALLINN (REVAL)
KADRIORG (KATHARINENTAL)
PIRITA (BIRGITTINNENKLOSTER)
ROCCA AL MARE

5 Estland

★★TALLINN (REVAL)

Ins Mittelalter fühlen sich die Besucher von ★★**Tallinn** (**Reval**) ❶ zurückversetzt angesichts der bestens restaurierten Stadtmauer mit ihren mächtigen Wehrtürmen, der Burg, gotischen Häusern und Kirchen, engen malerischen Gässchen und verwinkelten Treppen. Die estnische Hauptstadt hat sich bis heute das Erscheinungsbild einer wohlhabenden Hansestadt bewahrt, was die UNESCO mit der Aufnahme in die Liste des Weltkulturerbes würdigte.

Vom Finnischen Meerbusen aus betrachtet zeigt die Hafenstadt Seereisenden ihre Schokoladenseite. Wer jedoch nicht per Schiff, sondern mit dem Auto nach Tallinn fährt, passiert nach endlosen Reihen sowjetischer Plattenbauten auch die modernen Bürotürme der letzten Jahrzehnte, bevor das schöne Zentrum erreicht ist. In Tallinns ★★**Altstadt** (Unterstadt, *All-Linn*) trifft der Besucher dann auf ein einheitliches Stadtbild, wie es in Europa nur noch wenige Städte aufweisen; der historische Stadtkern wurde weitgehend restauriert und ist heute voller Leben. Viele gemütliche Restaurants und Cafés erwarten die Gäste. Sie werden in den Gassen des alten Reval oftmals in Versuchung geführt, viel Geld auszugeben, denn elegante Boutiquen bieten verlockende Souvenirs von Bernsteinschmuck über Pullover mit typisch estnischen Mustern bis hin zu modernem Design.

Über Jahrhunderte regierten Deutsche die Stadt, die sie Reval nannten; Deutsch war noch bis 1885 Amtssprache im Stadtrat. In der Hauptstadt Estlands leben heute über 400 000 Menschen, knapp ein Drittel der Landesbevölkerung. Seit der Sowjetzeit, als die Russen in Tallinn die Mehrheit bildeten, hat sich deren Anteil auf 36 % verringert, Esten machen heute 55 % aus.

Nicht nur die Idylle der Altstadt bietet ein interessantes Flair, so manches urbane, kreative Viertel mausert sich auch außerhalb der historischen Mauern. Daneben ist Tallinn Industriestadt, die Hälfte aller in Estland produzierten industriellen Güter wird in der Hauptstadt gefertigt. Bedeutender Wirtschaftsfaktor ist der Hafen; Frachtschiffe und Fähren bedienen besonders Skandinavien und das nahe Finnland – Helsinki ist nur etwa 80 km entfernt.

Geschichte von Tallinn

Laut einer Sage errichtete Königswitwe Linda nach dem Tod ihres Gatten König Kalev für ihn ein großes Grabmal aus Steinen, den heutigen Tallinner Domberg. Erstmals historisch erwähnt wird Tallinn 1154 auf der Weltkarte des

Links: Blick vom Domberg auf Tallinn.

» Karte S. 197, Stadtplan S. 189, Info S. 199-201

Foto: Sandra Raccanello (SIME / Schapowalow)

arabischen Geografen Idrisi. 1219 ließ Dänenkönig Waldemar II. die vorhandene Esten-Burg erobern und durch eine neue, wehrhaftere Anlage ersetzen – *Taani linn* bedeutet: dänische Stadt.

Tallinn wuchs rasch. Auf dem Domberg residierten Bischof und Ordensritter, zu Füßen des Hügels lebten deutsche Kaufleute in der Unterstadt, die sie 1230 gegründet und *Reval* genannt hatten (beide Stadtteile bilden heute die Altstadt von Tallinn). Domberg und Unterstadt waren jeweils mit einer eigenen Stadtmauer und Wehrtürmen geschützt: Zwischen Rittern und Kaufleuten herrschte Misstrauen; es kam zu Machtkämpfen. Die Kaufleute vereinigten sich in Gilden und erreichten bald so viel Unabhängigkeit von Bischof und Orden, dass sie die Unterstadt mit einem gewählten Rat regierten – noch bis ins 19. Jh. galt hier das Lübecker Stadtrecht. Reval, seit 1280 Hansestadt, wurde wohlhabend, dank der günstigen Lage seines Hafens – der Handel reichte von Portugal bis zur wichtigsten russischen Hansestadt Novgorod im Osten.

Oben: Gotik in Puppenstubenformat – Handwerkerhaus am Rathausplatz.

Zwar zerfiel der Ordensstaat während des Livländischen Krieges, aber die Stadt war gut befestigt; die Truppen Ivans des Schrecklichen belagerten sie vergeblich. 1561 zogen die Schweden in Tallinn ein und blieben 159 Jahre – bis zum Großen Nordischen Krieg (1700-1721), in dessen Verlauf Peter der Große das Baltikum eroberte und zu russischen Provinzen machte. Tallinn wurde 1710 als *Rewel* Sitz des Generalgouverneurs, der auf dem Domberg ein neues Schloss erhielt.

1870 wurde die Eisenbahnlinie nach St. Petersburg (350 km) eröffnet, der Hafen ausgebaut und viele Fabriken siedelten sich nun in der Region an. Mit der einsetzenden Industrialisierung entwickelte sich Tallinn rasant, die Bevölkerung wuchs auf über 150 000 an.

Die revolutionäre Stimmung unter den russischen Arbeitern zu Beginn des 20. Jh. griff auch auf Estland über. In Tallinn kam es zu Unruhen und Streiks, Sowjeträte regierten, deutsche Soldaten marschierten ein, dann sowjetische. Am 24. Februar 1918 wurde in Tallinn die (hart erkämpfte) Unabhängigkeit Estlands erklärt, es blieb Hauptstadt der Republik bis 1940. Zur nachfolgenden Sowjetzeit (unterbrochen durch die deutsche Besetzung 1941-1944, auf die die Sowjets u. a. mit der verheerenden Bombennacht vom 9.3.1944 reagierten) fand eine massive Russifizierung statt. Seit 1991 ist Tallinn wieder Hauptstadt der unabhängigen Republik Estland; als Kulturhauptstadt Europas präsentierte sich Tallinn 2011.

★★Domberg (Toompea)

Der ★★**Domberg (Toompea)**, der am frühesten besiedelte Teil Tallinns, war immer das Machtzentrum von Stadt und Umland. Hier errichteten die Dänen ihre Burg, von hier aus herrschten Bischöfe und Ordensritter. Später

» Stadtplan S. 189, Info S. 199-201

TALLINN
1
0 100 200 m
© Nelles Verlag GmbH, München
Kalamaja
Vanalinn
Toompark
Hirvepark
Tõnismägi
Kanuti aed
Tammsaare park
Rotermanni kvartal
Lastemuuseum
Patarei vangla
Rannavärava mägi
Paks Margareeta Meremuuseum
Three Sisters (Kolm Õde)
Meriton Old Town
Oleviste kirik
Mini-muuseum
Old House Hostel
Braavo
Baalti jaam
Tornide väljak
Loodus muuseum
Linna teater
Issanda muutmise kirik
Mihkli klooster
Tarbekunsti muuseum
Mustpeade vennaskonna maja
Nikolai Õigesu kirik
Go Hotel Shnelli
Patkuli vaateplats
Ajaloo muuseum
NUKU teater
Schlössle
Linna muuseum
Maiasmokk
Pühavaimu kirik
Peeter-Pauli kirik
Kohtuotsa vaateplats
Pikka jala torn
Eesti Kunsti-akadeemia
Balthasar
Rae-apteek
dominiiklaste klooster
Katariina käik
Advent kirik
Raekoja plats
Toomkirik
Kiriku plats
St. Petersbourg
Vanaema Juures
Troika
Villa Hortensia
Toompea
Dunkri
Karikas
Olde Hansa
Raekoda
Vana-turg
All-Linn
Viru värav
Viru väljak
Toompea loss
Bogapott
Niguliste
Vana Tom
Viruvärava mägi
Niguliste kirik
Aleksander Nevski katedraal
Lossi plats
My City
Savoy Boutique
Pikk Hermann
Kiek in de Kök
Rootsi Mihkli kirik
Karjavärava-plats
Eesti Draamateater
Estonia teater
Lindamägi
Gloria
Harjuvärava mägi
Jaani kirik
Teatri väljak
Vabaduse väljak
Solaris
Okupatsioonide muuseum
Hotell Palace
Vene Draamateater
Kaarli kirik
Eesti Rahvusraamatukogu
Spirit
Ferry
1 Kloostri ait
2 Controvento
3 Tchaikovsky (Telegraaf Hotel)

Foto: Knut Liese

folgten auch die Landadligen dieser Tradition; sie errichteten in den engen Straßen um den Dom ihre Stadthäuser, denn von den Handwerkern und Kaufleuten der Unterstadt wollten sie sich abgrenzen. Im Schloss residierte der russische Generalgouverneur, heute tagt hier das Parlament.

Man kann den 50 m hohen Domberg zu Fuß von der Unterstadt über das „Lange Bein" (*Pikk Jalg*, Langer Domberg) oder die moderaten Stufen des „Kurzen Beins" (*Lühike Jalg*) erreichen oder die anstrengenderen Stufen der *Patkul-Treppe* vom **Toompark** zur ★**Patkul-Aussichtsplattform** (1) bezwingen. Die Mühe lohnt sich: Von hier oben genießt man eine prachtvolle Aussicht über die Stadt bis zum Hafen. Nur 100 m entfernt schweift der Blick von der ★**Kohtuotsa-Terrasse** (2) am Ende der Kohtu-Straße über die gesamte Unterstadt, die einem hier zu Füßen liegt.

Oben: Stadtfest in Tallinn – die estnische Kultur blüht wieder auf. Rechts: Auf dem Rathausplatz von Tallinn.

Die **Kohtu** führt direkt zum Tallinner ★**Dom St. Marien** (3) (Toomkirik) – die älteste Kirche Estlands 1219. Schon die Dänen hatten hier ihre Kirche errichtet. Aus der ersten Umbauphase im 13. Jh. sind Chor und Apsis erhalten. Das Langhaus stammt aus dem 15. Jh. 1684 ging ein Teil des Marien-Doms ging in Flammen auf. Er wurde nach alten Vorlagen wieder aufgebaut und mit einem markanten barocken Turm versehen. Lange Zeit diente der Dom auch als Grablege, bis Katharina die Große das 1772 verbot. Für den schottischen Admiral Samuel Greigh (1735-1788), der Russland Siege über die Türkei und Schweden bescherte, und für den Leiter der ersten russischen Weltumsegelung, den Deutschbalten Adam Johann von Krusenstern (1770-1846), wurden Ausnahmen gemacht. Sehenswert sind die barocke **Kanzel** (1686) und die **Orgel** (1878), **Konzert** samstags um 12 Uhr; der **Kirchturm** bietet grandiose Rundblicke.

Dem Dom gegenüber steht das repräsentative **Haus der Ritterschaft**

» Stadtplan S. 189, Info S. 199-201

Foto: Kirk Fisher (Shutterstock.com)

aus dem 19. Jh. Bis 2006 war hier das Estnische Kunstmuseum; nach dessen Umzug benutzt die Kunstakademie das historische Gebäude.

Von hier geht man 200 m bis zum **Schloss** (4) (Toompea loss). Älteste Teile des Gebäudes sind die Reste der Ordensburg aus dem 13. Jh., darunter der auffälligste Burgturm **Langer Hermann** (Pikk Hermann) an der Südwestecke; auf diesem Wahrzeichen Tallinns weht die estnische Flagge. Im 18. Jh. hatte man Teile der alten Burg dem Neubau der Residenz des russischen Generalgouverneurs geopfert. Während der ersten Unabhängigkeit Estlands war das Schloss Sitz des **Parlaments**; auch heute erfüllt es wieder diese Funktion.

Dominiert wird der weitläufige **Schlossplatz** von der russisch-orthodoxen **Alexander-Nevskij-Kathedrale**, einem protzigen Kirchenbau im altrussischen Stil, 1894-1900 unter Zar Nikolaus II. gebaut. Nördlich gegenüber befindet sich im ehemaligen **Stadtpalais** der Familie von Pahlen die Residenz des deutschen Botschafters.

★★Unterstadt (All-Linn)

Die **Pikk jalg** (Langer Domberg) führt hinab in die ★★**Unterstadt** (All-Linn) zum einzigen original erhaltenen Stadttor, dem **Torturm zum Langen Domberg** (5) (Pikka jala torn). Hier am Fuß des Dombergs gelangt man in die mit einer eigenen Mauer bewehrte Stadt der Kaufleute und Handwerker mit prachtvollen gotischen Handelshäusern – die besterhaltene mittelalterliche Stadt Nordeuropas. In die sanierten Altbauten der verwinkelten und romantischen Straßen sind Boutiquen, Hotels, Restaurants und Cafés eingezogen, die gern bis in die späten Abendstunden frequentiert werden. Die Unterstadt ist nicht sehr ausgedehnt, sie lässt sich bequem zu Fuß erkunden.

Rathaus, Nikolaikirche, ★Stadtmauer

Eine Besichtigung der Unterstadt beginnt man am besten auf dem ★★**Rathausplatz** (6) (Raekoja plats)

» Stadtplan S. 189, Info S. 199-201

mitten in der Altstadt. Vom schlanken Turm des gotischen **Rathauses** (Raekoda) grüßt ein weiteres Wahrzeichen Tallinns: der „**Alte Thomas**", eine Wetterfahne in Form eines Landsknechts. Das Rathaus aus dem 14. Jh. hat im Lauf der Jahrhunderte sein gotisches Aussehen auch innen bewahrt. Das Gewölbe im prächtig geschmückten **Bürgersaal** tragen zwei achtkantige bemalte Säulen, im angrenzenden **Ratssaal** sind schöne Schnitzereien aus dem 14. und 17. Jh. zu bewundern. Den Rathausplatz säumen einige der schönsten gotischen Häuser Tallinns, u. a. eine der ältesten Apotheken Europas, die 1422 gegründete **Ratsapotheke** (Raeapteek), die von 1583 bis 1911 in Besitz der Apothekerfamilie Burchart war. Ein Teil der Apotheke ist heute Museum. Das Eckhaus schräg gegenüber, ein winziges, etwas windschiefes graues **Handwerkerhaus**, ist das wohl meistfotografierte Gebäude des Platzes: Gotik im Puppenstubenformat (s. Bild S. 188). Im Sommer stellen Restaurants und Cafés Tische und Sonnenschirme auf den Platz, was ihm eine heitere, beinahe mediterrane Atmosphäre verleiht.

Vom Rathaus aus führen Kullassepa- und Harju-Straße zu einer Grünfläche, die seit 2006 Ruinen der Häuser überdeckt, die in der Nacht vom 9. März 1944 niederbrannten. Erst seit dem Ende der Sowjetzeit erinnert ein Schild daran, dass sowjetische Luftangriffe dafür verantwortlich waren. Nebenan erhebt sich die in dieser Bombennacht ebenfalls zerstörte und 1984 restaurierte **Nikolaikirche** (7) (Niguliste kirik). Deutsche Kaufleuten stifteten sie 1230, im Barock kamen Anbauten dazu, darunter eine Vorhalle und die Turmspitze. Der Hochaltar aus den Jahren 1478-1481 ist eine Arbeit von H. Rode, einem Lübecker Meister. Das als Ausstellungs- und Konzertsaal genutzte Gebäude birgt u. a. einen der wichtigsten Kunstschätze Tallinns: den ★★**Totentanz** des Bernt Notke (Lübecker Maler und Schnitzer, ca. 1436-1509). Es handelt sich um ein erhaltenes Teilstück von Variationen, die Notke vermutlich selbst Ende des 15. Jh. von seinem berühmten Totentanz der Lübecker Marienkirche herstellte, der 1942 verbrannte. Der ursprünglich 30 m lange Fries gilt wegen seiner Farbbrillanz und vollendeten psychologischen Darstellung als ein Meisterwerk europäischer Malerei. Das Totentanzmotiv war im Mittelalter während der großen Pestepidemien sehr beliebt; die drastischen Darstellungen schockierten, spendeten aber auch Trost mit der Aussage: Vor dem Tod sind alle gleich, König wie Bettelmann. In der Kirche sind auch der mehr als 400 Stücke umfassende **Silberschatz** der früheren Gilden und der Schwarzhäupterbrüder ausgestellt.

Westlich und südlich der Nikolaikirche ist ein Teil der ★★**Stadtmauer** gut erhalten. Von ihren einst 46 Wehrtürmen gibt es noch 19. Den kuriosesten Namen trägt der runde **Kanonenturm „Kiek in de Kök"** (8) (Plattdeutsch für: Guck in die Küche) aus dem 15. Jh.: Man konnte von den Schießscharten direkt in die Küchenfenster der nahen Häuser sehen. Der 48 m (6 Stockwerke) hohe Turm beherbergt das **Museum** der Tallinner Wehrbauten sowie Ausstellungsräume. Sechs Kanonenkugeln von einem Angriff Ivans des Schrecklichen (1558) stecken noch in der Turmmauer. Unter der Erde wurden im 17. Jh. geheime **Bastionsgänge** gegraben, heute sind sie zu besichtigen. In spektakulärer Architektur von 2003 erinnert das nahe **Okkupationsmuseum** an die Zeiten der Besatzung Estlands.

Michaelskloster, Lai und Olaikirche

Die Stadtmauer weist den Weg nordwärts: über die ruhige **Rataskaevu**, die geschäftigere **Nunne**, am **NUKU-Theaterpuppenmuseum** vorbei, zur Kloostri-Gasse und dem früheren **Michaelskloster** (9) (Mihkli klooster) für

Rechts: Die „Dicke Margarete"; im Hintergrund der Turm der Olaikirche.

» Stadtplan S. 189, Info S. 199-201

Foto: Knut Liese

Zisterzienserinnen (ab 1249). Seit dem 18. Jh. dient die Kirche der russisch-orthodoxen Gemeinde. Nahebei darf man die **Stadtmauer** und **drei Türme** besteigen: Nunna, Sauna und Kuldjala.

In der **Lai** (Breite Straße), 50 m östlich, erlebt man zwei Museen auf Hinterhöfen: Das neu gestaltete **Kunstgewerbemuseum** ⑩ (Tarbekunstimuuseum) bietet einen guten Überblick über estnisches Kunstgewerbe seit dem 20. Jh. Einen Block weiter stellt das **Naturkundemuseum** (Loodusmuuseum)Estlands Fauna und Flora anhand typischer Lebensgemeinschaften dar.

Im Norden der Lai ragt der spitze **Turm** der gotischen **Olaikirche** ⑪ (Oleviste kirik) auf und bestimmt die Silhouette Tallinns; einst war er mit 159 m sogar das höchste Gebäude der Welt, bis er 1820 nach einem Blitzschlag niederbrannte und anschließend 30 m kürzer wieder aufgebaut wurde. Vom Turm (Aufstieg über enge Wendeltreppe, nur im Sommer) bietet sich ein großartiger ★**Ausblick** über die Stadt.

Die Olaikirche stammt aus dem 13. Jh. und wurde nach 200 Jahren zur dreischiffigen Basilika erweitert und spätgotisch ausgestaltet. Ihr Mittelschiff ist mit 31 m das höchste im Baltikum. Ihren Namen erhielt sie vom norwegischen König Olav II. Haraldsson.

Die ★Pikk und die Gildehäuser

Kurz nördlich der Olaikirche, an der Ecke der Straßen Tolli und Pikk, drängen sich drei gut erhaltene gotische Kaufmannshäuser mit spitzen Giebeln: Die **Drei Schwestern** ⑫ (Kolm õde) haben als modernes Fünf-Sterne-Hotel ein ganz besonderes Flair. Von hier führt die ★**Pikk** (Lange Straße) aus der Altstadt heraus durch die **Große Strandpforte**, einem der erhaltenen mittelalterlichen Stadttore. Der zugehörige Wehrturm **Dicke Margarete** ⑬ (Paks Margareeta) aus dem 16. Jh. trägt mit 24 m Durchmesser seinen Spitznamen zu Recht. Das estnische **Schifffahrtsmuseum** (Meremuuseum) ist hier zu Hause. Einen schönen Blick hat man vom Dach auf die Tallinner Bucht.

Auf der Pikk stadteinwärts Richtung Rathausplatz kommt man an mehreren eindrucksvollen Gildehäusern vorbei. Das ★**Schwarzhäupterhaus** (14) fällt besonders auf (Pikk 26), das Haus der Gilde der ledigen Kaufleute, mit seinem üppig geschmückten **Renaissanceportal** vom Ende des 16. Jh. Die prachtvolle Eingangstür ist leuchtend rot, grün und golden lackiert. Heute wird das Gebäude für Konzerte genutzt.

Die estnischen Handwerkerzünfte trafen sich nebenan, im Haus der **Olaigilde**, Pikk 24, dessen großer Gildensaal mit seinem schönen Sterngewölbe aus dem frühen 15. Jh. stammt. Pikk 20 beherbergte die **Kanutigilde**, in der deutsche Handwerker vereinigt waren. Die Fassade im englischen neogotischen Tudorstil wurde erst im 19. Jh. gestaltet. Ein prachtvolles Beispiel für Jugendstilarchitektur ist das **Haus Pikk 18**, wo Drachen, Sphingen und Frösche die wunderbar restaurierte Fassade schmücken; schräg gegenüber blickt vom Dach des historistischen **Hauses Pikk 25** ein Herr kritisch durch sein Lorgnon auf die unten schlendernden Menschen (s. Bild S. 15).

Für eine besondere Pause kehrt man in der Pikk 16 ein: Das stilvoll renovierte **Café Maiasmokk** (einst Konditorei Stude) verführt seine Gäste seit 1864 mit köstlichen Kuchen. Gegenüber bewachen zwei bronzene Löwen aus dem 15. Jh. als Türklopfer das Gebäude der **Großen Gilde** (15), Pikk 17. Die Säle, wo sich einst reiche Kaufleute trafen und ihre Feste feierten, wurden für das **Museum der Estnischen Geschichte** (Ajaloomuuseum) renoviert.

Die Fassade der ★**Heiliggeistkirche** (16) (Pühavaimu kirik) gegenüber ziert eine barocke **Uhr** von 1684, ein Werk des Holzschnitzers Christian Ackermann. Besonders sehenswert ist der zweischiffige Innenraum dieser im 14. Jh. umgebauten Spital- und Ratskirche, z. B. die opulente Renaissancekanzel (Ende 16. Jh). das spätgotische **Kruzifix** oder der kostbare ★★**Flügelaltar** aus der Werkstatt Bernt Notkes von 1482. Geöffnet zeigt er das Pfingstwunder, die Ausgießung des Heiligen Geistes. Die evangelische Gemeinde hat nur noch etwa 600 Mitglieder.

Rechts: Den kunstvollen Flügelaltar in der Heiliggeistkirche schuf Bernt Notke im 15. Jahrhundert.

Katharinenkloster und Stadtmuseum

Vom **Alten Markt** (Vanaturg) mit seinen gotischen Häusern (südöstlich des Rathausplatzes) zweigt die **Viru** (Lehmstraße) ab; sie ist Fußgängerzone und Hauptgeschäftsstraße und führt zum **Viru-Tor**, dem dank seiner beiden Spitztürme fotogenen Vorwerk eines alten Tallinner Stadttors.

Von der Viru biegt man nach Norden in die **Vene** ab, um das 1246 gegründete **Dominikanerkloster zu Ehren der Heiligen Katharina** (17) (dominiiklaste Katariina klooster) von außen zu besichtigen. Es ist das älteste bewohnte Kloster Estlands. Durch einen Torbogen betritt man den **Hof**. Die Innenräume mit einem **Museum** mittelalterlicher Steinmetzkunst erreicht man vom **Claustrum**, Müürivahe 33. Den Hof dominiert die 1845 von Carlo Rossi, dem großen Architekten und Petersburger Stadtplaner errichtete **Peter-und-Paulkirche**, die Hauptkirche der estnischen Katholiken. Die nördlichen Klosterräume führen zum legendären Restaurant **Kloostri ait**, das man vom Gässchen ★**Katariina käik** aus betritt. Hier, in der **Katharinengilde**, sieht man Kunsthandwerkern bei der Arbeit zu – und kann Souvenirs erstehen.

Das **Stadtmuseum** (18) (Linnamuuseum) von Tallinn befindet sich in einem umfangreich renovierten gotischen **Kaufmannshaus** an der Vene/Ecke Pühavaimu. Es illustriert anhand liebevoll arrangierter Exponate anschaulich die Geschichte Tallinns vom Mittelalter bis zur Gegenwart. Im Obergeschoss werden Dokumentarvideos aus Estlands Geschichte gezeigt.

» Stadtplan S. 189, Info S. 199-201

Foto: Thomas Stankiewicz

Neue Kultur rund um die Altstadt

Wem nach so vielen Altertümern der Sinn nach Modernem steht, schaue sich im **Rotermann-Viertel** (Rotermanni kvartal) Galerien und Shops an und genieße die interessante Mischung aus Industrie- und moderner Architektur.

Ab 1910 entstand südlich des Viru-Tores das **Estonia-Theater** (19): zwei symmetrische Bauten für Konzerte sowie für Oper und Ballett. Nebenan baute man zur selben Zeit als Sprechbühne das **Estnische Dramentheater** (Eesti Draamateater) im Jugendstil. Südlich des Theaterplatzes ist das Kino-, Unterhaltungs- und Shoppingzentrum **Solaris** eine supermoderne Tallinner Attraktion. Jugenstilbauten säumen den **Vabaduse väljak** (Freiheitsplatz), ein beliebter Treffpunkt, überragt vom **Monument des Unabhängigkeitskrieges**.

Festungsartig mutet die **Estnische Nationalbibliothek** (20) (Eesti Rahvusraamatukogu) von1993 an.

Die neuere Geschichte des Baltikums erläutert das moderne **Museum der Besetzung und des Kampfes um Freiheit** (21) (Okupatsioonide muuseum).

Nordwestlich der Altstadt gelangt man entlang dem beschilderten **Kulturkilometer** ab Bahnhof oder Hafen zu sehenswerten Stätten im grünen Holzhausviertel **Kalamaja**. Musiker, Künstler, Architekten und Designer sind hier ansässig, wo einst Arbeiter und Fischer lebten: heute ein Bohèmeviertel mit Galerien, Cafés und dem **Kindermuseum Miiamilla** (Lastemuuseum, Kotzebue 16) in einem zweistöckigen Wohnhaus der 1930er-Jahre, mit Spielzeug vom Mittelalter bis heute.

Eine Attraktion ist die einstige **Seefestung Patarei** mit Gefängnismuseum, Galerien und Werkstätten. Am Ostseeufer zeigt die Meeresmuseums-Filiale einen **Wasserflugzeug-Hafen** mit historischen Fliegern, Schiffen und einem Wasserflugzeug-Hangar von 1921.

★Kadriorg

Für seine Frau Katharina ließ Zar Peter der Große ab 1718 das prächtige

★**Barockschloss Kadriorg** (**Katharinental**) ❷ nur 3 km östlich von Tallinns Zentrum vom Architekten Niccolo Michetti aus Rom erbauen. Die Haupthalle ist eines der schönsten Barockwerke Nordeuropas. Im Schloss zeigt das **Museum für Ausländische Kunst** russische und westeuropäische Kunst des 16. bis 20. Jh. Während der ersten estnischen Republik residierte hier der estnische Staatspräsident. Seit der erneuten Unabhängigkeit wohnt das Staatsoberhaupt im Palais nebenan. Im einst über 100 ha großen **Schlosspark** ist das bescheidene, noch original eingerichtete **Peterhäuschen** zu besichtigen, das Peter der Große bewohnte.

Schräg gegenüber, im Nordteil des Kadriorg-Parks, ragt seit 2006 das (2008 preisgekrönte) halbmondförmige ★**Estnische Kunstmuseum Kumu** heraus, mit Exponaten estnischer Kunst vom 18. Jh. bis zur Gegenwart; allein schon das multifunktionale Gebäude des finnischen Architekten Pekka Vapaavuori ist einen Besuch wert.

Nordöstlich vom Park spannt sich im **Lauluväljak** („Liederwiese") eine gigantische Muschel über die **Sängerbühne**, die 15 000 Sänger fasst. Das nächste Nationale Sängerfest ist 2025.

Pirita

Auf der Küstenstraße ostwärts von Tallinn passiert man den **Maarjamäe-Palast**, einst Sommerhaus, heute das **Filmmuseum** und das **Estnische Historische Museum** mit Ausstellungen zum Unabhängigkeitskampf und zur 1. Estnischen Republik. Die Freitreppe führte ursprünglich direkt zum Strand. Der ausgedehnte **Sandstrand** ist bei den Tallinnern sehr beliebt.

Auch eine Strandpromenade führt von Kadriorg ostwärts nach **Pirita** ❸. Seinen Namen erhielt der Stadtteil vom **Kloster der Birgittinnen** (Pirita klooster), in dem sowohl Mönche als auch Nonnen lebten. Es wurde 1407 gegründet und im Nordischen Krieg von Truppen Ivans des Schrecklichen während der Belagerung von Tallinn beschädigt. Von der ★**Klosterkirche** sind noch der imposante Westgiebel und ihre Außenmauern sichtbar. Nebenan wurde 2001 ein moderner Sandstein-Klosterbau für Nonnen aus aller Welt eröffnet; auch Gästezimmer stehen zur Verfügung.

Nachdem die Tallinner ihren früheren Fährhafen von Pirita in das Zentrum der Stadt verlegt hatten, gab es reichlich Platz an der Mündung des Pirita-Flusses: Hier befindet sich heute ein großer **Jachthafen**. Die Segelwettbewerbe der Olympischen Spiele von 1980, die westliche Länder wegen des sowjetischen Einmarsches in Afghanistan boykottierten, fanden in Pirita statt. Hier kann man Boote ausleihen und Ausflüge zu den vorgelagerten Inseln unternehmen oder die estnische Küste entlangsegeln. Zu Sowjetzeiten wäre dies undenkbar gewesen, denn die estnische Küste wurde auf das Schärfste bewacht. Diese Zeiten sind vorbei: Heute kann jeder ungehindert die warmen Sommertage am **Strand** genießen.

In Pirita ist auch der 123 ha große **Botanische Garten** mit über 4500 Pflanzenarten, einem Arboretum und Rosarium mit fast 600 Rosensorten sowie der 314 m hohe **Fernsehturm**, der für die Olympischen Spiele 1980 gebaut wurde. Bei klarem Wetter kann man aus 170 m Höhe bis nach Finnland sehen.

★★Estnisches Freilichtmuseum

An der bewaldeten Küste 7 km westlich von Tallinns Zentrum ließ sich 1863 der Tallinner Bürgermeister Baron de Soucanton seinen Landsitz anlegen. Den Küstenstreifen nannte der Italienliebhaber nach einem großen Findling **Rocca al Mare** („Felsen am Meer"); der Name blieb der Gegend erhalten, auch das hier im Mai 1957 gegründete ★★**Estnische Freilichtmuseum** ❹ (Eesti Vabaõhumuuseum) bekam diesen italienischen Namen verliehen. Außer dem guten Überblick über das

» Karte S. 197, Info S. 199-201

ländliche Estland der Vergangenheit kommt man hier auch in den Genuss schöner Spaziergänge im Kiefernwald mit herrlichen Blicken aufs Meer und Tallinns Stadtsilhouette. Auf 79 ha findet man über 100 Bauernhäuser. Die **Gehöfte** sind nach den Regionen Estlands geordnet und aus Holz gebaut, Ausnahme ist die **Schmiede**: Wegen Feuergefahr wurde sie traditionell aus Steinplatten errichtet. Die Häuser mit alten Bauernmöbeln und Gerätschaften vermitteln einen lebendigen Eindruck von den harten Lebensbedingungen der estnischen Landbevölkerung früherer Zeiten. Die Beschilderung ist meist auch auf Deutsch und Englisch. Zu den Exponaten gehören u. a. eine hölzerne **Kapelle** aus Sutlepa und **Windmühlen**. Im 150 Jahre alten **Dorfkrug** von Kolu speist man stilecht ländliche, traditionelle Gerichte.

Wer lieber gern modern einkaufen geht: **Rocca al Mare** heißt das nahe **Einkaufszentrum** mit 170 Läden sowie Lokalen an der Stelle des früheren Vergnügungsparks Tivoli.

AUSFLUGSZIELE IM WESTEN

Mehr oder weniger parallel zur Küste, am Finnischen Meerbusen entlang, zieht sich eine landschaftlich reizvolle Landstraße von Tallinn westwärts durch idyllische Wälder. Stichstraßen führen zu Aussichtspunkten an der Steilküste, in den Buchten gibt es feine Sandstrände und die in Estland häufigen Findlinge, große, einzeln liegende Steine, die die Gletscher der letzten Eiszeit bei ihrem Rückzug gen Norden zurück ließen.

Die Küstenstraße westlich der Hauptstadt führt, mit wunderschönen Ausblicken vom hohen, Kliff zum **Wasserfall** von **Keila-Joa** ❺, wo sich der Keila-Fluss im 60 m breiten Halbrund 6 m in die Tiefe stürzt. In dem beliebten Ausflugsziel, 35 km von Tallin, verläuft ein 3 km langen **Rundweg** entlang dem Ufer und durch Kiefernwald. Im hübschen **Schloss Fall** von1833 lockt ein Restaurant, in der Nähe ein **Golfplatz** sowie ein zu Ausritten einladendes **Gestüt**.

Auf der Fahrt nach **Paldiski** (**Baltischport**) ❻ 25 km westwärts hat man

Foto: Knut Liese

immer wieder schöne Blicke aufs Meer. Der Anblick des Städtchens Paldiski hingegen ist ernüchternd. Russische, sowjetische und estnische Marine bestimmten seine Geschicke. Zar Peter der Große gründete 1718 nach seiner Eroberung des Baltikums wegen der strategisch günstigen Lage auf der **Halbinsel Pakri** einen russischen Flottenstützpunkt, den die Sowjets später ausbauten, u. a. für Atom-U-Boote. Seit dem Abzug der Sowjets ist hier ein Stützpunkt der estnischen Marine. Während der Sowjetzeit war die Gemeinde mitten im militärischen Sperrgebiet gelegen und hermetisch abgeriegelt. Die Russen nennen einen solchen Ort „**Geschlossene Stadt**". In ihr wohnten und arbeiteten ausschließlich Marineangehörige mit ihren Familien. Jetzt steht Paldiski jedem offen. Das Bahnhofs- und Hafengelände ist heute Umschlagplatz für Holz, das an finnische und schwedische Papierfabriken geliefert wird; hier gehen auch Fähren nach Kapellskär/Schweden ab.

Oben: Drei Kilometer östlich von Jöelähtme stürzt die Jägala acht Meter in die Tiefe.

Ein Abstecher zu Estlands höchstem **Leuchtturm** an der Spitze der Halbinsel lohnt wegen der spektakulären Aussicht vom Steilufer übers offene Meer.

Einen Eindruck verträumter Idylle macht dagegen 19 km südlich von Paldiski die ★**Klosterruine Padise** ❼. Das Zisterzienserkloster stammt aus dem Jahr 1317. Während der Aufstände der Georgsnacht 1343 brannte es nieder, wurde aber anschließend als vierflügelige Wehranlage mit Wall und Gräben wieder aufgebaut. Trotz mehrfacher Zerstörungen ist noch viel von der ursprünglichen Anlage zu sehen. **Kirche** und **Krypta** sind weitgehend erhalten. Neben der Klosterruine steht an einem Teich ein schön renoviertes barockes **Gutshaus** mit **Hotel** und **Restaurant**.

Das anmutige neugotische Gutshaus **Laitse (Laitz)** ❽ erinnert an eine Ritterburg. In dem von Woldemar von Uxkull um 1892 errichteten, fotogenen Gebäude gibt es ein **Restaurant** sowie Gästezimmer in romantischem Ambiente.

 » Karte S. 197, Info S. 199-201

Ziemlich feudal lebte die Familie von Stackelberg in **Riisipere** (**Riesenberg**) ❾. Das jüngst restaurierte **Schloss** wurde 1818-21 im klassizistischen Stil russischer Prägung erbaut; die imposante Fassade ziert ein Portikus mit sechs Säulen. Das Anwesen ist in Privatbesitz.

ÖSTLICH VON TALLINN

In Saha, 15 km östlich von Tallinn, trifft man auf ein Kirchlein der Spätgotik: die aus rohem Haustein errichtete und dennoch zierliche ★**Kapelle von Saha** ❿, die bis heute ihr mittelalterliches Aussehen bewahrt hat. Das Kircheninnere ist sehr schlicht, mit kargen, unverputzten Wänden.

Mehr als tausend Jahre ältere Kulturdenkmäler findet der historisch Interessierte ca. 8 km östlich in der Nähe von **Jõelähtme** ⓫. Das **Gräberfeld mit Steinkistengräbern** liegt direkt südlich der Nationalstraße 1 nach Narva, ist bronzezeitlich (800 bis 500 v. Chr.) und gehört zu den eindrucksvollsten archäologischen Funden Estlands; ein **Museum** erläutert die Hintergründe.

Die Natur bietet 3 km östlich von Jõelähtme eine Sehenswürdigkeit: den **Jägala-Wasserfall** (Jägala juga), der höchste natürliche Wasserfall Estlands. Rauschend stürzt der Fluss 7,2 m in die Tiefe. Am mächtigsten ist er im Frühjahr bei Hochwasser, im Winter gefriert er zu bizarren Formen. Das Wasser hat hier den Kalkstein poliert und ein 14 m tiefes, 300 m langes Tal entstehen lassen.

Die kleinste Festung Estlands ist 12 km weiter ostwärts in **Kiiu** ⓬ zu besichtigen, stammt aus dem frühen 16. Jh. und besteht nur aus einem gedrungenen, runden Wehrturm, dem **„Mönchsturm"**. So klein er auch ist, hat er doch alles, was ein Fort zu seiner Verteidigung brauchte: In allen vier Geschossen befinden sich Schießscharten, den dritten Stock umgibt ein hölzerner Wehrgang. Ein rustikales **Restaurant** belebt heute den Turm (Info: siehe S. 211).

TALLINN UND UMGEBUNG

Estonian Tourist Board, Lasnamäe 2, Tel. 6279770, www.visitestonia.com. **Tallinn City Tourist Office** (turismiinfokeskus), Mai-August Mo-Fr 9-19/20, Sa, So 9-17/18, sonst Mo-Fr 9-18, Sa, So 9-15 Uhr, Niguliste 2/ Kullassepa 4, Tel. 6457777, www.tourism.tallinn.ee.

Hinweis: *Kesklinn* (häufig auf Verkehrsschildern) heißt „Stadtzentrum".

Tallinn Card für 24/48/72 Std. Laufzeit (31/39/49 €, Kinder/Jugendliche bis 14 J. 16/19/24 €) erhältlich im Touristenbüro, online www.tourism.tallinn.ee und www.tallinncard.ee, in vielen Hotels, auf den Fähren, auf Postämtern; informativ ist das 100-seitige Heft mit dem Leistungsumfang der Karte.

GELDWECHSEL: Wechselstuben/Geldautomaten: Viru-Str.; Bahnhof, Flug- u. Fährhafen, Busbahnhof.

FLUGHAFEN *(estn.* ***LENNUJAAM****)*: Lennujaama tee 2, Tel. 6058888 (24 Std. Fluginfo), www.tallinn-airport.ee. Im gesamten Flughafen-Terminal gibt es kostenlosen WiFi-Internetzugang. Ohne Laptop? Es gibt 14 kostenlose Internet-Stationen.

Transfer ins 4 km entfernte Stadtzentrum mit Taxi ca. 5-10 € (Tulika, Tallink und Tallinna Takso, evtl. teurer bei nicht beim Flughafen registrierten Taxiunternehmen), mit Bus Nr. 2 u. 90K. ca. alle 20-30 min zum Viru väljak, Nähe Viru-Hotel (und weiter zum Fährhafen), 3 €/kostenlos mit Tallinn Card.

FÄHRHAFEN *(estn.* ***SADAM****)*: Sadama 25 (ca. 1 km vom Stadtzentrum), Tel. 631 8550, www.portoftallinn.com; Internetzugang Terminal A und D. Taxi z. Stadtzentrum ca. 3-4 €, Velotaxi (Fahrradtaxi, März-Okt.), ca. 2,30 €, oder zu Fuß; öffentliche Verkehrsmittel, wie Bus 2, Straßenbahnen ca. 1 € (Vorverkauf)/kostenlos mit Tallinn Card.

BAHNHOF BALTI JAAM: Toompuiestee 35, westlich der alten Stadtmauer. Das estnische Netz betreibt **Elron**, http://elron.ee, Fahrkarten per Internet oder im Zug, Fahrradmitnahme kostenlos; elektrifiziert sind Strecken rund um Tallinn (bis Paldiski, Riispere, Aegviidu).

Netzplan-Übersicht: http://elron.ee/en/stops. Interessante Eisenbahn-Infos zu Estland: www.estbahn.blogspot.de.

BUSBAHNHOF: Lastekodu 46, Tel. 12550, 6.30-23.30 Uhr; Busfirmen u.a.: Lux Express, Ecolines, Hansabuss. Übersicht der innerestnischen Intercity-Busse: www.tpilet.ee.

ÖPNV: http://soiduplaan.tallinn.ee

MIETWAGEN: Internationale Autovermietungen am Flughafen. Alle Tallinner Mietwagen-Firmen und deren Kontakte unter www.tourism.tallinn.ee.

TAXI: Taxameter einschalten lassen; eine Preisliste auf der Beifahrerseite aushängen; Taxiquittung am Ende der Fahrt ausdrucken lassen, funktioniert die Quittungsausgabe nicht, darf der Fahrgast die Zahlung verweigern. Striktes Rauchverbot in Taxen.

ESTNISCHE KÜCHE: **Vanaema Juures**, Elch- und Wild-Spezialitäten, Mo-Sa 12-22, So 12-18 Uhr, Rataskaevu 10, Tel. 6269080, http://www.vonkrahl.ee/vanaema juures.

Olde Hansa, Mittelalter-Kost i. Altstadt-Haus, passende musikalischer Begleitung, tgl. 11-24 Uhr, Vana turg 1, www.oldehansa.ee.

RUSSISCH: **Troika**, romantisches Kellerlokal, große Auswahl, gut gekocht, freundlich serviert, 12-23 Uhr, Raekoja Plats 15, Tel. 6276245, www.troika.ee.

ITALIENISCH: **Controvento**, sehr gute Qualität, gute Weinauswahl, 12-24 Uhr, Vene 12 / Katariina käik, www.controvento.ee.

INTERNATIONALE KÜCHE: Die Luxushotels führen anspruchsvolle Restaurants wie das zu den besten estnischen Gourmettempeln zählende **Tchaikovsky** im Fünf-Sterne-Hotel Telegraaf, es brilliert mit russisch-französischem Stil, Vene 9, Tel. 6000610, www.telegraafhotel.com. **Balthasar**, gehobene Kochkultur zu entsprechenden Preisen, Spezialität: Gerichte mit Knoblauch, 12-24 Uhr, Raekoja plats 11, www.balthasar.ee.

CAFES: **Maiasmokk**, gemütliches Café (vormals *Studes Konditorei)*, exzellente Backwaren und Marzipan, Mo-Sa 8-20, So 10-18 Uhr, Pikk 16, www.kalev.eu. **Bonaparte**, französische Konditorei-Köstlichkeiten, gutes Eis, Mo-Sa 8/9-22, So 10-18 Uhr, Pikk 45. **Bogapott**, Keramikwerkstatt und Café mit Snacks, das Geschirr ist aus eigener Produktion, 10-18 Uhr, Pikk jalg 9. **Boheem**, alte Wohnzimmermöbel prägen das Flair, hier trifft sich die Künstlerszene von Kalamaja zu Drinks und kleinen Snacks, Kopli 18.

Gloria Weinkeller, edles Weinlokal in uraltem Kellergewölbe; originelles Ambiente, kleine Speisekarte, Mo-Sa 11-23 Uhr, Müürivahe 2, Tel. 6406804, www.gloria.ee.

Eine Liste mit Restauranttipps bietet die Touristeninfo unter www.tourism.tallinn.ee/ger.

TALLINN-ZENTRUM:

Dom (Toomkirik), Juni-Aug. tägl. 9-18, sonst 9-17/16 Uhr, Orgelmusik u.a. Sa 12 Uhr, Toom Kooli 6, www.toomkirik.ee.

Alexander-Nevskij-Kathedrale, Mai-Sept. So-Fr 8-19, Sa 8-20 Uhr, Lossiplats 10.

Rathaus (Raekoda), Juli-Aug. Mo-Sa 10-16 Uhr, bei offiziellen Empfängen für Besucher geschl.; **Turm**: 1.5.-15.9. 11-18 Uhr, Raekoja plats 1, http://raekoda.tallinn.ee. **Ratsapotheke**, Di-Sa 10-18 Uhr, Raekoja plats 11.

Nikolaikirche (Niguliste kirik), mit Niguliste Museum, Konzertsaal, Silberkammer, Di-So 10-17 Uhr, Winter Mi-So, Sa/So Orgelkonzerte s. Website, Führungen n. V.: Tel. 6314330, reich illustrierter Katalog in Deutsch und Englisch, Niguliste 3, www.nigulistemuuseum.ee.

Kiek in de Kök und **Bastionsgänge**, März-Okt. Di-So 10.30-18, sonst 10-17.30 Uhr, Komandandi 2, www.linnamuuseum.ee. **NUKU Puppenmuseum**, tgl. 10-18/19 Uhr, Lai 1, www.nuku.ee. **Kunstgewerbemuseum** (Tarbekunstimuuseum), Lai 17, Mi-So 11-18 Uhr. **Naturkundemuseum** (Loodusmuuseum), Mi-So 10-17, Do -19 Uhr, Lai 29 A. **Olaikirche** (Oleviste kirik), April-Okt. tägl.10-18/20 Uhr, Pikk 48. **Schifffahrtsmuseum** (Meremuuseum), Mai-Sept. tägl. 10-18 Uhr, sonst Di-So, Pikk 70,„Dicke Margarete", www.meremuuseum.ee; dazu gehört der **Wasserflugzeug-Hafen**, Mai-Sept. tägl. 10-19, sonst Di-So Uhr, Vesilennuki 6, www.lennusadam.eu.

Museum der estnischen Geschichte (Ajaloomuseum), Mai-Sept. tägl, sonst Do-Di 10-18 Uhr, Haus der Großen Gilde, Pikk 17. **Heiliggeistkirche** (Pühavaimu kirik), Mai-Sept. Mo-Sa 9-18, So 9-10 Uhr, weitere Zeiten und Programm s. www.eelk.ee/tallinna.puhavaimu, Pühavaimu 2. **Dominikanerkloster St. Katharina** (dominiiklaste kloostri muuseum), Innenbesichtigung: **Claustrum**, 15.5.-30.9. Fr-So 11-16.30 Uhr, sonst n.

V., Müürivahe 33, Tel. 5112536, www.claustrum.eu. **Stadtmuseum** (Linnamuuseum), März-Okt. Mi-Mo 10.30-18, sonst 10-17 Uhr, Vene 17. **Estnische Nationalbibliothek** (Eesti Rahvusraamatukogu), auch deutsche Bücher, Internetzugang, Mo-Fr 10-20, Sa 12-19, Tõnismägi 2, www.nlib.ee. **Kalamaja Kindermuseum Miiamilla** (Kalamaja Lastemuuseum), Mi-So 10.30-17/18 Uhr, Kotzebue 16. **Seefestung Patarei**, Festungsgefängnis aus der Zarenzeit, Mai-Sept. 12-19 Uhr, Info zu Führungen: http://patarei.org.

AUSSERHALB DES ZENTRUMS VON TALLINN:
Estnisches Freilichtmuseum (Eesti Vabaõhumuuseum), Ende April-Ende Sept. Park 10-20, Gebäude 10-18 Uhr; sonst Park, Restaurant und Shop 10-17 Uhr, die historischen Häuser sind dann meist geschlossen. Volkstanz in der Sassi-Jaani-Farm (Sommer) Sa, So 11 Uhr. Am Meer 7 km westlich des Zentrums, Bus 21 ab Bahnhof bis Museum, Vabaõhumuuseumi 12, Tel. 6549100, www.evm.ee. **Kadriorg, Palast und Kunstmuseum**, Mai-Sept. Di-So 10-17, sonst Mi-So 10-18, Mi immer bis 20 Uhr, Park bis 20/21 Uhr, Weizenbergi 37, www.kadriorumuuseum.ee. **Kunstmuseum Kumu**, Mai-Sept. Di-So 11-18, Mi -20 Uhr, sonst Mi-So, Weizenbergi 34/Valge 1, www.kumu.ee. **Haus Peters des Großen**, Mai-Sept. Di-So 10-17.45/16.45, Okt. Mi-So 10-16.45 Uhr, Mäekalda 2, Park von Kadriorg. **Estn. Filmmuseum** u. **Historisches Museum**, Mi-So 10-17 Uhr, Pirita tee 56, www.ajaloomuuseum.ee. **Pirita-Kloster** (Pirita klooster), Juni-Aug. tägl. 9-19, April, Mai, Sept., Okt. tägl. 10-18, sonst tägl. 12-16 Uhr, Pirita tee, Bus 1A, 8, 34A, 38, 40 bis Pirita, Tel. 6055000, www.piritaklooster.ee. **Botanischer Garten**, Mai-Sept. 10-20, sonst 9-17 Uhr, www.botaanikaaed.ee. **Fernsehturm**, tägl. 10-19, Uhr, Restaurant 10-23 Uhr, www.teletorn.ee.

Zentralpost (Tallinna postkontor), Mo-Fr 8-20, Sa, So 10-16 Uhr, gegenüber Viru-Hotel. Narva mnt. 1, www.post.ee.

SEGELN: Die estnische Küste kann ohne Einschränkungen besegelt werden. **Bootsverleih und Jachtcharter Bellmarine**, Kivi 16, Sporthafen Pirita, Tel. 6212105, 5167944, www.bellmarine.ee.

BOOTSVERLEIH: Kanu-Fahrten auf den Flüssen Loobu und Valgejõgi u. a. m. organisiert der **Nõmme Spordikeskus/Seikluspark**, Abenteuerpark, Sport- und Wanderclub, tägl. 8-22 Uhr, Külimallika 15 a, Tel. 6718541 www.sportkeskus.ee.
REITEN: **Veskimetsa Riding Centre**, Paldiski mnt. 135, Tel. 6563904, www.veskimetsa.ee. **Tondi Maneež**, Tondi 30, Tel. 6557205, www.tondimaneez.ee.
FAHRRADSPORT, RADTOUREN: Viele landesweite und regionale Routen sind bestens markiert. **City Bike** ist Rundumversorger für Fahrräder, Zubehör, Reparaturen, aber auch Agentur für Radrundfahrten, z. B. Stadrundfahrt Tallinn oder mehrtägige Touren in Estland und dem übrigen Baltikum, Vene 33, Tel. 5111819, www.citybike.ee.
FAHRRAD-, SPORTGERÄTEVERLEIH:
16EUR Hostel, u. a. im Rotermann-Quartier, verleiht Räder, Wagen etc. Roseni 9, Tel. 5013046, www.16eur.ee. **Hawaii Express**, Verleih hochwertiger Sportfahrräder, auch Ski- und Surfausrüstung, Pirita tee 102, Tel. 6398508, www.hawaii.ee.
WINTERSPORT: Die estnische Landschaft eignet sich hervorragend für Skilanglauf. Die Winter sind schneesicher. Information: **Nõmme Skipark** (Lumepark), hier auch Verleih von Ausrüstung, Vana-Mustamäe 16, Tel. 56159160, www.nommelumepark.ee. Skiverleih auch bei **Hawaii Express**, s. o.
GOLF: Moderner 18-Loch Golfplatz 19 km südöstlich von Tallinn in Suuresta nahe der Hauptstr. nach Tartu, **Suuresta Golf Club**, Tel. 6609700, www.golfest.ee.

VERANSTALTUNGEN: April: **Tallinn Jazzkaar** (Jazzfest), Juni: **Altstadtfest**, Kleinkunstbühnen, Konzerte Ausstellungen. Vorabend d. 24.6.: **Sommersonnenwendfeier**. Juni/Juli alle 5 Jahre, nächstes: 2019: **Sängerfest**. Juli: **Maritime Tage**, Hafenfest, internat. Schiffsbesuch. August: **Internat. Orgelfest**. Sept.: **Orthodox. Kirchenmusikfest**. Dez.: **Weihnachtsmarkt**.

Foto: Knut Liese

ZWISCHEN TALLINN UND NARVA

LAHEMAA-NATIONALPARK
RAKVERE (WESENBERG)
PAIDE (WEISSENSTEIN)
GLINTKÜSTE
NARVA

VON TALLINN NACH NARVA

Die attraktivsten Gutsschlösser Estlands, imposante Burgruinen, dichte Kiefernwälder, einsame Buchten, die malerisch von riesigen Granitfindlingen gesäumt werden und die hohe Steilküste (Glint) – auf der Fahrt von Tallinn nach Narva folgen Sehenswürdigkeiten dicht aufeinander. Unbedingt anschauen sollten sich Reisende den abwechslungsreichen Lahemaa-Nationalpark, der für Touristen gut erschlossen ist. Die Idylle entlang der Route zur alten Grenzstadt Narva unterbrechen im Gebiet um Kohtla-Järve riesige nackte Abraumhalden, Zeugen des einst rücksichtslosen Ölschiefer-Abbaus. Die findigen Esten nutzen sie aber bereits für Sport- und Abenteuertourismus.

★★Lahemaa-Nationalpark

Als 1971 der ★★**Lahemaa-Nationalpark** ⓬ (Lahemaa rahvuspark; „Land der Buchten") gegründet wurde, war er der erste Nationalpark der Sowjetunion. Gut 50 km von Tallinn entfernt, vereint er heute auf 725 km² Natur und Kultur: Zerklüftete Buchten, einsame Wälder und versteckt liegende Gutsschlösser mit gepflegten Anlagen verlocken Touristen und Tallinner, den Park als Naherholungsgebiet und Sommerfrische nutzen. Acht Hauptwanderwege führen zu Naturschönheiten; Tierfreunde lernen unter sachkundiger Leitung vierbeinige Waldbewohner und viele der 200 z. T. seltenen Brutvogelarten kennen, darunter Seeadler und Schwarzstorch. Bären und Luchse leben allerdings in unzugänglichen Reservaten. Die Küste lädt zum Segeln ein. Kulturinteressierte können Schlösser, Museen oder ehemalige Fischerkaten besichtigen. Die Hauptstraßen im Park sind asphaltiert und für Autos zugelassen; viele Wege eignen sich gut für Fahrradtouren.

Am Westrand des Lahemaa-Nationalparks liegt das **Gutsschloss Kolga** (**Kolk**) 1 in einem englischen Park. Das Hauptgebäude stammt aus dem Jahr 1642, in reinem Klassizismus wurde es 1810 für die Familie Stenbock vergrößert und beeindruckt noch heute durch die Eleganz seiner Fassade und die großzügige Hofanlage. Leider war hier jahrzehntelang die Verwaltung der hiesigen Sowchose untergebracht. 1993 wurde es der Stiftung der Familie Stenbock zurückgegeben, die zur originalgetreuen Restaurierung beitrug. Sie ist noch nicht vollendet, aber das **Kolga Museum** im Haupthaus dient der Gemeinde Kuusalu als Heimatmuseum und für Wechselausstellungen.

Links: Wandern im Lahemaa-Nationalpark.

» Karte S. 206-207, Plan S. 204, Info S. 211

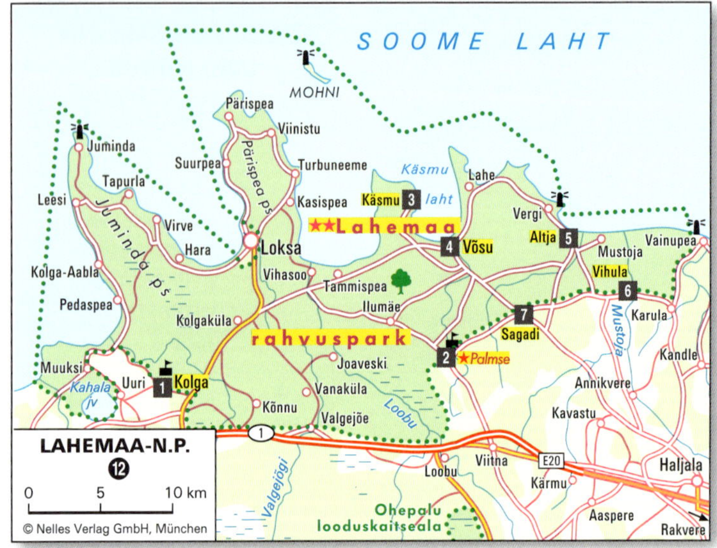

Vorbildlich restauriert wurde das ★**Gutsschloss Palmse** (**Palms**) **2** (25 km östlich), ein architektonischer Höhepunkt des Nationalparks. Der Gutsanlage wurde zu einem interessanten **Freilichtmuseum**.

Das Gut ist Zeugnis der deutschbaltischen Geschichte in Estland, die 1939 nach 700 Jahren ihr Ende fand. Gut Palmse gehörte seit dem 13. Jh. den Nonnen des Michaelsklosters in Tallinn. Ab 1674 besaß es die deutschbaltische Familie von Pahlen, die es 1785 prachtvoll im barocken Stil ausbauen ließ. 1923 dem estnischen Staat verkauft, verwahrlosten die Gebäude. Erst 1975 begann die Restaurierung im Stil des 18. Jh., wobei alte Wandmalereien ans Licht kamen. Die Pahlens hatten alle Möbel mitgenommen, daher wurde das Schloss mit Mobiliar aus anderen Gutshäusern eingerichtet. Imposant sind der auf Löwentatzen stehende **Rokoko-Ofen** im Obergeschoss und der **Kronleuchter** aus Meißner Porzellan. Hören Sie eine Klangprobe aus der historischen **Musikbox**! Die Schnapsbrennerei wurde zu einem modernen **Hotel**, das Knechtshaus eine gemütliche **Taverne**. In der ehemaligen Trockenscheune für Malz richtete man ein Seminarzentrum ein; u. a. nutzt es die Nationalparkverwaltung für Fortbildungskurse. Die gesamte Anlage gibt einen Eindruck von einstiger baltischer Gutsherrlichkeit; Landwirtschaft findet aber nicht mehr statt. Der **Landschaftspark**, im englischen Stil um einen See angelegt, bietet 40 km **Wanderwege**.

Wer Lust verspürt auf ungewöhnliche Besichtigungen sollte 20 km nordwärts nach **Käsmu** (**Kasperwiek**) **3** fahren. Märchenhaft wirken die dichten, einsamen Kiefernwälder, in denen die letzte Eiszeit überall riesige **Findlinge** aus rosa Granit hinterlassen hat. Die Küste ist hier stark in enge, malerische Buchten gegliedert. Der Ort Käsmu war früher Werft- und Fischerdorf mit Seefahrtschule, seit 1790 werden in Käsmu Schiffe gebaut. Der Ort wurde erstmals

Rechts: Das Gutsschloss Palmse vermittelt einen Eindruck von baltischer Gutsherren-Lebensart.

 » Plan S. 204, Info S. 211

Foto: Jan Pohunek (Shutterstock.com)

1453 erwähnt: nach einer Legende ließ Kapitän Kasper hier, nachdem er knapp dem Schiffbruch entkommen war, eine Kapelle bauen und gründete damit das Dorf. Der erste Tourist kam Mitte des 19. Jh.: Baron von Dellinghausen, ein deutscher General. Ihm folgten russische, heute estnische Dichter.

Sehenswert ist das **Meeresmuseum** von Aarne Vaik. In der ehemaligen Seefahrtschule stellt er aus, was er in Jahrzehnten zusammengetragen hat: alte Fischreusen, Steuerräder, Sturmlampen, Sextanten und Bilder mit maritimen Motiven. Das Sammelsurium ist genauso skurril wie sein schrulliger Besitzer, der Besucher selbst führt. In der einstigen Sperrzone am **Strand** von Käsmu gibt es heute Privatzimmer und Ferienhäuschen zu mieten, einen Campingplatz und ein Gasthaus. Das Meer deckt den Tisch – mit Lachsen, Hechten und Barschen.

Entlang der abwechslungsreichen Küste sind die Strandurlaubsorte in Naturschönheiten gebettet; im Inneren der **Käsmu-Bucht** bietet **Võsu** 4 etliche Unterkünfte. Wer die Buchten und Kaps ostwärts abwandert oder -radelt, gelangt südöstlich von **Vergi** zu einer Bucht, die ein gigantischer **Granitfindling** dominiert. Diesen Anblick genießen seit jeher die Bewohner des Küstendorfs **Altja** 5, das 1465 erstmals erwähnt wurde. Es ist eine kleine Strandsiedlung, in der man noch die typische Struktur eines nordestnischen Fischerdorfs erkennt. Die meisten Gebäude stammen aus dem 19. Jh. Im **Toomarahva**-Hof kann man in traditionellem Ambiente übernachten. In dem winzigen Ort sind **Fischerhütten** auf einer Landzunge zu bewundern, die wie in alten Zeiten noch mit Reet oder Holzschindeln gedeckt sind. Ein kulturgeschichtlicher Pfad führt zu ihnen, vorbei an Gehöften, von denen einige bereits in den 1970er Jahren von der Nationalparkverwaltung restauriert worden waren. Der historische **Dorfkrug** hat wieder geöffnet und bietet sehr gute bodenständige Küche.

Die Fischerhütten von Altja sind beliebte Fotomotive. Die wohl fotogenste

» Plan S. 204, Info S. 211

Sehenswürdigkeit des Nationalparks dürfte das **Gut Vihula** (**Viol**) 6 nahe der östlichen Parkgrenze sein. Das Herrenhaus der Familie von Schubert stammt aus dem 19. Jh. und gehört zu den schönsten der Gegend. Es liegt an einem See mit Wassermühle, der aufgestaute **Mühlenteich** wird reizvoll in den englischen **Landschaftspark** einbezogen. Zu den Inselchen führen weiß lackierte Holzbrücken, Pavillons stehen am Ufer – der Einklang zwischen Natur und Architektur ist einfach perfekt. Die privat geführte Anlage hat sich zu einem äußerst reizvollen **Wellness-Hotel** gemausert und bietet viele Ausflüge an.

Das **Herrenhaus von Sagadi** (**Saggad**) 7 östlich der Straße Võsu-Haljala ist spätbarock-frühklassizistisch. Es hat als Wahrzeichen ein **Torhaus** mit **Glockenturm**, durch das man die Hofanlage, heute Hotel und Museum, betritt. Nach der Enteignung 1919 war das Schloss bis 1974 eine Schule. Es wurde intensiv restauriert und erhielt passendes Mobiliar aus einem Herrenhaus bei Rakvere. Wer sich für Wald und Forst interessiert, sollte das dortige moderne **Forstmuseum** im einstigen Kornhaus besuchen. Lohnend ist ein Spaziergang in dem kleinen, sehr gepflegten **Park** hinter Museum, Hotel und Schloss, ebenso im **Obstgarten** und dem **Arboretum** mit seinen 100 Arten sowie dem restaurierten **Treibhaus**.

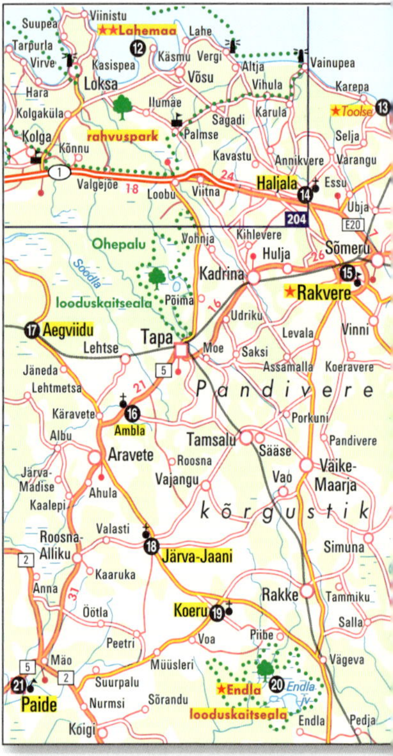

★Rakvere (Wesenberg)

Begeistert sind Reisende vom Anblick der meterdicken Mauerreste der Ruine der ★**Ordensburg Toolse** (**Tolsburg**) 13. Auch die Lage direkt am flachen, begrünten Strand zwischen Karepa und Kunda (ausgeschildert an der Küstenstraße) ist eindrucksvoll, im 13. Jh. war hier ein wichtiges Einfallstor für Ordensritter und Missionare. Die Burg in exponierter Lage kontrollierte im 15. Jh., weithin sichtbar, Seeverkehr und Piraten. Nach mehrfachen Um- und Ausbauten wurde sie im 18. Jh. endgültig zerstört. Diese Anlage war einst der nördlichste Vorposten des Heiligen Römischen Reichs Deutscher Nation.

Auch die **Kirche** von **Haljala** (**Haljall**) 14 macht einen wehrhaften Eindruck, denn das Langhaus der mittelalterlichen Kirche und der oben achteckige Turm sind mit Schießscharten versehen, war sie doch Außenposten der 10 km entfernten ★**Burg von Rakvere** (**Wesenberg**) 15. Sie thront auf einem Hügel über dem Provinzstädtchen. Der dänische König verlieh ihm schon 1302 Stadtrechte. Die niedrigen Holzhäuser im Zentrum vermitteln einen guten Eindruck vom Leben in einem verschlafenen Provinznest. In einem alten Gutshaus am Fuß des Burgbergs

 » Plan S. 204, Karte S. 206-207, Info S. 211

gibt ein **Museum** einen Überblick über die Stadtgeschichte. In der imposanten **Ruine der Ordensburg** finden heute oft Mittelaltershows statt. Als dänische Burg wurde sie 1252 erstmals schriftlich erwähnt, im 14. Jh. bauten die Ordensritter sie zum vierflügeligen Konventsbau aus. Die Kalksteinfestung mit Ecktürmen wurde im Livländischen und im Nordischen Krieg stark beschädigt. Modern ist im Kreisstädtchen Rakvere der **Akva-Wasserpark** in einem Wellness-Hotel, der Groß und Klein aus der Umgebung anzieht.

Südwestlich von Rakvere befindet sich ein 20 ha großer Eichenwald. Darin liegt ein deutscher **Soldatenfriedhof** für im 2. Weltkrieg Verstorbene.

Paide (Weissenstein)

In **Ambla** (**Ampel**) ⓰, etwa auf halbem Wege zwischen Rakvere und Paide, steht, mit schöner Rosette über dem Haupteingang, die älteste **Kirche** der Gegend, erbaut im frühen 13. Jh. an der damaligen Grenze des livländischen Ordensstaates zum dänisch besetzten Estland. Angenehme Spaziergänge bietet der Luftkurort **Aegviidu** (**Charlottenhof**) ⓱ 20 km nordwestlich. Häuser wohlhabender Sommerfrischler durchsetzen die Seenlandschaft; besonders hübsch ist der **Bahnhof** aus der Zarenzeit. Bis hierher reicht vorerst die elektrifizierte Bahn aus Tallinn. Südwärts passiert man den modernen Konferenz-

und Hotelkomplex **Jäneda** (**Jendel**); Estlands älteste Landwirtschaftsschule, ein **Jugendstilhaus** der Familie Benckendorff, ist ein dekorativer Teil der Anlage am See. Gern bewandert wird hier der 10 km lange **Präsidentenweg**, den auch die früheren Staatsoberhäupter Päts und Rüütel schätzten.

Eine mittelalterliche **Wehrkirche** (14. Jh.) steht 14 km östlich der Hauptstraße Rakvere-Paida in **Järva-Jaani** (**Sankt Johannis**) ⓲; den Westturm erhielt sie Ende des 19. Jh., barocke Zier von Kanzel und Altarwand lockern den strengen Innenraum auf. Auch **Koeru** (**Sankt Marien-Magdalenen**) ⓳ 13 km südöstlich hat eine frühmittelalterliche **Wehrkirche** in der Dorfmitte; die Turmhaube stammt aus dem Barock.

Oberflächenwasser, das vom hügeligen Karstgebiet **Pandivere kõrgustik** (**Pantifer Höhen**, zwischen Rakvere und Koeru) abfließt und z. T. unterirdisch verschwindet, tritt südlich davon im ★**Endla looduskaitseala** ⓴ (Naturschutzgebiet Endla) in reichen Quellen zutage. Hier hat sich ein Hochmoor gebildet, eine wasserreiche Landschaft – ideal für seltene Sumpfvögel, im Sommer beliebt bei Naturfreunden, im Winter bei Skiwanderern; eine Anmeldung ist vorgeschrieben. Pfade führen durchs Moor, es gibt zwei **Beobachtungstürme**, das Infohaus in **Tooma** am Ostrand ist nach Vereinbarung geöffnet.

In **Paide** (**Weißenstein**) ㉑ bauten die Ordensritter eine mächtige Burg, von der noch Reste stehen; der 30 m hohe **Bergfried** ist Wahrzeichen der Stadt und wurde nach seiner Zerstörung im 2. Weltkrieg originalgetreu wieder errichtet. Das einstige Burggelände ist heute **Stadtpark**. Paide bedeutet Kalksteinstadt; der Kalksteinabbau und die örtliche Architektur sind Themen des **Museums**. Hermann Hesses Großvater wirkte in Paide als Arzt und ist auf dem Friedhof **Reopalu** bestattet.

Rechts: Einen malerischen Anblick bietet das russisch-orthodoxe Kloster Pühtitsa.

An der ★Glintküste

Wo die Nationalstraße 1 Tallinn-Narva in Sichtweite der ★**Glintküste** (*Klint*) mit ihren senkrechten Kalkwänden verläuft, bieten sich spektakuläre Ausblicke weit übers Meer. Schön ist der Blick zwischen **Aseri** ㉒ und **Liimala**; es lohnt sich aber auch, schon 5 km westlich von Kohtla-Järve die Nationalstraße für einen Abstecher nach **Saka** und **Ontika** ㉓ zu verlassen: An einem ehemaligen Herrenhaus vorbei führt der Küstenweg zu attraktiven **Aussichtspunkten** zwischen den Laubbäumen auf den Felsen; teilweise ist die steile Kliffküste über 50 Meter hoch. Bei Ontika ist der höchste Punkt. Während in der Tiefe die Wellen gegen die Felsen branden, schweift der Blick weit über den Finnischen Meerbusen.

Auch im Strand- und Kurort **Toila** ㉔ hat man eine prachtvolle Aussicht. Ein modernes Wellness-Hotel und mehrere einfache Pensionen bieten akzeptable Unterkünfte. Der Ort ist bekannt als ehemaliger, im Zweiten Weltkrieg zerstörter Sommersitz des estnischen Präsidenten Päts; davon ist nur noch der **Park Oru** erhalten. Daneben erstreckt sich das idyllische Tal des **Pühajõgi**. Seit 2002 besteht ein **Deutscher Soldatenfriedhof** in Toila.

Zu einer Sehenswürdigkeit entwickelt sich das **Ölschieferabbaugebiet um Kohtla-Järve**. Der bitumenreiche Ölschiefer macht Estland zum einzigen baltischen Land mit einem Bodenschatz zur Erdölgewinnung. Die Sowjets forcierten den Abbau ohne Rücksicht auf die Umwelt: Sie bauten riesige Industriekombinate, um die sich Schlackehalden türmten. Für die russischen Arbeiter entstanden Städte wie Kohtla-Järve und Jõhvi. Bei der Verbrennung des Ölschiefers fielen jährlich über 100 000 Tonnen Asche an, aus der auch die radioaktiven Stoffe nicht gefiltert wurden. Das Land war von grauem Staub bedeckt, viele Bewohner litten unter Atembeschwerden. Der Abbau wurde

 » Karte S. 206-207, Info S. 211

Foto: Knut Liese

mittlerweile stark beschränkt, doch die Region bleibt das größte Sorgenkind estnischer Umweltschützer.

In **Kohtla-Nõmme** entwickelte man aus einem stillgelegten Ölschiefer-Untertagebau einen lehrreichen **Museumspark**. Der höchste der **Abraumberge** ist im Winter Skizentrum und lockt mit Abenteuersport im Sommer.

Am östlichen Ortsrand von **Jõhvi** ㉕ wurde ein deutscher Soldatenfriedhof angelegt. Die Wehrkirche **St. Michael** wird auf einem Audio-Rundgang spannend präsentiert.

★Kloster Pühtitsa

Paradiesisch mutet, 20 km südöstlich von Kohtla-Järve, auf einem 92 m hohen Hügel bei **Kuremäe** das russisch-orthodoxe ★**Kloster Pühtitsa** ㉖ an, dessen fünf Zwiebeltürmchen den Weg weisen. Es ist das einzige tätige orthodoxe Kloster Estlands. Bemerkenswert ist das Tor mit sieben Glocken, die größte wiegt 2,5 t. Gebaut wurde das Nonnenkloster 1892-1895 im Zuge der Russifizierung des Baltikums. Schon seit Jahrtausenden war hier eine estnische Kultstätte: Im heiligen Hain unter einer Eiche sollen die Beine des Nationalhelden Kalevipoeg begraben sein, die ihm bei der Durchquerung eines Flusses das eigene Schwert abgeschlagen hatte (s. S. 185). Hinter den Klostermauern verbirgt sich ein wahres Paradiesgärtlein. Mit Schnitzereien verzierte Holzhäuser umstehen den Hof, in dessen Mitte die **Kirche** aufragt. Überall blühen üppig Rosen, Lilien und Pfingstrosen. Ein Vergnügen ist der Chorgesang der Nonnen zu den Gottesdiensten (ab 18 Uhr oder sonntags ab 9 Uhr). Anspruchslose Pilger können im Kloster übernachten.

Narva

Die estnische Grenzstadt **Narva** ㉗ (58 000 Einwohner, knapp 90 Prozent Russen) bildet von alters her die Grenze zwischen Estland und Russland. Am jenseitigen Ufer des Flusses Narva, der 14 km weiter nördlich in den Finnischen Meerbusen mündet, liegt das russische

Foto: KKulikov (Shutterstock.com)

Ivangorod. Vom jahrhundertelangen Grenzstreit zeugen die beiden mächtigen Wehranlagen, die sich am Fluss gegenüberstehen. Der ★**Blick auf die beiden Burgen** ist von so wilder Mittelalterromantik, dass er Besucher von Narva immer wieder begeistert.

Die estnische ★**Hermannsfeste** (Hermanni linnus) wurde Ende des 13. Jh. aus Holz errichtet und wenig später von den Dänen in einen kastellartigen Steinbau mit mehreren Vorburgen verwandelt. Die Ordensritter bauten die Burg zum Konventsgebäude aus und erhöhten den Bergfried „Langer Hermann" auf sechs Stockwerke. Die Schweden fügten der Hermannsburg im 17. Jh. die wehrhaften Basteien rings um die Feste hinzu. Nachdem Estland russische Provinz geworden war, verlor die Burg ihre Festungsfunktion und wurde im 18. Jh. Kaserne. Im Zweiten Weltkrieg erlitt sie starke Beschädigungen, doch schon zehn Jahre später begann der Wiederaufbau. Heute ist sie ein Kulturzentrum, und ein **Museum** verschafft hier Einblick in die Geschichte von Burg und Stadt. Prachtvoll ist der ★**Blick vom „Langen Hermann"** auf die Burg von Ivangorod, die der russische Zar Ivan II. 1490 errichten ließ.

Als die Rote Armee 1944 Narva als erste baltische Stadt zurückeroberte, wurde die Altstadt fast völlig zerstört, aber das **Rathaus** rekonstruierte man im frühklassizistischen Stil. Seit der Unabhängigkeit Estlands ist die Narva wieder Grenzfluss zwischen zwei Staaten.

Auf einer Flussinsel entstand vor dem 1. Weltkrieg der Fabrikkomplex **Kreenholm**, dessen backsteinerne Industriearchitektur heute zu Narvas Sehenswürdigkeiten zählt.

Der kleine Ferien- und Kurort **Narva-Jõesuu** (**Hungerburg**) ㉘ an der Narva-Mündung hat den längsten **Sandstrand** Estlands (12 km). Über 100-jährige Häuser mit Holzschnitzereien erinnern an eine lange Tourismustradition, die 1873 mit russischen Kurgästen begann.

Oben: Die estnische Hermannsfeste wacht über die Narva, den Grenzfluss zu Russland.

 » Karte S. 206-207

Lahemaa Nationalpark (☎ 32)

www.keskkonnaamet.ee/lahe-eng, die Website der estnischen **Naturparkverwaltung**, veröffentlicht als PDFs Informationsbroschüren über Natur und Mensch im Nationalparkgebiet sowie Karten für Wanderungen und Naturlehrpfade (Viru-Hochmoor, Majakivi-Pfad, 4,7 km Bohlensteg durch den Oandu-Urwald). Die staatliche **Forstverwaltung** hat eine **Informationsstelle** neben dem Gut Palmse, gegenüber der Bushaltestelle (Ausstellungen, Broschüren, Karten), 15.5.-30.9. tägl. 9-17 Uhr, sonst Mo-Fr, Tel. 95555, http://loodusegakoos.ee. Naturinfos und Führungen auch ab **Herrenhaus Sagadi**: http://sagadi.ee.

BUS: Tallinn – Viitna ca. stdl. ab 7.15 Uhr, 1 Std., www.tpilet.ee.

Kiiu Tornlinnuse Kohvik, 36 km östl. v. Tallinn, Turmcafé nördl. der Nationalstr. 1 Tallinn – Narva, Tel. 6073434.

Gutsschloss Palmse, Mai-Sept. tägl. 10-19 Uhr, sonst 10-18 Uhr, www.palmse.ee.
Meeresmuseum Käsmu, Tel. 38136, www.kasmu.ee.
Herrenhaus Sagadi, **Forstmuseum**, Mai-Sept. tägl. 10-18 Uhr, sonst n. V. Tel. 6767882, http://sagadi.ee.

Rakvere (☎ 32)

Laada 14, Tel./Fax 42734; www.rakvere.ee. Mitte Mai-Mitte Sept. Mo-Fr 9-17, Sa, So 9-15, sonst Mo-Fr 9-13 und 15-17 Uhr. Portal mit Informationen zu den Museen der Provinz Virumaa www.svm.ee.

Ordensburg, Mai-Aug. tgl. 10-19, Sept. 10-16, sonst Mi-So, Tel. 25500. **Rakvere Näitustemaja** (Ausstellungshaus), Di-Fr 10-17, Sa 10-15 u. n. V. Tel. 25503, Tallinna 3. **Museum**, Di-Sa 11-17 Uhr, Pikk 50.

Järva-Jaani (☎ 38)

Vallavalitsus (Gemeindeverw.), Pikk 56, Tel. 63377, http://jjaani.kovtp.ee.

Koeru (☎ 38)

Paide tee 5, Tel. 46300, www.koeruvv.ee.

Endla-Naturschutzgebiet

Endla looduskaitseala, Tooma küla, Jõgevamaa; Tel. 53419205, vor Besuch des Infohauses anmelden, 15.5.-15.9. tgl. 10-18, sonst werktags 11-16 Uhr; www.endla kaitseala.ee, www.keskkonnaamet.ee/endla/in-english; Zugang westl.Straße 22 (Rakvere-Jõgeva); Bootstouren, Natur-Führungen April-Okt. Die Wanderwege im Naturschutzgebiet sind gekennzeichnet und auf der Website beschrieben.

Paide (☎ 38)

Keskväljak tn. 8, 15.5.-15.9. 9-17/15 h, sonst Mo-Fr, Tel. 50400, www.jarva.ee.

Kohtla-Nõmme (☎ 33)

Kohtla kaevanduspark, Museum und Abenteuersportplatz in der einstigen Ölschiefermine, Mai-Sept, Di-Sa 11-19, So, Mo 11-17 Uhr, sonst Di-Sa, Jaama 1, Tel. 24017, www.kaevanduspark.ee.

Jõhvi (☎ 33)

Keskväljak 4, Tel. 63741, www.johvi.ee.

Narva (☎ 35)

Peetri 3, tägl. 10-16/17.30 Uhr, Tel. 99137, http://tourism.narva.ee.

Castell, in der Burg, elegant, Reservierung empfohlen, tgl. ab 11/12 Uhr, Peterburi 2, Tel. 99257, www.castell.ee.
Salvadore, erhält sein künstlerisches Ambiente durch Kopien von Bildern Salvador Dalis, im Hotel Inger, Puškini 28, www.inger.ee.

Burg, **Museum der Stadtgeschichte**, tägl. 10-18 Uhr, auch n. V., Tel. 99230, www.narvamuuseum.ee.

Foto: Knut Liese

TARTU UND ESTLANDS SÜDOSTEN

TARTU (DORPAT)
PEIPUS-SEE
VÕRTSJÄRV (WIRZSEE)
OSTLIVLÄNDISCHE HÖHEN

ESTLANDS SÜDOSTEN

Im dünn besiedelten Südosten Estlands finden Reisende das intellektuelle Zentrum des Landes, die Universität von Tartu (Dorpat), in der die Freiheitsbestrebungen im 19. Jh. begannen. In der Nähe liegen ausgedehnte Seen und nahe der lettischen Grenze eine einsame Hügellandschaft rund um den höchsten Berg Estlands, den Suur Munamägi: Paradies für Wanderer, wo einem in den endlosen Wäldern schon mal ein Elch begegnen kann. Im Süden stößt man auf idyllisch gelegene Herrenhäuser und Schlösser, das Grab eines Helden aus den napoleonischen Kriegen und malerische Städtchen mit alten Kirchen und Burgruinen.

★Tartu (Dorpat)

★**Tartu** (**Dorpat**) ㉙, Estlands zweitgrößte Stadt (knapp 100 000 Einwohner, davon ca. 20 % Studenten), ist älter als seine berühmte Universität. Hier lag eine altestnische Burg, die der Kiewer Fürst Jaroslav der Weise 1030 eroberte. Die Schwertbrüder nahmen sie 1224 nach Kämpfen gegen Russen und Esten ein und machten den Ort, den sie Dorpat nannten, zum Bischofssitz. Die strategisch günstige Lage am **Emajõgi** (**Embach**), dem Handelsweg nach Novgorod (Russland), ließ die Stadt bald reich werden; sie trat der Hanse bei. Obwohl Dorpat mit Mauern und Wehrtürmen befestigt war, eroberten es die Russen im Livländischen Krieg. Die Schweden bauten die Stadt wieder auf, aber die Truppen Peters des Großen zerstörten sie im Nordischen Krieg total; 50 Jahre darauf vernichtete ein Großbrand die letzten alten Häuser.

Die heutige **Altstadt** erhielt ihr einheitliches Gesicht beim Wiederaufbau im russisch-klassizistischen Stil: Ensembles historischer Stadthäuser, Kopfsteinpflasterstraßen: man fühlt sich 200 Jahre zurückversetzt. In Kneipen, auf Bänken und Lichtungen des Dombergs, überall sieht man Studenten; die Altstadt erscheint als ruhige Insel der Gelehrsamkeit im tosenden Verkehr der an modernen architektonischen Akzenten reichen Stadt ringsum.

Mittelpunkt ist der ★**Rathausplatz** ① (Raekoja plats), schmal und lang, zwischen Embach im Osten und Domberg im Westen, wo das **Rathaus** (1789) den Abschluss bildet. Bekanntestes Haus am Platz ist **Nr. 18**, das „**Schiefe Haus von Tartu**“: Auf dem Morast im Emajõgital gaben die Fundamente nach; das schmale Haus steht in beeindruckender Schräglage (Galerie **Kunstimuuseum** im Obergeschoss).

Links: Fischer am Võrtsjärv (Wirzsee).

» Karte S. 218-219, Stadtplan S. 215, Info S. 223

Foto: Thomas Stankiewicz

„Die ganze Universität gab uns ein ungeheuer labendes Diner, daneben aber auch Belehrung und interessante Menschen", schrieb der Naturwissenschaftler und Reisende Alexander von Humboldt über seinen Stopp auf der Reise nach Russland 1829. Die **Universität** mit ihrem klassizistischen **Hauptgebäude** (2) von 1809 hatte schon vorher einen hervorragenden Ruf in ganz Europa. Schwedenkönig Gustav II. Adolf hatte die *Academia Gustaviana* 1632 gegründet. Während des Krieges mit Russland wurde 1656-1666 in Tallinn, wegen des Nordischen Krieges von 1699 bis 1710 in Pärnu gelehrt. Erst 1802 gründete Zar Alexander I. die Universität erneut in Dorpat und ließ sie neu errichten. Der Unterricht war immer auf Deutsch, aber als 1895 die Russifizierungspolitik begann, wurde Russisch Unterrichtssprache.

Das Hauptgebäude beherbergt u.a. das **Universitäts-Kunstmuseum** im Ambiente des 19. Jh., z. B. mit Gipsabdrücken klassischer Skulpturen. Einer der Karzer ist erhalten, in denen Studenten einst z. B. wegen Ruhestörung schmoren mussten. Viele haben sich an den Wänden mit Zeichnungen oder poetischen Erkenntnissen wie „Ein Fehler ist im Schöpfungsplan, dass man im Schlaf nicht trinken kann" verewigt. In der damals ungenutzten Domkirche richtete man 1807 die Uni-Bibliothek ein (s. u.). Zur Universität gehört auch der **Botanische Garten** am rechten Ufer des Flusses Emajõgi. Rund 20 000 Studenten sind in Tartu eingeschrieben.

Ein kunstgeschichtliches Glanzlicht wurde nach jahrelanger Restaurierung 2005 wieder eröffnet: die ★**Johanniskirche** (3) (Jaani kirik), die bedeutendste Backsteinkirche Estlands. Häufige Kriege, zuletzt der Zweite Weltkrieg, hatten aus der Basilika des 14. Jh. eine Ruine gemacht. Ihre in Europa einzigartigen ★★**Terrakottafiguren** schmücken **Portal**, Turm, Arkadengeschoss und die Kapitelle der Pfeiler. Wer Kopien der Fi-

Oben: Ein origineller Springbrunnen vor dem Rathaus der Universitätsstadt Tartu – „Die küssenden Studenten" (Mati Karmin, 1997).

» Stadtplan S. 215, Info S. 223

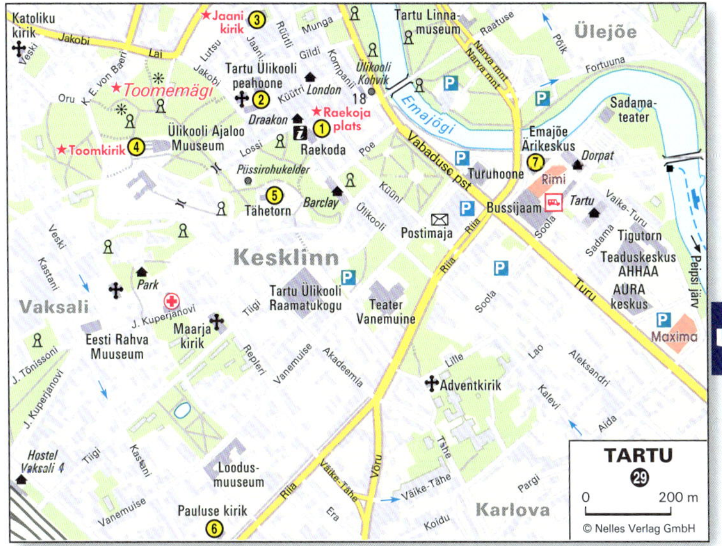

guren erwirbt, trägt zur Unterstützung der Kirche bei.

Gegenüber der Kirche, in den Straßen **Jaani** und **Lutsu**, gibt es die heutige Version der 1449 gegründeten **Antoniusgilde**: Ein Dutzend Kunsthandwerker vom Schmied bis zum Hutmacher arbeiten hier im stillen Hof.

Eine mittelalterliche Ruine ist der ★**Dom** (4) (Toomkirik) aus dem 13. Jh., malerisch auf dem ★**Domberg** gelegen. Romanische und gotische Stilelemente sind am mächtigen Bauwerk noch gut zu erkennen. Im Chorraum, den die neu gegründete Universität 1807 in eine Bibliothek umgewandelt hatte, ist jetzt das **Historische Museum** der Universität (Ülikooli Ajaloo Muuseum) zu besichtigen. Südwärts quert man entweder die **Engels-** oder die **Teufelsbrücke**, um über der schmalen Talung der Lossi-Straße in den benachbarten Teil des Parkgeländes zu gelangen.

Die **Sternwarte** (5) (Tähetorn) von 1810 im Südteil des Dombergs besaß damals eines der besten Fernrohre Europas. Alexander von Humboldt ließ es sich von Friedrich von Struve vorführen. Das **Museum** im Observatorium erinnert u. a. an die europaweite Vermessungslinie des 19. Jh., den **Struvebogen**, der seit 2005 zum UNESCO-Welterbe zählt. Beim Taleinschnitt der Lossi-Straße gelangt man in den unterirdischen **Pulverkeller** (Püssirohukelder), Munitionsdepot von 1778, dann seismografisches Experimentierstudio und heute rustikale **Gaststätte** für Studenten und Touristen.

Südwestlich des Parks gibt das neu gestaltete **Estnische Volkskundemuseum** (Eesti Rahva Muuseum) Eindrücke von der Vielfalt der Landeskultur.

Den finnischen nationalromantischen Stil repräsentiert die **Paulskirche** (6) (Eliel Saarinen 1917).

Das 21. Jh. hat in Tartu längst Einzug gehalten: Die Stadtsilhouette prägt das 52 m hohe spiegelverglaste **Business Centre** (7) (Ärikeskus) am Emajõgi.

Vom **Flusshafen** nahebei fahren im Sommer Ausflugsschiffe in Richtung Peipus-See.

Foto: Thomas Stankiewicz

Peipus-See

Ein beliebtes Ausflugsziel der Bewohner Tartus ist, 20 km nördlich, der reizvoll in die Landschaft gebettete See **Saadjärv** ㉚. Naturattraktion aus der letzten Eiszeit ist 35 km weiter nach Norden der mächtige **Drumlin** von **Laiuse** ㉛ (Laiuse mägi): ein 10 km langer, schmaler Hügel, 144 m hoch; 4 km ostwärts, in Richtung Mustvee, steht die beachtliche **Ruine** der **Ordensburg Laiuse** (**Lais**) aus dem frühen 15. Jh. – die erste Burg in Estland, die zum Schutz gegen Feuerwaffen gebaut wurde.

Von hier sind es knapp 30 km zum Ufer des **Peipsi järv** (**Peipus-See**). Mit 3555 km^2 ist er der größte See des Baltikums und der viertgrößte Europas. Das nur 8 m tiefe Gewässer bildet die natürliche Grenze zu Russland. Vor der noch bewohnten **Insel Piirisaare** (erreichbar mit Booten von Tartu / 65 km) kam es zu einer der berühmtesten Schlachten des Mittelalters: Auf dem zugefrorenen See schlugen 1242 die russischen Truppen unter Fürst Alexander Nevskij das Heer der Ordensritter vernichtend. Eine katholische Missionierung des orthodoxen Russland wurde damit verhindert; Alexander Nevskij avancierte zum russischen Nationalheiligen. Der sowjetische Regisseur Sergej Eisenstein drehte 1938 einen Klassiker der Filmgeschichte: *Alexander Nevskij* erscheint in dem patriotischen Streifen als hehre Lichtgestalt, während die deutschen Ritter, gerecht bestraft für ihren Frevel, Russland missionieren zu wollen, spektakulär im berstenden Eis versinken. Auf Piirisaare leben nur noch 100 Menschen. Die Insel ist bekannt für Fischerei und Zwiebelzucht.

Oben: Der Peipus-See – der größte des Baltikums – ist touristisch noch kaum erschlossen. Rechts: Sangaste – ein Schloss des 19. Jh. im englischen Tudorstil.

Um den Peipus-See siedeln zumeist Fischer. Am estnischen Ufer gibt es zunehmend Ferienwohnungen, die Heime aus Sowjetzeiten wie bei **Kauksi** ㉜ am Nordufer ersetzen. Der weitläufige, dennoch kleine Hafenort **Mustvee** ㉝ (1600

» Karte S. 218-219, Info S. 223

Foto: Barbara Warning

Einwohner), liegt idyllisch an einer Flussmündung und überrascht mit vier **Kirchen** verschiedener Konfessionen: einer baptistischen, einer lutherischen, einer russisch-orthodoxen und einer Kirche der russischen Altgläubigen. An der Uferstraße Kallaste – Mustvee – Kauksi bieten Einheimische frischen Räucherfisch an. Der Blick über den See, beispielsweise bei **Kallaste**, mutet fast surreal an, wenn See und Horizont nahtlos ineinander übergehen.

In **Alatskivi** ㉞ reibt man sich verwundert die Augen: Da steht Schloss Balmoral, nur kleiner. Arved von Nolcken ließ 1880 sein **Gutshaus** nach dem schottischen Vorbild erbauen. Das **Schlossmuseum** zeigt das Leben baltischer Adliger und ehrt den in Kallaste 1905 geborenen Komponisten Tubin.

Fast verlassen ist das Dorf **Praaga** ㉟ am Seeufer, ein **Pfahldorf** im Schilf und Sumpf der Emajõgi- (Embach-) Mündung im Naturreservat **Emajõe Suursoo**: nur per Boot, Fahrrad oder zu Fuß auf verschlungenen Pfaden durchs Röhricht gelangt man in diese Einsamkeit.

Im Süden des Peipus-Sees stellt der schmale **Lämm järv** die Verbindung zum russischen **Pskovskoje ozero** (**Pleskauer See**), estnisch Pihkva järv, her. An der Bucht von **Värska** ㊱ liegen die Kuranlagen eines Sanatoriums, das Mineralwässer, Schlammbäder und eine Wellness-Badelandschaft anbietet. Diesen äußersten Südosten Estlands im Übergangsgebiet zu Russland, **Setumaa**, bewohnen die **Setukesen** (*Setu*), ein finno-ugrisches Volk, das seine eigene Sprache bewahrt hat.

Võrtsjärv (Wirzsee)

Am Wochenende fahren viele Bewohner von Tartu 25 km südwestlich nach **Elva** (**Elwa**) ㊲, einem Naherholungsgebiet inmitten lieblicher Hügel und kleiner Seen. Der interessante Giebelschmuck der Kirche von **Nõo** (**Nüggen**) aus dem 13. Jh. verlockt vielleicht zu einem Abstecher nach 18 km; das Innere der alten **Wehrkirche** kann nur sonntags während des Gottesdienstes besichtigt werden. Auch die Re-

» Karte S. 218-219, Info S. 223

Virla
Kuimetsa
Kaiu
Valasti
Roosna-Alliku
Järva-Jaani
Pikevere
Simuna
Paadenurme
Venevere
Tammiku
Rakke
Kõveriku
Avinurme
Vahastu
Lõõla
Koeru
Piibe
Salla
Kalmaküla
Kädva
Väätsa
Suurpalu
Müüsleri
Vägeva
Ulvi
Lelle
Paide
Nurmsi
Endla looduskaitseala
Sadala
Mustvee
Kantküla
Käru
Türi
Koigi
Laiuse
Torma
Raja
Vaimastvere
Laiuse mägi (144)
Laiuse
Rääbise
Kasepää
Kolu
Laupa
Arisvere
Jõgeva
Kuremaa
Imavere
Puiatu
Aidu
Voore
Võidula
Kalana
Siimusti
Palamuse
Vändra
Põikva
Kurla
Adavere
Vanassaare
Kassinurme
Kudina
Põltsamaa
Pööra
Pärnu
Kurgja
Nava
Võhma
Pedja
Suurejõe
Võisiku
Mustametsa
Vihi
Umbusi
Koogi
Olustvere
Parika looduskaitseala
Puurmani
Pataste
Suure-Jaani
Tabivere
Vara
Navesti
Soomaa
Põltsamaa
Kolga-Jaani
Saadjärv
Ülde
Alam-Pedja looduskaitseala
Ilbaku
Kaavere
Laeva
Kärkna
Tammistu
Riisa
Kärevere
Kõrveküla
Tõramaa
Vastemõisa
ESTONIA
Oiu
Ilmatsula
Lohkva
rahvuspark
Suure-Raake
Ulila
Tipu
Viljandi
Viiratsi
Valma
Märja
Tartu
Uia
Võrtsjärv
Puhja
Tõrvandi
Kõpu
Heimtali
Päri
Väluste
Roiu
Halliste
Ramsi
Meeri
Holstre
Rannu
Elva
Nõo
Kambja
Sultsi
Kanaküla
Uue-Kariste
Kõpu
Mustla
Soe
Vehendi
Konguta
Luke
Vastse-Kuuste
Kaarli
Kuressaare
Valguta
Etsaste
Pangodi
Tagamõisa
Rõngu
Tihemetsa
Kulla
Tuhalaane
Maaritsa
Abja-Paluoja
Karski
Suislepa
Hellenurme
Karilatsi
Mõisaküla
Otepää
Puugi
Karski-Nuia
Sudiste
Pühaste
Saverna
Jäärja
Ipiku skola
Penuja
Linna
Pori
Otepää
Ihamaru
Puka
Pühajärv
Ala
Tõrva
Soontaga
Sihva
Kaagvere
Ipiķi
Arakste
Helme
Lilli
Taagepera
Priipalu
kõrgustik
Kanepi
Põlgaste
Ramata
Vilpulka
Unguriņi
Jõgeveste
Keeni
Kärgula
Holdre
Koorküla
Sangaste
Virķeni
Naukšēni
Piksāri
Õruste
Linnamäe
Rūjiena
Staļi
Tsirguliina
Kuldre
Kobela
Hänike
Sēļi
Sooru
Tagula
Mazsalaca
Pedele
Väheru
Antsla
Oleri
Ērģeme
Nursi
Vecate
Kārķi
Valga
Haabsaare
Sänna/Sännä
LATVIA
Valka
Lüllemäe
Karula rahvuspark
Tsooru
Braslava
Burtnieks
Dūre
Rencēni
Sēļi (Lugaži)
Koikküla
Rõuge
Ēvele
Jērcēni
Vana-Roosa
Saarlasõ
Matīši
Burtnieki
Lizdēni
Seda
Taheva
Mõniste
Varstu
Strenči
Gauja
Hargla
Vastse-Roosa
Krabi
Jaunklidzis
Vijciems
Kuutsi
Brenguļi
Zaķi
Gaujiena
Ape
Trikāta
Plāņi
Aumeisteri
SÜDESTLAND
29 - 48
0 10 20 km
© Nelles Verlag GmbH, München

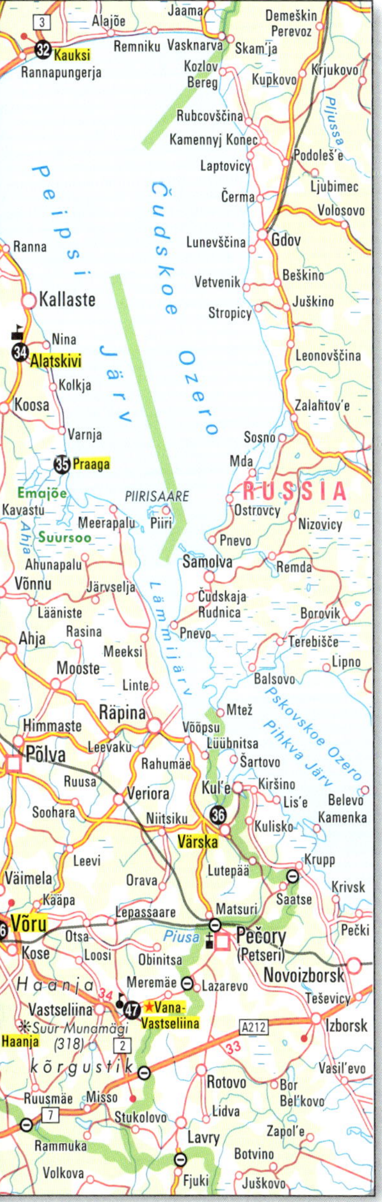

naissancekanzel in der spätgotischen **Backsteinkirche** von **Rannu** (**Randen**) 38, 14 km westlich von Elva, ist nur zur Messe zu bewundern. Nur 5 km weiter westlich beginnt der **Võrtsjärv** (**Wirzsee**), der zweitgrößte See Estlands. Er verfügt über sauberes Wasser und **Sandstrände**.

Idyllisch ist der Ort **Otepää** (**Odenpäh**) 39, in dessen mittelalterlicher, im 19. Jh. neogotisch umgestalteter Kirche der Verein estnischer Studenten 1884 seine blau-schwarz-weiße Corpsfahne weihte, die später zur Nationalflagge Estlands wurde. Otepää ist Estlands **„Winterhauptstadt"**, aber auch im Sommer beliebt wegen seiner schönen Umgebung mit 130 Seen. Der nahe kleine ★**Pühajärv** (**Heiligensee**) ist mit seinen Inseln, Buchten und Stränden einer der reizvollsten des Landes – geradezu verwunschen; 1992 segnete ihn sogar der Dalai Lama. Der Badesee wurde mit der „Blauen Flagge" ausgezeichnet.

So beeindruckend wie der See ist der Blick vom **Turm** auf dem **Hobustemägi** (Pferdeberg). Die Mischwälder der ★**Otepää kõrgustik** (**Höhen von Odenpäh**) sind ideal zum Wandern und Spazierengehen. Alle erdenklichen Wintersportarten sind hier möglich: Snowboarden, Langlauf, kleine Skiabfahrten oder Eislaufen.

Ähnlich wie in Alatskivi residierte auch in **Sangaste** (**Sagnitz**) 40, 20 km südlich von Otepää, ein Liebhaber englischer Schlossarchitektur. Graf Friedrich von Berg ließ 1879-83 sein **Schloss** im neogotischen Tudorstil errichten. Es vereint zahllose Bauelemente englischer Vorbilder, darunter auch von Schloss Windsor, in bunter Mischung. Erhalten sind die Säle im Erdgeschoss, ein heller achteckiger Ballsaal und das Esszimmer mit dunkler Kassettendecke, Elchfellen und -geweihen. Das Schloss hatte ursprünglich 99 Räume und jeder davon andersartige Fenster! Man kann es besichtigen und es bietet einige schlichte, aber stilvolle Gästezimmer und ein Restaurant.

Kurios ist die Geschichte von **Valga** (**Walk**) ❹❶ – einer geteilten Stadt; schuld war der päpstliche Gesandte, der 1224 die Grenze zwischen den Gebieten des Schwertbrüderordens und des Bischofs von Riga entlang des Bachs zog, der das heutige Valga durchfließt. Solange das Städtchen zu Livland gehörte, d. h. polnisch, schwedisch oder russisch war, spielte die Grenze keine Rolle. Das Problem wurde erst bei der Unabhängigkeit der Baltischen Staaten 1920 akut: Die alte Grenzziehung von 1224 wurde als die richtige erklärt – das estnische Valga und das lettische Valka entstanden, viel Stoff für das **Valga Muuseum**). Touristische Pfade erschließen beide Städte.

Naturliebhabern ist der **Karula-Nationalpark** (Karula rahvuspark) im Osten der Valga-Provinz zu empfehlen. Das von der Eiszeit gestaltete vielseitige Seengebiet mit seinen dichten Wäldern ist für Wanderungen gut geeignet. Auf 123 km² sind nicht nur Hirsche und Elche zu Hause, sondern auch Wölfe, Luchse und Otter. Die Landschaft ist von sanften Bergen, Seen, Sümpfen durchzogen. Das Zentrum bildet der See Ähijärv mit Unterkünften, Gelegenheiten zum Campen und Angeln sowie der Parkinformation (15.5.-15.9.).

In der Einsamkeit des estnischen Südens ist inmitten von Wäldern ein russischer Kriegsheld begraben: Fürst Michael Barclay de Tolly (1761-1818). Sein ★**Mausoleum** in **Jõgeveste** (**Beckhof**) ❹❷ zieht viele Besucher an. Mit schottischen Vorfahren, in Litauen geboren, wurde er Offizier in der russischen Armee und 1810 russischer Kriegsminister. Er erhielt die Fürstenwürde nach dem Sieg über Napoleon und ritt als Oberbefehlshaber an der Spitze der russisch-preußischen Streitmächte 1814 in Paris ein. Barclay de Tolly wurde auf dem Gut seiner Frau bestattet. Das Mausoleum entwarf der Petersburger Architekt Schtschedrin, die Grabskulptur vom russischen Bildhauer Vasilij Demut-Malinovskij zeigt die Kriegsgöttin Minerva, die trauernd einen Lorbeerkranz über die Büste Tollys hält. Seine Witwe bewohnte später das Schiefe Haus in Tartu (s. S. 213); sie ist neben ihrem Mann im Mausoleum bestattet.

Rechts: In den unendlichen Wäldern Südostestlands ist mit Elchkontakt zu rechnen.

Westlich des Võrtsjärv liegt das geschichtsträchtige Städtchen **Viljandi** (**Fellin**) ❹❸. Hier hatten schon die Esten eine Burg erbaut, die sie trotz heftiger Gegenwehr 1223 an die Ordensritter verloren, die daraufhin an der gleichen Stelle eine eigene Burg errichteten. Der Ort zu ihren Füßen wuchs unter dem Schutz der Ritter schnell zu einer wichtigen Handelsstadt auf dem Weg zwischen Ostseeküste und Novgorod und wurde Mitglied der Hanse. Im Nordischen Krieg verwüstet, kam sie erst allmählich wieder zu wirtschaftlichem Aufschwung. Hauptsehenswürdigkeit des reizenden hügeligen Städtchens am Viljandi-See sind die **Ruinen der Ordensburg**. Vom Konventsbau, klassisch vierflügelig mit Innenhof, sind noch die Westmauer und Reste des Südflügels mit Kapitelsaal und Kapelle erhalten. Von hier aus hat man einerseits einen wunderbaren Blick auf den See und andererseits auf die Stadt mit der wehrhaften **Johanneskirche** (Jaani kirik) aus dem 15. Jh. Im sehr gepflegten Schlosspark, der zur Burgruine führt, werden auf der Freilichtbühne im Sommer traditionelle **Sängerfeste** veranstaltet. Viljandi gilt als die estnische Sänger-Hauptstadt und besitzt im Park ein modernes **Zentrum für Volksmusik** (Pärimusmuusika ait).

Im Nordwesten der Provinz Viljandi lädt der **Soomaa Nationalpark** (**Soomaa rahvuspark**) ❹❹ ein: Soomaa bedeutet Sumpfland. Charakteristisch für die 390 km² des 1993 zum Schutz der größten estnischen Moore gegründeten Nationalparks sind neben randlichen Dünenzügen und Mooren viele Flüsse, die im Frühjahr bei der Schneeschmelze stark anschwellen, wertvolle Habitate für eine vielseitige Vogelwelt.

Foto: Arne Ader

Die Flussläufe sind beliebt bei Kanuten. Durch Hochmoor, Wälder und Wasserläufe führen markierte **Wanderpfade** mit Infotafeln. Im modernen **Parkzentrum** in **Tõramaa** werden Naturführungen organisiert, es gibt Campingplätze und Hütten. Die regelmäßigen Überflutungen des Gebietes sind eine Herausforderung für die Menschen; so werden z. B. aus Espen Einbäume als Verkehrsmittel hergestellt. Von fünf Jahreszeiten sprechen die Einwohner: Frühling, Sommer, Herbst, Winter und Hochwasser. **Riisa** ist mit mehr als 100 km^2 eines der größten Überflutungsgebiete Estlands. U. a. leben hier Biber, Elche, Wildschweine und Bären.

Põltsamaa (**Oberpahlen**) ㊺, 35 km nördlich des Võrtsjärv, war 1570-1578 Hauptstadt des Königreichs Livland unter dem dänischen Herzog Magnus (s. S. 179), und darauf sind die 5500 Einwohner bis heute stolz. Der von Ivan dem Schrecklichen eingesetzte König baute die **Burg** beträchtlich aus. Dies riesige Schloss mit rundum erhaltenen Mauern und Wassergraben in diesem kleinen Provinznest beherbergt einen **Obstweinkeller** nebst **Lebensmittelmuseum**. Die **Schlosskirche** fiel zwar dem II. Weltkrieg zum Opfer, wurde aber als erste Kirche Estlands schnellstens wieder aufgebaut; ihre neue Innenausstattung erhielt sie von der Universitätskirche in Tartu, weil diese in eine Bibliothek umgewandelt wurde (s. S. 214).

Ostlivländische Höhen

Die auch aus Skandinavien bekannten Schilder „Vorsicht Elch!" an Straßenrändern in der Provinz Võrumaa zeigen deutlich, dass der einsame und extrem dünn besiedelte Südosten Estlands nichts von seiner Ursprünglichkeit verloren hat. Hier liegen die höchsten Berge Estlands, auch die tiefsten Schluchten und Seen und begeistern Natur- und Sportsfreunde. Das Provinzstädtchen **Võru** (**Werro**) ㊻ eignet sich als Ausgangspunkt. Katharina die Große ließ es 1784 am kleinen **Tamula-See** planmäßig anlegen: niedrige Holzhäuser in einem schachbrettartigen Stra-

Foto: Arne Ader

ßennetz, gesäumt von Lindenbäumen. Trotz dieser abgelegenen Region nahe der russischen Grenze deutet nicht alles auf Ärmlichkeit hin: Außer einer Möbelfabrik, die ihr Holz aus den großen Wäldern der Umgebung bezieht, blüht der Sommertourismus am See.

Der Arzt und Schriftsteller Friedrich Reinhold **Kreutzwald** lebte hier von 1833 bis 1877 und verfasste das estnische Nationalepos „Kalevipoeg", das er 1857-1861 aus alten Quellen nachdichtete. Sein bescheidenes Haus mit Wohnung und Praxis – im Hof sind Ziehbrunnen und Bauerngarten erhalten – ist heute **Museum**, wo man einen guten Eindruck vom damaligen Leben eines Arztes in der Provinz erhält.

Nach 29 km Fahrt durch den Nordosten des Berglands **Haanja kõrgustik** (**Ostlivländische Höhen**) macht man einen Ausflug weit zurück ins Mittelalter zur ★**Burg von Vastseliina** (**Neuhausen**) ❹❼, ausgeschildert *Vastseliina linnuse varemed*, die nicht im Ort Vastseliina (südwestlich der A 2), sondern ca. 6 km östlich bei Vana-Vastseliina gelegen ist. Die Grenzfeste wurde 1342 zur Absicherung gegen die Russen gegründet, bald zum Konventsbau erweitert und galt als mächtigste Wehranlage Livlands. Imposante Reste sind die **Kanonentürme**; in rustikalen Hofgebäuden sind **Museum**, Café und Kunsthandwerkershops untergebracht. Strategisch günstig auf dem Hochufer in einer Flussschleife gelegen, war sie praktisch uneinnehmbar. In der Tiefe umrauschen die Burg – wie ehedem – wildromantisch die Wasser der **Piusa**, die bis Saetamme ein 18 km langes **Urstromtal** durchfließt, ein Naturfreunde- und Kanutenziel.

Oben: Auch Braunbären fühlen sich in den Waldgebieten Estlands wohl.

Romantisch ist auch der ganze Süden der Provinz. Die dicht mit Mischwald bestandenen Hügel sind ideal für Wanderer. Ausführliches Kartenmaterial für das gut erschlossene Wander- und Skigebiet bekommt man in den Informationszentren in **Haanja** und **Rõuge** (**Rauge**) ❹❽. Auf der Fahrt in dieses Dorf im westlichen Bergland genießt man die Aussicht auf die sieben ineinander übergehenden ★**Rõuge-Seen**, an denen es liegt. Ab hier erstreckt sich ein gut ausgeschildertes Wanderwegenetz in alle Himmelsrichtungen: über grüne Hügel, durch steile Schluchten, an fischreichen Seen entlang.

Höhepunkt einer Wanderung ist im wahren Sinne des Wortes die Besteigung des **Suur Munamägi** bei Haanja, mit 318 m der höchste Berg des Baltikums. „**Großer Eiberg**" bedeutet sein Name, recht passend: Zwischen seinen anderen – nur wenig niedrigeren – runden Brüdern fällt er zunächst nicht besonders auf. Dass dies der höchste Punkt Estlands ist, merkt man erst nach dem 20-minütigen Aufstieg: Vom 29 m hohen **Aussichtsturm** (kostenpflichtig; es gibt unten ein Café und einen **Lift** nach oben) auf dem „Gipfel" hat man einen unübertroffenen **50-km-Rundumblick**, gegen einen hohen Aufpreis auch nachts.

» Karte S. 218-219

Tartu (☎ 7), Peipus-See

Tartu: Raekoja plats 1, Tel. 442111, www.visittartu.com, Peipussee: www.peipsi.ee; www.visitpeipsi.com. **Mustvee**: Tartu 12, Tel. 7726346, **Kasepää**, Sõpruse 84, Tel. 6020105.

Hansa Tall, Bierbar mit „hanseatischer" Küche, ein Gag ist die Rauchsauna, täglich 7/8-24 Uhr, Aleksandri 46. **Ülikooli Kohvik**, Café-Restaurant, ab 9/12 Uhr, Sa, So ab 20 Uhr Jazz, Ülikooli 20, www.kohvik.ut.ee. **Püssirohukelder**, originelle Einrichtung, Lossi 28, tägl. ab 12 Uhr, Tel. 303555.

Kunstimuuseum i. Schiefen Haus, Mi-So 11-18, Do -21 Uhr, Raekoja pl. 18. **Universität, Kunstmuseum**, Mo-Fr 11-17 Uhr, Ülikooli 18. **Johanniskirche**, Juni-Aug. Mo-Sa 10-19, sonst Di-Sa 10-18 Uhr, Jaani 5. **Museum der Geschichte der Universität**, Mi-So 11-17 Uhr, Lossi 25. **Observatorium**, Toomemägi (Domberg), Mi-So 11-17 Uhr. **Estnisches Volkskundemuseum**, Ausstellungsbau: Di-So 11-18 Uhr, Kuperjanovi 9.

Mitte Feb.: **Ski-Marathon**, www.tartumaraton.ee. 25.4.-1.5.: **Frühlingsfest u. Walpurgisnacht**. 23.6: **Mittsommerfest mit Sängerfestival**. Mitte Juli: **Hansetag**. Mitte Nov.: **Studenten-Herbstfest**.

Otepää (☎ 76)

Tartu mnt 1, Tel. 61200, http://eng.otepaa.ee, www.visitestonia.com.

Schloss Sangaste (☎ 76)

Schloss, Hostel, Restaurant, Konferenzräume, Park m. seltenem Baumbestand, 67005 Lossiküla, Sangaste vald, Valgamaa, Tel. 5295911, www.sangasteloss.ee.

Valga (☎ 76)

Kesk 11, Tel. 61699, www.turism.valgamaa.ee. Lettisches Valka: http://visit.valka.lv.

Regionalmuseum, Mi-Fr 11-18, Sa 10-15 Uhr, Vabaduse 8, www.valgamuuseum.ee. **Barclay de Tolly Mausoleum in Jõgeveste**, Mi-So 10-17 Uhr. **Karula Nationalpark**, Info in Ähijärve, 15.5.-15.9. tgl. 10-18 Uhr, Tel. 7828350, www.keskkonnaamet.ee/karula-eng.

Viljandi (☎ 43)

Vabaduse plats 6, 24 h elektronische Infostation, Tel. 30442, www.viljandimaa.ee, auch Infos zum Sooma-Nationalpark.

1. Mai: **Wettlauf um den See**. Anfang Juni: **Hansetage**. Ende Juli: **Volksmusik-Festival**.

Soomaa (☎ 43)

Besucherzentrum des Soomaa Nationalparks in Tõramaa, Tel. 57164, www.keskkonnaamet.ee/soom-eng, Karten, Angellizenzen, Kanus; Film zum Park, Laden.

ERLEBNISTOUREN: **Karuskose**, Aivar Ruukel, Sandra küla, Vastemõisa vald, Tel. 5061896. www.soomaa.com.

Põltsamaa (☎ 77)

Lossi 1b, in der Burg u. dem Museum, Tel. 51390, http://visitpoltsamaa.com.

Põltsamaa Veinikelder im Burghof, Spezialität ist der Põltsamaa-Obstwein, Tel. 58556299, www.felix.ee.

Heimatmuseum, im Schloss, 15. Mai-15. Sept. tägl. 10-18 Uhr, sonst Mo-Sa 10-16 Uhr. **Kirche** 10-15 Uhr.

VERANSTALTUNGEN: 1. Juli: **Rosentag** und **Wahl der Weinkönigin**.

Võru, Vastseliina (☎ 78)

Jüri 12, Tel. 21881, www.visitvoru.ee, www.vastseliina.ee/linnus:

Kreutzwald-Museum, April-Sept. Mi-So 10-18, sonst 10-17, Uhr, Kreutzwaldi 31, Tel. 21798, www.lauluisa.ee.

Rõuge, Haanja (☎ 78)

Rouge, Tindi küla, 15.5.-15.9., Tel. 59245, http://rouge.kovtp.ee. **Haanja Aussichtsturm** April-Okt. tgl. 10-20/17 sonst Sa, So 12-15 Uhr, www.suurmunamagi.ee.

Foto: Thomas Stankiewicz

WESTESTLAND

HAAPSALU (HAPSAL)
VORMSI (WORMS)
HIIUMAA (DAGÖ)
SAAREMAA (ÖSEL)
PÄRNU (PERNAU)

DER WESTEN ESTLANDS

Die Seeräuber von Saaremaa (Ösel) und Hiiumaa (Dagö) waren im Mittelalter im ganzen Ostseeraum gefürchtet. Die Leute von Saaremaa setzten sich länger als die übrigen Esten der Missionierung der Ordensritter entgegen, dennoch verlief die Geschichte der Inseln weitgehend gleich mit der des Festlands. Immerhin bewahrten sich die Bewohner der großen Inseln im Westen Estlands viel Eigenständigkeit.

Einladend und sonnenreich sind diese Ferieninseln; die meist kriegerische Vergangenheit dieses Landstrichs lassen sie fast vergessen. Aber bis heute sieht man wehrhafte Kirchen auf den Inseln und an der Küste, trutzige Mauern schützten gegen das, was über die Ostsee nach Estland kam: die immer wiederkehrenden Feinde und der stete kräftige Wind. Er weht beständig über das flache Westestland. Wenig hat der Mensch hier eingegriffen; es finden sich fast keine Städte und kaum Industrie. Dagegen stehen weite Regionen unter Naturschutz. Und wer mag, kann sich in medizinischen Schlammbädern von Haapsalu, Kuressaare und Pärnu fachmännisch behandeln lassen.

Links: Pärnu, schon seit dem 19. Jh. ein Seebad und Kurort, gilt als „Sommerhauptstadt Estlands".

Haapsalu (Hapsal)

Das verträumte Kurstädtchen **Haapsalu** (**Hapsal**) ㊾, strategisch günstig auf einer Halbinsel an der Mündung der tief ins Hinterland greifenden **Haapsalu laht** (**Bucht von Hapsal**) gelegen, hat eine stolze Vergangenheit, denn ab 1265 war es Bischofssitz des Bistums Ösel-Wiek. Aus dieser Zeit stammt die ★**Bischofsburg** mit der **Bischofskirche**, um die herum die Stadt wuchs. Die eindrucksvollen **Ruinen** (Tschaikowsky inspirierten sie 1867 zu einem Klavierstück in e-Moll) sind der Mittelpunkt der **Altstadt**. Die einschiffige Kirche mit romanischen und frühgotischen Stilmerkmalen bildet den Südflügel der Hauptburg. Bei einem Brand 1688 und während des Nordischen Krieges büßte sie etliche Gebäudeteile ein. Erhalten blieb der Burganlage – heute ideale Kulisse für Kulturveranstaltungen – ein Phänomen besonderer Art: Seit Jahrhunderten spukt hier die „Weiße Dame", die einen Domherrn verführte und zur Strafe in die Wand der **Taufkapelle** eingemauert wurde. In hellen Augustnächten zeigt sie sich seitdem in Vollmondnächten. Einen klaren Blick über Stadt und Umland bietet tagsüber der **Wehrturm** der Burg.

Das spätbarocke **Alte Rathaus** beherbergt heute das **Museum** des Bezirks **Läänemaa**.

» Karte S. 226-227, Info S. 234-235

Läänemeri
HIIUMAA
Kärdla
Kõrgessaare
Reigi
Lehtma
Kukka
Pihla-Kaibaldi looduskaitseala
Lõpe
Hellamaa
Kalana
Hirmuste
KÕPU
Kõpu
Luidja
Heiste
Nõmba
Pühalepa
Suuremõisa
Kiduspe
Marsihansu laht
Õngu
Mäeltse
Käina
Heltermaa
Männamaa
Salinõmme
KASSARI
Nurste
Valgu
Jausa
Kassari
Emmaste
Sõru
Soela väin
Väinameri
Hari kurk
OSMUSSAAR/ ODENSHOLM
Rannaküla
Spithami/Spithamn
Dirhami/Derhamn
Riguldi/Rickul
Aulepa/ Dirslätt
VORMSI
Paslepa/ Pasklep
Borrby
Saxby
Hullo
Norrby
Sviby
Österby
Saare/ Lyckholm
Haapsalu
Rohuküla
Ridala
Jõõdre
Panga
Matsalu
Haeska
Puise
Matsalu laht
looduskaitseala
Suur väin
Nõmmküla
MUHU
Mõisaküla
Pammana
Triigi
Koguva
Liiva
Hellamaa
Karuse
Panga
Metsküla
Leisi
Randküla
Orissaare
Väike väin
Kuivastu
Virtsu
Tagaranna
Võhma
Angla
Kirik
Pädaste
Paatsalu
Undva
Karja
Tagavere
Pöide
Tornimäe
Kõrkvere
HARILAID
Veere
Mustjala
Tõrise
Ratla
Ridala
Vilsandi rahvuspark
Kõruse
Pidula
Valjala
Saaremetsa
Eikla
Löve
Hakjala
Laimjala
VILSANDI
Kihelkonna
Viki
Kaali
Kallemäe
Loona
Kärla
Aste
Kirikuküla
Mihkli talu
Atla
Sandla
Turja
Kogula
Pähkla
Püha
Karala
Lümanda
Kuressaare
Arensburg
SAAREMAA
Viidumäe looduskaitseala
Nasva
Muratsi
Suure-Rootsi
Lõmala
Suur katel
Salme
Abruka
ABRUKA
Rahuste
Anseküla
Kaunispe
Liivi laht
Mässa
Sääre
RUHNU
Ruhnu
WESTESTLAND/SAAREMAA
49 - 70
0 10 20 km
© Nelles Verlag GmbH, München

Haapsalu verlor an Bedeutung, als der Bischofssitz um die Mitte des 14. Jahrhunderts nach Arensburg (Kuressaare) auf Ösel (Saaremaa) verlegt wurde, und im 18. Jh. verlandete auch noch der Hafen. Als dann aber die Heilwirkung des Schlamms dieser Gegend entdeckt wurde, brachte dies im 19. Jh. den Aufstieg zum eleganten Kur- und Badeort, selbst der russische Zar war hier Gast. Bis heute nutzen Kranke die Kurkliniken. Der elegante **Kuursaal** (Kurhaus) von 1905 an der **Strandpromenade** zwischen Meer und der Binnenbucht **Kleine Wiek** präsentiert sich wieder in früherer Pracht, ebenso wie der anlässlich eines Zarenbesuchs erbaute **Bahnhof** von 1906 (heute z. T. **Eisenbahnmuseum**).

In Haapsalu verbrachte die Illustratorin der Werke Astrid Lindgrens **Ilon Wikland** ihre Kindheit; sie wanderte als 14-Jährige im Krieg nach Schweden aus. 2006 vermachte sie Estland 800 ihrer Originalzeichnungen. Im Spielzentrum **Ilons Wunderland** wird vor allem für Kinder die Lindgrensche Welt erlebbar. Auch das Holzhaus, in dem die Künstlerin aufwuchs (Linda 6), ist heute eine Sehenswürdigkeit.

10 km südöstlich von Haapsalu lohnt ein Stopp bei der **Kirche von Ridala** ㊿ (vor Jõõdre). Das schlichte Bauwerk aus dem 13. Jh., mit einem schönen Spitzbogenportal und Resten alter Wandmalerei im Inneren, steht westlich der Hauptstraße idyllisch auf einem Friedhof mit alten Grabkreuzen.

Der **Matsalu-Nationalpark** in der gleichnamigen Bucht umfasst 489 km² im Unterlauf und im Mündungsgebiet des Flusses **Kasari** – einer der bedeutendsten Rast- und Brutplätze von Wasservögeln in Europa, darunter Seeadler, Kormorane und Schwäne. Hunderttausende von Zugvögeln machen hier alljährlich Station. Mehrere Beobachtungstürme rund um die Bucht, Wanderpfade und das **Naturzentrum** im **Gutshaus Penijõe** 51 locken Naturfreunde hierher.

» Karte S. 226-227, Info S. 234-235

Foto: Arne Ader

VORMSI UND HIIUMAA

Vom Fährhafen **Rohuküla** 52 (9 km westlich von Haapsalu) erreicht man die beiden Inseln Vormsi und Hiiumaa. Überwiegend schwedisch waren die 2500 Einwohner der 93 km² großen Insel **Vormsi** (**Worms**) bis zum Vormarsch der Roten Armee 1944, die meisten flohen dann in ihre alte Heimat. Weniger als 250 Personen bewohnen die Insel heute, geblieben sind schwedisch klingende Ortsnamen wie Sviby oder Söderby. Die Insel ist waldreich und empfehlenswert zum Wandern. In **Hullo** 53 steht die **Olaikirche** (14. Jh.), die älteste Kirche der Insel.

Hiiumaa (**Dagö**) ist mit 965 km² Estlands zweitgrößte Insel. Ihr karger Boden eignet sich kaum für die Landwirtschaft; das Inselinnere ist bis heute vielfach von Mooren und Wäldern bedeckt. Hier gedeiht der genügsame Wacholder, aus dessen Holz sich viele Gerätschaften für den täglichen Bedarf schnitzen lassen – üppig verzierte Bierkrüge sind ein beliebtes Souvenir.

Zwei Personen bleiben auf Hiiumaa unvergessen: Gräfin Ebba Margarethe Stenbock (1704-1776) und Baron Otto Reinhold Ludwig von Ungern-Sternberg (1744-1811). Die Gräfin ließ das spätbarocke **Herrenhaus** von **Suuremõisa** (**Großenhof**) 54 erbauen (begraben ist sie ca. 1 km nördlich in Pühalepa, in einer Grabkapelle bei der Dorfkirche des 13. Jh.). Eine doppelte Zwischendecke im Gutsschloss nutzte der Baron wohl als Lager für erbeutete Schätze, er ließ nämlich Ende des 18. Jh. die Seeräubertradition Hiiumaas wieder aufleben: Falsche Leuchtfeuer brachten ihm Strandgut von gesunkenen Schiffen. Ganz Hiiumaa fürchtete seinen Jähzorn. Als er sich auch noch in St. Petersburg mit einflussreichen Adligen bei Hofe verfeindete, wurde er nach Sibirien verbannt, wo er starb. Das Schloss ist heute eine Schule; ein Lehrpfad führt durch den Park im englischen Stil.

Oben: Auf der Insel Hiiumaa (Dagö). Rechts: Frisch geschlüpfte Rohrweihen (Circus aeruginosus) im Vogelschutzgebiet der Insel Kassari.

 » Karte S. 226-227, Info S. 234-235

Foto: Arne Kiin

Hiiumaas Hauptort **Kärdla** liegt im Norden. In Vaemla nahe dem kleineren Zentrum **Käina** in der Mitte sollte man die historische Wollfabrik **Hiiu Vill** besuchen. Touristischer Schwerpunkt ist der Süden. Zwei Dämme verbinden die **Insel Kassari** 55 mit der Hauptinsel. Der so entstandene **Binnensee** und die angrenzende Landschaft wurden zum **Vogelschutzgebiet** erklärt. Kassari besitzt eine **Kapelle mit Reetdach** und ein kleines **Heimatmuseum**.

Hiiumaas höchste Gebiete, bis 63 m hohe bewaldete Dünen, liegen auf der von Wanderwegen erschlossenen westlichen **Halbinsel Kõpu** 56. Ohne Unterbrechung seit dem frühen 16. Jh. weist ein 1845 umgebauter **Leuchtturm** hier Schiffen den Weg und bietet einen herrlichen Rundblick.

MUHU

Vom Festlandshafen **Virtsu** setzen regelmäßig Fähren nach **Kuivastu** auf der nur 198 km^2 kleinen Insel **Muhu** (**Moon**) 57 über; Touristen benutzen sie meist als Transitstrecke zur großen Ferieninsel Saaremaa, denn ein Damm verbindet beide Inseln. Dabei hat Muhu selbst einiges zu bieten. In der Inselmitte, in **Liiva**, steht eine ★**Wehrkirche** aus dem späten 13. Jh. Das Langhaus mit seinem ungewöhnlich hohen Dach birgt im Inneren noch Reste alter Wandmalerei (Apostel und Engel) und eine bemerkenswerte hölzerne Renaissancekanzel.

Eindrucksvoll zeigt ★**Koguva** an der Westküste das traditionelle Inselleben: Das ganze malerische Dorf ist ein bewohntes **Freilichtmuseum**; Steinmauern umgeben die Höfe, die Holzhäuser im Tooma-Museumshof sind original eingerichtet; mehrere Höfe vermieten Zimmer an Touristen. Luxus in historischem Ambiente bietet im Süden der Insel das **Herrenhaus Pädaste**, ein exquisites Hotel mit Gourmetrestaurant und Wellneszentrum.

Die früher typischen Windmühlen der Insel sind fast verschwunden, aber kurz vor dem Damm nach Saaremaa sieht man links die letzte funktionierende **Bockwindmühle** Estlands.

» Karte S. 226-227, Info S. 234-235

Foto: Thomas Stankiewicz

★★SAAREMAA (ÖSEL)

Flaches, weites, karges Land, vom steten Wind zerzauste Wacholdersträucher, alte Dorfkirchen und Windmühlen und die am besten erhaltene Bischofsburg Estlands: das alles und viele weitere Attraktionen hat ★★**Saaremaa** (**Ösel**) zu bieten. Die Insel ist beliebtes Feriendomizil der Esten. Im Sommer sind alle Hotels und Pensionen ausgebucht. Trotzdem hat man auf der größten estnischen Insel (2668 km^2) nie das Gefühl, in einer Urlaubshochburg zu sein, besonders das Inselinnere hat sich sehr viel Ursprünglichkeit bewahren können. 44 % der Insel sind mit Wäldern bedeckt.

Die Eigenständigkeit Saaremaas hängt sicher mit der Freiheitsliebe ihrer Bewohner zusammen. Voll Stolz sehen sie auf ihre Geschichte zurück: Länger als in anderen Gebieten Estlands wehrten sie sich gegen die Ordensritter, immer wieder flammten hier blutige Aufstände auf. Die kämpferischen Vorfahren waren berüchtigte Seeräuber. Von der kriegerischen Vergangenheit zeugt die größte Kirche der Insel in **Pöide** 58 5 km westlich des Damms zur Insel Muhu. Eine gewaltige Wehrkirche im romanischen Stil wurde hier im 13. Jh. errichtet und 100 Jahre später erweitert. Heute steht die Kirche leer, von ihrem imposanten Turm bietet sich ein weiter Ausblick. Im Chor sind freigelegte Reste des Vorgängerbaus unter einer Glasplatte zu sehen. Nach der Einverleibung Estlands 1944 durch die Sowjets wurde das historische Bauwerk als Heulager der örtlichen Kolchose zweckentfremdet.

In **Kuressaare** (**Arensburg**) 59, dem Hauptort der Insel, leben über 40 % der Insulaner. Die Geschichte der Stadt beginnt 1330 mit dem Bau der ★★**Burg** (s. Bild S. 185) in der Form eines preußischen Konventshauses des Deutschen Ordens: als vierflügelige Anlage mit zwei wuchtigen quadratischen Türmen, rundum geschützt mit Wall und Was-

Oben: Auf dem Markt in Kuressaare. Rechts: Kaali – vor ca. 4000 Jahren traf ein Meteorit die Insel Saaremaa (Ösel).

» Karte S. 226-227, Info S. 234-235

Foto: krivinis (Shutterstock.com)

sergraben. Sie wurde bald darauf Residenz des Bischofs von Ösel-Wiek und gehört heute zu den besterhaltenen im Baltikum. Das verdankt sie der Pest: Im Kampf gegen die Truppen Peters des Großen im Großen Nordischen Krieg waren die Schweden durch die Epidemie so geschwächt, dass sie die Festung kampflos räumten. Eine Burg wie aus dem Märchenbuch – mit prachtvollen Innenräumen wie dem **Remter** (Speisesaal), den Wohnräumen des Bischofs oder der **Kapelle**, außerdem informiert ein **Museum** ausführlich über Geschichte und Brauchtum der Insel.

Nahe der Festung entstand ein Marktflecken, der bald zur Stadt heranwuchs. Im zweiten Jahr des Livländischen Krieges (1559) verkaufte der Bischof sein Bistum und damit auch die Insel an Dänemark. Der Dänenkönig setzte als Herrscher seinen Bruder Herzog Magnus ein. Er verlieh Kuressaare 1563 die Stadtrechte.

Als Saaremaa 1645 schwedisch wurde, bauten die Lehnsherren, die Grafenfamilie de la Gardie, die Stadt aus. 1670 entstand das schlichte barocke **Rathaus**, dessen Rundbogenportal zwei Löwen flankieren; gegenüber liegt die **Stadtwaage**, dahinter der **Markt**, wo Händlerinnen die schönen estnischen Wollpullover, mit bunten Blumen bestickte Hüttenschuhe und geschnitzte Küchenutensilien aus Wacholderholz anbieten. Aber auch in modernen Warenhäusern kann man ganz in der Nähe einkaufen. Kuressaare ist ein hübsches, gemütliches Städtchen mit Villenvierteln neben der Altstadt. Große **Kurhotels** lassen die alten Holzbauten am Kurpark allmählich verschwinden; wie in Haapsalu oder Pärnu werden auch hier Schlammbäder angeboten.

Wie die Bewohner im Landesinneren von Saaremaa in früheren Jahrhunderten lebten, erfährt man 30 km westwärts im ★**Freilichtmuseum Mihkli talu** in **Viki** 60. Hier hat mit viel Liebe und Engagement eine Bauernfamilie Gerätschaften und Einrichtungsgegenstände ihres alten Gehöfts gesammelt.

Westlich des 3 km entfernten Kihelkonna erstreckt sich der **Nationalpark**

» Karte S. 226-227, Info S. 234-235

Vilsandi. Das 239 km^2 große Schutzgebiet an der zerklüfteten Westküste ist, zusammen mit rund 100 Inselchen und der bewohnten **Insel Vilsandi** als Zentrum, Heimat für viele Wasservögel und Rastplatz hunderttausender Zugvögel. Auf der zum Park gehörigen **Halbinsel Harilaid** lebt die größte Seehundkolonie Estlands. Das Besucherzentrum ist im alten Guthaus **Loona** ⓺ 5 km südlich von Kihelkonna.

Das berühmteste Naturdenkmal auf Saaremaa sind die ★**Meteoritenkrater von Kaali** ⓺ , 20 km nordöstlich der Hauptstadt. In einem Hain neben der Schule liegt der größte Krater, kreisrund, mit einem Durchmesser von 110 m und einer Tiefe von 22 m, 7 m hoch ist der Erdwall ringsum; im Zentrum ein Teich von 50 m Durchmesser und 6 m Tiefe. In der Nähe befinden sich acht ähnliche, kleinere Krater. Über die Entstehung kursierten einst wilde Theorien: von einem erloschenen Vulkan bis zur vorgeschichtlichen estnischen Burg an dieser Stelle (tatsächlich wurden Funde aus dem 6. Jh. v. Chr. hier gemacht). Welche Bewandtnis es mit den Kratern auf sich hatte, klärte erst der Geologe Iwan Reinwald 1937 endgültig: Er fand in den Kratern eisenhaltiges Gestein, das von einem Meteoriteneinschlag vor 4000 Jahren stammte. Heute lernt man im **Besucherzentrum** die Fakten.

Die ★**Kirche von Valjala** 63 8 km nordöstlich trägt den Ruhm, die älteste Steinkirche Estlands zu sein, und wurde nach der Unterwerfung der Bevölkerung ab 1240 erbaut. Bischof Albert von Riga reiste zur Zwangstaufe der widerwilligen Esten nach Valjala, die den geringen Trost hatten, in einem besonders schönen romanischen **Taufbecken** zu Christen zu werden. Das Becken mit seinem Palmendekor kann noch heute bewundert werden (Juni-August, Di-So 9.30-18 Uhr). An den Wänden sind Reste der ursprünglichen Wandmalerei schwach zu erkennen. Wenig jünger ist die ★**Kirche von Karja** 64, deren Ursprung ins späte 13. Jh. zu datieren ist. In der äußerlich schlichten Dorfkirche, die abseits der Hauptstraße 79 (ca. 1 km östlich von Angla) liegt, beeindrucken besonders die schön verzierten Kapitelle; auch hier sind noch Reste von Wandmalerei sichtbar.

Bei **Angla** ist Saaremaas einziger erhaltener ★**Windmühlenhügel** zu besichtigen. Die Anhöhe hatten die Bauern des Dorfs gut gewählt: Hier weht stets ein kräftiger Wind. Von den ursprünglich neun **Mühlen** stehen noch fünf. Vier sind typische Bockwindmühlen, eine weitere ist eine Holländermühle. Nordwärts führt die Hauptstraße nach 8 km zum Fähr- und Gästehafen **Triigi** 65, wo regelmäßiger **Fährverkehr** zur Nachbarinsel Hiiumaa besteht (Fahrpläne / Preise siehe www.tuulelaevad.ee, auch Ticketverkauf übers Internet).

Rechts: Bei Angla ist Saaremaas einziger erhaltener Windmühlenhügel zu besichtigen.

Pärnu (Pernau)

Wer seine Leiden mit Schlammpackungen und -bädern kurieren und gleichzeitig ein anregendes kulturelles Angebot genießen möchte, besucht „Estlands Sommerhauptstadt“, den Kurort **Pärnu** (**Pernau**) 66. In der größten Stadt im Westen des Landes (ca. 40 000 Einwohner) herrscht besonders in der Sommersaison reger Betrieb.

Wo der Fluss Pärnu in die Rigaer Bucht fließt, siedelten schon früh Menschen. Nördlich der Mündung wurde im frühen 13. Jh. Alt-Pärnu gegründet. Gleichzeitig errichtete der Livländische Orden auf der südlichen Landzunge zwischen Fluss und Meer eine Burg. In ihrer unmittelbaren Umgebung entstand Neu-Pärnu als Mittelpunkt der wachsenden Stadt; sie lag am Handelsweg nach Novgorod und entwickelte sich zu einer der vier Hansestädte Estlands. Sie wurde 1699 Universitätsstadt und ab 1838 Seebadeort, in dem ab Mitte des 19. Jh., wie in Haapsalu, Heilschlammbäder angeboten wurden.

» Karte S. 226-227, Info S. 234-235

Foto: KalervoK (iStockphoto.com)

Zur Besichtigung der **Altstadt** beginnt man in der West-Ost verlaufenden **Rüütli-Straße**, eine mit zweistöckigen Holz- und Steinhäusern gesäumte Fußgängerzone, Flaniermeile und Haupteinkaufsstraße zugleich. Etwa in ihrer Mitte auf der Nordseite steht, etwas versteckt, der **Rote Turm** (Punane torn) – Teil der mittelalterlichen Stadtbefestigung – Pärnus einziges aus der Hansezeit erhaltenes Baudenkmal. Nahe dem westlichen Ende der Rüütli zeugt das barocke **Tallinner Tor** (Tallinna Värav) von der einstmals mächtigen Verteidigungsanlage unter schwedischer Herrschaft.

Im Block nördlich der Rüütli fällt die von den Russen im 18. Jh. errichteten **Katharinenkirche** (Katariina kirik) mit ihrer zentralen Kuppel auf; sie wurde zum Vorbild für viele russisch-orthodoxe Kirchen in Estland. Ihr gegenüber steht das **Endla-Theater**, eine der wichtigsten estnischen Bühnen.

Südlich der Innenstadt bis zum Strand spaziert man durch das **Kurviertel**. Die Villen entlang großzügiger Alleen zeugen vom früheren Wohlstand ihrer Bewohner. Ein bekanntes Jugendstilgebäude ist 400 m südlich des Tallinner Tors die **Villa Ammende** von 1905, heute ein elegantes Luxushotel mit nur 18 Zimmern. Geht man in Richtung Strand, passiert man das neoklassizistische historische **Schlammheilbad** von 1927, dekoratives Prunkstück der Promenade. Feine **Kurhotels** säumen die Strandstraße (Ranna), neu ist das Erlebnisbad **Tervise Paradiis**. Der gepflegte **Strand** ist 3 km lang.

Viele Sanatorien und Wohnhäuser zeigen den Bauhausstil der 1920er Jahre; ein gutes Beispiel für den Funktionalismus ist am Westrand der Altstadt das **Haus Rüütli Nr. 1a** des Pärnuer Architekten Olev Siinmaa von 1933. Das Schachbrettmuster der breiten, baumbestandenen Straßenzüge von Altstadt und Kurviertel mit ihren anmutigen Häusern laden Sommer- und Kurgäste zum Flanieren ein oder sie sitzen unter Sonnenschirmen an Café-Tischen. Hier herrscht die heitere Atmosphäre eines Kurstädtchens, bereichert durch ein

» Karte S. 226-227, Info S. 234-235

anspruchsvolles Kulturprogramm während des regen Sommerbetriebs.

In **Lavassaare** ⑥⑦ (20 km nordwestl. von Pärnu) präsentiert das **Eisenbahnmuseum** alte Loks der **Schmalspurbahn** von 1895, die samstags von Juni bis September mit Gästen über eine 2000-m-Gleisstrecke rattern; ansonsten haben **Draisinen** dort freie Bahn.

Naturstrand, oft mit Dünen, gibt es im Süden der Provinz nahe der Straße nach Riga. Wald und **Hochmoor** im **Naturschutzgebiet Nigula** ⑥⑧ an der lettischen Grenze bieten Naturliebhabern Habitate vieler seltener Pflanzen.

Zur **Insel Kihnu** ⑥⑨, 40 km westlich von Pärnu, verkehrt eine **Fähre** ab Munalaid. Die Insulaner pflegen ihr Brauchtum und ihren eigenen estnischen Dialekt, anerkannt als UNESCO-Welterbe. Die Insel ist auf Gäste eingestellt; die 500 Insulaner tragen ihre Trachten auch als touristische Attraktion. Erkunden Sie die Insel zu Fuß oder per Rad: das **Kihnu Museum** (alte Schule), die **Kirche** aus dem 16. Jh., den **Friedhof** und den **Leuchtturm** von 1864.

Noch abgeschiedener ist **Ruhnu** ⑦⓪, die bewaldete kleine „Insel am Ende der Welt". Auch wenn Ruhnu nur 40 km vor Lettland liegt, stimmten die (seit dem 14. Jh. schwedischen) Bewohner 1918 für den Anschluss ans 70 km entfernte Estland. 1944 flohen sie vor der Roten Armee nach Schweden, nur zwei Familien blieben. Auf der entvölkerten Insel wurden dann Esten von anderen Inseln angesiedelt, sie leben von Fischfang, Viehzucht und Tourismus; derzeit sind es noch 55. Im einzigen Dorf stehen zwei Kirchen, eine große steinerne von 1912 und die kleine gut erhaltene ★**Holzkirche Maria Magdalena** von 1644. Bemerkenswert ist der eiserne **Leuchtturm**, entworfen 1875 von Gustave Eiffel. Man kann wandern, campen, baden am Strand **Limo** oder eine 28 m hohe **Düne** erklimmen – ein ruhiges Eiland; nur Einheimische dürfen hier Motorfahrzeuge steuern. Es gibt Flug- und Fährverbindungen mit dem Festland.

Haapsalu (☎ 47)

Karja 15, Tel. 33248, www.haapsalu.com.

Kuursaal, hübscher Nostalgiebau am Strand, Anf. Mai-Sept. tägl. 12-22 Uhr, Promenaadi 1, Tel. 56462466, Live-Musik, Konzerte, . **Terrassencafé in der Bischofsburg**, Snacks in malerischer Umgebung, Juni-August Di-So 10-21 Uhr. **Hapsal Dietrich**, reizendes Café und Restaurant gegenüber den Burgmauern, altmodisches Interieur, Sommer tägl. ab 12 Uhr, Winter nur Mi-So, Karja 10, Tel. 5094549, www.dietrich.ee, .

Bischofsburg: Museum, Wachturm, Mai-Aug. tgl. 10-18 Uhr, sonst n. V. Tel. 5184664, www.haapsalulinnus.ee. **Läänemaa Museum** (altes Rathaus), Mi-So 11-17 Uhr, Kooli 2, www.salm.ee. **Eisenbahnmuseum im Bahnhof**, Mi-So 11-16 Uhr, www.jaam.ee. **Ilons Wunderland** (Iloni imedemaa), Mai-Aug. tägl. 11-17/18, sonst Mi-So 11-17 Uhr, Kooli 5, www.ilon.ee. **Naturzentr. Matsalu** im Gutshof Penijõe, Tel. 24234, 5 km nördl. Lihula, www.keskkonnaamet.ee/matsa-eng, www.matsalu.net.

VERANSTALTUNGEN: Mitte März: Wahl „Miss Weiße Frau"; Anf. Juni: Eröffnung der Sommersaison; Mitte August: Tage der Weißen Frau, Theaterfestival.

Vormsi (☎ 47)

FÄHRE: Rohuküla – Sviby, je nach Jahreszeit mind. zweimal tägl. hin und zurück, www.veeteed.com.

VERANSTALTUNGEN: 29. Juli: **St. Olafs-Tag**.

Hiiumaa (☎ 46)

In **Kärdla**, Hiiu 1, Tel. 22232, www.hiiumaa.ee.

Im Hotel **Liilia**, Hiiu mnt. 22, Käina, Tel. 36146. Viele Cafés mit warmem Essen.

FAHRRÄDER: Kerttu Sport in Kärdla, Sadama 15, Tel. 32130. **Hiiu Vill**, historische Wollfabrik, 15.5.-31.8. Mo-Fr 9-18, Sa 10-18, So 10-16 Uhr, sonst So geschlossen, Vaemla b. Käina, www.hiiuvill.ee.

» Karte S. 226-227

FÄHRE: **Rohuküla – Heltermaa** und zurück Mo-Fr 6-22 Uhr, Sa ab 7 Uhr, So ab 8.30 Uhr, je nach Saison 5-7-mal tgl. **Hiiumaa – Saaremaa (Sõru – Triigi)**: je nach Saison 1-4-mal tgl., Winter dreimal wöchentlich, Buchung auch online, Info-Tel. 14204, 4524444, www.tuulelaevad.ee.

Muhu (☎ 45)

Kirche St. Katharina in Liiva, Juni-August tgl. 10-18 Uhr. **Freilichtmuseum Muhu**, Gehöft d. estn. Dichters Juhan Smuul, Ausstellung mit bäuerlichen Textilien, Dorfschule, 15.5.-15.9. tgl. 9-18, sonst Mi-So 10-17 Uhr, Koguva, www.muhumuuseum.ee.

Saaremaa (☎ 45)

Kuressaare, Tallinna 2 (im histor. Rathaus), Tel. 33120, www.saaremaa.ee, http://saaremaatourism.ee.

Kuressaare: Restaurants in den meisten Hotels, wie **Arensburg**, mit guter Küche, Lossi 15.
Cafe Bruno, Rest., Konditorei, Tallinna 9.
Lümanda Söögimaja, Saaremaa-Spezialitäten, geräucherter Fisch, selbst gebrautes Bier, in Lümanda, Tel. 76493, www.soogimaja.planet.ee.

Bischofsburg, **Saaremaa Museum**, Mai-August tgl. 10-19, sonst Mi-So 11-18 Uhr. **Freilichtmuseum Mihkli**, 16.5.-31.8. tägl. 10-18 Uhr, sonst 2.5.- 15.10. nur Mi-So.

FAHRRADVERLEIH: **Gästehaus Nooruse majutus**, Kuressaare, Nooruse 46, Tel. 53435963. **Dendro Villa**, Kuressaare, Tuule 11, Tel. 56941.
REITEN: **Tihuse**, Muhu, Hellamaa, www.tihuse.ee. **Loode turismitalo**, Kuralase küla, Kihelkonna, Tel. 5056227, www.loodetalu.eu.
BOOTSVERLEIH: **Saarepuhkus, Pidula Forell**, Kallaste, Tel. 56213743.

FÄHRE: **Virtsu-Kuivastu** (Muhu): sommers stündl. 6-22 Uhr, winters alle 1-2 Stunden 6-21 Uhr. www.tuulelaevad.ee, Buchung auch online, Info-Tel. 14204.
FLUG: **Avies**, fliegt Linie Kuressaare – Tallinn mit kleinen Maschinen, www.flyavies.ee.

Pärnu (☎ 44)

Tgl. 9-18, Sept.-Mai 9-17/10-14 Uhr; Uus 4, Tel. 73000, www.visitparnu.com.

Am besten und elegantesten speist man in den Hotels **Ammende Villa**, Mere puiestee 7, und **Rannahotell**, Ranna puiestee 5.
Jahtklubi restoran, große Auswahl Fischgerichte, ab 11 Uhr, Lootsi 6, Tel. 71740, www.jahisadam.ee.
Alex Maja, gute Auswahl estnischer Kost, Mai-Okt., Kuninga 20, www.alexmaja.ee.

Pärnu Muuseum, Archäologie, Stadt- und Regionalgeschichte in einstigem Speicher, Di-So 11-18 Uhr, Aida 3, www.parnumuuseum.ee; Filiale: **Lydia Koidula Memoriaalmuuuseum**, Elternhaus d. ersten estn. Dichterin, Di-Sa 10-17/18 Uhr, Jannseni 37.
Museum für Neue Kunst Pärnu (Uui Kunsti Muuseum Pärnus), tgl. 9-21/19 Uhr, Esplanadi 10, www.chaplin.ee.

Einige **Einkaufszentren** zw. Busbahnhof u. Pärnu-Fluss. Lebensmittel kauft man preiswert in dem kleinen **Marktgebäude** an der Kuninga/Ecke Vee. **Souvenir**- und **Einzelhandelsgeschäfte** auf der Rüütli.

VERANSTALTUNGEN: Im Sommer viele Konzerte und Musikfestivals.

Kihnu (☎ 44)

Tourist. Info: Sääre, Tel. 5255172, www.kihnurand.ee, www.visitestonia.com.

FÄHRE: Im Sommer ab Pärnu: www.tuulelaevad.ee und Munalaid (50 km südwestl. Pärnu): www.veeteed.com. *FLUG:* **Luftverkehr Friesland-Harle (LFH)** ganzj. ab Pärnu und Kuressaare, www.lendame.ee.

Ruhnu (☎ 45)

FÄHRE: Katamaran ca. Mai-Sept.: Romassaare-Ruhnu, Tel. 24444, www.tuulelaevad.ee. *FLUG:* **LFH**, www.lendame.ee, fliegt mehrmals wöchentlich die Route Pärnu – Ruhnu – Kuressaare – Ruhnu – Pärnu und tägl. Pärnu – Ruhnu – Pärnu.

REISEVORBEREITUNGEN

Klima und Reisezeit

Das Baltikum liegt in der Übergangszone vom westeuropäischen Meeresklima zum kontinentalen Klima Osteuropas: Man muss sich auf wechselhaftes Wetter gefasst machen. Auf einen heißen Sommertag kann ein kühler Regentag folgen. Warmer Pullover und Regenschirm gehören auch im Sommer ins Gepäck. Die optimale Reisezeit ist Mai bis Oktober. Für viele ist der schönste Monat der September, wenn in den ausgedehnten baltischen Wäldern die Blätter der Bäume in allen Farben, von Tiefrot bis Hellgelb, leuchten; bis Mitte Oktober dauert der goldene Herbst, am Ende dieser Periode kann er bereits von häufigen Regenfällen und Nachtfrösten begleitet sein.

Eine Estlandreise im Juni ist ein unvergessliches Erlebnis: In der Zeit der „weißen Nächte" verschwindet die Sonne nur für kurze Zeit und steht dann so flach unter dem Horizont, dass es die ganze Nacht über dämmrig hell ist.

Einreisebestimmungen

Litauen, Lettland und Estland gehören zum Schengen-Raum, Bürger der Schengen-Staaten brauchen für einen Aufenthalt bis zu 90 Tagen bei Einreise in der Regel keine Dokumente vorzuzeigen; dennoch ist ein **Personalausweis**, Pass oder Identitätskarte in den **Baltischen Staaten** mitzuführen.

Für eine Reise ins **Kaliningrader Gebiet** braucht der Reisende ein russisches **Visum**, das frühzeitig beantragt werden sollte. Man benötigt 1 Foto, Reisepass, Auslandskrankenversicherungsnachweis und die vorher gebuchten Übernachtungs- und Reisetickets oder eine Einladung. Zudem Kontoauszug oder andere Garantien der Rückkehrwilligkeit in den Aufenthaltsstaat (Nachweis eines regelmäßigen Einkommens durch Arbeits- und Verdienstbescheinigung (Original), Registrierung der eigenen Firma (Original mit einfacher Kopie), Nachweis von Wohneigentum usw.). Visagebühr 35 € (Wartezeit i. d. R. 10 Tage), Expressvisa 70 € (3 Tage oder weniger). Online ist das Visum auch über http://berlin.kdmid.ru zu erwerben. Man kann auch eine spezielle Visumagentur mit der Russland-Visum-Beschaffung beauftragen. Informationen: www.russische-botschaft.de/de/consulate/visafragen. Gruppenreisenden besorgt der Veranstalter das Visum. Für jede Einreise braucht man ein neues Visum, oder das (teurere) Mehrfachvisum.

Passagiere von Fähr- und Kreuzfahrtschiffen können sich als Gruppenreisende bis zu 72 Stunden visumfrei im Kalinigrader Gebiet bewegen; die Reise- und Personendaten sind vor der Ankunft anzugeben, zuständig ist der Veranstalter oder die Reederei.

Ein **72-Stunden-Visum** kann man für Kaliningrad an den Grenzübergängen und am Flughafen erhalten, die Prozedur ist auf der Website der russischen Botschaft unter „Visum nach Kaliningrad/72 Stunden" auf Englisch erklärt und mithilfe der dort angegebenen Kaliningrader Reisebüros möglich.

Gesundheitsvorkehrungen

Für gesetzlich Versicherte besteht ein Anspruch auf Behandlung bei im Baltikum zugelassen Ärzten, Zahnärzten und Krankenhäusern (nicht alle besitzen diese Zulassung!). Dazu ist die europäische Krankenversicherungskarte EHIC vorzulegen. Erkundigen Sie sich bei Ihrer Krankenkasse nach den aktuellen Bedingungen.

Eine Auslandskrankenversicherung mit Notfallrückführung wird dringend empfohlen.

Von einer zusätzlichen Auslandskrankenversicherung wird das Geld zurückerstattet, das man bar an den niedergelassenen Arzt im Ausland bezahlt hat (Bezahlung dort bevorzugt in Euro; unbedingt vorher nach dem Preis fragen). In schwierigen Fällen sollte der Rücktransport erwogen werden. Viele Krankenhäuser im Baltikum leiden unter finanziellen Schwierigkeiten und veralteter Ausrüstung. Empfehlenswert sind Privatkliniken, die z. T. unter ausländischer Leitung stehen, z. B. die Baltic-American Medical & Surgical Clinic in Vilnius (Baltijos Amerikos klinika, www.bak.lt) anerkannt von allen großen Versicherungsgesellschaften. Medikamente, die man regelmäßig nehmen muss, sind unbedingt von zu Hause mitzunehmen.

In feuchten Landesteilen, z. B. den Hochmooren Lettlands und Estlands, grassieren im Sommer Myriaden von Mücken – ein wirksamer Mückenschutz (Spray, Lotion etc.) ist daher ein Muss.

Eine Schutzimpfung gegen „Zecken-Enzephalitis" (FSME) ist vor allem bei Naturaufenthalten sehr zu empfehlen, da die baltischen Staaten zum Großteil im Hochrisikogebiet liegen.

Information

Die Baltischen Staaten haben ihre eigenen Tourismusämter. Touristische und andere Detailinfos zum gesamten Gebiet vermitteln u. a. Vereine wie Infobalt: www.infobalt.de, für Radfahrer www.balticcycle.eu oder das Baltic Sea Forum, eine Gemeinschaft der Ostseeanrainer: www.baltic-sea-forum.org.
Auswahl einiger Internetadressen:
Litauen:
www.lithuania.travel,
www.tourism.lt,
www.vilnius-tourism.lt,
www.vilnius-events.lt
www.litauen-info,
www.visitlithuania.net.
Lettland:
www.latvia.travel,
http://latinst.lv,
www.castle.lv,
www.celotajs.lv,
www.liveriga.com.
Estland:
www.visitestonia.com,
www.maaturism.ee,
www.estonica.org,
www.mois.ee,
www.tourism.tallinn.ee.
Baltische Staaten und Osteuropa:
www.imoe.de,
www.inyourpocket.com,
www.balticsworldwide.com.
Kaliningrad/Königsberg:
www.visit-kaliningrad.ru,
www.hk24.ru,
www.kaliningrad.aktuell.ru,
www.koenigsberger-express.com.

Für **Königsberg / Russische Föderation** sind Reiseveranstalter mit einschlägiger Erfahrung eine gute Info-Quelle; über sie das Visum zu beschaffen und ihre weiteren Dienste in Anspruch zu nehmen erspart viel eigene Mühe.

Zollbestimmungen

Für **Königsberg** gilt: Zolldeklarationen sind bei der Einreise auszufüllen und werden bei der Ausreise wieder eingesammelt. Verwirrend ist, dass man an manchen Grenzübergängen keine Formulare bekommt, manchmal hört man gar, dass man sie nicht mehr braucht. Meistens achtet bei der Ausreise auch niemand darauf, sie wieder einzusammeln. Um aber eventuellem Ärger bei der Ausreise vorzubeugen, sollten trotzdem wertvolle Gegenstände (Schmuck, Videokameras etc.) bei der Einreise deklariert werden. Wer Pelze, Schmuck und Edelmetalle einkauft, sollte die Quittungen unbedingt aufheben; Rohbernstein darf dort nicht gekauft werden.

Die **Baltischen Staaten** haben sich den international üblichen Zollbestimmungen angeschlossen. Für EU-Bürger, die als Touristen einreisen, gelten die Eigenbedarfs-Regeln, weitere Auskünfte geben die Internetseiten der nationalen Zollämter jeweils auch auf Englisch: Litauen: www.cust.lt, Lettland: www.fm.gov.lv, Estland: www.emta.ee.

ANREISE

Flugzeug

Von **Deutschland** aus gelangt man ganzjährig von Berlin, Bremen, Hamburg, Düsseldorf, Frankfurt, Frankfurt-Hahn und München direkt in baltische Städte; die nationalen Tourismusportale geben Auskunft über die aktuellen Verbindungen.

Den Deutschland-Markt teilen sich u. a. Lufthansa (www.lufthansa.com), Air-Berlin (www.airberlin.com), die lettische airBaltic (www.airbaltic.com) und Ryanair (www.ryanair.com). Preisvergleiche lohnen, besonders bei Billiglinien lässt sich mit frühzeitiger Buchung viel Geld sparen.

Von **Wien** fliegt airBaltic nach Riga und Vilnius, Austrian/Tyrolean Airlines (www.austrian.com) nach Vilnius, Estonian Air (http://estonian-air.ee) nach Tallinn; airBaltic verbindet u.a. **Zürich** mit Riga.

Auto

Der kürzeste Weg von Westeuropa ins Baltikum führt über Polen. Relativ gut ausgebaut, aber von vielen LKW benutzt, ist die Kombination E30/E67: Berlin – Frankfurt/Oder – Poznań (Posen) – Warschau – Białystok – Suwałki. Verkehrsärmer und landschaftlich reizvoller ist die Route über die Straßen Nr. 15 (Posen – Thorn – Osterode) und Nr. 16 durch die Masurische Seenplatte (Allenstein – Nikolaiken – Augustow) zur Via Baltica (E67) nach Kaunas. Von Süden her empfiehlt sich: Görlitz – Wrocław (Breslau) – Warschau bzw. Prag oder Cieszyn – Katowice (aus Richtung Wien). Nach Königsberg sind die noch relativ verkehrsfreien Straßen im Norden Polens ratsam, zumal sich ein Zwischenstopp in Gdańsk (Danzig) und Malbork (Marienburg) anbietet.

Für die Baltischen Staaten wird weiterhin das Mitführen der „Grünen Versicherungskarte" empfohlen – die Reiseländer sind auf der Karte vermerkt. Dringend angeraten wird eine Vollkaskoversicherung für die Dauer der Reise.

Bahn

Konsultieren Sie die Bahnauskunft, z. B. www.reiseauskunft.bahn.de: Derzeit sind Zugverbindungen ins Baltikum recht umständlich, langwierig und teurer als Billigflüge (z. B. Berlin – Vilnius ca. 22-24 Std., über Minsk/Weißrussland). Die Bahnverbindung Berlin – Kaliningrad wurde eingestellt.

Bus

Von vielen mitteleuropäischen Städten kommt man per Bus nach verschiedenen Zielen in den baltischen Staaten. Dauer: z. B. Berlin-Vilnius 18 Std., Berlin-Riga 21 Std., Berlin-Tallinn 26 Std. Auch Abfahrten aus der Schweiz, Österreich und vielen anderen deutschen Städten sind möglich. Aktuelle Pläne z. B. unter www.eurolines.de; Buchungen und Auskunft bei Deutsche Touring / Eurolines Germany, Hotline: Tel. 06196 2078501. Eurolines-Servicestellen gibt es in allen größeren deutschen Städten. Das Busliniennetz umfasst nahezu alle europäischen Länder.

Fähre

Kiel – Klaipėda (Litauen): 21 Std., sechsmal wöchentlich, DFDS Seaways.

Lübeck/Travemünde – Liepāja (Lettland), 24 Std., zweimal wöchentlich, Stena Line.

Lübeck/Travemünde – Ventspils (Lettland), ca. 24 Std., Stena Line, zweimal wöchentlich.

Travemünde – Tallinn (Estland) über **Helsinki (Finnland)**: 29-31 Std. bis Helsinki, 6-mal wöchentlich, Finnlines, **Helsinki – Tallinn**, 1 bis 2,5 Std., ca. stündlich, Tallink Silja u. a.

DFDS (Deutschland) GmbH, Högerdamm 41, D-20097 Hamburg, Info zu Fährrouten ins Baltikum: Tel.:

040/3890371, www.dfdsseaways.de.

Stena Line Scandinavia AB, Schwedenkai 1, D-24103 Kiel, Service Tel.: 0180-6020100 www.stenaline.de.

Finnlines Passagierdienst, Einsiedelstr. 43-45, D-23554 Lübeck, 04502/805443, www.finnlines.com.

Tallink Silja GmbH, Böckmannstr. 56, D-20099 Hamburg, Tel. 040-547 541222, www.tallinksilja.de.

REISEN IM BALTIKUM

Grenzübergänge

Für alle Grenzübergänge zwischen den baltischen Staaten Estland/Lettland und Litauen/Lettland gibt es seit dem Beitritt zum Schengen-Abkommen 2007 keine Kontrollen mehr. Ständig kommen neue Straßenverbindungen hinzu – das Reisen zwischen den baltischen Ländern wird immer einfacher.

Flug

Alle baltischen Hauptstädte sind durch die nationalen Fluglinien der jeweiligen Länder miteinander verbunden. An Inlandsflügen sind wegen der kurzen Entfernungen die Verbindungen von Tallinn auf die Inseln Saaremaa und Hiiumaa von Bedeutung, evtl. auch die Verbindung Vilnius – Palanga. Die Insel Ruhnu wird mehrmals wöchentlich von Pärnu und Kuressaare angeflogen. Kaliningrad ist z. Z. mit keinem baltischen Direktflug zu erreichen.

Auto

Es besteht erhöhte Diebstahlgefahr, möglichst nur bewachte Park- bzw. Campingplätze benützen. Der Zustand der großen Überlandstraßen ist gut; es gibt sogar stellenweise ausgebaute vierspurige Schnellstraßen wie zwischen Vilnius und Klaipėda oder Riga und Jūrmala. Problematischer ist es auf dem Land, wo manche Straßen noch Schotterpisten sind. Vorsicht, Rollsplitt! Der Wagen kann leicht ins Rutschen geraten, hochschlagende Steine beschädigen den Unterboden.

In Städten muss verstärkt auf Schlaglöcher, aufragende Straßenbahnschienen etc. geachtet werden. Die zulässige Geschwindigkeit beträgt 50 km/h in Dörfern und Städten, 90 km/h auf Fernstraßen und 110 km/h auf den wenigen Autobahnen. Radarkontrollen sind häufig. Besonders auf den Landstraßen werden Geschwindigkeitsübertretungen hart geahndet. Das kann sehr teuer werden!

Nachtfahrten, wenn auf den Straßen ungenügend beleuchtete Autos dahinhuschen bzw. überhaupt nicht beleuchtete Fuhrwerke darauf entlangzuckeln, sind eine der Achterbahn ähnliche Attraktion. Fahrvorschriften und Beschilderung unterscheiden sich nicht wesentlich von den westeuropäischen Standards. Zebrastreifen allerdings gelten im Baltikum manchmal nur als Verzierung der Straße. Wenn Sie für einen Fußgänger anhalten, werden Sie im Zweifelsfall einen Unfall verursachen, weil Ihr Hintermann nicht damit rechnet, dass Sie bremsen könnten.

Achtung: Blinkendes Grün entspricht dem „Gelb" in Westeuropa. Bei **gelbem Licht** muss der Autofahrer im Baltikum **stehen** wie bei Rot.

An Bahnübergängen kündigen rotes Licht und ein schriller Warnton herannahende Züge an; falls die Technik versagt, besser rechts und links schauen, bevor man (langsam!) die Schienen quert. Langsam sollte man schon deswegen fahren, weil die Schienen oft herausragen: Das Auto könnte aufsetzen.

Maximaler Blutalkoholgehalt: Lettland 0,5 ‰, Estland 0,0 ‰, Russland 0,0 und Litauen 0,4 ‰. Es muss auch tagsüber mit Licht gefahren werden. Telefonieren während der Fahrt ist nur mit Freisprechanlage erlaubt. Es besteht Gurt- bzw. für Krafträder Sturzhelmpflicht. Straßenbahnen und Autobusse haben immer Vorrang.

In den großen Hotels und auf den

Flughäfen gibt es Niederlassungen internationaler Mietwagenfirmen; Leihwagen sind preislich mit Westeuropa vergleichbar. Sie können bei den Niederlassungen in Westeuropa vorbestellt werden. Das Auto steht dann am Flughafen bereit.

Bei Pannen lässt man sich am besten bis zu der nächsten modernen Tankstelle, die über eine Reparaturwerkstatt verfügt, abschleppen (z. B. Neste-Tankstellen). Siehe auch: Sicherheitshinweise.

Pannenhilfe in Estland, Lettland und Litauen: Tel. 1888.

Tankstellen

Vielerorts gibt es moderne Tankstellen der Firmen Neste, Statoil oder Litofinn mit bleifreiem Benzin 95 Oktan (Normalbenzin) und 98 Oktan (Super). An Überlandstraßen findet man Tankstellen in regelmäßigen Abständen, meist verbunden mit einem Restaurant oder Imbiss. Nicht nur in den Hauptstädten, auch in kleineren Orten gibt es Tankstellen nach westeuropäischem Vorbild. Trotzdem sollte man mit dem Tanken nicht bis zum letzten Tropfen Benzin warten, wenn man in entlegenere Gebiete fährt.

Problematisch ist es stellenweise im Kaliningrader Gebiet, wo es in den Städten moderne Tankstellen gibt, während andere eher suspekt aussehen; es gibt bleifreies Benzin nur an größeren Tankstellen. Ein 20-Liter-Benzinkanister kann gute Dienste leisten. Ein Feuerlöscher im Wagen ist vorgeschrieben.

Bahn

Fabelhaft preiswert, dafür allerdings langsam und oft überfüllt sind die Züge im Baltikum. Nur zwischen den Hauptstädten Tallinn und Riga kann man z. Z. (über Valga) per Bahn fahren, darüber hinaus gibt es keine Hauptstadt-Verbindungen. Estland hat sein Eisenbahnnetz mit neuen Schweizer Zügen ausgestattet, mit WLAN an Bord, rund um Tallinn ist das Netz elektrifiziert.

Überlandbusse

Flexibler und rascher als mit der Eisenbahn kommt man meist mit Bussen ans Ziel, zumal diese praktisch alle Dörfer – und natürlich die drei Hauptstädte – miteinander verbinden. Wer per Überlandbus durchs Baltikum reisen möchte, sollte genügend Zeit einplanen, da Anschlüsse oft nicht aufeinander abgestimmt sind. Jedem Autofahrer fallen deshalb die am Wegesrand stehenden Anhalter auf, die zum Einkaufen ins nächste Dorf mitgenommen werden möchten. Für die größeren Überlandstrecken können Fahrkarten bis zu einer Woche im Voraus gekauft, z. T. auch online gebucht werden (auch Platzkarten). Bei lokalen Verbindungen bezahlt man meist beim Fahrer.

Fahrrad

Die meist flache Landschaft, die geringe Besiedlung und meist wenig befahrene Straßen und Wege machen das Radfahren zum Genuss. Zunehmend sind Radwege ausgeschildert, am vorbildlichsten landesweit in Estland; s. a. „Sport" S. 244. Detaillierte Infos und Tipps für Radreisende im Baltikum s. www.balticcycle.eu auf Deutsch mit Hinweisen zu nationalen Anbietern und Klubs, wie www.citybike.ee, www.ezi.lv, www.bicycle.lt. Eine Herausforderung ist der Europaradweg R 1, der in seinem östlichen Abschnitt durchs Kaliningrader Gebiet und das Baltikum führt, Informationen dazu unter www.euroroute-r1.de mit vielen Empfehlungen und Karten.

Stadtverkehr

Viele Sehenswürdigkeiten der baltischen Städte erreicht man mühelos zu Fuß. Nur selten ist man auf die häufig verkehrenden Trolleybusse und (etwas seltener fahrende) Busse angewiesen.

Für die drei Hauptstädte gibt es touristische Ein- bis Dreitageskarten (Riga Card, Vilnius Card, Tallinn Card), mit denen man den Eintritt zu Sehenswürdigkeiten und die Nutzung öffentlicher Verkehrsmittel bezahlt hat; zusätzlich hat man weitere Vergünstigungen. Von diesen Tickets sollte man sich gern verleiten lassen, auch weniger von Touristen frequentierte Stadtviertel aufzusuchen. Man erhält mit jeder „Card" eine ausführliche Informationsbroschüre zu den eingeschlossenen Sehenswürdigkeiten.

Nicht alle Taxen besitzen einen Taxameter (wo vorhanden, wird er manchmal nur widerwillig eingeschaltet); man muss hartnäckig um den Preis feilschen, will man nicht einen zu hohen Preis zahlen. Auf den regionalen Infoseiten finden sich Hinweise zu den gängigen Tarifen.

PRAKTISCHE TIPPS

Diplomatische Vertretungen

Botschaften in Deutschland:

Litauen: Charitéstr. 9, 10117 Berlin, Tel. 030-8906810, Fax 89068115, www.botschaft-litauen.de.

Lettland: Reinerzstraße 40, 14193 Berlin, Tel. 030-82600222, Fax 8260 0233, www.mfa.gov.lv/de/berlin.

Estland: Hildebrandstr. 5, 10785 Berlin, Tel. 030-25460602, Fax: 25460601, www.estemb.de.

Russische Föderation: Konsularabteilung, postalische Adresse: Unter den Linden 63-65; Büro: Behrenstraße 66, 10117 Berlin, Tel. 030-22651184, www.russische-botschaft.de; man beachte die Hinweise der Konsularabteilung: Für Visa sind je nach Wohnort des Antragstellers verschiedene Konsulate zuständig.

Botschaften in Österreich:

Litauen: Löwengasse 47/4, A-1030 Wien, Konsularabteilung: Tel. 01-7109758, Fax 7185469, http://at.mfa.lt.

Lettland: Stefan-Esders-Platz 4, A-1190 Wien, Tel. 01-4033112, Fax 40 3311227, www.mfa.gov.lv/lv/austria.

Estland: Wohllebengasse 9/12, A-1040 Wien, Tel. 01-5037761, Fax 503776120, www.estemb.at.

Vertretungen in der Schweiz:

Litauen: Kramgasse 12, 3011 Bern, Tel. 031-3525291, http://ch.mfa.lt.

Lettland: Zuständig ist die Botschaft in Wien.

Estland: Zuständig ist die Botschaft in Brüssel, Rue Guimard 11/13, Tel. +32-2-27790755, www.estemb.be.

Deutsche Botschaften im Baltikum:

Litauen: Sierakausko g. 24/8, 03105 Vilnius, Tel. (5)2106400, Fax (5)2106446, www.wilna.diplo.de.

Lettland: Raiņa bulv. 13, 1050 Riga, Tel. 67085100, Fax 67085149, www.riga.diplo.de.

Estland: Toom-Kuninga 11, 15048 Tallinn, Tel. 6275300, Fax 6275304, www.tallinn.diplo.de.

Kaliningrad: Generalkonsulat, Ul. Telmana 14; 236008 Kaliningrad, Tel. 4012/920218, Notfall-Tel. (007) 9062172245, www.germania.diplo.de.

Schweizer Vertretungen:

Litauen: Generalkonsulat, Lvovo 25, 09320 Vilnius, Tel. 5-2032969,

Lettland: Botschaft: Elizabetes 2, Riga, Tel. 6-7338351, Fax 7338354.

Estland, Generalkonsulat: Laki 5, Tallinn, Tel. 6581133, Fax 6581139.

Österreichische Botschaften:

Litauen: Gaono 6, Tel. 2660580, Fax 2791363, Vilnius, www.bmeia.gv.at/botschaft/wilna.html.

Lettland: Elizabetes iela 15-4, Riga, Tel. 67216125, Fax 67216126, www.bmeia.gv.at/botschaft/riga.html.

Estland: Vambola 6, Tallinn, Tel. 6278740, Fax 6314365, www.bmeia.gv.at/botschaft/tallinn.html.

Einkaufen

Unter den Mitbringseln aus dem Baltikum rangiert auf dem ersten Platz Bernstein. Ketten, Ringe, Armbänder, Ohrringe und Broschen werden in Hülle und Fülle angeboten. Colliers sind oft in modernem Design in Silber gefasst. Echter Bernstein ist auch im Baltikum teuer, auch wenn die Preise noch nicht auf westeuropäischem Niveau sind. Achtung, wenn Schmuck auf der Straße von fliegenden Händlern sehr preiswert angeboten wird, kann es sich im Zweifelsfall um minderwertigen Pressbernstein handeln.

Eine gute Idee ist es, nach Erzeugnissen der Volkskunst Ausschau zu halten. In Estland gibt es sehr schöne Wollpullover und -jacken zu kaufen, jede Region hat ihre eigenen Muster. Fröhlich bunt sind die bestickten Hausschuhe von den Inseln Muhu und Saaremaa. Dort bekommt man auch traditionelle Schnitzarbeiten aus Wacholderholz. In Litauen findet man gestickte Leinenservietten, gehämmerte Lederwaren oder schwarze Keramik. Lettland bietet dem Souvenirkäufer bestickte Leinenkleider in modernem Design oder folkloristisch sowie viele bunte Schals, Tischdecken und Servietten. Spezialläden führen ein breites Sortiment kunsthandwerklicher Erzeugnisse (Est.: *ars, uku*; Lett.: *daiļrade*, Lit.: *dailė*). Interessante Volkskunst kann man außerdem in den Läden der drei großen baltischen Freilichtmuseen erwerben. Zwei große Märkte: Gadatirgus am ersten Juni-Wochende in Riga und der Kaziukas-Markt um den 4. März in Wilna, bieten das größte Angebot an Kunsthandwerk beider Länder. Lassen Sie sich in Tallinn erklären, welcher der großen Märkte gerade geöffnet hat!

Im Kaliningrader Gebiet gibt es neben Bernstein und gutem Wodka aus Kernrussland importierte Souvenirs, allen voran die Einsteckpuppen (*matrijoschkas*) und lackierte Holzschalen oder -löffel. In Antiquitäten-Läden oder Antiquariaten gibt es ältere Gegenstände (darunter alte deutsche Bücher), die aber nicht ohne Weiteres aus dem Land ausgeführt werden dürfen (s. Zollvorschriften).

Zu erwägen ist schließlich der Kauf moderner Kunst, überwiegend Bilder, aber auch Tonskulpturen, die in den Galerien der Hauptstädte zu meist recht vernünftigen Preisen angeboten werden.

Feiertage

Neben Weihnachten, Neujahr, Karfreitag (Ostermontag nicht in Estland) und dem 1. Mai als Tag der Arbeit sind folgende Tage frei:

Estland: 23. Juni (Siegestag), 24 Juni (Johannistag), 20. August (Tag der erneuten Unabhängigkeit 1991).

Lettland: 4. Mai (Tag der Unabhängigkeitserklärung), 23. Juni Mittsommernacht, 24. Juni (Johannistag), 18. November (Unabhängigkeitstag von 1918).

Litauen: 24. Juni (Johannistag), 6. Juli (Tag des Staates), 15. August (Mariä Himmelfahrt), 1. November (Allerheiligen).

Russland: 7. Januar (orthodoxes Weihnachtsfest), 23. Februar (Tag des Vaterlands-Verteidigers), 8. März (internationaler Frauentag), 9. Mai (Tag des Sieges 1945), 12. Juni (Tag der Unabhängigkeit, Austritt Russlands aus der UdSSR 1991), 4. November (Tag der Einheit des Volkes).

Filmen / Fotografieren

Wer nicht digital fotografiert, sollte sein Filmmaterial besser mitbringen, in Großstädten sind notfalls noch Filme zu bekommen.

Beim Fotografieren von Brücken, Bahnhöfen etc. ist im **Kaliningrader Gebiet** Vorsicht geboten, da bei manchen noch die Ostblock-Spionage-Paranoia in den Hirnen steckt. Eine höfliche, im Gestus ausgedrückte Frage nach der Erlaubnis, einen Einheimischen zu fotografieren, beugt Missverständnissen vor. Ältere bzw. ärmere Menschen sind eventuell von der Fotografiererei der Touristen wenig entzückt.

In manchen Museen und Ausstellungen muss eine Foto- bzw. Filmerlaubnis eingeholt und bezahlt werden.

Geldwechsel / Währung

In **Estland**, **Lettland** und **Litauen** bezahlt man mit **Euro**.

Der **Rubel** (1 Rubel = 100 Kopeken) ist die Landeswährung im **Kaliningrader Gebiet**, 1 € entspricht ungefähr 65 Rubel.

Man kann heutzutage fast überall selbst Kleinbeträge mit den gängigen **Kreditkarten** (Mastercard, VISA, American Express) und mit **Girocard** (vormals EC-Karte) bezahlen und mit Karte an **Geldautomaten** (mit PIN) Bargeld ziehen (Gebühren können variieren).

Karten und Pläne

Bei der familiären Spurensuche im nördlichen Ostpreußen fragen Sie am besten nach den antiquarischen Produkten des Rautenberg-Verlags.

Gute Karten kann man mittlerweile auch im Baltikum kaufen, z. B. gibt der litauische Verlag Briedis (Parodų 4, Vilnius) Karten und Stadtpläne aller wichtigeren Städte heraus, darunter auch eine Karte Kalinigradskaja Oblast / Gebiet Königsberg 1:300 000 mit russisch-deutschen Ortsnamen.

Ein gutes Landkartensortiment führt in Riga der Kartenladen Jānā Sēta in der Elizabetes iela 83/85.

Notruf

Im Kaliningrader Gebiet und in den Baltischen Staaten: Tel. **112**.

Öffnungszeiten

Läden haben in der Regel von 8 oder 10 Uhr bis 18 oder 21 Uhr geöffnet. Die Zeiten sind variabel: Es gibt kein Ladenschlussgesetz. Andenkenläden haben oft länger geöffnet. Auch sonntags kann man Lebensmittel einkaufen. Viele größere Supermärkte haben 24 Std. offen.

Die Banken schließen zwischen 16 und 18 Uhr; in Litauen arbeiten sie auch am Samstagvormittag.

Cafés und Restaurants sind meist bis 23 Uhr geöffnet, in Großstädten auch länger, dort gibt es auch Nachtlokale, die bis spät in die Nacht (z. B. 3 Uhr) Gäste einlassen.

Post / Telefon

Post nach Westeuropa braucht in der Regel 3-7 Tage. Das Telefonsystem ist digitalisiert und auf westeuropäischen Standard gebracht. Innerhalb Litauens eine 8 vor der Ortsvorwahl wählen.

Im Kaliningrader Gebiet kann man nur von speziellen Telefonzellen (in Postämtern) und teureren Hotels ohne größeres Problem telefonieren.

Landesvorwahlen: Estland 00372, Litauen 00370, Lettland 00371; dann die Ortsvorwahl ohne Null. Kaliningrad 007, Ortsvorwahl s. S. 50. **Handynetz** in Litauen, Lettland und Estland flächendeckend.

Sicherheitshinweise

Der schlechte Ruf hinsichtlich der Sicherheit, den die osteuropäischen Länder meist genießen, ist inzwischen übertrieben und weitgehend schlicht überholt. Gegen Kleinkriminalität und Beschaffungskriminalität allerdings sollte man gerüstet sein, was vor allem im Einzugsgebiet von Großstädten mit Drogenszene verstärkt gilt.

Mit der berüchtigten russischen Mafia dagegen wird der normale Tourist in aller Regel überhaupt nicht in Berührung kommen bzw. nichts davon bemerken.

Tätliche Angriffe auf Touristen sind sehr selten, wenn man den gesunden

Menschenverstand walten lässt wie zu Hause oder an anderen Reisezielen auch. Lästig können Betrunkene sein, denn der Konsum harter alkoholischer Getränke (Wodka & Co.) hat besonders in Regionen mit hoher Arbeitslosigkeit eher noch zugenommen. Aus dem Nachtleben sollte sich Frauen ohne Begleitung eher heraushalten, um Verwechslungen mit einem Gewerbe zu vermeiden, dem man nicht angehört.

Autodiebstahl hat an Bedeutung verloren, denn auch in Osteuropa ist es heute kein Problem mehr, sich Autos westlicher Bauart und neueren Baujahrs auf legale Weise zu beschaffen. Lassen Sie deshalb aber nicht die wichtigen Sicherheitsregeln außer Acht: Benutzen Sie, wenn möglich, bewachte Parkplätze, besonders bei längerer Abwesenheit. Darüber hinaus sollten sie nichts sichtbar im Fahrgastraum herumliegen lassen, was (Neu-)Gier wecken könnte (Handtaschen, Rucksäcke & Co.). Im Ernstfall ist Ihnen die **Polizei** unter der **Notfallnummer 112** behilflich.

Sport

Kanuwandern kann man u. a. in litauischen Nationalparks sowie in mehreren Naturparks Lettlands und Estlands.

Die kleinen Nebenstraßen sind ein Paradies für **Fahrradfahrer**. Allerdings bieten Schotterpisten den Nachteil, dass überholende Kraftfahrzeuge eine starke Staubwolke und Splitt aufwirbeln können, was dann das Radeln unangenehm macht. Darüber hinaus lassen die Fahrgewohnheiten einiger Kraftfahrer den Touristen auf dem Zweirad schon mal um sein Leben fürchten, wenn Sicherheitsabstände beim Überholen schlicht ignoriert werden. Vorsicht diesbezüglich nicht nur vor LKW, sondern besonders vor PKW-Fahrern, die eine defensive Fahrweise nicht zu kennen scheinen.

Reiten wird zunehmend angeboten, z. B. Reiterferien auf Bauernhöfen.

Noch wenig werden von ausländischen Touristen die schneesicheren baltischen Skisportgebiete genutzt: Im Winter bieten sich die Baltischen Staaten besonders für **Skilangläufer** an, z. B. in der Gegend von Sigulda, wo Loipen gespurt sind. Berühmt ist der Ski-Marathon *Worldloppet* von Tartu, der jedes Jahr unter internationaler Beteiligung stattfindet (www.worldloppet.com/tartu_maraton.php).

Veranstaltungen und Feste

März: *Jazzfestival* in Birštonas (Litauen) alle zwei Jahre (2016, 2018...) www.visitbirstonas.lt.
Filmfestival in Vilnius, www.kinopavasaris.lt.

April: *Jazzfestival* in Estland, www.jazzkaar.ee.

Mai: *Folklorefest* in Vilnius, www.etno.lt.

Juni: *Musikfestival* Kloster Pažaislis in Kaunas (Juni-August), www.pazaislis.lt, www.kaunastic.lt.
Johannisnacht mit Sonnwendfeuern im ganzen Baltikum.
Altstadtfest in Tallinn: u. a. Konzerte und Straßentheater, www.vanalinnapaevad.ee.

Juli: Internationales Folklorefestival (abwechselnd in einem der Mitgliedsländer weltweit, in Estland wieder 2019, www.folkloorinoukogu.ee).
Baltisches Folklorefestival „Baltica" in einem der drei baltischen Länder; 2015 in Lettland.
Festival Alter Musik, Riga und Rundāle, www.latvijaskoncerti.lv.
Fest der Liven in Mazirbe, Nordwest-Lettland.
Juli-August: *Liederfeste* (ca. alle fünf Jahre, in Estland als nächstes 2019, im Rahmen des UNESCO-Kulturerbes).
Ruderregatten auf dem Trakai-See (Litauen).

August: *Stadtfest* in Riga, www.liveriga.com.
Tallinn Week Regatta, Baltische Regatta auf der Olympischen Segelstrecke in der Tallinner Bucht, www.puri.ee.
Tanzfestival in Tallinn, www.saal.ee.

September: *Dokumentarfilmfestival* in Riga, www.mediadesklatvia.eu.
Tallinn-Marathon, auch Halbmarathon und 10-km-Lauf, www.jooks.ee.

Oktober: *Internationales Festival Orthodoxer Kirchenmusik* in Tallinn, www.festivalcredo.com.

Dezember: Weihnachtsfest in der Tallinner Altstadt.

Hinweise im Internet zu musikalischen Veranstaltungen (Auswahl):
Estland:
www.concert.ee
Lettland:
www.opera.lv,
www.hbf.lv
Litauen:
www.opera.lt,
www.lvso.lt,
www.filharmonija.lt

Zeit

In allen vier Ländern bzw. Gebieten gilt die Osteuropäische Zeit (mit Sommerzeitumstellung), sie ist der Mitteleuropäischen Zeit (MEZ) um eine Stunde voraus.

Zeitungen / Zeitschriften

Eine Übersicht über Politik und Wirtschaft der drei baltischen Staaten vermittelt monatlich „The Baltic Times" (www.baltictimes.com). Das Magazin ist ein Zusammenschluss der Zeitungen „The Baltic Independent" aus Tallinn und „The Baltic Observer" aus Riga.

Der „Königsberger Express" berichtet monatlich auf Deutsch über Ereignisse im Königsberger Gebiet (online: www.koenigsberger-express.com).

Für die baltischen Hauptstädte, Klaipėda, Kaunas und andere baltische Orte erscheinen ein- oder mehrmals jährlich deutsch- oder englischsprachige Informationsbroschüren, z. B. „Vilnius in your pocket" mit aktuellen Informationen über die Sehenswürdigkeiten, die sich rasant verändernde kulinarische Szene, eine Hotelliste und andere touristische Hinweise, Übersicht und Onlineausgaben: www.inyourpocket.com.

Vielerorts ist (oft kostenlos) Internetzugang möglich (z. B. in WiFi-Zonen von Hotels, Cafés etc.). Der Mangel an gedruckten Zeitungen/Zeitschriften lässt sich dank der Internetseiten der Zeitungsverlage bestens kompensieren.

SPRACHFÜHRER

Die wenigsten Reisenden werden sich einer der Landessprachen bedienen können. Lettisch und Litauisch gehören zur eigenständigen Sprachfamilie der baltischen Sprachen innerhalb der indoeuropäischen Sprachen. Das Estnische zählt dazu nicht, sondern weist als eine ugro-finnische Sprache Verwandtschaft mit dem Finnischen und Ungarischen auf.

Jedenfalls sind all diese Sprachen sehr schwer zu lernen. Trotzdem schadet es nicht, die Ausspracheregeln zu lernen und sich ein paar höfliche Sätze anzueignen, das lässt das Eis zwischen Tourist und Einheimischen schneller schmelzen.

Russisch ist heute die offizielle Sprache im Kaliningrader Gebiet, und es wird auch sonst überall im Baltikum verstanden. Möchte man allerdings, dass sich der Ansprechpartner freudig auf ein Gespräch einlässt und keine falsche Antwort gibt, so sollte besser zuerst klargestellt werden, dass man selbst kein Russe ist. Mit Englisch oder Deutsch kommt man im Baltikum gut zurecht. Auf den estnischen Inseln wird Schwedisch, in und um Wilna Polnisch gut verstanden.

RUSSISCH
Kyrillisches Alphabet, deutsche Transkription

А	а	a	Р	р	r
Б	б	b	С	с	s, ss
В	в	w	Т	т	t
Г	г	g	У	у	u
Д	д	d	Ф	ф	f
Е	е	e, je	Х	х	ch
Ё	ё	jo	Ц	ц	z
Ж	ж	sche	Ч	ч	tsch
З	з	s	Ш	ш	scha
И	и	i	Щ	щ	schtsch
Й	й	ij	Ъ	ъ	–
К	к	k	Ы	ы	y
Л	л	l	Ь	ь	ь
М	м	m	Э	э	ä
Н	н	n	Ю	ю	ju
О	о	o	Я	я	ja
П	п	p			

Guten Tag ..... *dóbry djen, sdrástwujtje*
Gute Nacht .... *spakójnaj nótschi*
Auf Wiedersehen .... *da swidánija*
Ja .... *da*
Nein .... *njet*
Entschuldigung .... *iswinítje*
Bitte .... *paschálsta*
Danke .... *spassíba*
Sprechen Sie Deutsch / Englisch?...... *Wy gawarítje pa nemjézki / pa anglíski?*
Ich verstehe nicht. .... *Ja njé panimáju.*
Flughafen .... *aeroport*
Busbahnhof .... *waksál awtóbusa*
Bahnhof .... *waksál*
Ticket .... *biljet*
Toilette .... *tualét*
Auto .... *maschína*
Benzin .... *bensín*
Werkstatt .... *zjech*
Schloss .... *sámok*
Burg .... *krépost*
Kirche .... *zérkof*
Stadtmitte .... *zentr góroda*
Wechselstube .. *punkt abmjéna waljúty*
Hotel .... *gostíniza*
Campingplatz .... *kemping*
Zimmer .... *nómer*
Lebensmittelgeschäft ...... *gastronom*
Briefmarke .... *potschtówaja márka*
Speisekarte .... *minjú*
Frühstück .... *sáftrak*
Wo? .... *gdje?*
Wie viele? .... *skólko?*
Billig .... *djeschówo*
Teuer .... *dórogo*
Geöffnet .... *otkrýto*
Geschlossen .... *sakrýto*
Brot .... *chljep*
Wasser .... *wadá*
Bier .... *píwo*
Heute .... *sewódnja*
Gestern .... *wtschera*
Morgen .... *sáwtra*
1 .... *adín*
2 .... *dwa*
3 .... *tri*
4 .... *tschitýrje*
5 .... *pjatj*
6 .... *schest*
7 .... *sjem*
8 .... *wóssjem*
9 .... *djéwit*
10 .... *djéssit*
100 .... *sto*
Arzt .... *wratsch*
Krankenhaus .... *bólniza*
Polizei .... *polízija*

LITAUISCH

Litauisch gilt als eine alte baltische Sprache, verwandt mit dem Sanskrit. Ihr Merkmal ist die unregelmäßige Betonung auf der langen Silbe sowie der Reichtum an Verkleinerungsformen. Lang werden die Vokale mit einem Dehnungsbalken, Punkt oder Häkchen ausgesprochen (āūėē); ę ist ein nasales e (wie Teint), ų ist ein betontes u, bei č, š, ž handelt es sich um weich ausgesprochene Zischlaute tsch, sch bzw. stimmhaftes weiches sch.

Guten Tag .... *Laba diena*
Gute Nacht .... *Labanakt*
Auf Wiedersehen .... *Viso gero*
Ja .... *Taip*
Nein .... *Ne*

Entschuldigung … *Atsiprašau*
Bitte … *Prašau*
Danke … *Ačiū*
Sprechen Sie Deutsch / Englisch / Russisch? … *Ar kalbate vokiškai / angliškai / rusiškai?*
Ich verstehe nicht … *Aš nesuprantu*
Flughafen … *Oro uostas*
Busbahnhof … *Autobusų*
Bushaltestelle … *Stotelė*
Bahnhof … *Geležinkelio stotis*
Ticket … *Bilietas*
Toilette … *Tualetas*
Auto … *Automobilis*
Benzin … *Benzinas*
Werkstatt … *Autoservisas*
Burg … *Pilis*
Kirche … *Bažnyčia*
Stadtmitte … *Centras*
Wechselstube … *Valiutos keitykla*
Hotel … *Viešbutis*
Campingplatz … *Kempingas*
Zimmer … *Kambarys*
Lebensmittelgeschäft *Maisto produktų*
Briefmarke … *Pašto ženklas*
Speisekarte … *Meniu*
Frühstück … *Pusryčiai*
Wo? … *Kur?*
Wie viele? … *Kiek?*
Billig … *Pigus*
Teuer … *Brangus*
Geöffnet … *Atidaryta*
Geschlossen … *Zūdaryta*
Brot … *Duona*
Wasser … *Vanduo*
Bier … *Alus*
Heute … *Šiandien*
Morgen … *Rytoj*
Gestern … *Vakar*
1 … *vienas*
2 … *du*
3 … *trys*
4 … *keturi*
5 … *penki*
6 … *šeši*
7 … *septyni*
8 … *aštuoni*
9 … *devyni*
10 … *dešimt*
100 … *Šimtas*
Arzt … *Gydytojas*
Krankenhaus … *Ligoninė*
Polizei … *Policija*

LETTISCH

Im Lettischen werden Vokale mit einem Dehnungsbalken (āēīū) lang ausgesprochen, Konsonanten mit einem Häkchen darüber oder darunter werden palatalisiert, d. h. weich ausgesprochen, z. B. ņ – nj, ļ – lj, ķ – kj. Ansonsten wird č als tsch, ģ (Ģ) als dsch (wie in engl. jungle), š als sch, ž wie ein stimmhaftes sch ausgesprochen.

Guten Tag … *Labdien*
Gute Nacht … *Ar labu nakti*
Auf Wiedersehen … *Uz redzēšanos / Atā*
Ja … *Jā*
Nein … *Nē*
Entschuldigung … *Atvainojiet*
Bitte … *Lūdzu*
Danke … *Paldies*
Sprechen Sie Deutsch / Englisch / Russisch? … *Vai jūs runājat vāciski / angliski / krieviski?*
Ich verstehe nicht … *Es nesaprotu*
Flughafen … *Lidosta*
Busbahnhof … *Autoosta*
Bushaltestelle … *Pietura*
Bahnhof … *Dzelzcelā*
Ticket … *Bilēte*
Toilette … *Tualete*
Auto … *Mašīna*
Benzin … *Benzīns*
Werkstatt … *Auto darbnīca*
Burg … *Pils*
Kirche … *Baznīca*
Stadtmitte … *Centrs*
Wechselstube … *Valūtas maiņa*
Hotel … *Viesnīca*
Campingplatz … *Kempings*
Zimmer … *Istaba*
Lebensmittelgeschäft … *Pārtikas veikals*
Briefmarke … *Pastmarka*
Speisekarte … *Ēdinu karte*
Frühstück … *Brokastis*
Wo? … *Kur?*
Wie viele? … *Cik?*
Billig … *Lēts*
Teuer … *Dārgs*

Geöffnet .... *Atvērts*
Geschlossen .... *Slēgts*
Brot .... *Rupimaize*
Wasser .... *Ūdens*
Bier .... *Alus*
Heute .... *Šodien*
Gestern .... *Vakar*
Morgen .... *Rīt*
1 .... *Viens*
2 .... *divi*
3 .... *tris*
4 .... *četri*
5 .... *pieci*
6 .... *seši*
7 .... *septiņi*
8 .... *astoņi*
9 .... *deviņi*
10 .... *desmit*
100 .... *Simts*
Arzt .... *Ārsts*
Krankenhaus .... *Slimnīca*
Polizei .... *Policija*

ESTNISCH

Das Estnische hat eine komplizierte Grammatik; es besitzt z. B. 14 Fälle, die durch das Anhängen von Silben an den Stamm gebildet werden. Je nach Länge der Betonung von Lauten kann sich die Bedeutung des Wortes ändern. Oo – langes o, uu – langes u, öö – langes ö, š – sch, ž – stimmhaftes sch, õ – zwischen ö und e; Doppelvokale und Doppelkonsonante (Tallinn) lang ausgesprochen, zwei unterschiedliche aufeinander folgende Vokale werden getrennt ausgesprochen, „h" am Anfang des Wortes wird nicht ausgesprochen.

Guten Tag .... *Tere päevast*
Gute Nacht .... *Head ööd*
Auf Wiedersehen .... *Head aega*
Ja .... *Jah*
Nein .... *Ei*
Entschuldigung .... *Vabandage*
Bitte .... *Palun*
Danke .... *Tänan*
Sprechen Sie Deutsch / Englisch / Russisch? .... *Kas te räägite saksa / inglise / vene kelt?*
Ich verstehe nicht. .... *Ma ei saa aru.*
Flughafen .... *Lennujaam*
Busbahnhof .... *Bussijaam*
Bushaltestelle .... *Bussipeatus*
Bahnhof .... *Raudteejaam*
Ticket .... *Pilet*
Toilette .... *Tualett*
Auto .... *Autot*
Benzin .... *Bensiini*
Werkstatt .... *Remonditöökojani*
Burg .... *Loss*
Kirche .... *Kirik*
Stadtmitte .... *Kesklinn*
Wechselstube .... *Valuutavahetus*
Hotel .... *Hotell*
Campingplatz .... *Kämping*
Zimmer .... *Tuba*
Lebensmittelgeschäft .... *Toidukauplus*
Briefmarke .... *Mark*
Speisekarte .... *Söögikart*
Frühstück .... *Hommikusöök*
Wo? .... *Kus?*
Wie viele? .... *Kui?*
Billig .... *Odav*
Teuer .... *Kallis*
Geöffnet .... *Avatud / lahti*
Geschlossen .... *Suletud / kinni*
Brot .... *Leib*
Wasser .... *Vesi*
Bier .... *Õlu*
Heute .... *Täna*
Gestern .... *Eile*
Morgen .... *Homme*
1 .... *Üks*
2 .... *kaks*
3 .... *kolm*
4 .... *neli*
5 .... *viis*
6 .... *kuus*
7 .... *seitse*
8 .... *kaheksa*
9 .... *üheksa*
10 .... *kümme*
100 .... *Sada*
Arzt .... *Arst*
Krankenhaus .... *Haigla*
Polizei .... *Politsei*

AUTOREN

Tomasz Torbus, Hauptautor dieses Buches, ist Kunsthistoriker und freier Autor, spezialisiert auf die Kunst- und Kulturgeschichte Osteuropas. Er promovierte mit einer Arbeit über die Burgen des Deutschen Ordens. Im Baltikum ist er zudem als Studienreiseleiter tätig. („Land und Leute", „Königsberg", „Litauen", „Features", „Reiseinformationen")

Barbara Warning, Koautorin dieses Buches, ist Journalistin und Autorin. Sie studierte Russische Geschichte in Hamburg und Leningrad; bereiste Russland und die Länder der damaligen Sowjetunion inklusive des Baltikums wiederholt intensiv. („Estland", „Lettland", „Features")

Elke Frey, eine erfahrene, vielseitige Reisebuchautorin, hat diese Ausgabe aktualisiert.

A

B

C

D

E

L

T